근대문명에서 생태문명으로

근대문명에서 생태문명으로

에콜로지와 민주주의에 관한 에세이

김종철 생태사상론집

녹색평론사

책머리에

지금부터 28년 전 《녹색평론》 창간 직후, 주변에서 떠도는 이야기가 내 귀에까지 간간이 들려왔다. 즉, 이 잡지가 하려는 것은, 비유컨대 물난리가 나서 아수라장이 되어 있는 상황에서, 헐벗은 산 때문에 홍수가 났으니 모두들 산으로 가서 나무를 심자고 외치는 것과 같다, 라고. 요컨대, 내가 새로운 잡지를 창간하여 무엇인가 중요한 문제를 제기하려는 것은 틀림없으나, 그것은 지나치게 근본적인 문제, 즉 비현실적인 이야기가 아니냐 하는 것이었다. 《녹색평론》에 대한 이런 식의 비판 혹은 유보적인 태도는 그 이후 여러 해 동안 계속되었다.

아마도 그렇게 비판적인 시각에서 바라본 사람들은 아마 잡지의 이름이 주는 피상적인 인상에 근거하여 《녹색평론》을 단순한 '환경잡지'로 오인하고, 그럼으로써 이 잡지가 당면한 환경 현안들에 대한 구체적이고 실무적인 제안을 해주기를 기대했을지도 모른다. 그러나 《녹색평론》이 의도한 중심적인 작업은, 오랜 세월에 걸쳐 우리가 별생각 없이 당연하게 수용해왔던 삶의 관행, 즉 '서구식 근대'의 논리에 따른 산업경제와 그것에 의존한 문명을 근원적인 각도에서 의심해보고, 그것을 넘어서기 위한 사상적 토대를 구축하고 넓히는 데 기여하려는 것이었다. 그러므로 이 작업은 단기적인 이해득실의 관점이 아니라, 어디까지나 장기적, 포괄적, 심층적인 시각에서 현실을 진단하고 분석하는 것일 수밖에 없는 것이었다.

되돌아보면, 한국 사회를 포함해서 온 세계는 지난 수십 년간 아까운 시간을 터무니없이 허비해왔다. 세계는 지금 기후변화와 극심한 경제적 불평등을 비롯해서 미증유의 수습하기 어려운 환경적·사회적 위기에 직면해 있지만, 이는 이미 《침묵의 봄》이 나온 1960년대 초, 혹은 로마클럽의 《성장의 한계》가 출판된 1970년대 초 이래 충분히 예고돼왔던 상황이다. 무엇보다도 1970년대 동안 두 차례나 발생한 '오일쇼크'는 석유와 석탄, 천연가스 등 화석연료의 대량생산과 대량소비에 기반을 둔 산업경제가 조만간 수명을 다할 것임을 명확히 경고하고 있었다. 그럼에도 불구하고, 세계경제는 화석연료에 너무도 깊게 중독된 나머지 근본적인 방향 전환이 시급히 이루어져야 하는데도 계속해서 같은 방식을 되풀이하면서 점점 헤어나기 어려운 수렁으로 빠져버렸다. 그 결과, 인간생존의 불가결한 기반인 자연 및 사회 생태계가 대규모로 파괴되었고, 마침내 이런 식으로 계속된다면 조만간 여하한 형태의 문명이 존속하는 것도 불가능할지도 모를 심히 불길한 상황에까지 이르렀다. 만약에 우리 모두가 수십 년 전부터라도 '나무 심기'에 집중해왔더라면, 지금은 훨씬 더 희망적인 상황이 되어 있지 않았을까. 후회해 봤자 소용없는 일이지만, 안타까운 생각을 금할 수 없다.

그러나 물론, 지나간 시간을 되돌릴 수는 없다. 문제는 이제부터라도 최악의 시나리오만은 피해보겠다는 각오를 가지고, 성실히 대응하는 수밖에 없다.

말할 것도 없이, 산업혁명 이후 지금까지 인류사회는 그 이전에는 상상도 할 수 없을 만큼의 엄청난 물질적 풍요와 생활의 편의를 증대시켜왔다. 물론 그러한 풍요와 편의로 인한 혜택을 실제로 누릴 수 있는 인구는 언제나 매우 제한적이었고, 아직도 세계에는 최소한의 연명조차 어려운 사람들이 부지기수인 것도 사실이다. 그러나 어쨌든 역사상 유례없이 인간사회가 이토록 엄청난 생산성을 기록했다는 것은 놀라운 성과라면 성과라고 할 수 있다. 하지만 다른 한편으로 생각하면, 산업혁명 이후 지금까지의 시간은 아마도 인류 역사상 가장 어리석고, 자기파멸적인 시간이었다고 할 수 있다. 왜냐하면 지난 2~3세기 동안 이른바 문명세계가 산업문명을 통해서 이룩했다고 하는 높은 생활수준은 실은 인간사회가 자신의 보금자리를 끊임없이 찢고 할퀴는 난폭한 짓을 되풀이함으로써 얻어진 부산물에 지나지 않은 것이었기 때문이다. 요컨대, 서구 자본주의의 산물인 산업경제와 그것에 의존해온 근대적 문명은, 그것이 재생 불가능한 화석연료와 지하자원을 대량으로 사용하지 않으면 성립되지 않는 것인 한, 언젠가는 필연적으로 종말의 파국에 도달할 수밖에 없는 결정적인 한계를 그 출발점에서부터 내포하고 있었다.

따라서 지금이라도 우리가 우리의 삶의 방식을 영구적인 지속이 가능한 방식, 즉 자연과 인간 사이의 물질적 대사가 원활하게 이루어지는 '순환적' 방식으로 갈 수 있는 길을 탐구하고, 가능한 한, 모든 노력을 기울여 그 방향으로 전환하려고 하는 것이 가장 중요하다고 할 수 있다. 요컨대, 유한한 지구상에서 직선적인 성장·진보를 끝없이 추구한다는 것 자체가 근본적인 모순이며 현실적으로 불가능한 일인 이상, 지금 가장 긴급한 것은 순환적 삶의 패턴을 회복하는 일이라고 하지 않을 수 없다. 바로 그렇기 때문에, 지혜롭게만 실행한다면 거의 영구적으로 인간다운 삶의 영위를 보장하는 거의 유일한 생존·생활 방식이 농사라는 점을 재인식하고, 그 농사의 궁극적인 토대인 토양을 건강하게 가꾸고 보존하는 것이야말로 얼마나 중요한가를 우리는 숙고할 필요가 있는 것이다.

그러나 아무리 순환적 삶의 질서의 회복과 흙의 문화의 중요성을 강조한다 하더라도, 현실적으로 그러한 사회로 방향전환을 하자면, 우리의 집단적 삶의 운명을 최종적으로 결정하는 의사결정 과정, 즉 '정치'가 합리적으로 돌아가야 한다는 전제조건이 충족되지 않으면 안된다. 그런 의미에서, 일찍이 호세 무히카 우루과이 전 대통령이 "지금 인류사회가 직면한 진짜 위기는 환경위기가 아니라 정치의 위기이다"라고 했던 말은 매우 의미심장한 발언이라고 하지 않을 수 없다. 그동안 《녹색평론》과 그밖의 지면을 통해서 지금 무엇보다 필요한 것은 민주주의를 강화하는 것이라고 내가 되풀이해서 강조해왔던 것은 그 때문이다.

《녹색평론》의 창간 전후로부터 그동안 나는 위와 같은 생각을 계속해서 토로해왔다. 그중에서 특히 지난 10년간 여기저기서 행한 발언들을 추려서 한 권으로 묶은 것이 이 책이다. 여기에 실린 상당수의 글은 원래 여러 시민단체나 자주적인 학습모임의 초대를 받아서 행한 강의 혹은 강연을 녹취해서 정리한 것들이다. 녹취록을 정리하는 과정에서 때로는 부분적으로 때로는 대폭적으로 수정·보완 작업을 했지만, 글들 하나하나의 기본적인 논지나 전체적인 어조는 강의나 강연 당시의 현장 분위기를 가급적 살리려고 노력하였다.

나는 책상 위에서 홀로 글을 쓰는 작업에 몰두하는 것도 중요하다고 생각하지만, 같은 시대를 살아가는 이웃들과 숨김없이 번민을 나누며, 그들의 눈에 내 눈을 맞추고, 그들의 표정의 변화를 살피면서 한 시간이나 두 시간씩 집중해서 이야기를 하고, 또 그들의 질문이나 의견을 귀 기울여 듣는 것도 매우 중요하다고 생각해왔다. 나는 늘 사전에 원고를 준비하는 대신에, 대충 요지만 적은 메모지를 들고 강의나 강연에 임해왔는데, 나의 오래된 이 습관은 물론 찬양할 만한 방식이라고 할 수는 없다. 하지만 그러한 내 습관 때문에 나는 이야기를 듣고 나누는 사람들과 훨씬 더 친밀한 관계를 가질 수 있었다고 생각한다. 이것은 다분히 주관적인 착각일 수도 있겠으나, 어떻든 그러한 생각과 말하기 습관의 산물이이 책이라는 점을 여기서 밝혀두고 싶다.

일찍이 소비에트혁명의 성과가 스탈린주의라는 폭력적 지배에 의해 변질되고 왜곡되어 가던 참담한 상황에서 러시아의 뛰어난 시인, 작가, 지식인, 예술가들 중 너무나 아깝게 희생된 사람들이 많았다. 그들에게는 자기들의 시대가 아무런 희망이 보이지 않는 칠흑 같은 어둠이었다. 그런 캄캄한 시대상황 속에서 하루하루를 절망적으로 살아가면서도 한 줄기 가냘픈 희망의 빛을 보고자 갈망해마지 않았던 이들의 심경을 표현하는 말에 "hope against hope"라는 말이 있었다.

이 말은 아마도 지금 우리들의 경우에 가장 적합한 말일지도 모른다. 하지만 암울하다고 해서 우리는 마냥 절망 속에 빠져 있거나 체념에 잠겨 있을 수는 없다. 우리는 어떤 상황에서도 인간으로서의 존엄성과 책임에 관해 생각하지 않을 수 없기 때문이다. 그러므로 당장에 희망이 보이든 보이지 않든, 우리에게는 우리 자신이 마땅히 해야 하고, 할 수 있는 일을 묵묵히 수행하는 데 전념하는 길 이외에 다른 선택의 가능성이 없다고 할 수 있다. 그러다 보면, 위대한 영화예술가 타르코프스키의 마지막 걸작 〈희생〉의 모티프가 되었던 중세 수도사의 감동적인 이야기가 우리에게도 현실이 될지 모르는 것이다. 즉, 죽은 것처럼 보이는 나무일망정 우리가 인내심을 가지고 일념으로 물을 길어 붓기를 계속한다면 언젠가는 그 마른 나뭇가지에 푸른 싹이 돋아나는 기적을 보는 행운이 우리에게도 찾아올지 누가 알겠는가.

2019년 5월
김종철

목차

Ⅰ. 좋은 삶, 농사, 생태적 지혜

민주주의, 성장논리, 농적(農的) 순환사회

　흔히 민주주의를 가로막는 주된 요인은 경제적인 빈곤이라고 말해지고 있다. 그러나 따져보면, 이는 상투적일 뿐만 아니라 매우 위험한 관점이라고 할 수 있다. 일반적으로 교육받은 지식인들은 "중산층이 없으면 민주주의도 없다"(배링턴 무어)라는 논리에 덮어놓고 동조하는 경향이 있지만, 이 경우 민주주의란 어디까지나 서구 근대의 소산인 자유주의적 대의제 민주주의를 가리킨다는 것을 주의하지 않으면 안된다. 이렇게 민주주의라는 것을 매우 협소한 의미로 정의한다면, 근대 이전의 서구 세계를 포함해서 세계의 다양한 지역에서 오랜 세월 풀뿌리 민중사회에서 지속되어왔던 여러 형태의 좀더 실질적이고 활력 있는 민주주의가 모두 외면되거나 무시되기 쉽다. 그럼으로써 참다운 민주주의 사회를 상상할 수 있는 우리의 능력은 심각한 손상을 입거나 크게 위축될 가능성이 높다.
　민주주의란 원래 민중이 자신의 삶을 스스로 다스린다는 것을 의미한

---

* 《창작과비평》 제139호(2008년 봄)에 게재.

다. 그러므로 참다운 민주주의의 성립에 무엇보다도 필요한 것은 민중이 주체적인 삶을 영위할 수 있는 자립과 자치의 조건, 그리고 동시에 사회 성원들 간의 평등한 관계이다. 요컨대 노예의 삶을 강제당하지 않기 위한 근본적인 조건을 갖추어야 한다는 것이다. 이런 각도에서 볼 때, 사람들이 흔히 믿고 있는 것과는 달리, 경제성장은 민주주의의 발전에 조금도 도움이 되지 않는다고 할 수 있다. 경제성장은 자본주의적 사회관계의 심화, 확대를 의미하는 것이며, 따라서 그것은 갈수록 민중의 자치·자립의 역량을 근원적으로 훼손하고, 불평등한 사회적 관계를 끝없이 확대 재생산한다. 이것은 극히 단순명료한 사실이다. 그럼에도 불구하고, 사람들은—특히 근대 교육을 받은 지식인들은—이러한 사실을 인정하지 않고, 늘 일정한 경제성장이 민주주의나 인간다운 생활에 필수적인 전제조건이라고 생각한다. 그렇게 함으로써 그들은 민주주의를 지금 당장 민중이 누려야 하고, 누릴 수 있는 당연한 권리가 아니라, 언젠가 여건이 성숙되기를 기다려야 하는 문제로 치부한다. 그 결과, 의도했든 의도하지 않았든 그들은 민중의 자치와 자립이라는 이상의 실현 가능성을 끊임없이 미래의 어떤 지점으로 연기하는 '노예 소유주'의 정치철학에 동조하는 것이다.

마을자치의 전통

물론, 빈곤이 문제가 아니라는 것이 아니다. 중요한 것은 오늘날 사람들이 흔히 말하는 '빈곤'이 무엇을 뜻하는 것인가를 좀더 세밀히 들여다볼 필요가 있다는 것이다. 확실히 지금도 절대적인 빈곤문제가 없는 것이 아니고, 절대적인 빈곤은 시급히 해소되어야 할 문제라는 것은 두말할 필요가 없다. 그뿐만 아니라, 지금 갈수록 안정적인 일자리를 확보하기가 어려워져가는 상황에서 저소득층의 생계가 근본에서부터 흔들리고 있다는 것도 외면할 수 없는 문제이다. 그러나 우리는 이러한 문제를 포함해서, 오늘날 많은 '가난한' 사람들이 느끼는 가난은 생활에 필요한 물자나 서비스의 절대적인 결핍 그 자체로 인한 궁핍감이라기보다는 '생활의 질'의 열악함에서 오는 고통을 뜻할 가능성이 크다는 것에 주의할 필요가 있다. 설혹 물자나 서비스가 부족하다 하더라도 그 결핍이 재앙이 되는 것을 막아주는 호혜적 인간관계의 그물이 있다면, 그러한 결핍은 도리어 축복이 될 수 있다. 적어도 서구적 근대 자본주의 문명의 침략과 지배를 받기 이전의 거의 모든 토착사회에서의 비근대적 삶은 이러한 호혜적 공동성에 기초해 있었다. 상호부조의 그물망이 확립되어 있는 그러한 공동체적 토대 위에서 사람들은 어울려 함께 일하고, 거기서 같이 즐거움을 누리면서 자립·자치의 삶을 영위하는 게 가능하였던 것이다. 이것이 간디가 되풀이해서 옹호했던 '마을자치(village swaraj)'의 전통이며, 한국의 농촌공동체에서 오랜 세월 동안 국가의 억압 밑에서도 면면히 지속되어왔던 '두레'의 전통이다. 역사적으로 그러한 자치의 공동체야말로 진정한 민주주의가 실현될 수 있는 실질적인 토양이 되어왔다는 것도 매우 흥미로운 사실이다. 이와 관련해서, 우리나라의 전통 마을에서의 민주주의적 생활방식에 대한 천규석의 다음과 같은 언급은 경청할 만하다.

농촌공동체 시절의 마을을 들여다보면 그 안에서 사람들이 사는 꼴은 다 비슷했어요. 물론 한 마을에 논 서른 마지기 가진 사람도 있고 두 마지기 가진 사람도 있고 하나도 없는 사람도 있고, 가진 것의 차이는 있었지만 그러나 지금처럼 사는 꼴이 크게 차이가 안 나고 다들 비슷하게 살았는데요. 어느 정도의 경제적 평등이 민주주의의 전제조건이라면, 가난했다고 하는 그때가 오히려 지금보다 더 민주적이었다는 것이지요. 그리고 의사결정 과정의 민주성도 그래요. 가령 마을에서 대소사를 의논하는 동회(洞會)를 하면요, 하루면 끝날 수도 있지만 현안이 해결 안되면 일주일도 끌고 가고 한 달도 끌고 간다고요. 전원 합의가 이루어질 때까지 매일 그렇게 모이는 거예요. 그런 민주주의가 지금 어디 있습니까. 민주주의라는 것이 밑바닥, 풀뿌리에서 올라오는 것인데, 그렇게 보면 나는 갈수록 이 사회가 민주주의와는 멀어진다고 생각해요.

— 〈좌담_박정희 시대를 어떻게 볼 것인가〉, 《녹색평론》 제78호(2004년 9-10월)

    여기에 묘사되어 있는 마을 민주주의는 어떤 가상의 유토피아도 아니고, 또 그다지 오래된 옛날의 일도 아니었다. 그것은 천규석 자신이 청년 시절 농사꾼으로서 일상적으로 경험하였던 우리나라 농민공동체의 실제 현실이었다. 천규석은 그때 동등한 자격으로 마을 일에 주체적으로 참여하던 그 시골 사람들이 누리던 것과 같은 민주주의적 삶이 지금 어디에 있는가 하고 묻고 있지만, 실제로 그와 같은 민주주의는 박정희의 산업화 전략, 위로부터의 강압적인 개발, 특히 새마을운동을 통해서 결정적으로 붕괴되었다는 것은 우리가 다 아는 일이다. 세계 어디에서나 마찬가지이지만, 자본주의 논리에 의한 개발주의와 산업화가 성공하는 데에는 무엇보다도 호혜적 관계망을 토대로 살아온 풀뿌리 민중의 삶의 방식과 심성을 근저에서부터 무너뜨리는 것이 필요했다. 그리하여 근대화, 합리화라는 명분을 내걸고 사람들 사이의 관계를 적대적이거나 경쟁적인 것으로 전환시키고, 배타적인 성공을 위해서 수단 방법을 가리지 않는 이기적이고 탐욕적인 개인들을 대량으로 출현시키는 것이 급선무였다. 그리고 필연적으로 그러한 전환의 과정은 폭력을 동반하기 마련이었다.

    루이스 멈퍼드는 《기계의 신화》에서 근대적 산업화의 최초의, 그리고 가장 전형적인 형태의 공장이 석탄광산이라는 점을 지적한 바가 있지만, 이것은 근대 산업사회에서의 노동과 삶의 본질적인 성격을 이해하는 데 매우 중요한 암시를 던져준다. 자연의 순리를 정면으로 거스르면서 땅 밑 깊숙이 햇빛도 바람도 풍경도 차단된 밀폐된 인공적 공간에 갇힌 채 고통스러운 노역을 자발적으로 감내할 수 있는 인간은 이 세상에 아무도 없다. 그러한 노동은 그렇게라도 일하지 않으면 살아갈 방도가 없는 '막장인생'이 어쩔 수 없이 택할 수밖에 없는 비자발적인 노동이라는 것은 말할 필요가 없다. 그러니까, 광산이 근대적 산업노동의 원형이라면, 근대화된 노동이란 본질적으로 강제노동이라고 할 수밖에 없다. 그것은 어떠한 정신적 고양도 심미적 쾌락도 따르지 않는 괴롭고 지겨운 노역일 뿐이다. 그뿐만 아니라, 기술의 발전에 의해 작업 과정이 고도로 기계화, 자동화되고, 단순화됨에 따라서 근대적 노동과정은 갈수록 노동자에게서 인간으로서의 자유와 개성을 박탈하고, 소외감을 깊게 한다.

고도 산업사회와 민주주의의 후퇴

오늘날 고도로 산업화된 작업장에서, 그것이 생산 현장이든 사무실이든, 모든 노동자들은 갈수록 빈틈을 용납하지 않는 관료적 통제시스템 밑에서 주체적인 인간으로서의 삶을 부정당하고, 기계의 부품으로서의 역할을 강요당하며 살고 있다. 이것은 비단 서열이 낮은 노동자나 샐러리맨의 경우에만 해당되는 얘기가 아니다. 산업사회가 강요하는 관료적 통제체제는 정부나 기업경영자의 명령에 의해서가 아니라, 자본주의시스템 자체의 확대재생산 논리에 의해서 강제되고, 심화되어 가는 것이기 때문에, 어떠한 대기업의 최고경영자라 할지라도 그가 인간적으로 행동할 수 있는 공간은 매우 좁을 수밖에 없다. 좋은 예는, '유니언카바이드' 사건과 '엑슨발데스' 사건에서 두 기업의 최고경영자가 보여준 행동이다. 유니언카바이드 사건은 1984년 인도 보팔에서 화학폭발로 2,000명이 죽고 20만 명이 부상당한 사건이며, 엑슨발데스는 1989년 유조선 기름 유출로 알래스카 야생지역이 광범위하게 오염된 사건이다. 각 회사의 최고간부는 사고가 나자 모두 놀라 공식적으로 사과하였고, 심지어 유니언카바이드의 회장은 자신의 여생을 이 잘못을 보상하는 데 바치겠다고 말하였다. 그러나 그들은 처음에 한 말을 곧 철회했다. 왜냐하면 잘못을 시인하는 그들의 발언이 공표되는 순간 그 기업들의 주가가 폭락하기 시작했기 때문이다. 그리고 무엇보다도 미국의 법률에 따르면 만약 어떤 기업이 이윤추구를 주목적으로 행동하지 않으면 주주들이 경영진을 상대로 주주들의 권리를 무시했다는 이유로 소송을 제기할 수 있다는 사실이 있었다. 그리하여 두 회사의 최고경영자들은 곧 자신들의 최초의 발언을 뒤집고, 자신들이 처음에 "과잉반응"을 했다고 말하였다(제리 맨더 인터뷰 기사, Catherine Ingram, "Bad Magic : The Failure of Technology", *The Sun*, November 1991).

제리 맨더의 말처럼, 처음에는 "인간으로서 행동"한 경영자들이 나중에는 전혀 다른 반응을 보여준 것은 자신들이 "기계의 한 부분이며, 기계의 목적은 인간의 목적과는 다르다는 것"을 깨달았기 때문일 것이다. 여기서 개인이 인간답게 행동할 수 있는 가능성을 원천적으로 가로막는 '기계'는 말할 것도 없이 주주자본주의 시스템이다. 흔히 자본주의경제의 비약적인 발전에 기여해왔다는 '주식회사'라는 것을 기업의 '사회화'의 한 형태로 이해하는 사람들도 없지 않지만, 주주 이익의 극대화라는 목적에 초점이 맞추어질 수밖에 없는 한, 그 메커니즘은 실은 가공할 폭력의 메커니즘임이 분명하다.

그런데, 지금은 정부나 모든 공공조직도 기업처럼 되어야 한다는 압력이 갈수록 고조되고 있다. 이러한 상황에서 오늘날 작업장이나 직장 안에서의 민주주의가 살아 있기를 기대하는 것은 헛된 일이다. 실제로, '민주화' 이후 한국 사회에서 자유민주주의라는 제도로서의 형식적 민주주의는 회복되었는지 모르지만, 사람들의 삶에서 실질적으로 중요한 의미를 갖는 일상생활과 노동의 장(場)에서의 민주주의는 거의 실종되거나 심각하게 위축되었다는 견해에 반론을 제기하는 것은 쉽지 않을 것이다. 이것은 물론 한국만의 문제가 아니다. 한국 사회에서 특히 이러한 현상이 두드러지게 나타난다면 그것은 소위 '압축적 근대화'로 인해서 온갖 모순들이 집중화된 결과이지, 결코 '전근대적'인 한국 사회 특유의 여러 '후진적' 요인이 빚어내는 결과가 아닐 것이다. 왜냐하면 우리가 흔히 믿고 있는 것처럼 진정한 의미의 민주주의를 가로막는 것은 '가난'도 '후진성'도 아니고, 오히려 고도 경제성장 체제라고 할 수 있기 때문이다. 이 점에 관련해서 우리는 일찍이 1906년 미국 여행 중에 막스 베버가 썼던 한 편지에 나오는 다음과 같은 구절을 깊이 음미해볼 필요가 있다.

오늘의―지금 미국에 존재하고, 또 러시아로 도입되고 있는―고도 자본주의와 민주주의 혹은 자유 사이에 어떠한 연관성이라도 있다고 생각하는 것은 실로 가소로운 일입니다. 그러나 이 자본주의는 우리의 경제발전의 불가피한 결과입니다. 문제는, 고도로 발전된 자본주의의 지배 밑에서 어떻게 하면 장기적으로 자유와 민주주의가 가능할 것인가 하는 것입니다. 자유와 민주주의가 가능한 것은 오직 자기들은 절대로 양들처럼 지배를 받고 살지 않겠다는 한 민족의 단호한 의지가 항구적으로 살아 있는 곳에서뿐입니다.

― H. Gerth & C. Wright Mills eds., *From Max Weber : Essays in Sociology*, London : Routledge, 1970, 73쪽에서 재인용

잘 알려져 있듯이, 막스 베버는 자본주의 근대가 어떻게 해서 서유럽에서만 발흥할 수밖에 없었는지를 해명하는 데 크게 기여한 탁월한 '부르주아' 역사사회학자이다. 그러나 그는 생애의 말년에 다가갈수록 근대적 합리주의에 의거한 자본주의체제가 필연적으로 관료적 지배구조의 강화로 나아갈 수밖에 없다는 사실에 주목하고, 그런 상황에서 '영혼 없는 기계'의 삶을 살아가지 않을 수 없는 근대적 인간의 운명에 대해 심히 비관적으로 되어갔다. 그런 점에서 우리는 고도의 자본주의와 민주주의의 양립 불가능성을 명료하게 지적하면서도 사람들의 "단호한 의지"가 "항구적으로 살아 있는" 예외적인 상황을 가정하고 있는 베버의 말에서 오히려 더 짙게 그의 비관주의를 실감할 수 있다. 관료주의에 의한 빈틈없는 관리, 통제가 행해지는 시스템 속에서 몇몇 개인 차원이 아니라, 한 민족 혹은 국민이 집단적으로 주체적인 인간으로 살겠다는 '단호한 의지'를 지속적으로 유지한다는 것은 현실적으로 불가능한 일이며, 그것은 냉철한 현실주의자인 베버 자신이 누구보다 더 잘 알고 있었을 것이기 때문이다. 베버는 맑스가 생각했듯이 자본주의가 그 자체의 모순 때문에 필연적으로 사회주의로 전환될 것이라고 믿지 않았고, 그 밖에 자본주의에 대한 어떠한 대안도 전망할 수 없었다. 그리하여 그는 생애의 마지막

까지 비관주의를 벗어나지 못했지만, 지금에 와서 되돌아보면, 그의 비관주의는 섣부른 대안을 내놓는 것보다도 지적으로 훨씬 더 건실하고 정직한 것이었는지 모른다.

하여튼, 자본주의가 고도로 발전하고, 경제성장을 추구하면 할수록 권력의 집중 현상과 관료주의적 지배구조가 강화된다는 것은 분명한 사실이다. 경제성장은 현재의 사회경제적 격차를 토대로 해서만 성립될 수 있는 것이며, 성장의 결과는 기왕의 불평등을 해소하거나 완화시키기는커녕 그 불평등 구조를 온존, 심화시키는 데 기여할 뿐이다. 그리고 그러한 불평등 구조는 다시 계속적인 성장의 토대가 되는 것이다. 이러한 악순환은 자본주의 메커니즘의 원리에 비추어 볼 때나 역사적 경험에 비추어 볼 때나 어김없이 확인되는 진실이다. 그러므로 더 많은 성장을 통한 '진보'와 '공존공영'의 추구는 처음부터 가망 없는 일이라고 할 수밖에 없다. 경제성장의 과실이 보편적으로 나눌 수 있는 성질의 것이라고 믿는 것은 어리석은 망념에 지나지 않는다. 오늘날 자본주의 시장경제가 요구하는 소비형태는 본질적으로 낭비를 제도화하고 있는 것이지만, 그 낭비적인 소비수준을 누릴 수 있는 인구는 현재는 말할 것도 없고 미래의 어떤 지점에서도 세계 인구의 극히 일부에만 국한될 수밖에 없는 것이다. 부의 균점은 자본주의의 성장 메커니즘이 허용할 수 있는 것이 결코 아니며, 만약 실제로 균점이 실현된다면 이미 그것은 자본주의시스템이 아닐 것이다.

공빈론과 안빈론

그뿐만 아니라, 계속적인 경제성장의 결정적인 문제는 권력의 집중과 사회경제적 격차 이외에 그것이 자연을 끝없이 수탈하고, 궁극적으로는 인류의 생존 그 자체를 위협하는 가공할 생태위기를 초래한다는 데 있다. 사실, 딴 것은 다 그만두더라도, 지금 지구온난화를 비롯하여 급속도로 악화하고 있는 환경문제를 생각한다면, 인류문명사회가 여전히 성장논리에 붙들려 있는 것은 참으로 기막힌 일이라고 하지 않을 수 없다. 그러나 사람에게는 언제 닥칠지 모르는 파국보다는 당장의 현실이 급한 법인 만큼, 지금까지 익숙해왔던 관성에 따라 우리는 더 많은 돈, 더 많은 생산과 소비가 더 좋은 삶을 보장해준다는 시스템의 처방에 순응하면서 살아갈 수밖에 다른 선택의 여지가 없는지 모른다.

그러나 단순한 관성의 문제가 아니다. 우리들 대부분의 삶은 산업화를 거치는 동안 뿌리가 뽑혀버렸고, 농민공동체는 돌이키기 어려운 수준으로 붕괴되었다. 도시의 슬럼과 공장과 사무실과 가게에서 새로운 인생을 살게 된 수많은 사람들에게는 공동체의 호혜적 교환관계는 완전히 낯선 것이거나 심각하게 왜곡된 형태로 주어질 수 있을 뿐이다. 이런 상황에서 살아남기 위해서는 각자가 홀로 도생하는 방법밖에 없다는 생각이 확산되는 것은 너무나 당연하다. 그리하여 사람들은 무엇보다 돈이 없으면 죽는다는 사고방식에 길들게 되고, 부분적으로 국가나 공공기관이 제공하는 사회적 서비스에 기대를 거는 것이다.

그런 의미에서, 예를 들어 "개발지상주의에 대한 많은 사람들의 동조는 분명히 자본주의 이데올로기에 감염된 뒤틀린 욕구 때문이다. 그러나 경제발전을 통해 의식주 기본생활의 충족은 물론, 이를 얼마간 초과하는 풍요로움을 바라는 마음 자체가 반드시 잘못된 것은 아니다"라는 발언은 정당한 것인지 모른다(백낙청, 《한반도식 통일, 현재진행형》, 창비, 2006, 253쪽). 하지만, 위에서 말했듯이, 오늘날 사람들이 느끼는 '빈곤'은 본질적으로 물질적 결핍의 문제라기보다 인간다운 삶에서 좀더 근원적인 의미를 갖는 문제, 즉 민주적이며 호혜적인 인간관계의 상실에 따른 '삶의 질'의 열악함에 기인하고 있을 가능성이 크다. 물론, 지금 당장에 호혜적 관계망 자체가 결여되어 있는 상황에서는 어쩔 수 없이 돈을 손에 넣어야 하고, 경제발전을 긍정하는 수밖에 없는지 모른다. 하지만, 언제까지나 그런 방식이 긍정될 수는 없다. 물질적 부에 의한 '풍요로움'이란 원리적으로 공생공락을 가능하게 하는 것이 아니며, 무엇보다도 오늘의 생태적 위기라는 현실이 더이상 그것을 허용하지 않는다. 물론, 그렇다고 해서 우리가 덮어놓고 가난을 찬미할 수는 없다. 문제는 어떤 가난이냐 하는 것이다.

백낙청은 위에서 인용한 구절에 이어서 "깨끗하고 품위 있는 가난이 인간의 어떤 깊은 욕구에 상응하듯이 장엄(莊嚴)과 영화(榮華)에 대한 욕망 또한 중요한 본능인 것이다"라고 말하면서, 오늘날 "녹색담론"의 일부에서 잘살아보겠다는 "대중의 정당한 욕구"를 외면하는 경향이 있다는 것을 지적하고, 이를 비판하고 있다. 여기서 말하는 '녹색담론'이 정확히 무엇인지 모르지만, 가령《창작과비평》100호 기념 심포지엄에서 '대국주의와 소국주의의 긴장'이라는 문제에 관한 백낙청의 논평 도중에 "우리가 장기적으로 지향할 면이 많은 소국주의로는 지금 우리나라의 지식인 사회에서《녹색평론》같은 잡지가 강조하는 — 새로운 안빈론(安貧論)이라고도 말할 수 있겠죠…"라는 대목이 있는 것을 보면(《통일시대 한국문학의 보람》, 창비, 2006, 446쪽), 그것이《녹색평론》의 입장을 가리키는 게 아닌가 하는 짐작이 가능하다.

물론,《녹색평론》이 그동안 '가난'의 미덕을 강조하는 여러 이야기를 해온 것은 틀림없는 사실이다. 예컨대 "우리가 가난한 사람에게 자선을 행할 때 그것은 우리가 가난한 사람에게 '허리를 굽히는' 행위가 아니라, 가난한 사람에게 우리 자신을 '들어올리는' 행위"라는 아시시의 성인 프란치스코의 말을 인용하여 '가난'이 우리의 인간성을 고양시키는 미덕일 수 있다는 언급도 했고, 그럼으로써 "깨끗하고 품위 있는 가난"을 강조한 셈이라고 할 수 있다. 그럼에도 불구하고, 나는《녹색평론》이 가난 그 자체를 찬미한 적이 한 번도 없다는 것을 환기하고 싶다.《녹색평론》이 말하고자 한 것은 늘 어울려 함께 일하고 즐기는 삶의 중요성에 대해서였고, 그런 우정과 환대에 기초한 삶을 위해서는 '가난'이 필수적인 조건이라는 것이었다. 왜냐하면, 위에서 되풀이 말했듯이, 경제발전 혹은 경제성장 논리의 근간에 있는 철저한 배타성의 원리로 보거나, 생태학적 한계를 보거나, 참다운 공생의 논리는 반드시 공빈(共貧)에 의해 뒷받침되지 않으면 안된다고 믿기 때문이다.《녹색평론》이 적극적인 가치로서 강조해온 가난이란 단순히 개인적 차원에서 물질적 결핍상태를 감내하는 생활이 아니라, 어디까지나 공생공락의 가난이었다. 따라서 이것은 옛 유교사회의 지배층 지식인들의 극히 엘리트주의적인 안빈론(安貧論)과는 전혀 무관한 것이었다.

그러니까, 중요한 것은 가난의 정도가 아니라 가난의 종류이다. 공빈(共貧)과 안빈(安貧)은 전혀 질적으로 다른 종류의 가난인 것이다.

물자와 서비스의 절대적인 결핍, 그리고 거기에 기인하는 비참은 당연히 극복해야 할 문제이며, 그러한 극복의 노력을 경제발전이라고 한다면 그와 같은 경제발전의 의의를 부정할 사람은 없을 것이다. 그러나 근대 자본주의가 출현한 이후 제국주의, 식민주의, 개발, 세계화 등 갖가지 이름으로 추진되어온 경제발전이라는 것이 과연 세계의 풀뿌리 민중의 삶의 실질적인 개선에 조금이라도 도움이 되었다는 증거가 그 역사 전체를 통해서 하나라도 있는가. 물론, 경제규모와 물량의 총체적인 증가에 따라서 민중의 소비수준도 부수적으로 올라간다는 것은 이른바 적하효과(滴下效果)라는 것을 들먹이지 않아도 수긍할 수 있는 현상이다. 그런데 그렇게 해서 높아진 소비수준이라는 것이 민중의 잃어버린 공동체적 삶의 '풍요로움'과 '자유로움'을 조금이라도 보상할 수 있는 성질의 것이었는지 물어볼 필요가 있다. 실제로, 경제발전은 민중의 '빈곤'을 해소하는 것이 아니라, '빈곤의 근대화'를 초래한다는 것은 역사가 증명하고 있다. 그뿐만 아니라, 자본주의적 경제발전은 원리상 빈부격차를 해소하는 것도 아니다. 부르주아 경제학의 입장에서는 빈부격차는 상존해 있어야 하며, 그렇지 않을 때는 경제발전도 성장도 불가능하다. 자본주의시스템은 원래 '빈곤'을 제거할 수 있는 시스템이 아니다. 빈곤을 해소한다는 명분으로 전개되는 경제발전은 오히려 새로운 형태의 빈곤을 만들어내고, 경쟁력이 약한 고리에 위치한 사람들을 비참한 곤경으로 내몰 뿐이다. 경제발전이나 성장의 논리는 생태적으로나 윤리적으로 받아들일 수 있는 것이 결코 아니다.

적당한 경제성장, 가능한가

이와 관련해서, 여기서 잠시 생각해보아야 할 것은 이를테면 '적당한 경제성장'이라는 것이 과연 현실적으로 성립할 수 있는 개념인가 하는 것이다. 백낙청은 "한번 낙오하면 항구적인 약자로 전락하기 일쑤고 약자는 강자로부터 사람대접을 기대하기 어려운 현존 세계체제의 현실에서" 우리가 "부자나라 따라잡기를 지상목표로 삼고 최대한의 성장을 추구하는 것이 아니라 일종의 자기방어적 성장을 꾀하는 전략"이 필요하다고 말한다. 사실, 이와 비슷한 뜻의 발언은 이른바 "근대 적응과 근대 극복의 이중과제"에 관해서 계속해서 말해온 백낙청의 근년의 작업에서 자주 되풀이되어왔다. 그는 "자본주의경제의 틀 안에서 성장을 하고 경쟁력을 추구하는 한, 일정한 환경파괴와 인간성의 훼손이 불가피하다는" 것을 모르지 않는다. 그럼에도 불구하고, 그는 "현시점에서 한국 경제가 일정한 성장동력을 유지하는 것은 민주주의의 진전을 위해서도" 필요하다고 본다(《한반도식 통일, 현재진행형》, 268~269쪽).

계속하면 환경도 파괴하고 인간성도 파괴할 수밖에 없는 경제성장이지만, 그렇다고 안할 수도 없다—이러한 딜레마를 뚫고 나가자면 그야말로 엄청난 '지혜'가 필요할 것임은 말할 필요가 없다. 그 결과, 아마도 고심 끝에 백낙청이 내놓은 처방이 '방어적인 경쟁력 노선' 혹은 좀더 간단하게 '적당한 경제성장'이라는 개념인 듯하다. 하지만 지금으로서는 이 '적당한 경제성장'이라는 것이 하나의 추상적인 언술로서는 성립할 수 있을지 모르지만, 과연 그것이 구체적인 현실에서 무엇을 어떻게 하자는 전략인지 분명치 않다. 이것은 마치 "근대 적응과 근대 극복의 이중과제"라는 말이 추상적인 언술로는 그럴듯하게 들리는 개념이면서도 정작 구체적으로 무엇을 어떻게 한다는 것인지, 그 실천적인 상황을 생각하면, 지극히 모호한 것으로 되어버리는 것과 같다고 할 수 있다. 실제로, 이와 같은 사태의 모호성에 대해서는 백낙청 자신이 이미 어느 정도의 불안감을 표시한 바가 있다.

근대 세계체제가 끝없는 자본축적과 그에 따르는 경쟁의 논리를 외면
하는 일정 규모의 집단(뿐 아니라 실제로 대부분의 개인)들에게 불행을 안
겨주고 심지어 멸망을 초래하는 한, 어쨌든 최소한의 적응과 경쟁력이
요구되는 것이 사실이겠다. 물론 일단 그 과정에 뛰어들고 나서 과연
'최소한'에서 멈출 수 있을지는 골치 아픈 질문으로 남지만 말이다.

─〈한반도에서의 식민성 문제와 근대 한국의 이중과제〉,《창작과비평》제105호(1999년 가을)

경제성장이라는 경주 속으로 뛰어든 이상, 그 속에서 "최소한"으로 멈
출 수 있을지 그것은 "골치 아픈 질문"이 될 것이라고 하는 유보적 발언
으로써 이미 백낙청은 '적당한 경제성장'이라는 것이 실현되기 어려운
난제임을 시인하고 있는 셈이다. 그러나 위의 인용문에서도 드러나듯이,
백낙청의 강조점은 그럼에도 불구하고 이 난제를 슬기롭게 뛰어넘어야
한다는 데 놓여 있다. 그렇게 하는 것이 바로 '책임 있는 자세'라고 그는
보고 있는 것이다. 하지만, 분명한 것은 자본주의경제의 틀에 일단 '적
응'하는 것을 전제로 하는 한, 어떠한 경우에도 '적당한 경제성장'이라는
것은 있을 수 없다는 사실이다. 자본주의 논리에 근거한 경제성장이란
언제나 가동 가능한 모든 인적, 물적 에너지를 전면적으로 투입할 것을
요구한다. 경제성장은 절제라는 개념과 절대로 양립할 수 없는 개념이며,
따라서 "자기방어적인 성장"이란 공연한 말놀음 이상의 어떠한 실질적인
의미를 갖지 못할 가능성이 크다. 고도 경제성장뿐만 아니라 어떤 경제
성장이든 그 실현을 위해 반드시 요구되는 것은 자본과 국가의 결합에
의한 일종의 총동원 체제이다. 그러므로 성장 지향 국가란 본질적으로
군사국가 혹은 권위주의 전제국가와 동일한 폭력의 논리에 의해 움직이
는 체제라고 할 수 있다.

물론, 백낙청의 발언들 속에 이러한 근본 문제에 대한 인식이 결여되
어 있다고 단정할 수는 없다. 중요한 것은 그 인식이 얼마나 철저한가 하
는 것이다. 〈21세기 한국과 한반도의 발전전략을 위해〉(《21세기의 한반도
구상》, 창비, 2004)라는 글에서 그가 새로운 이념으로 제시하는 "생명지속

적 발전"이라는 것도 그렇다. "생명의 발전에는 일정한 물질적 여건이 필수적이며, 어떤 영역에서는 물질생활의 지속적 향상이 요구될 수도 있고 이런 필요에 부응할 적극적인 개발도 있어야 한다"는 그의 생각은 옳은 것일지 모른다. 하지만 그러한 생각에 근거한 '생명지속적 발전'이라는 이념이 주류 환경론자들이 말하는 '지속 가능한 발전'이라는 논리와 근본적으로 어떻게 다른지 모호하기는 마찬가지이다. 그가 말하는 '생명지속'을 위한 발전이 실제 현실에서 어떻게 구체화될 수 있는 것인지는 여전히 의문인 것이다.

다시 말하지만, 우리가 생명의 지속에 필요한 물질적 여건을 개선하려는 노력 자체를 거부해야 할 하등의 이유는 없다. 문제는 그러한 '물질적 여건'을 개선하는 작업이 구체적으로 어떤 성질의 것이냐 하는 것이다. 그것이 여전히 물자와 서비스의 낭비를 구조적으로 강제하는 근대적 생활을 유지, 확대하기 위한 양적 성장을 의미하는 것이라면, 그것은 그다지 의미 있는 것이라고 할 수 없다. 지금 우리에게 필요한 것은 어느 정도의 적정한 소비수준을 누리느냐 마느냐, 혹은 얼마나 부드러운 성장을 하느냐 마느냐가 아니다. 정말 필요한 것은, '적당한 성장'이든 아니든 성장 없이는 존속할 수 없는 근대적 방식에 대한 '적응'을 말할 게 아니라, 성장논리와는 무관한 질적으로 전혀 다른 삶, 즉 '비근대적' 방식으로 방향전환하려는 급진적 노력이다.

근대와 '물질대사의 균열'

근대적 삶이란 근본적으로 재앙이며, 끔찍하고 잔인한 덫이다. 일찍이 도스토옙스키는 "내가 행복해지기 위해서는 타자의 불행을 당연시해야 하는" 근대적 인간의 숙명에 관해서 말했고, 이미 20세기 초의 일본에서 나쓰메 소세키(夏目漱石)는 민감한 영혼들에게 근대적 삶이란 그 속에서 "미치거나 종교에 귀의하거나 아니면 자살할 수밖에 없는" 잔혹한 족쇄라는 것을 예리하게 의식하고 있었다.

　이러한 근원적인 의미의 폭력성 혹은 야만성은 근대가 본질적으로 자연－인간본성도 포함한－을 거스르는 것을 원리적으로 강제하는 문명이기 때문이다. 그러나 무엇보다도, 에콜로지의 관점에서 볼 때, 자본주의 근대문명의 근본 문제는 그것이 순환의 법칙에 의해 돌아가는 세계 속에서 끊임없이 직선적인 '진보'를 추구하도록 강요하는 메커니즘에 종속된 시스템이라는 것이다. 이 근본적인 모순이 해소되지 않는 한, 조만간 자본주의의 종언은 필연적이라고 할 수 있다. 아니, 이대로 가면 자본주의의 종언보다 먼저 세상의 종말이 닥칠 가능성이 더 크다고 할 수 있다. 그러한 불길한 징조는 오늘날 갈수록 심화되는 환경위기에 의해 점점 뚜렷이 나타나고 있다. 그러니까, 시급한 것은 계속적인 생산력 증대를 통한 '진보'의 추구를 포기하고, 인간의 삶을 자연적 과정에 순응하는 순환적인 생활패턴으로 전환시키려는 노력이다. 이러한 전환의 문제를 도외시하고 지금까지 해왔던 방식대로 돈과 기술과 에너지를 더 많이, 혹은 더 효율적으로 투입함으로써 어떤 효과를 기대한다는 것은 기껏해야 미봉책에 지나지 않는, 부질없는 노력일 뿐이다.

　여기서 주목할 것은 일찍이 이와 같은 순환적인 패턴의 중요성에 대해서 뛰어난 인식을 보여주었던 맑스의 선구적인 통찰이다. 일반적으로 맑스주의자들은 생산력이나 과학기술에 의한 '진보'에 대해서 대체로 맹목적인 긍정의 태도를 취해왔고, 그 때문에 그들에 대해서 오늘날 생태주의자들은 심히 비판적이다. 그러나《맑스의 에콜로지》(2000)의 저자 벨라미 포스터가 강조하고 있듯이, 적어도 맑스 자신은 '물질대사 균열(metabolic rift)'이라는 개념에 입각하여 자본주의적 산업화가 가져올 치명적인 생태학적 결과를 예견하고 있었다는 점에서 산업적 생산력의 증대를 일방적으로 긍정했다고 하기는 어렵다.

　맑스가 '물질대사'라는 개념에 주목한 것은 19세기 독일의 저명한 농화학자 유스투스 폰 리비히의 과학적 분석에 근거해서였다. 리비히는 당시 영국에서 가장 발전된 형태로 전개되고 있던 산업화된 농업이 토양열화 현상을 불가피하게 하는 '약탈적 시스템'이라는 것을 명확히 지적하였다. 근대사회에서 식량과 섬유가 농촌에서 수백 수천 마일이나 떨어진 도시로 운반된다는 것은, 달리 말하면, 질소, 인산, 칼륨과 같은 토양을 구성하는 필수 영양물질이 운반되어 간다는 것을 의미한다. 하지만 이렇게 운반된 영양물질은 ― 인간이나 동물의 분뇨라는 형태로 ― 다시 농촌으로, 땅으로 되돌아오는 대신 도시와 강과 바다를 오염시키는 것으로 귀결된다. 이처럼 도시와 농촌, 인간과 자연 사이의 순환적인 '물질대사'가 교란, 분열됨으로써 토양의 재생에 불가결한 자연적 조건이 파괴되고, 그 결과 생명과 부(富)의 원천이 사라질 수밖에 없는 것이다.

이러한 토양열화 현상에 대응하기 위해서 일찍부터 서구 국가들은 식민지나 해외에서 비료를 들여오거나 합성 화학비료를 개발해왔다. 그러나 화학물질의 남용은 결국 토양의 황폐화를 초래한다. 그 결과, 이러한 근대농법의 확산으로 지금 세계 도처에서 농경지의 사막화가 급속히 진행되고 있는 것이다.

여하튼, '물질대사 균열'이라는 개념에 의거하여 맑스는 자본주의적 생산양식이 어떻게 재생산의 토대 자체를 파괴하는 데까지 이르게 될 것인가에 대한 체계적인 비판을 발전시킬 수 있었다.

　　자본주의적 농업에 있어서 진보라는 것은 모두 노동자를 착취할 뿐만 아니라, 토양까지도 약탈하는 방식으로 진행된다. 일정 기간 동안 토양의 비옥도를 증가시키는 과정은 그 비옥도를 장기적으로 유지시키는 기반 자체를 파괴하는 과정이 된다. 미합중국과 같이, 발전의 배경에 대규모 산업을 가진 국가에서는 이 파괴의 과정은 좀더 급속히 진전된다. 따라서 자본주의적 생산이 기술과 생산의 사회적 과정을 발전시키는 것은 동시에 토양과 노동자라는 모든 부(富)의 본래적 원천을 손상시키는 것으로써만 가능하다.

　　　　　　　　　　　　　　　　　　　　　　　　　　ー《자본론》, 제3권

맑스는 자본주의가 노동자만이 아니라 토양, 즉 인간생존의 자연적 토대까지 착취한다는 점을 주목하면서, 이 착취과정은 기술이 발전하고, 산업화가 대규모로 확대될수록 급속히 진행되는 것임을 지적한다. 그렇게 되면 인간과 자연 사이의 순환적인 대사(代謝)는 점점 더 불가능하게 되는 것이다. 그리하여 맑스는 소농 혹은 소규모 생산자 연합의 중요성에 대해서 다음과 같이 말한다.

> 여기서 배우는 교훈은 … 자본주의체제는 합리적 농업에 반하거나, 혹은 합리적인 농업은 자본주의체제와는 (설령 이 체제가 농업의 기술발전을 촉진한다 하더라도) 양립 불가능하다는 사실이다. 합리적인 농업을 위해서 필요한 것은 자기 자신을 위해서 일하는 소농이나 혹은 연합된 생산자들에 의한 관리이다.
>
> —《자본론》, 제3권

"합리적 농업"이라는 것은 물론 토양을 고갈시키지 않는, 항구적 지속이 가능한 농사이다. 맑스의 논리에 따르면, 자본주의국가의 산업화된 대규모 농업만이 아니라 사회주의사회의 산업화된 집단농장도 역시 합리적인 농업, 즉 지속 가능한 농업이 될 수 없다. 중요한 것은 소규모 농민 혹은 그들의 연합체이다. 이것을 명확히 인식한 데에 맑스의 생태학적 형안이 있었다고 할 수 있다.

합리적 농사와 소농

맑스는 자본주의체제를 분석할 때, 늘 농업문제를 염두에 두고 있었다. 그것은 단순히 인간과 자연 사이의 관계만이 아니라, 인간과 인간 사이의 관계라는 점에서도 농업이 필수적인 의미를 갖는다고 생각했기 때문일 것이다. 실제로, '합리적인' 농업이란 문명사회가 이 지구상에서 자연의 법칙에 순응하여 순환적인 생활패턴을 지속적으로 강구할 수 있게 하는 거의 유일한 생존방식이다. 그뿐만 아니라, 그 "합리적인 농업"에 필요한 소규모 생산자 연합체, 즉 농민공동체는 인간과 인간 사이의 민주적이고 호혜적인 관계를 보장해주는 근본적인 틀을 제공하는 것이다.

소농 혹은 소생산자 연합체를 떠나서 "합리적인 농업"이 불가능하다는 맑스의 통찰은 오늘날 우리들에게 무엇보다도 귀중한 지침이 된다. 지금 우리가 직면하고 있는 가공할 생태적 위기는 본질적으로 세계 농업의 위기로 해석할 수도 있기 때문이다.

오늘날 농업은 맑스가 정확히 예견한 대로 고도로 산업화되어, 엄청난 석유와 화학물질과 기계에 의한 영농방식으로 행해지고 있다. 이와 같은 현대식 '과학영농'은 단기적인 생산력 증대에 대한 기여는 있었는지 모르지만, 항구적 지속이 불가능하다는 것은 이미 확연해지고 있다. 재작년 이후 국제 곡물시장에서 밀과 옥수수의 가격이 전년에 비해 2~4배나 폭등한 것은 여러 징후로 보아 앞으로 이런 추세가 확대될 것임을 예고하는 신호로 볼 수 있다. 세계의 곡물 작황의 이런 추세는 기후변화를 포함한 여러 요인에 의한 것이지만, 실은 오랫동안의 산업적 영농의 필연적인 결과로서 세계 전역에서 농경지가 광범위하게 사막화하고 있는 것에 기인한다고 할 수 있다. 물론 산업화와 도시화, 그리고 최근의 생물연료용 식물 재배지의 확대로 인한 농지의 급속한 축소도 빠뜨릴 수 없는 요인일 것이다.

이런 상황에서 가장 불길한 것은, 글로벌 자본주의의 지배 밑에서 세계 전역에서 소농과 그들의 공동체가 급속도로 소멸되어가고 있다는 사실이다. 지금 농민들에게 가장 위협적인 적(敵)은 '자유무역' 이데올로기라고 할 수 있다. 글로벌 자본은 '자유무역'이란 허울 좋은 이름으로 농산물시장 개방을 강요하고 있지만, 실제로 이 개방의 목적은 농업대국, 특히 미국의 잉여농산물을 처리하기 위한 것임은 잘 알려진 사실이다. 그렇게 해서 방대한 토지에서 막대한 국가보조금까지 받아 생산된 농업

대국의 잉여농산물이 세계시장에 헐값으로 쏟아질 때, "한 줌밖에 안되는 땅뙈기와 당나귀 한 마리"뿐인 멕시코나 한국의 소농들이 거기에 대항한다는 것은 원천적으로 불가능한 일이다.

그런데도, 가령 한국의 권력엘리트들과 주류 경제학자들은 '자유무역'의 확대를 옹호하면서, 농업이 살려면 '경쟁력'을 키워야 한다고, 수십 년이나 계속해온 공허한 말을 되풀이하고 있다. 아니, 이제는 더 나아가 거의 노골적으로 농업 자체를 그만두자고 하는 주장까지 공공연히 나오고 있다. 이제 그들은 "비싼 땅값은 기업경쟁력을 떨어뜨리기에 공급 확대가 필요하고, 따라서 '농지보존'이라는 토지정책은 포기할 필요가 있다"고 말하는가 하면, 심지어 "식량안보를 위해서는 식량 비축이 필요하지 농지를 갖고 있을 필요는 없다. 농지보다는 곡물 딜러를 확보하는 게 더 중요한 안보 수단이다"라는 과감한 발언까지 서슴지 않는다("망국병 비싼 땅값(7)—전문가 좌담", 〈매일경제신문〉, 2007년 4월 26일). 아마도 이러한 사고(思考) 혹은 사고력의 결핍은 지금 이 나라의 기득권층은 물론이고, 이른바 진보적인 지식인들 사이에서도 광범위하게 퍼져 있는 농사 경시 풍조를 극단적으로 반영하는 현상일 것이다. 아니나 다를까, 이명박대통령인수위원회도 갖가지 '개혁안'을 쏟아내는 와중에 '절대농지' 제도를 폐지하겠다고 공언하기에 이르렀다.

그런데, 지극히 현실적인 문제들을 고려하더라도 계속해서 이렇게 농업을 천대하는 게 과연 가능할 것인지 심히 의심스럽다. 한국은 지금 석유에너지 수입으로는 세계 7위, 농산물 수입은 세계 4위 국가이다. 게다가 고작 20퍼센트대의 곡물자급률도 갈수록 떨어질 가능성이 높은 게 오늘의 현실이다. 조만간 세계의 석유생산이 정점에 오를 것이라는 경고가 나온 지도 여러 해가 되지만, 만약 이런 예측이 현실이 되어 석유 값이 폭등한다면 어떻게 될 것인지 한번 냉정히 생각해볼 필요가 있다. 그렇게 되면 그동안 석유라는 원료를 싸게 수입해서 그것을 가공하여 수출함으로써 성장을 해왔고, 단기간에 압축적 산업화도 이룩하였던 한국 경제는 지금까지 해왔던 방식을 더 계속할 수 있을까. 더욱이, 지금까지 거의 전적으로 석유에 의존해왔던 근대적 농업 자체도—한국뿐만 아니라 세계 전역에서—뿌리에서부터 거덜날 것이 분명한데, 그렇게 되면 설령 돈이 있다 한들 어디서 식량을 사들여올 것인가.

게다가 지금 세계경제를 지배하고 있는 글로벌 금융자본주의 시스템의 근본적인 취약성을 고려하면, 농업, 농촌, 농민의 존재 의의는 더 절실할 수밖에 없다. 오늘날 금융자본주의체제는 거품경제를 토대로 한 그 허구성 때문에 조만간 붕괴할 수밖에 없는 운명이다. 이미 그 붕괴의 징후가 점점 더 뚜렷해지고 있는 상황에서, 우리는 이 위기로부터 우리의 삶을 보호해줄 수 있는 궁극적인 토대가 어디에 있는지 깊이 생각해보아야 한다. 이런 점에서도 자립적 농민경제와 그것을 둘러싼 지원체계의 복구는 시급한 과제라고 하지 않을 수 없을 것이다.

우리는 하루빨리 산업문명이 농업문명에 대한 진보를 나타낸다고 생각하는 근대주의적 발전 사관의 덫에서 해방될 필요가 있다. 현재 중국의 지도적인 농업사상가로서 소농 중심의 향촌 건설 운동을 주도하고 있는 원톄쥔(溫鐵軍)에 의하면, "인류사회가 산업문명으로 들어간 것"을 진보라고 보는 것이나 동아시아 소농사회를 "낙오된 사회"라고 간주하는 것은 큰 착각이며, 오늘날 뒤늦은 근대를 추구해온 동아시아 사회가 미국이나 유럽처럼 대규모 농장을 건설하여 완전히 근대적인 설비를 갖춘 현대식 농업을 꿈꾼다는 것은 어리석은 망상이다. 그는 공업화의 원리를 적용하여 대규모 기계화 농업을 추구한다면, 그 결말은 동아시아 농업의 파멸밖에 없다고 말한다. 나아가서 그는 그러한 "현대식" 농업이란 "유럽인들이 일찍이 세계 도처에서 행한 대규모 살육의 산물"이라는 것을 명확히 인식해야 한다고 역설한다(〈세계화와 중국 농촌〉, 《녹색평론》 제87호 (2006년 3-4월)).

우리가 소농과 그 공동체를 기반으로 한 생태적 순환사회를 지향하지 않으면 안될 이유는 많다. 그러나 그 모든 이유는 '대량 살육'에 기초한 문명을 우리가 더는 옹호해서는 안된다는 데로 집약될 수 있다. 모든 징조로 보아 상황은 낙관적인 전망을 조금도 허용하지 않는다. 아마도 한참은 더 자본주의 근대의 폭력적인 독주는 계속될 것이다. 그러나 이 독주에 맞서서 '비근대적인' 삶의 양식을 보존, 확보하려는 세계 전역에 걸친 풀뿌리 저항운동이 바로 이 시각에도 다양한 형태로 끈질기게 조직되고 있다는 것을 우리는 기억할 필요가 있다. 우리는 모든 노력을 다하여 그러한 저항운동에 합류하는 데서 희망의 길을 발견해내는 수밖에 없다.

광우병을 통해서 본 근대농업

　광우병 위험성이 있는 미국산 쇠고기 수입문제로 한동안 들끓던 여론이, 적어도 겉으로는, 잠잠해지고 있다. 5월 초부터 시작되어 근 석 달이나 진행되었던 촛불집회는 정말로 치열하고 끈질긴 것이었다. 우리 사회의 저변에 잠재되어 있는 민주적 충동이 실로 엄청나다는 것을 보여준 이번의 촛불집회는 지금 당장 가시적인 성과를 거둔 게 없다 하더라도, 앞으로 두고두고 이 사회의 성격과 진로에 중대한 영향을 끼칠 것이다. 조만간 '촛불'이 재연될 가능성도 없지 않지만, 설령 그렇지 않다 하더라도 지금까지의 것만으로도 촛불집회의 여파는 만만치 않을 것이다. 물론 지금은 보이지 않겠지만, 이번의 대규모 촛불집회로 인한 충격과 영향은 장기적으로 볼 때 정치, 경제, 사회, 문화를 포함한 온갖 삶의 영역에서 앞으로 갈수록 뚜렷하게 감지될 가능성이 크다고 할 수 있다.

　그러한 근본적이고 장기적인 영향과는 별도로, 이 촛불집회로 많은 사람들이 쇠고기 문제, 나아가서 오늘날의 식품 일반에 대한 인식을 새롭

---

* 《농촌과목회》 제39호(2008년 가을)에 게재.

게 하게 되었다는 것도 사실 무시할 수 없는 중요한 성과라고 할 수 있다. 물론 이 인식이 얼마나 철저하고 깊이 있는 것인지는 분명치 않다. 그렇다고는 해도, 일찍이 이처럼 대중적인 차원에서 식품의 안전성이 큰 정치적 이슈가 되고, 그 과정에서 사람의 생명과 건강이 항상 위험에 노출되어 있을 수밖에 없는 글로벌 경제체제의 실상이 평범한 생활인들의 주목을 크게 받아본 적이 없었다. 이것은 어떻든 반가운 현상임에 틀림 없다. 오늘날 우리의 삶이 자본과 국가의 논리에 의해서 철저히 유린되고 왜곡되고 있는 것을 실감하는 사람들이 증가할수록 '대안적' 질서를 향한 급진적 욕망도 증가할 것이기 때문이다.

그러나, 아직은 갈 길이 먼 것도 사실이다. 우선 광우병을 둘러싼 논쟁만 하더라도 그렇다. 대부분의 사람들의 주된 관심사는 여전히 미국산 쇠고기를 안심하고 먹어도 되느냐 하는 좁은 의미의 위생문제에 국한되어 있는 듯하다. 지금 대다수 사람들은 어떻든 정부가 책임을 지고 광우병 감염 경로를 차단해주기만 한다면 아무것도 문제될 게 없다고 생각하고 있을지도 모른다. 그래서 예를 들어, 검역을 강화하거나, 원산지 표시제를 철저히 실시해주기만을 바라는지 모른다. 그러나 이런 수준에 머물러 있어서는 근본적인 해결에의 길이 열리기 어렵다는 것은 말할 필요가 없다.

'녹색혁명'의 재앙

광우병 문제에 관련해서 생각해보아야 할 점은 한두 가지가 아니지만, 우선 이것이 실은 '미친 소'의 문제가 아니라 '미친 인간'의 문제라는 것을 명확히 해야 할 필요가 있다. 즉, 이것은 탐욕 때문에 제정신을 잃고 자연의 순리를 간단히 무시해온 인간들의 문제이지, 아무 죄 없이 비좁은 우리에 갇혀 끝없이 학대받아온 소들의 문제일 수 없는 것이다. 그러니까 정확히 말하면, 문제는 광인병(狂人病)이지 광우병(狂牛病)이 아닌 것이다.

광우병의 발생 기전에 대해서는 아직 완전한 과학적 규명이 되지 않았다고 하지만, 소의 사체를 원료로 한 동물성 사료가 주범이라는 것은 확실한 듯하다. 광우병이 대량 발생하여 근 100만 마리의 소를 '살처분'하지 않을 수 없었던 영국에서 동물성 사료를 전면 금지한 결과, 광우병이 대폭 감소 추세를 나타냈다는 사실이 그것을 증명하고 있다.

1990년대 초에 처음 외국 잡지에서 광우병에 관한 기사를 읽었을 때 내가 받았던 충격을 나는 아직도 생생하게 기억하고 있다. 설마 인간이 초식동물인 소한테 동물사료를, 그것도 제 동포의 살을 먹게끔 강요하는 일이 현대적 축산이라는 이름으로 오랫동안 버젓이 행해지고 있었다는 사실을 믿을 수가 없었기 때문이다. 소가 동물사료를 먹는다는 것은 적어도 나로서는 상상조차 할 수 없는 일이었다. 아마 내가 큰 충격을 받은 것은 그 무렵 내가 현대식 축산의 실태를 잘 모르고 있었던 탓도 있었을 것이다. 나는 그때까지만 해도 옛날 농가에서 한두 마리씩 풀이나 여물을 먹여 키우던 소들이나 혹은 넓은 초원에서 유유히 풀을 뜯어 먹고 있는 소들에 대한 이미지를 머릿속에 갖고 있었는지 모른다. 그러나 그 뒤 차츰 오늘날의 축산 현실에 관한 좀더 자세한 정보와 지식을 갖게 됨에 따라 나는 광우병은 현대식 공장형 축산의 필연적인 귀결이라는 생각을 하지 않을 수 없었다.

예를 들어, 제러미 리프킨이 1992년에 발표한 저서 《쇠고기를 넘어서─축산문화의 번영과 쇠퇴》를 보면, 적어도 미국에서는 오래전부터 소들한테 별의별 것을 다 먹이고 있었다. 비좁은 우리에 갇혀서 꼼짝도 못하고 있는 소들한테 주는 사료 속에 항생제, 성장호르몬, 신경안정제는 물론, 마분지나 신문지, 톱밥 혹은 닭이나 돼지의 우리에서 긁어모은 거름이 포함되기도 하고, 심지어는 체중 불리기에 특별한 효과가 있다고 해서 시멘트 가루가 들어가기도 한다는 것이었다. 이런 판국에 소의 사체를 가공한 동물성 사료를 먹일 생각을 안하는 게 이상할 것이다. 원래 수천수만 마리씩 일상적으로 도살되는 소들에서 나오는 내장을 비롯한 비식용 부위는 정상적인 상황이라면 쓰레기로 처리해야 마땅한 것이었다. 하지만 대량으로 쏟아지는 그 쓰레기를 처리하는 비용이 우선 만만치 않다. 게다가, 온갖 것을 다 먹이는데 소 내장을 가공한 것이라고 해서 먹여서 안될 까닭이 있는가. 그렇게 해서 막대한 쓰레기 비용도 줄이고, 소를 빨리 살찌게 하는 추가적인 사료도 거의 공짜로 얻을 수 있는 방법이 생긴 것이다. 무엇이 잘못이란 말인가. 아마 그런 생각이었을 것이다.

여기에서 우리가 보는 것은 자연의 순리에 대해서는 털끝만큼도 관심이 없는 엄청난 불경(不敬) 혹은 극도의 교만이다. 원래 소는 풀을 먹고 살아야 한다는 것이 우주적 섭리이며, 자연의 신성한 뜻일 것이다. 그러나 자본주의 문명의 발달 속에서 어느새 '거룩한 것'에 대한 감각은 극단적으로 퇴화하였고, 오로지 이윤추구를 최대 목적으로 하는 자본의 논리만이 폭주를 계속하고 있을 뿐이다. 이런 상황에서 소를 비롯한 가축과 짐승들이 가혹한 학대에 노출되는 것은 당연하다고 할 수밖에 없다. 그러나 문제는 이토록 잔인한 동물학대를 기초로 한 이와 같은 문명생활이 과연 인간에게 행복한 삶을 보장하는가, 그리고 나아가서는 언제까지 지속 가능할 것인가 하는 것이다.

그런데 따지고 보면, 동물사료에만 문제가 있는 것이 아니다. 소의 사료로 곡물을 준다는 것도 소의 생리를 무시한 폭력이라고 할 수 있다. 동물사료는 광우병 문제와 관련해서 그 위험성이 널리 알려짐에 따라 전면적으로 금지되어야 한다는 여론이 높아져가고 있지만, 곡물사료에 대해서는 아직 누구도 문제제기를 하지 않고 있다. 사실 풀을 씹으면서 하루종일 되새김질을 해야 하는 소의 생리를 고려하면, 옥수수를 원료로 한 곡물사료도 결코 소한테 적합한 먹을거리가 아닌 것이 분명하다. 그럼에도 불구하고, 쇠고기의 육질을 좋게 한다는 이유로 현대식 축산업에서는 대량의 곡물이 소비되고 있는 것이다. 통계를 보면, 현재 미국에서 생산되는 곡물의 80퍼센트, 세계 전체 곡물 생산의 3분의 1이 가축사료로 사용되고 있다. 더욱이 소위 미국식 햄버거 문화가 세계 전역으로 확산되면서 이 경향은 점점 더 심화되고 있는 것이다.

곡물사료는 비단 가축뿐만 아니라 세계의 가난한 사람들에게도 구조적인 폭력을 행사한다. 우리가 다 알고 있듯이, 쇠고기를 비롯한 육류는 곡식에 비해서 엄청나게 낭비적 요소를 내포하고 있는 식품이다. 오늘날 1인분의 쇠고기 생산을 위해서 20인분의 곡물이 투입되고 있고, 1칼로리의 쇠고기를 생산하는 데 보통 35칼로리의 석유가 소모되고 있다. 그 결과는 전 세계적으로 10억의 비만 인구와 10억의 기아 인구의 공존이라는 비극적 현실이다. 또한 여기서 간과할 수 없는 것은 사료용 곡물 재배에는 살충제가 무제한적으로 남용되고 있다는 점이다. 그리하여 가축과 그 고기를 먹는 인간의 건강뿐만 아니라, 세계 전역의 농지들이 그 피해를 고스란히 입고 있는 것이다. 오늘날 육류 소비가 늘어가는 것과 병행해서 아까운 열대우림이 끝없이 훼손되고, 전 세계적으로 심각한 토양오염 및 토지열화 현상이 확대되고 있는 것은 결코 우연이 아니다.

현대 축산의 문제는 이 밖에도 열거하자면 한이 없다. 육류의 일상적인 섭취로 인한 사람의 건강문제도 간과할 수 없지만, 현재 지구상에 14억 마리 정도 있다고 추정되는 소들이 뿜어내는 방귀를 통해서 배출되는 메탄가스도 예사 문제가 아니다. 메탄가스는 이산화탄소보다 20배나 더 지구온난화에 기여한다는 치명적인 온실가스이기 때문이다. 지구온난화를 억제하기 위해서는 자동차 운행의 대폭적인 축소뿐만 아니라 육류 소비의 대폭적인 절감도 시급히 필요하다고 할 수 있다.

그러나 현대식 축산의 문제는 오늘날의 농업 현실 전체가 드러내는 부조리의 일환에 지나지 않는다. 원래 미국의 대규모 축산시스템에 곡물사료가 도입되기 시작한 것은 과잉생산된 옥수수를 처리하기 위해서였다. 제2차 세계대전 기간 중 비약적으로 확대된 기계 및 화학 산업이 전쟁이 끝난 이후에도 계속적인 호황을 누릴 수 있기 위해서는 군사산업 이외의 출구가 필요하였다. 이런 필요에 부응한 것이 농업의 대대적인 기계화, 화학화였던 것이다. 탱크를 만들던 기술과 시설은 트랙터를 비롯한 농기계 제조에, 각종 화학무기 개발에 동원되었던 지식과 기술은 화학비료,

살충제, 제초제의 대량생산에 안성맞춤이었다. 그리하여 종래의 노동집약적 농업이 기계와 화학물질에 의존하는 '과학적' 농법으로 근본적인 탈바꿈을 하게 된 것이다. 그 결과, 한편으로는 일손이 남아도는 농촌인구는 대거 도시로, 공장으로 흡수되고, 다른 한편으로는 만성적인 다수확 과잉생산 체제가 굳어져버린 것이다.

이후 미국의 잉여농산물은 축산 사료로 사용되기 시작했을 뿐만 아니라, 세계 전역의 소위 저개발국에 대한 원조식량으로도 대대적으로 소비되었다. 6·25전쟁 직후 기근에 시달리던 한국에도 미국의 잉여농산물이 원조식량으로 들어왔던 것은 우리가 다 아는 사실이다. 그런데 미공법 480조에 의거해서 한국에서 소비된 원조식량의 판매수입금 중 80~90퍼센트를 한국 정부가 이용할 수 있게 되었으나, 그 가운데 거의 전부는 사실상 미국산 무기를 구매하도록 규정되어 있었다. 그리고 나머지 10~20퍼센트의 수입금은 미국 정부가 미국에서 공부하는 한국 유학생들에게 주는 장학금으로 사용하였다. 이런 식으로 미국의 잉여농산물은 철저히 미국의 세계지배 전략을 위한 효과적인 도구로 활용되었던 것이다.

이와 동시에, 미국은 또한 소위 과학적 영농 방법을 세계 전역으로 확대하는 데에 부심하였다. 그것이 바로 '녹색혁명'이었다. '녹색혁명'의 이름으로 개발, 보급된 새 품종은 재래종에 비해서 단위면적당 확실히 더 많은 수확을 가능하게 해주었다. 그렇게 해서 '녹색혁명'은 저개발 국가들의 식량문제를 해결해주는 것처럼 보였다. 특히 쌀을 주식으로 하는 아시아 지역에서 벼의 새 품종 개발에 주도적인 역할을 했던 것은 록펠러재단이 1960년 필리핀에 세운 '국제미작(米作)연구소(IRRI)'였다. 그런데 새로운 품종과 농법으로 다수확이 가능하게 된 것은 좋지만, 그런 다수확을 위해서는 엄청난 화학비료와 농약 사용이 불가피해졌다. 그렇게 된 것은 품종 자체의 문제도 있지만, 농업의 기계화·화학화로 인한 단작(單作) 재배의 문제도 있었다. 단작 재배를 하면 작물은 병충해에 취약할 수밖에 없고, 따라서 과다한 살충제 사용이 불가피해지는 것이다.

간단히 말하여, '녹색혁명'이란 농업의 합리화·근대화라는 명분 밑에서 기계와 화학물질에 의한 농법을 세계의 농민사회에 강요하는 폭력적 메커니즘이었다. 그렇게 함으로써 농기계 산업과 화학산업은 번창하고, 농민들은 자립성을 잃고 자본과 국가 관료조직에 의존적으로 될 수밖에 없었다. 그뿐만 아니라, '근대적' 농법 때문에 남아도는 농촌인구는 불가피하게 도시로, 공장지대로 떠나지 않을 수 없게 되었다. 이 대규모의 이농으로 자본가들은 값싼 노동력을 풍부하게 얻을 수 있었지만, 농촌공동체의 상호부조적인 생활기반에서 유리된 수많은 사람들은 공장노동의 비인간적인 기율에 시달리거나, 실업자 혹은 반실업자가 되어 도시를 배회하는 비참한 신세로 전락해버렸던 것이다.

지금도 '녹색혁명'의 공로를 운위하는 사람들이 꽤 있다. 그들에 의하면, '녹색혁명'에 의한 다수확 생산으로 가난한 사람들이 굶주리지 않게 되었고, 상당 기간 낮은 식량가격이 유지될 수 있었던 결과로 저임금 노동력이 확보 가능했기에 가령 한국의 산업화가 성공할 수 있었다는 것이다. 이것은 사실에 어긋나는 말은 아닐 것이다. 그러나 우리는 그렇게 '성공한' 산업화와 그 산업화를 토대로 쌓은 오늘의 사회경제 체제가 과연 살 만한 삶을 보장하는 것인가, 그리고 무엇보다도 그것은 지속 가능한 것인가 하고 물어보아야 한다.

왜 유기농인가

'녹색혁명'을 정당화하는 논리가 무엇이건, '녹색혁명'으로 인류사회가 직면하게 된 두 가지 결정적인 위협이 간과되어서는 안된다. 하나는 농촌공동체의 해체, 그리고 다른 하나는 오늘의 농사가 거의 전적으로 석유의존적으로 되어버린 데서 생긴 위태로운 상황이다. 실제로 이 두 가지는 맞물려 있는 문제이다. 석유 의존 농법이 확대되면 될수록 남아도는 농촌인구는 농촌을 떠날 수밖에 없고, 그 결과 조만간 농촌에는 인구과소 현상이 발생한다. 그러면 사람이 없으니까 농사는 결국 다시 석유

농법에 의존할 수밖에 없는 악순환이 되풀이되는 것이다. 그렇게 해서 오늘날 한국을 포함한 세계 전역에서 농촌공동체가 급속도로 붕괴하고 있는 것이다.

국가의 정책결정자들이나 권력엘리트들은 항상 도시화는 역사의 필연적인 추세라고 생각하는 경향이 있다. 그러나 그들이 잊고 있는 것은 아직도 세계 대다수 풀뿌리 민중이 농사에 종사하고 있기 때문에 이나마 세계가 유지되고 있다는 점이다. 만약에 이들이 모두 도시로 나온다고 할 때 세상은 어떻게 되겠는가. 그들에게 제공할 수 있는 일자리는 과연 있는가.

되돌아보면, 대다수 인간이 장구한 세월 동안 최소한의 자존심과 인간다운 품위를 유지하며 삶을 영위할 수 있었던 방법은 농촌공동체의 일원으로서 사는 것이었다. 이것은 지금도 변함없는 진실이라고 할 수 있다. 농촌에서의 삶은 물론 가난하다. 그러나 그 가난은 결코 비참한 것이 아니었다. 그것은 공동체의 상호부조적 관계를 기반으로 하면서 끊임없이 그 관계를 강화하는 공생공락의 가난이었다. 이 가난의 경험은 '결핍'을 모르는 도시의 돈 많은 부자로서는 전혀 알 수도, 상상할 수도 없는 부(富)를 가져다준다. 왜냐하면 인간에게 있어서 최대의 '부'란 사람끼리의 유대이며, 그 유대는 '결핍'에 의해서만 생겨나기 때문이다.

공동체의 붕괴라는 문제를 떠나서, 오늘날 석유 의존 농법은 날이 갈수록 인류문명의 존속 가능성에 관련하여 좀더 직접적이고, 긴박한 위협이 되고 있다. 무엇보다도 지금은 석유생산 정점(peak oil)이 임박했거나 이미 시작되었을지도 모르는 상황이다. 최근 석유 값을 둘러싼 의론들이 분분하지만, 기본적으로 지난 수십 년간 계속되었던 값싼 석유 시대는 다시 찾아오지 않을 것임은 모든 정황으로 보아 확실하다. 따라서 지금까지 값싼 석유를 토대로 해서 전개되었던 모든 산업활동과 경제성장 패턴은 치명적인 타격을 입게 될 것이라는 것은 쉽게 예측할 수 있다. 농사라고 해서 예외가 아닐 것이다. 아니, 석유 없이는 농사가 아예 불가능하게 된 지금의 관행농업은 순식간에 괴멸되어버릴 가능성이 크다. 이미 북한의 농업이 보여준 생생한 선례도 있다. 우리가 흔히 잊고 있는 것은 북한의 식량자급률은 남한보다 비교할 수 없이 높다는 사실이다. 그럼에도 불구하고 소비에트사회주의권으로부터 값싸게 공급되던 석유가 끊어지자 북한 농업은 하루아침에 무너져버리고, 대량 기아 사태에 직면했던 것이다.

북한의 사정은 예외적인 경우라기보다 조만간 석유공급에 큰 차질이 빚어질 때 세계 전체가 겪을 재앙을 미리 보여준 것에 불과하다고 할 수 있다. 더욱이, 석유를 대량으로 사용하고도 겨우 25퍼센트라는 위태로운 곡물자급률을 기록하고 있는 남한의 현재 농업 현실을 감안하면, 사태는 심히 긴박하다고 하지 않을 수 없다.

그러나 희망이 없는 것이 아니다. 그것은, 예를 들어, 같은 상황에 직면하여 북한과는 전혀 다른 접근방식을 취했던 쿠바의 방식에서 볼 수 있다. 쿠바는 석유공급이 돌연히 중단된 1990년대 초의 몇 년간 심각한 식량난을 겪으면서 석유에 의존하지 않는 농법, 즉 유기농체제로의 전환을 국가적 차원에서 대대적으로 실행했고, 그 결과 몇 해 만에 식량위기에서 벗어날 수 있었던 것이다. 그뿐만 아니라, 쿠바 사람들은 유기농 식품 섭취 이외에 도시의 빈터 곳곳에서 작물을 손수 기르는 텃밭 가꾸기에 참여함으로써 예전보다 훨씬 더 건강한 시민생활이 가능해졌다.

중요한 것은 다가올 사태를 예견하고 현명하게 대비하는 일이다. 바로 그것이 북한은 실패했지만 쿠바는 성공할 수 있었던 결정적인 이유였다. 쿠바에서는 이미 오래전부터 유기농체제를 위한 준비작업이 다양한 기관, 연구소, 전문가들에 의해 이루어져 있었다. 쿠바의 최고 지도자 카스트로가 이미 오래전에 농서(農書)를 100권 이상이나 독파하고 있었다는 사실이 쿠바의 상황을 웅변적으로 말해주고 있다.

유기농체제로 시급히 전환해야 할 필요성은 반드시 석유공급에 대한 불안한 전망 때문만이 아니다. 그보다 어쩌면 더 중요한 이유는 그동안의 석유 의존 농사가 세계의 농경지를 엄청나게 오염시키고, 지력을 형편없이 고갈시켜 놓았기 때문이다. 2차대전 이후 미국 농경지의 전체 표토의 4분의 1이 이미 사막화되었다는 통계가 있는 데서도 알 수 있듯이, 기계와 석유화학제품의 대량 투입의 필연적인 결과는 땅과 물의 오염, 그리고 토양 비옥도의 상실이다. 인간이 아무리 뛰어난 재간을 가지고 있다 하더라고 흙이 사라지고, 땅과 물이 오염되어버리면 만사가 끝이다.

돌이켜보면, 서구의 근대농업에는 이미 처음부터 생명과 '부'의 원천인 토양을 고갈시키는 논리가 내재되어 있었다고 할 수 있다. 이에 반해서 아시아의 농업은, 적어도 서구 근대에 의한 충격으로 변화를 강요당하기까지, 오랜 세월 동안 순환적인 물질대사가 원활하게 돌아가는 시스템을 유지하고 있었다. 그러한 원활한 순환의 핵심은 거름의 적절한 투입이었다. 20세기 초에 중국, 조선, 일본, 세 나라를 여행하면서 이 지역의 농사 관행을 꼼꼼히 관찰하고, 《4천 년간의 농부》(1911)라는 책을 남겼던 미국인 토양학자, 프랭클린 킹이 가장 관심을 가졌던 문제가 바로 살아 있는 흙의 항구적인 유지라는 문제였다. 그는 동아시아 벼농사 사회에서 거의 4,000년 전의 상태나 다름없는 토양이 보존되어 있는 것에 감명을 받았을 뿐만 아니라, 그렇게 오랫동안 토양을 보존할 수 있었던 핵심 기술이 인분의 퇴비화라는 사실에 크게 놀라고 감탄하였다. 서양 세계에서는 상상도 하지 못할 농사기술 혹은 지혜였던 것이다.

인지학회와 발도르프학교의 창시자인 루돌프 슈타이너 역시 서구식 근대농업의 지속 불가능성을 주목한 선각자 중의 하나였다. 그는 생애 마지막 무렵 공들여 농업 강좌를 열고, 그것을 통해서 생명역동농법이라는 독특한 농사법을 제시했는데, 그 농법의 핵심이 바로 흙을 보호하고, 되살리는 기술이었다. 그에 의하면, 이미 20세기 초에 유럽의 농경지는 쇠약해져 있었고, 그 때문에 거기서 자라는 농산물로는 사람이 충분히 맑고 건강한 정신적·육체적 에너지를 획득할 수 없다는 것이었다.

그러나 잊어선 안될 것은 흙을 살리는 데 핵심적인 주체는 어디까지나 농촌공동체이며, 거기에 뿌리를 박고 사는 농민들이라는 사실이다. 이것은 프랭클린 킹이나 루돌프 슈타이너에게는 자명한 문제였다. 그렇기 때문에 그들은 굳이 농민공동체의 중요성에 대해서 언급할 필요가 없었던 것이다. 하지만 지금은 상황이 근본적으로 다르다. '녹색혁명' 이래 글로벌 자본과 그들의 이익에 철저히 봉사해온 국가권력은 농민과 그들의 공동체를 축소 내지 사멸시키기 위한 일관된 정책에 매진해왔다. 그 가운데 가장 강력한 정책은, 말할 것도 없이, '자유무역' 논리이다.

'자유무역' 논리는 1994년 우루과이라운드를 거쳐 1995년에 출범한 세계무역기구(WTO) 체제, 그리고 뒤이은 각국 간 자유무역협정(FTA) 틀 내에서도 언제나 가장 핵심적인 의제가 되어, 각국의 농산물시장 완전 개방을 강력히 요구해왔다. '자유무역' 체제하에서는 농업은 다른 산업과 조금도 다를 것이 없는 이윤추구 혹은 자본축적 수단에 지나지 않는다. 그리하여 글로벌 자본은 농산물의 생산, 유통, 판매에 대한 독과점적인 장악을 통해서 사실상의 항구적인 세계지배를 겨냥하고 있는 것이다. 이 과정에서 소규모 생산자, 토착 농민들의 퇴출은 필연적이다. 방대한 토지를 기반으로 하고 있을 뿐만 아니라, 엄청난 정부보조금까지 받는 거대 농기업들에 맞서서 "곡괭이 한 자루와 당나귀 한 마리"뿐인 토착 농민들이 경쟁한다는 것은 처음부터 불가능하기 때문이다.

소농공동체를 살려야

지금 인류사회에 닥친 온갖 위협 중에서 가장 심각한 것은 아마도 세계 전역에 걸쳐 급속히 진행되고 있는 사막화 현상이라고 할 수 있을 것이다. 옛날 신석기혁명, 즉 농경과 목축이 시작됨으로써 지구 생태계에 큰 변화가 일어났지만, 그 변화는 어디까지나 국소적이었다. 예를 들어, 아시리아, 이집트, 인더스문명, 중국의 황하문명, 그리고 그리스 로마 문명에 이르기까지 한때 고대문명이 번영을 누렸던 땅은 모두 결국 사막화하고 말았다(여기서 중요한 것은 문명이 망했기 때문에 땅이 사막화한 것이 아니라, 땅이 사막화했기 때문에 문명이 망했다는 사실이다).

그러나, 고대문명의 기반이었던 땅의 사막화가 국소적인 현상에 그쳤던 것에 반해서 오늘날 인류사회가 직면하고 있는 것은 전 지구적인 범위에 걸친 사막화이다. 미국인 토양학자 프랭클린 킹이 확인했듯이, 이 사막화를 막을 수 있는 유일한 힘은, 땅과 흙의 성질을 잘 알고, 정성스럽게 보살필 수 있는 능력과 지혜를 가진 사람들, 즉 오랜 농촌공동체의 전통을 계승한 소농들 외에는 없다는 것이 분명하다. 산업의 논리를 강요함으로써 소농의 소멸을 앞당기려고 하는 자유무역 논리는 결국 인류를 집단자살로 이끄는 공멸의 논리라고 할 수밖에 없다.

그럼에도 불구하고, 지금 글로벌 자본과 권력엘리트들은 유전자조작 농산물(GMO)을 새로운 해결책으로 제시하고, 그것을 강력히 밀어붙이려 하고 있다. 유전자조작식품은 그 안전성이 확보되지 않았고, 또한 유전자 조작에 의한 새로운 유기체의 출현이 생태계에 어떤 예기치 못한 재앙을 가져올지 아직은 누구도 확신을 하지 못한다. 그뿐만 아니라, 유전자조작 농산물이 관행이 될 때, 생물종 다양성이 무너질 것이라는 것은 쉽게 예견되는 사태이다. 더욱이 유전자조작에 의한 농법이 절대로 다수확을 가져다주지 않을 뿐만 아니라, 오히려 더 많은 농약과 비료를 사용해야 한다는 많은 실증적 증거들이 있다.

다수확에 대해서 말한다면, 그동안 흔히 믿어왔던 것과는 달리, 기계와 화학물질의 대량 투입에 의한 대규모 현대식 농업이 아니라, 소농에 의한 유기농업이 실질적으로 훨씬 생산성이 높다는 사실이 근년에 들어 다양한 연구자, 기관들을 통해서 입증되어왔다. 대표적인 것으로, 2008년 4월에 발표된 유엔 산하 '농업기술개발 평가위원회'의 보고서를 들 수 있다. 지금 세계 전체가 직면한 농업위기를 해결하기 위한 모색의 일환으로 전 세계의 400여 명의 전문가들이 모여서 수년 동안 조사, 연구한 결과를 집약한 이 보고서가 강조하고 있는 것이 바로 소농을 보호해야 한다는 생각이다. 실제로 단위면적당 투입된 노동력을 기준으로 본다면 확실히 기계·화학농업이 생산성이 높다. 그러나 농사에 낭비된 에너지, 물, 지력 고갈 등등을 고려한 종합적인 평가에서는 소농에 의한 유기농 재배가 압도적으로 생산성이 높다. 게다가, 소농에 의한 유기농업에서는 다품종 재배가 가능하고, 농약으로 오염되지 않은 다양한 작물의 부산물들을 짚으로, 공예의 원료로, 가축의 먹이로 활용하는 것이 가능하기 때문에 총체적인 생산성은 석유 의존 농사에 비할 바가 아닌 것이다.

소농을 보호하고, 농촌공동체를 살려야 할 이유는 일일이 열거할 수 없을 만큼 많다. 지금은 인도의 진정한 독립은 영국의 식민통치로부터의 단순한 정치적 해방이 아니라, 인도의 70만 마을이 부흥함으로써 인도 민중이 자립, 자급의 삶을 영위하는 게 가능할 때 비로소 성취되는 것임을 일찍이 역설했던 간디의 비전과 지혜가 절실한 상황이다.

산업화, 도시화, 그리고 소위 선진화를 향한 사회적, 정치적 소용돌이 속에서 오늘날 우리의 삶은 갈수록 수렁에 빠지고 있다. 출생, 양육, 교육, 취직, 주택, 의료, 노년, 사망에 이르기까지 인생의 모든 단계, 모든 국면에서 우리의 삶은 자본과 권력의 논리에 의해 끊임없이 유린되거나 뒤틀리고 있다. 더욱이 갈수록 심각한 고용·비정규직화 문제는 종래의 상투적인 세계관, 세계인식의 틀을 통해서는 결코 해결 방법이 나올 수 없다. 노동운동도 마찬가지이다. 오늘날 노동운동이 갈수록 왜곡되거나 허약해져 가는 것은 기본적으로 농촌공동체가 죽어가는 현상과 긴밀한 관련이 있다. 농촌이라는 자립의 궁극적 근거지가 소멸되어버릴 때, 민중은 자본의 전횡 앞에서 속수무책으로 무력해질 수밖에 없다.

이 상황에 대한 타개책은 어디에서 구할 것인가. 확실한 것은 지금까지 해왔던 방식, 즉 더 많은 성장 혹은 성장을 전제로 한 더 고른 분배에 의해서는 활로가 열릴 가능성은 거의 없다는 사실이다. 그러한 고식적인 사고방식은 결국 지옥으로 가는 길을 포장하려는 헛된 노력에 봉사할 뿐이다. 필요한 것은 근본적인 방향전환이다. 그리고 이 방향전환을 위한 노력에서 소농과 그들의 공동체를 살려려는 싸움이 핵심이 되어야 한다는 것은 더 말할 필요가 없다.

농(農)을 살리는 세계로 ― '자유협동주의'의 이념

　지역재단 정기총회에 불러주셔서 감사합니다. 방금 사회자께서 저를 소개하면서 이 자리에 앉아 계신 여러분들이 위로를 받을 수 있는 이야기를 제가 해줄 것을 기대한다고 말씀하셨는데, 사실 위로는 제가 받고 싶네요.(웃음) 위로라는 말을 우리가 여기서 하고 있는 것을 보면 다들 요즘 사는 게 많이 고단한 듯합니다. 그래도 저는 지역재단 같은 조직을 통해서 우리가 가끔이나마 만나서 이런저런 이야기를 나눌 수 있다는 것은 복이라고 생각합니다. 특히 여기 계신 분들은 그동안 지역을 중심으로, 풀뿌리 삶의 현장에서 직접 몸으로 부딪치며 활동해오신 분들이니 저마다 많은 중요한 얘기를 갖고 계실 것입니다. 그리고 그런 이야기들이 자연스럽게 쌓이다 보면 우리가 어떻게 살아야 할지, 우리의 삶이 어떤 방향으로 가야 할지, 그것을 위해서 우리가 구체적으로 어떤 각오로 일하고 싸워야 할지 출구가 열릴 것이라고 믿습니다.

---

* 이 글은 2015년 7월 17일 성균관대학교(수원)에서 열린 '지역재단' 총회에서 행한 기조강연을 정리, 보완한 것이다. 《녹색평론》 제147호(2016년 3・4월)에 게재.

조금 전까지 이사장님의 인사말을 비롯해서 여러 선생님들이 준비해 오신 말씀들을 잘 들었습니다. 하나같이 매우 중요한 이야기라서 주의를 기울여 경청했습니다. 그런 말씀들을 들은 뒤여서 그런지 사실 저는 더 보탤 말이 없을 것 같습니다. 그저 약간 군소리를 늘어놓는 수밖에 없다는 생각이 드네요. 게다가 들어보시면 알겠지만, 제가 하고자 하는 이야기는 지극히 상식적인 이야기이기도 합니다.

농사의 죽음, 문명의 몰락

며칠 전 어떤 책을 보다가 재미난 구절을 봤습니다. 오늘 여러분과 함께 읽어보면 좋을 것 같아서 여기 적어 가지고 왔습니다. 《서구의 몰락》 (1918, 개정판 1922)이라는 책, 들어보셨죠? 슈펭글러라는 사람이 쓴 유명한 책입니다. 제1차 세계대전이 끝난 뒤에, 종래에 유럽문명의 진로에 대해서 낙관적인 전망을 갖고 있던 서구의 지적, 정신적 흐름이 완전히 달라졌죠. 조금 지각 있는 지식인들은 거의 예외 없이 절망 속에 빠졌습니다. 서구의 미래에 대해서, 근대문명의 미래에 대해서 이제는 아무것도 기대할 수 없다는 생각이 만연하고, 비관적이고 허무주의적인 정서가 팽배하게 됩니다. 이런 경향은 전쟁에서 참패한 독일 지식인들 사이에서 특히 심했지만, 반드시 독일에만 국한된 현상은 아니었습니다. 유럽 지식인사회 전체가 비관주의에 빠집니다. 그런 정신적, 사상적 상황에서 나온 대표적인 저서가 바로 《서구의 몰락》이었죠. 우리나라에도 번역본이 나와 있습니다만, 읽기가 그리 만만한 책은 아닙니다. 저도 예전에 한번 읽어보려고 시도하다가 그만두었습니다. 분량도 많지만, 내용 자체가 난해하기도 하고 너무 '비과학적인' 이야기가 많아요. 그래서 그런지 실제로 서구의 제도권 학계에서는 출판 당시부터 이 책의 가치를 별로 인정하지 않는 분위기였죠. 학자나 지식인들은 본래 합리적인 언어가 아니면 잘 수긍하지 않는데, 그들이 보기에는 이 책이 너무 조잡하게 쓰인 책이라는 거죠. 그럼에도 불구하고 이 책의 기본적 입장에 대해서는 공감하는 사람들이 많았습니다. 저도 이 책이 말하고자 하는 기본정신은 여전히 살아 있다고 봅니다. 사실 이 책은 출판 즉시 일반 독자들 사이에서 큰 인기를 끌었습니다. 독일뿐만 아니라 서유럽 전역에서 그랬습니다. 번역 본들도 많이 나오고, 한때 일세를 풍미했습니다. 다분히 그럴 만한 근거가 있었기에 그랬겠지요.

지금 많은 사람들은 서구에서 출발한 자본주의 근대문명이라는 것이 종말에 이르렀다는 것을 느끼고 있습니다. 실제로 근년에 들어 쏟아져 나오고 있는 이 종말적 상황에 대한 분석과 설명들을 들어보면 꽤 설득력이 있다는 생각이 듭니다. 결국 《서구의 몰락》이라는 저서에서 슈펭글러가 예견한 현상이 80년, 90년 만에 현실화되고 있다고 볼 수 있습니다. 슈펭글러가 예견했듯이 서구가 당장 몰락한 것은 아닙니다. 하지만 몰락으로 향하는 그 기본방향을 그는 옳게 짚었다고 할 수 있는 거죠. 그런 의미에서 《서구의 몰락》은 우리가 지금 다시 꺼내 읽어야 할 중요한 '예언서'일지도 모릅니다.

그런데 흥미로운 것은, 서구문명의 몰락을 진단할 때 슈펭글러가 무엇보다 '농업'의 쇠퇴 현상을 지목했다는 사실입니다. 벌써 1920년대에 이런 이야기를 했습니다. 그 구절을 제가 적어 왔습니다. 읽어볼게요.

문명이 몰락의 단계를 맞으면 파리, 런던, 뉴욕과 같은 거대도시로 사람들의 생활이 집중되고, 그 이외의 지역은 황폐하게 된다. 그리고 그때까지 대지(大地)에 생사를 맡기고 생활해온 민중은 사라지고, 토지로부터 유리된 채 대도시에 기생하는 유랑민이 대량으로 발생한다. 이들 대도시의 주민이 된 사람들은 농민생활을 마음으로부터 혐오한다. 그들에게는 전통이라는 것은 전혀 없으며, 그들을 지배하는 것은 오로지 경제적 동기일 뿐이다. 그들은 무종교적, 실제적 인간으로 살아간다. 그리하여 그들은 무턱대고 여행을 좋아하고, 일찍이 문화가 번성했던 시대의 유물이나 예술품을 이해하지도 못하면서 구경하러 돌아다닌다.

어떤 기분이세요? 지금 한국의 현실을 완벽하게 묘사하고 있다는 느낌이 들죠? 우리는 적어도 지난 몇십 년 동안 농촌이 황폐화되는 것을 진보라고 여기는 착각 속에 빠져 살아왔습니다. 실제로 지금도 그런 사고방식은 이 나라 주류세력, 즉 권력과 금력을 차지하고 있는 사람들 다수를 지배하고 있습니다. 그 결과가 다름 아닌 극심한 도농 격차, 서울과 지방 간의 엄청난 인구학적·경제적·문화적 격차입니다. 우리나라처럼 수도권이 이렇게 비대해지고, 지방은 공동화·황폐화되어 있는 사회도 없을 것입니다. 그래서 수도권 인구를 지역으로 분산시키는 것을 핵심 과제로 삼는 이른바 국토의 균형적 발전이라는 문제는 그동안 매우 중요한 정치적, 사회적 현안이 돼왔죠.

그러나 실은 이 문제를 진지하게 생각하는 사람들도 농촌 황폐화라는 현상의 의미를 제대로 이해하지 못했고, 지금도 그렇습니다. 그들은 지역이 절망적인 상황에 처한 것은 피폐화된 지역경제 때문이라는 것은 다 아는데, 지역경제의 피폐화란 결국 농촌경제의 붕괴 현상과 직결되어 있는 문제라는 것은 보지 못하고 있습니다. 저는 이게 가장 큰 문제라고 생각합니다. 지방이라는 것은 본질적으로 농촌이라는 근본 토대 위에 서 있는 공동체들입니다. 이 점을 간과하고 기업이나 공공기관을 지방으로 이전하는 것으로 이 문제를 해결하려는 것은 사태의 핵심이 무엇인지 모르기 때문입니다.

이제 국가적 정책의 차원뿐만 아니라 일반 시민들의 눈에도 농촌·농민·농업의 문제는 잘 보이지 않습니다. 저는 오랫동안 지방의 대학에서 교편을 잡다가 지금은 서울로 와서 살고 있는데, 제가 만나는 지식인들 중에 농촌이나 농민의 현실에 대해서 진지한 관심을 갖고 걱정을 하는 사람을 저는 거의 보지 못했습니다. 외국 이야기, 외국여행에 관한 이야기는 신물이 나도록 들을 수 있지만 우리 농촌 이야기 하는 사람은 없어요. 아마도 식민지 시대 이래의 뿌리 깊은 관성이 아닌가 생각합니다. 머리 좋은 놈, 공부 잘한다는 놈들치고 제 고향을 떠나거나 혹은 고향을 떠나야 한다고 생각하지 않는 인간이 없습니다. 그게 우리들이 경험해온 한국 근대사의 핵심적 체험이라고 할 수 있습니다. 슈펭글러는 이렇게 농촌과 지방의 황폐화를 담보로 한 도시화, 근대화야말로 문명의 몰락의 분명한 징후라고 진단한 것입니다.

사실 따져보면, 대도시를 근거를 해서 지금 전개되고 있는 온갖 정치, 경제, 사회, 문화, 교육적인 활동 전체는 간단하게 말하면 기생적인 활동이라고 할 수 있습니다. 그 숙주는 물론 농(農)입니다. 지금 갈수록 도시 사람들의 눈에는 농업의 문제는 보이지 않지만, 저는 문명의 근본 토대는 농업이라는 엄연한 사실은 변하지 않는다고 생각합니다. 아무리 하늘로 로켓이 날아가고 우주탐사선이 태양계의 끝을 향해 가고 있다고 해도, 우리는 인간인 이상, 기본은 땅을 딛고 걷는 보행입니다. 첨단 기술과 산업이 아무리 발달한다 하더라도 땅을 떠난 인간의 삶은 상상할 수 없습니다. 그런데도 우리는 철저히 땅을 버리고 땅을 황폐화하는 것을 문명의 진보라고 생각해왔습니다. 특히 이른바 압축적인 경제발전을 이룬 한국 사회는 이 점에서 세계에서도 유례가 없는 경우라 할 수 있습니다. 슈펭글러의 말대로 스스로 땅으로부터 유리된 존재, 기생충적인 존재임에도 불구하고, 우리는 절대로 자신을 그렇게 보지 않습니다. 오히려 농촌 사람들을 불쌍하게 보고 있습니다. 농민들도 마찬가지입니다. 자식이 대를 이어서 농사를 지으려면 절대로 용납하지 않습니다. 현실이 그렇게 돼버렸습니다. 물론 농민이 이런 현실을 만든 게 아니죠. 근대화를 한답시고, 경제발전을 이룬다면서 그렇게 만들어온 메커니즘, 그 구조가 문제죠. 하여간 그 구조 속에서 지금은 근대문명, 도시적 삶 자체의 존속이 매우 불투명한 상황에 처하고 말았습니다. 마치 기생충들이 자신의 생존 기반인 숙주를 아무 생각 없이 다 잡아먹어버린 꼴입니다.

땅으로부터 유리된 도시 주민들이 오로지 경제적인 동기에 의해서만 움직이는 무종교적 인간이 돼버렸다는 슈펭글러의 말도 참 정곡을 찌르고 있다는 느낌입니다. 꼭 오늘날 한국 사회를 미리 내다본 것 같습니다. 우리나라는 겉으로는 지금 아마도 세계 제일의 종교국가라고 할 수 있습니다. 절에 나가는 사람, 성당에 가는 사람도 많지만, 극성스러운 개신교 신자들이 얼마나 많아요. 그렇지만 우리가 다 알듯이 그 사람들이 정말로 부처를 믿고, 하느님을 믿고, 예수를 믿는 게 아니잖아요. 진짜 믿는 것은 돈, 그리고 지극히 속물적인 욕망들이죠. 최근에 프란치스코 교황께서 신자유주의 경제논리 때문에 경제적 불평등과 사회적 격차가 극단적으로 첨예화되고 있는 현재의 세계적 상황을 개탄하면서 자본주의 문명을 "악마의 배설물"이라고 표현한 발언이 주목을 받았습니다. 한국의 언론에서 무슨 말을 '배설물'이라고 번역했는지 궁금해서 찾아보니까 영어로는 "dung of devil"이라고 돼 있더군요. 그러니까 교황은 그냥 "악마의 똥"이라고 직설적으로 말한 거예요. 그걸 우리나라 언론은 그대로 옮기는 게 거북하다고 생각한 모양입니다. 그러나 그렇게 번역하면 어감이 너무 다르잖아요. 그분이 얼마나 이 비인간적이고 야만적인 자본주의 문명에 대해서 깊은 반감, 엄청난 혐오감을 갖고 있는지 드러나지 않는단 말이에요.

그런데 아까 인용한 구절에서 저한테 제일 재미있는 대목은 마지막 문장입니다. 뿌리가 뽑혀진 사람들이 무턱대고 여행을 좋아한다는 구절 말입니다. 지금 제가 보기에 한국의 중산층 다수가 해외여행 중독증에 걸린 것 같아요. 아주 증세가 심한 중독증이에요. 물론 우리는 대부분 오랫동안 갇혀 지냈습니다. 20~30년 전까지만 해도 해외여행이 실제로 가능한 사람은 소수 특권층이었죠. 그런 점에서 이제 원하면 해외여행을 자유롭게 할 수 있는 여건이 되었다는 것은 좋은 현상이죠. 폐쇄사회보다 개방사회가 더 인간적인 사회라는 것은 틀림없으니까요. 그러나 오늘날의 상황은 이렇게 마음 편하게만 볼 수 없다는 게 문제입니다. 지금 길게 말씀드릴 여유가 없지만, 제가 보기에는 매우 비정상적인 상황이에요. 해외 나들이에 대한 열정이 거의 광적인 수준이 아닌가 싶어요. 이것은 뒤집어 말하면, 우리 자신의 생활 현실이 점점 감내하기 힘들 정도로 황폐화되고, 우리의 인간관계가 삭막해지고, 우리 각자의 내면이 갈수록 공허해지고 있는 점과 깊이 연결돼 있다고 저는 생각합니다. 의식적이든 무의식적이든 해외 나들이를 열망하는 심리의 저변에는 생활 현장으로부터 떠나고 싶다, 도망가고 싶다는 욕망이 있는 것으로 생각됩니다. 그러니까 실제 해외 나들이를 계속 반복하더라도 그것이 인간적인 성숙이나 자기교육에 별로 도움이 될 수가 없죠. 괴테 같은 뛰어난 인격과 높은 정신세계를 가진 인간도 평생 해외 나들이는 2년간의 이탈리아 여행뿐이었습니다. 괴테는 말이 끄는 수레를 타고 알프스를 넘고, 이탈리아 각지를 다녔습니다. 그러니까 지금처럼 비행기로, 자동차로 다니는 여정이 아니라 매우 느린 여정이었죠. 그랬기 때문에, 힘들기는 하지만 괴테는 자신이 보고 듣는 낯선 자연경관, 사회적 풍물과 관습, 문화적·예술적 유적지에 대해서 깊이 느끼고 생각하면서 여행을 했고, 그 과정을 통해서 내면적인 '재탄생'이라는 경험을 할 수 있었던 것이죠. 덮어놓고 여행을 자주, 많이 한다고 세계에 대한 새로운 발견이나 인간적 각성 혹은 자기교육이 가능해지는 게 아닙니다. 외람된 말입니다만, 오늘날 수많은 한국인들에게 해외여행이란 그저 생활의 공허함에 대한 반작용, '자기'로부터의 도피 이상의 의미가 있는지 모르겠습니다. 그러니까 지금 우리 사회를 압도하고 있는 여행에 대한 열광은 어디까지나 그저 '소비주의' 문화의 일환에 불과한지도 모릅니다. 어쨌든 슈펭글러가 문명의 쇠퇴의 특징적인 예로서 사람들이 밑도 끝도 없이 여행을 좋아하고 떠돌아다니는 현상을 꼽은 것은 탁견이 아닌가 생각합니다.

서울과 지방

25년 전에 《녹색평론》을 창간하기 전에, 저는 절이나 산속으로 들어가서 그냥 칩거하면서 명상생활로 들어가느냐, 아니면 뭔가 뜻있는 사회적 프로젝트를 시작하느냐 고민하다가 잡지를 만들기로 했습니다. 혼자서 칩거해서 사는 게 재미도 없을 것 같고 자신도 없었어요. 어쨌든 그 무렵의 제 심정은 평소처럼 학교 왔다갔다 하면서 연구실에서 책이나 읽고 학생들 가르치며 지낼 수는 없었습니다. 이대로 가면 이 세상이 망할 게 눈에 명확히 보이는데 그냥 아무 일 없다는 듯이 지내는 것은 도저히 못 하겠더라고요. 그래서 양단간에 결단을 내려야겠다고 생각하고는 결국 《녹색평론》이라는 잡지를 만들기 시작했죠. 그리고 일단 만들고 보니까, 한번 호랑이 등에 타버린 뒤여서, 내리지를 못하겠어요. 그래서 여기까지 왔습니다. 조만간 내려와야지요. 내려올 수 있도록 여러분이 도와주시면 좋겠습니다. 여러분이 《녹색평론》을 거들떠보지 않으면 제가 내려옵니다.(웃음) 그런데 이제는 제가 《녹색평론》을 제 맘대로 할 수 없습니다. 잘 아시겠지만 지금 《녹색평론》 독자모임이 전국에 근 50군데나 산재해 있습니다. 매호 책 뒤 페이지에 각 지역 독자모임을 알리는 광고가 나가는데, 거기에 광고를 내지 않고 진행하는 모임도 꽤 있어요. 독자들이 이처럼 전국적으로 모임들을 갖고 있다는 사실은, 발행인으로서는 고맙고 영광스러운 일이라는 것은 말할 필요도 없지요. 그런데 명시적이든 묵시적이든 그 진지한 독자들로부터의 비판 내지 압력 때문에 저는 늘 긴장을 느낍니다.

예를 들어, 10년 전에 《녹색평론》 사무실을 대구에서 서울로 옮겼을 때 독자들로부터 거센 비판 내지는 비난을 받았어요. 시골이 중요하고, 농사가 중요하다고 그렇게 강조하면서 왜 서울로 도망가느냐는 비판이었죠. 아직도 섭섭해 하는 독자들이 있어요. 뭐, 제가 변명할 말이 있을 리 없죠. 기본적으로 그분들의 의견이 옳으니까요. 제가 잡지를 대구에서 시작한 것은 직장이 거기에 있었기 때문이었는데, 직장을 그만뒀으니 별로 연고도 없는 곳에 더 머물러야 할 이유가 없었죠. 거기다가 잡지를 꾸려나가는 데에도 많은 불편이 있었습니다. 무엇보다 필자들을 쉽게 만날 수 없는 게 문제였어요. 어쨌든 농사를 중심적으로 생각한다 하더라도 《녹색평론》은 기본적으로 지식대중을 위한 인문교양 잡지를 지향하기 때문에 정치, 경제, 문화 각 방면의 전문가와 시민운동, 환경운동가들과 가급적 많이 접촉하고 의견을 들어보는 게 굉장히 중요하죠. 그래서 서울로 옮겼던 것인데, 제 사정을 잘 모르는 사람들한테는 그런 게 별로 중요한 문제일 수 없었을 것입니다.

사실 제가 늘 농사의 중요성을 강조해오기는 했지만, 저 자신은 농사를 지어본 적도 없고 농가 태생도 아닙니다. 그래도 딱 언제부터라고는 말할 수 없지만 항상 농사에 대한 관심은 있었습니다. 제가 지난 토요일에 볼일이 있어서 강화도에 갔다 왔는데, 요즘 전국적으로 가뭄이 심하지만 강화도가 특히 심하다고 그러죠. 가서 보니까 강화도 농민들이 논바닥에 콩을 심고 있더라고요. 이번 벼농사는 아예 틀렸다고 체념하고 대신에 갈라 터진 논바닥에 콩이라도 심어 간신히 살아보겠다는 거죠. 그 이야기를 들으면서 마음이 쓰리고 아팠습니다. 농민들은 이 고생을 하고 있는데, 저는 편안하게 집에 앉아 그냥 '한살림'에서 쌀과 먹을거리를 받아서 먹기만 하고 있으니까요. 저만 이런 게 아니라 도시에 사는 사람, 특히 지식인이란 사람들이 모두 이렇단 말이에요.

　그런데 제가 지방에서 살다가 서울에 와서 살다 보니까 한 가지 분명히 다른 게 있어요. 대구도 물론 대도시지만, 불과 10여 년 전까지만 하더라도 제가 학교로 오가는 길에서 보면 꽤 넓은 논밭과 농가들이 있었습니다. 어쩌다가 버스를 타고 지나가다가 혼자 도중에 내려서 그런 농촌마을 속으로 들어가 걷기도 하고, 때로는 막걸리를 마시며 시골 사람들과 얘기도 하고 그런 경우도 있었습니다. 그러다 보면 자연히 현재의 우리 농사나 농촌문제가 무엇인지 어설프게나마 의식을 안할 수 없죠. 그러나 서울에서는 그게 불가능합니다. 가뭄도 저녁뉴스에서나 듣고 잊어버립니다. 가뭄 때문에 시골에서는 얼마나 애태우는 사람이 많은지 실감할 수가 없는 거죠.

　지방에 있는 대학에서 교편생활을 하면 아무래도 서울보다는 농촌 출신 학생도 많고, 농민의 자식들도 많이 만납니다. 그 학생들과 얘기를 하면서 농촌살림의 어려움, 등록금 문제로 고민하는 이야기 등등, 듣지 않을 수 없습니다. 그리고 저는 잠깐이긴 하지만, 제 수업을 듣는 학생들에게 학기 중에 인근 농촌에 가서 며칠만이라도 농민들과 함께 생활해보고 오는 것을 숙제로 내준 적도 있습니다. 방학 때 하는 '농활'이 아니라, 학기 중 농번기에 가서 일하다가 오는 프로그램이었죠. 학생들은 농가당

두세 명씩 배치되어 일을 하고, 농민들과 똑같이 먹고 잠자는 생활을 했습니다. 농민들은 학생들이 와서 도와주는 게 아니라 일을 망쳐 놓는다는 것을 잘 알고 있었지만 워낙 사람이 없는 농촌마을에 젊은 학생들이 단 며칠이라도 와 있겠다고 하니까 굉장히 반겼습니다. 농과대학 수업도 아닌데 왜 학교수업 대신 농촌에 가야 하느냐며 불평하는 학생들도 있었어요. 하지만 대개는 얼굴이 그을려 돌아와서는 좋은 경험을 했다고, 고맙다고 소감을 말했습니다. 우리 농촌이 이토록 어려운 상황에 있는 것을 처음 알았다며 눈물을 흘리는 학생도 있었습니다. 순수한 젊은이들이니까 그런 반응이 나왔겠죠.

저는 선생질 시작하고 계속해서 지방을 돌았어요. 지방의 대학이 좋아서가 아니라 서울에 자리가 나지 않아서요. 지금 생각해보니, 끝까지 서울 입성을 못 했네요.(웃음) 어쨌든 그래서 그런지 제가 가르친 학생들 중에는 농민의 자식들이 비교적 많았습니다. 아마 그 덕분에 제가 우리나라 농촌에 대한 관심을 지속적으로 가질 수 있었는지 모르겠습니다. 하기는 우리 세대가 대체로 그렇듯이 저의 내면에도 농촌적 정서는 꽤 뿌리 깊이 박혀 있다고 할 수 있어요. 저의 부친은 평생 소도시의 월급쟁이로 사셨지만, 집안의 뿌리는 친가, 외가 할 것 없이 모두 농민이었습니다. 그리고 저는 아주 어렸을 적부터 고등학교 졸업 때까지 방학이면 으레 외가에 가서 지냈기 때문에 절반은 농촌에서 자랐다고 할 수 있습니다.

그러나 대학 입학 이후에는 거의 잊고 살다가, 1970년대 중반부터 지방대학 선생 노릇을 시작하면서 농촌 출신 학생들을 만나 친밀하게 지내면서 다시 농촌에 대한 기억이 되살아난 셈입니다. 그런데 70년대 중반이라는 시기가 중요합니다. 제가 느끼기에는 1970년대 중반을 분기점으로 우리 농촌이 사실상 몰락의 길로 접어든 게 아닌가 합니다. 물론 그 전에도 농촌경제는 쇠퇴하고 있었죠. 그러나 박정희 정권에 의한 개발독재, 공업화가 본격화하면서 농촌인구를 공업단지나 도시의 저임금 노동자로 써먹기 위한 전략으로 저곡가 정책을 강하게 밀어붙인 결과, 대량

이농(離農) 현상이 대대적인 사회적 이슈로 부각됩니다. 그게 1970년대 중반이었습니다. 그래서 농촌에는 줄어드는 농사 인구에 대응하기 위해서 대대적으로 농약, 화학비료, 기계화가 확산됩니다. 그리고 농업의 화학화, 기계화 때문에 다시 농촌인구의 상당 부분이 잉여 인력이 됩니다. 그 결과 농촌인구는 더 줄어들고, 갈수록 젊은이를 농촌에서 보기 어려워집니다.

이 상황에서 떠들썩하게 전개된 것이 새마을운동이었죠. 새마을운동은 여러 측면에서 볼 필요가 있지만, 빠뜨릴 수 없는 것은 피폐해지는 농촌을 더이상 방치할 수 없게 된 상황에서, 농촌문제의 본질을 엉뚱한 방향으로 호도하려는 국가적 책략이었다는 점입니다. 우리 농촌의 빈궁화, 황폐화라는 것은 기본적으로 대규모 공업화에 필요한 자본축적과 노동력 확보를 위해서 농촌경제를 고의적으로 희생시키기로 작정한 국가정책의 필연적인 결과였습니다. 그런데 박정희 정권은 이것을 엉뚱하게 농민의 게으름, 자력갱생의 의지 부족 등등, 근거도 없는 정신적·도덕적 문제로 환원해버린 것이죠.

그러나 70년대 중반에 대학교원 노릇을 시작하면서 농촌 출신 학생들과 사귀고 있을 때 제가 그런 농촌 몰락의 시대적·사회적 맥락을 옳게 파악하고 있었던 것은 아닙니다. 단지 농민의 자식인 학생들과 이야기를 하는 도중에 의문이 자꾸 생기더군요. 그 학생들의 이야기를 들으면 농촌에서 가을에 수확을 한다 하더라도 계산을 해보면 완전히 적자가 나게 돼 있었어요. 생산비도 못 건지는 게 보통이었습니다. 그런데도 계속 농사를 짓는다? 저는 도저히 이해할 수가 없었어요. 합리적으로만 생각하면 농사는 그만둬야 하는 게 옳은데 왜 농민들은 이 짓을 계속하는가? 그리고 무엇보다도, 아무리 독재국가라고 하지만 농민들과 농촌을 이 지경으로 방치해서 어쩔 셈인가? 이런 의문이었습니다.

그때 저는 어떤 근본적인 농정의 변화가 없이 이대로 간다면 10년 안가서 우리 농촌은 완전히 망할 것이다, 그렇게 생각했습니다. 저로서는 그렇게밖에 판단할 수 없었어요. 그래서 골똘히 생각을 해봤습니다. 만약에 이 사회에서 농촌이 사라지면 어떻게 될 것인가? 실제로 지금도 이 나라의 정책입안자들은 우리나라를 농촌이라는 배후지가 전혀 없는 도시국가, 즉 싱가포르나 홍콩으로 만들 생각을 하고 있는 것으로 보입니다. 한때는 너도나도 뻔질나게 두바이라는 데를 드나들면서 우리의 미래가 두바이에 있다고 요란하게 떠들었죠. 오로지 막대한 석유 판매 수익으로 사막 위에 건설된, 전혀 지속가능성이라고는 없는 신기루 같은 사회를 모델로 삼자는 정치가, 관료, 재벌, 언론인들이 얼마나 많았어요. 이렇게 아무 생각이 없는 인간들이 계속 이 나라를 지배하고 있으니 나라 꼴이 어떻게 되겠어요?

농사 경시 풍조가 의미하는 것

벌써 오래된 일입니다만, 어떤 경제 전문지를 보니까 전경련(전국경제인연합회) 간부들이 모여서 회의를 했는데, 우리나라 농사는 아예 포기하는 방향으로 가자, 좁은 국토에 땅이 얼마나 귀한데 돈도 안되는 농사가 땅을 차지하고 있는 것은 너무 아깝다, 식량은 수입해 먹으면 된다, 이따위 소리를 하고 있더라고요. 우리나라의 소위 경제 엘리트들의 본심이 그렇습니다. 그 사람들이 정치도 실제로 움직이는 사람들이기 때문에 제가 그 기사를 보고 굉장히 놀라고, 분개했던 기억이 있습니다. 물론 그 사람들 생각대로 꼭 되지는 않았지만, 우리 농촌은 기본적으로는 그들이 생각한 방향으로 계속해서 '죽임'을 당해왔습니다. 이 나라의 실질적인 지배자들의 의도대로 정부의 농정이라는 것은 한마디로 살농(殺農)정책의 연속이었다는 것은 우리가 다 잘 알고 있습니다.

문제는 이런 사태에 저항하기에는 이미 농촌에 사람이 없고, 농민들의 힘이 너무도 약하다는 사실입니다. 농촌인구도 너무 적어서 전국적인 선거판에서 별 영향력도 없습니다. 지금 정부나 국회에 농촌 출신들이 많이 있고, 특히 새누리당에는 영남 지방 농촌 지역구 출신들이 많이 있지만, 그들은 희한하게도 다음 선거에서의 재선에 필사적이면서도 자기 지역구인 농촌 사람들의 진정한 이익을 위해서 무엇을 해야 할지 아무것도 모르고, 알려고도 하지 않습니다. 정부가 농민들을 아예 죽일 작정으로 싼 외국 농산물을 마구잡이로 수입하고 일방적인 '자유무역협정'을 맺고 있는데도, 농촌 출신 의원들이라는 사람들이 그에 맞서서 싸우지도 않습니다. 그런데도 시골의 나이 든 농민들은 선거 때는 그들에게 무조건 표를 찍어줍니다. 농촌에 정치적 식견이 있는 젊은 사람들이 많이 모여 있어야 이런 상황도 깰 수 있을 텐데, 참으로 답답한 상황입니다.

그러면 이런 상황에서 발언할 책임은 지식인들에게 있습니다. 그러나 현실은, 예를 들어, 주요 일간지에는 농촌, 농업 문제를 다루는 단 한 사람의 전문기자도 없습니다. 농업에 관계되는 중요한 사건이나 사태가 발생하면 갑자기 벼락치기 조사를 하거나 외국 언론 베껴서 기사를 쓰는 게 고작이에요. 평소에 쳐다보지도 않다가 쓰려고 하니 문제의 본질이 무엇인지 모르고, 그냥 피상적으로, 서양의 부르주아 언론들 논조를 되풀이한단 말이에요. 비단 농업문제뿐만 아닙니다. 그리스의 부채 문제나 중동의 ISIS(이슬람국가)나 시리아 문제 등등에 대해서 주체적인 판단에 따른 깊이 있는 분석이나 해설 기사가 거의 없습니다.

사실상 우리나라는 식민지입니다. 꼭 총독부가 있고, 꼭 식민통치라고 말을 해야 식민지가 아닙니다. 공동체의 존립의 토대 중의 토대인 농사를 끝없이 멸시하고, 식량과 에너지 기반을 철저히 상실했는데도, 그게 무엇을 의미하는지 아무 자각이 없이 그저 외국무역에 기대고, 미국의 눈치나 살피는 나라가 예속 국가가 아니고 무엇입니까? 한국은 지금 자주적으로 일어서야겠다는 생각이 없는 나라예요. 그러지 않고는 농민과 농촌을 이렇게 홀대할 수는 없는 법이죠.

그러나 더 생각해보면 사실 농사를 경시하거나 심지어 멸시하는 풍조는 우리나라에만 국한된 현상이 아니죠. 근대문명이라는 게 근본적으로 공업문명입니다. 전통적인 방식으로 짓는 농사는 첫째 돈이 안되죠. 자본주의 문명 속에서 대우를 받을 수 없어요. 국가도 결국은 부국강병 논리에 함몰되기 쉽기 때문에 농사의 중요성은 늘 부차적일 수밖에 없습니다. 그러니까 농사도 자연히 기업농 위주로 가고, 국가의 농정이라는 것도 큰돈을 버는 수단으로서의 농업을 육성·장려하는 쪽으로 가는 게 보통입니다. 이런 경향은 특히 서구 자본주의 문명을 따라잡는 데 급급한 제3세계에서 심하게 노정됩니다. 넓고 비옥한 토지를 갖고서도 다수 민중이 만성적인 굶주림에 시달리는 상황이 이래서 발생하는 거죠.

동서양의 선각자들은 인류사회가 이런 식으로 전개될 것을 이미 20세기 초에 예견했습니다. 간디가 대표적인 인물이죠. 다들 아시다시피 간디의 궁극적인 목표는 단지 영국으로부터 인도가 정치적인 독립을 성취하는 게 아니었습니다. 독립 이후에 인도와 나아가서 세계 전체가 어떤 사회가 될 것인지를 예견하고, 보다 인간적인 세계가 되자면 어떻게 해야 할 것인가를 가장 깊이 생각했던 분입니다.

실제로 대영제국에 의한 식민통치하에서 자유를 잃고 노예로 산다는 게 무엇을 뜻하는지 몸으로 뼈저리게 겪은 인간으로서 간디는 인도인들이 세계에 기여할 수 있는 새로운 사상, 세계관, 사회원리가 무엇인가를 근본적으로 물었던 것입니다. 우리도 영국 못지않게 일념으로 부국강병을 추구해서 힘이 센 나라가 돼보자—이건 굉장히 졸렬한 생각이죠. 식민지를 정말 고통스럽게 경험한 사람으로서 내놓을 수 있는 사상이라 할수 없지요. 그러나 식민지에서 독립한 나라들 대부분의 지도자들은 독립이후 옛 상전들이 했던 방식을 답습하는 게 상례였습니다. 인도도 예외가 아니었습니다. 간디의 가장 충실한 정치적 제자였던 네루조차도 간디의 사상을 이해하지 못했습니다. 네루는 자본주의의 폐해를 막기 위해서 사회주의적 요소를 가미하면 된다고 생각했고, 서구세력과 공산권 사이에서 중립노선을 취하면 된다고 생각했습니다. 그러나 그 생각이 잘못됐다는 것을 네루 자신이 타계하기 직전에 어느 정도 깨닫고 후회했다는 얘기가 있습니다.

하여튼 농사를 중심으로 한 자급·자치에 기반을 둔 비폭력주의 생활이야말로 인류사회의 평화로운 공존을 위한 유일한 보편적인 생활방식이라는 게 간디의 일관된 입장이었습니다. 그 간디의 사상이 바로 인도에서 제대로 이해되지 못하고 외면을 당하고, 그럼으로써 사실상 배신을 당했다는 것, 여기서 현대세계의 가장 큰 비극이 시작되었다고 할 수 있습니다. 지금 인도에는 곳곳에 간디의 동상이 세워져 있다고 합니다. 그러나 실제로 간디 사상의 알맹이는 다 빼버렸기 때문에 그렇게 동상이 많고, 간디의 이름으로 국가적 행사도 많은지 모릅니다. 물론 인도는 독립 직후에 비해서 비교할 수 없을 정도로 크게 경제성장을 이루었습니다. 하지만 빈부격차는 독립 직후보다 훨씬 심하다고 합니다. 경제성장의 열매는 전체 인구 중 10퍼센트도 안되는 중상류층한테 집중되고, 나머지 인구의 대부분을 차지하는 대다수 농민과 도시빈민들은 극심한 빈곤 속에서 노예처럼 산다고 하죠. 농민이 가장 많이 자살하는 나라가 인도입니다. 간디가 우려했던 것이 현실로 나타난 것입니다.

민영화, 마지막 '프런티어'

농사를 무시하는 게 얼마나 위험한 일인지, 지금 글로벌 경제가 붕괴하는 것을 보면서 새삼스럽게 느낍니다. 2차대전 후 몇십 년 동안 세계경제는 어느 정도 호황을 누리고, 사회경제적 격차도 그리 심하지 않은 상황이 지속되었습니다. 하지만 그것은 요 근래 세계적으로 큰 주목을 받고 있는 책《21세기 자본》(2013)의 저자 토마 피케티에 의하면, 자본주의 역사에서 매우 예외적인 현상, 일시적인 현상이었습니다. 피케티는 자본주의 근대사회가 전개되는 동안 세습 자본가들에 의한 부의 독과점은 항상적으로 존재하는 현상이었고, 급진적인 정책전환이 없는 이상, 앞으로 더 심해질 것이라고 말합니다.

자본주의 세계경제가 이대로 간다면, 기왕의 복지시스템들이 차례차례 무너지고, 철도나 공항, 상하수도, 가스, 전기 등 기본적인 사회시스템을 유지하는 데 필요한 인프라는 말할 것도 없고, 교육, 문화, 의료, 금융시스템 등등 온갖 공공재가 자본가들의 사적 이익추구 수단으로 변질될 가능성이 높습니다. 즉 '민영화'될 것이라는 얘깁니다. 왜냐하면 지구 전체 구석구석에서 모든 비자본주의적인 영역을 자본주의시스템 내로 끌어들인 지금은 자본축적을 위한 '프런티어'가 더이상 존재하지 않습니다. 그러니까 공공재들은 자본주의가 건드릴 수 있는 마지막 프런티어인 셈이죠. 그래서 지금 어디서나 자본가들, 그리고 그들과 결탁한 국가권력은 민영화를 위해서 광분을 하고 있습니다. 상황이 이런 식으로 가면, 결국 죽어나는 것은 민초들입니다. 요컨대 우리가 사는 세상은 점점 말세적 징후가 뚜렷해질 것입니다.

이런 때일수록 원점으로 되돌아가서 숙고해보는 게 필요하다고 생각합니다. 그래서 요즘 다시 간디를 꺼내 보다가 문득 우리나라에도 분명히 이런 선각자가 있을 것이라는 데 생각이 미쳤습니다. 우리가 게을러서 챙기지 못해서 그렇지, 실은 우리 조상들 중에도 뛰어난 사상가·실천가들이 많았습니다. 그런 분 가운데 한 분을 소개하고 제 이야기를 끝내겠습니다.

우리는 6·25 전란과 그 이후 남북이 적대하는 상황에서 사상과 표현의 자유가 극단적으로 억압받는 세월 속에서 살아왔습니다. 그 세월 속에서 우리가 입은 손실이 많지만, 그중에서도 가장 큰 손실이 있습니다. 그것은 해방정국이나 그 전후의 역사공간에서 중도적 입장을 견지하고 있던 분들의 사상과 그 가치가 우리들에게 거의 전달되지 않았다는 사실입니다. 우리에게 익숙한 것은 대체로 극우 아니면 극좌 사상가들이었습니다. 극한적인 이념대립이 계속되는 상황에서 오직 극우 아니면 극좌 진영의 입장만이 눈에 뜨이게 뚜렷이 부각될 수밖에 없었기 때문이죠.

'이익균점권' 사상

제가 들고 있는 이 얄팍한 책, 《자유협동주의》라는 제목의 책인데 몇 년 전에 헌책방에서 구했습니다. 발간 연도가 단기 4290년으로 돼 있네요. 그러니까 서기 1957년이죠. 그 당시 나온 출판물이 다 그렇듯이 책 마지막 페이지에는 〈우리의 맹세〉도 적혀 있습니다. "우리는 대한민국의 아들딸, 죽음으로써 나라를 지키자"라고 시작되는 세 개의 반공 구호 말입니다. 정가 100환이라고 적혀 있군요. 저자는 전진한(錢鎭漢, 1901-1972)입니다. 이분에 대해서 혹시 들어보신 적 있습니까? 대개 모르실 거예요. 제가 아까 '손실'이라고 말한 게 바로 그 때문입니다. 굉장히 중요한 분인데 우리가 대부분 모르고 살았잖아요.

지금 이 전진한 선생에 대해서 말씀드리려고 하는데 충분히 설명할 수는 없고, 제가 생각하는 핵심만 간단히 말씀드리겠습니다. 곧 제헌절이 다가옵니다만, 아시다시피 1948년에 대한민국 초대 국회에서 최초의 헌법이 제정되었습니다. 아는 사람은 아는 사실이지만, 우리나라 제헌헌법은 거의 사회민주주의적인 성격을 가진 헌법이었습니다. 당시에는 우익 성향의 정치가들도 대한민국은 기본적으로 사회민주주의적인 노선으로 갈 필요가 있다는 데에 대개 동의하고 있었습니다. 대한민국이 지독한 반공 국가가 된 것은 6·25 이후입니다. 사실 저도 젊은 시절에는 제헌헌법에 대해서 잘 알지도 못하면서, 친일파들이 지배했던 국회에서 뭐 제대로 된 게 있겠어, 하는 식으로만 생각했습니다. 그래서, 유진오 같은 법학자들이 외국 헌법을 그냥 베껴서 헌법이라고 만들었겠지, 이렇게 단순하게 생각했습니다. 그런데 알고 보니 그게 아니었어요. 법학을 전공하는 제 친구한테서 얘기를 듣고, 또 그 친구가 쓴 책을 읽어본 결과 제가 얼마나 무식했는지 알겠더라고요(이흥재, 《노동법 제정과 전진한의 역할—국회속기록의 현장증언》, 서울대학교출판문화원, 2010 참고).

우리나라 제헌헌법을 제정할 당시 주요 조항은 국회에서 굉장히 치열한 논쟁을 거쳤습니다. 경제 조항에 대해서 특히 그랬습니다. 그때 속기록은 인터넷에서도 지금 찾아볼 수 있는데요, 관심 있으면 여러분도 한번 들여다보세요. 지금 국회와는 수준이 너무나 달랐던 것 같아요. 지금은 국회에서 논쟁다운 논쟁이 있는지도 모르겠지만, 온갖 해괴한 억지 주장, 무식한 소리들을 일국의 국회의원들이라는 사람들이 부끄러운 줄도 모르고 끊임없이 내뱉고 있는 게 오늘의 우리 정치 현실입니다. 그러나 제헌국회의 속기록을 보면 그때 국회의원들은 기본적으로 최소한의 교양을 갖춘 지식인이었다는 것을 알 수 있습니다. 논쟁할 때 나름대로 모두 논리가 서 있습니다.

어쨌든 그 제헌국회에서 헌법을 제정할 때, 가장 논란이 되었던 게 18조 2항이었다고 합니다. 결국 채택이 결정된 그 조항은 이렇게 쓰여 있습니다. "영리를 목적으로 하는 사기업체에 있어서는 근로자는 법률이 정하는 바에 의해서 이익의 분배에 균점할 권리가 있다." 회사가 영리활동을 해서 남는 이익이 있잖아요. 그 이익을 노동자들이 '균점'해야 한다는 것입니다. 단순히 임금을 받는다는 이야기가 아닙니다. 임금 외에, 지금 같으면 경영자들과 주주들에게 몽땅 가는 돈을 자본가와 경영자한테만 분배하지 않고 노동자들에게도 고르게 나눠 주어야 한다는 얘깁니다. 대단한 조항이죠? 그게 제헌헌법의 18조 2항에 규정되어 있습니다. '이익균점권'이라는 이름으로 말입니다. 그리고 무엇보다 중요한 것은 그것을 노동자의 당연한 '권리'라고 명명했다는 점입니다.

몇 년 전에, 서울대 총장을 역임하고 국무총리를 했던 정운찬 씨가 '이익공유제'라는 것을 말하는 것을 봤는데, 그 후 어떻게 됐는지는 모르겠습니다. 이익공유제라는 게 그 구체적인 내용이 무엇인지 제가 잘 모릅니다만, 기억하기로는 재벌들을 설득해서 노동자들에게 좀더 많은 혜택이 돌아가도록 한다는 아이디어 같더군요. 물론 취지가 나쁘지는 않지만, 거기에는 노동자의 정당한 '권리'라는 개념은 없었습니다. 그리고 재벌들을 설득한다는 것도 결국은 재벌들의 선의에 호소하겠다는 생각이죠. 그렇게 본다면, 제헌헌법의 '이익균점권'과는 완전히 차원이 다른 개념이라고 할 수 있습니다.

이익균점권이라는 것은 자본가들의 동정적 선의나 시혜적 자세를 전제로 하는 '굴욕적인' 개념이 아닙니다. 그것은 공동체의 저변을 형성하고 뼈대를 구성하고 있는 인민의 권리를 천명하는 개념입니다. 이것을 명확히 했다는 점에서 제헌헌법은 매우 진보적이었던 것이죠. 그런데 바로 이 이익균점권 사상을 주창하신 분이 전진한 선생이었습니다. 대한민국 초대 정부 때 사회부 장관이기도 했지요. 굳이 말한다면 그의 정치적 성향은 우익이었습니다. 해방 직후 좌익 노동조직인 조선노동조합전국평의회(전평)에 대항하기 위해서 이승만, 김구, 안재홍 선생 등이 중심이 되어 만든 대한노총의 위원장을 지냈던 분이었습니다. 그러나 이승만 정부가 점점 독재로 흘러가면서 전진한 선생은 이승만과 결별을 합니다. 그러고는 노농당(勞農黨)을 설립하여 소련식 사회주의, 미국식 자본주의를 동시에 넘어서는 '자유협동주의' 이념에 입각한 정치를 지향합니다. 매우 중요한 사상가, 정치가였습니다.

전진한 선생은 원래 경상도 상주의 극빈 가정에서 태어났고, 소년시절에 단신으로 서울에 올라와서 당시 김성수, 송진우, 현상윤 선생 등이 기거를 하던 하숙집의 종업원으로 일했다고 합니다. 밤늦게까지 잠도 안자며 촛불 아래서 열심히 면학을 해서 3·1운동 직후에 민족지도자들이 설립한 단체의 장학생으로 뽑혔다고 합니다. 그래서 일본 유학을 가서 와세다(早稻田)대학에서 경제학 공부를 하였습니다. 아직 이분에 대한 상세한 전기가 나오지 않아서 확실한 것은 알 수 없지만, 나중에 졸업 후 조선에 돌아와서 협동조합운동에 투신했다고 하는 것을 보면, 1920년대 당시 가가와 도요히코(賀川豊彦)라는 기독교사회주의자가 주도하던 협동조합운동으로부터 상당한 영향을 받았을 것으로 짐작됩니다. 가가와의 협동조합운동은 고베(神戸) 지방을 중심으로 전개되었습니다만, 그 뿌리는 아나키즘 사상이었습니다. 근대 일본의 초기 사회주의운동을 주도한 것은 원래 아나키스트들이었습니다. 따라서 이 무렵 협동조합운동가들의 입장은 나중의 맑스주의자들과 상당히 다릅니다. 그들은 프롤레타리아혁명이 아니라 어디까지나 일반 서민층 생활인들의 상호부조에 의한 자립적·자급적 연대의 공동체를 지향했습니다. 그 사상적 토양 위에서 오늘날 일본(그리고 한국)의 생협운동을 비롯한 많은 다양한 협동조합운동이 성장해왔다고도 할 수 있습니다.

어쨌든 그런 협동조합운동을 청년 전진한이 조선에서 전개했는데, 총독부 입장에서 보면 그것도 사회주의운동, 나아가서는 독립운동이기 때문에 그냥 놔두지 않습니다. 그래서 전진한 선생은 검거되어 몇 년 옥살이를 하다가 풀려나와서는 만주로 갔다가 곧 금강산으로 들어갑니다. 거기서 우리나라 근세의 빼어난 고승, 효봉 스님을 만나 불법에 귀의했다고 합니다. 그러고는 산중에서 참선생활을 하던 중 8·15 해방 소식을 듣고 서울로 와서 정계로 투신했다고 합니다.

전진한 선생의 생애를 너무도 소략하게 말씀드렸는데, 이 정도의 스케치만으로도 범상한 분이 아님을 느낄 수 있을 것입니다. 어쨌든 서울로 와서 국회의원도 되고, 사회부 장관도 하고, 나중에는 노농당이라는 농민과 노동자를 중심으로 하는 정당도 만들어 활동했는데, 정치적으로는 성공했다고 할 수 없어도 청렴하기 이를 데 없었고 신념과 원칙이 분명한 분이었습니다. 그러나 그분은 자신에게 정치는 부업이고 참선이 본업이라는 말씀을 자주 하셨다고 합니다. 돌아가실 때에도 정좌한 채로 눈을 감았다고 하는데, 그때 "삼천대천세계 활활투탈(三千大天世界 闊闊透脫)"이라는 게송을 마지막으로 남겼습니다. 그 직전에는 "나는 노동자로 세상에 왔다가 노동자로 돌아간다"는 말씀을 하셨다고 합니다. 철저히 자신을 노동자로 인식하고 계셨던 거죠.

그 전진한 선생이 제헌국회에서 헌법을 만들 때 경제 조항에 관련해서 주창한 것은 이익균점권 이외에 또 하나가 더 있었습니다. 그것은 노동자의 경영참가권입니다. 오늘날의 서구 선진국에서도 드물게 시행되고 있는 노동자 경영참가권을 1948년 대한민국 국회에서 주장을 한 것입니다. 국회에서 격론이 벌어졌습니다. 저도 인용된 속기록을 봤습니다만, 치열한 논쟁이 붙었는데, 친일파뿐만 아니라 미국 유학 출신의 의원들이 가장 강하게 반대하는 게 인상적이더군요. 어쨌든 완강한 반대 때문에 결국 경영참가권은 합의를 이루지 못해서 폐기되고, 이익균점권은 통과되었습니다. 그 결과가 제헌헌법 18조 2항입니다.

사실 이 조항은 한 번도 실제로 적용돼본 적은 없습니다. 곧 6·25 전란이 일어났고, 휴전 후에는 잿더미에서 경제를 일으켜 세우는 게 최우선적인 국가목표가 돼 있는 상황에서 이익균점권 조항은 사문화되어 버렸죠. 그러다가 박정희 정권 때 헌법 개정을 하면서 사실상 죽어 있던 이 조항을 아예 삭제해버렸습니다. 그 때문에 지금 사람들은 이런 조항이 일찍이 우리 헌법에 있었다는 사실 자체를 모릅니다. 그런 사실을 모른다는 것은 그것 자체로도 물론 문제지만, 더 큰 문제는 이러한 무지 상태 속에서 우리의 생각이 매우 왜소해졌다는 점입니다. 지금 우리나라 정치가, 지식인들이 대안이랍시고 내놓는 제안들 보세요. 왜소한 것들뿐입니다. 워낙 소심한 나머지 우리는 과감한 사고력을 발휘하지 못하고 있는 것 같아요. 일찍이 이익균점권이라는 '급진적인' 조항이 우리 헌법에 명시돼 있었다는 것을 알고 있었다면 우리의 사고와 상상력이 훨씬 더 커질 수 있었을 거라고 저는 확신합니다.

이익균점권을 주장할 때 전진한 선생의 논리는 아주 명쾌했습니다. 그분의 말씀은, 노동을 상품으로 간주하여 자본에 예속시키는 것은 시대착오적이다, 매우 고루한 사상이다, 라는 것이었습니다. 얼마나 참신하고 용기 있는 발언이에요. '노동력＝상품'이라는 관념은 19세기적 발상이라는 거예요. 시대를 그렇게 앞서 나갔던 분입니다. 지금 우리나라의 어떤 진보적 지식인이 이렇게 과감한 논리를 펼칠 수 있겠습니까?

심지어 맑스를 공부한 사람들도 늘 노동력 상품화 현상을 어떻게 극복할 것인가를 평생의 화두로 안고 살잖아요. 자본주의체제하에서의 노동은 상품이다, 라는 명제 자체를 근본적으로 비판하지는 않고 말입니다. 그러나 전진한 선생은 그것을 고루한 사상이라고 단정하고, 자본가가 돈을 출자했다면 노동자는 자기의 '노력'을 출자한 또 하나의 '자본가'라고 선언합니다. 노동자도 출자자라는 거죠. 출자자와 출자자는 기본적으로 대등한 관계입니다. 그러므로 거기서 생기는 이익을 고르게 나누는 것, 즉 균점(均霑)하는 것은 너무나 당연하다, 정당한 권리다, 이런 논리죠. '노동자＝임금노예'라는 진부한 공식이 이 명쾌한 논리로 단번에 척결돼버린 거죠.

'자유협동주의'의 이념

우리가 오늘날의 이 비인간적인 시스템을 근원적으로 극복하려면 이론과 논리가 있어야 합니다. 그냥 불쌍한 소리 해 봤자 힘센 자들이 절대로 양보하지 않습니다. 이론으로, 논리로 싸워야 합니다. 총칼을 들고 싸울 수는 없잖아요. 논리를 가지고 싸워야죠. 만약에 지금 우리가 이런 이야기를 했으면 완전히 빨갱이로 몰리겠지만, 전진한 선생은 우익 정치가, 노동운동 지도자였습니다. 물론 원시적인 반공주의자는 아니었습니다. 전진한 선생은 개인의 자율성을 부인하는 공산체제를 반대하는 것 못지않게 개인들의 이기주의와 배타성을 원리로 하는 자유방임 자본주의도 받아들일 수 없었던 사상가였습니다. 그래서 나온 것이 '자유협동주의' 사상입니다. 그것을 전진한 선생은 다음과 같은 말로 설명합니다.

> 자유협동주의는 개인주의에서 자유를 추출하고 전체주의에서 협동을 추출하여 기계적으로 병렬, 종합, 절충한 것이 아니라, 개인주의에서 독점성과 배타성이 지(止), 즉 폐기되고, 개성, 자유, 즉 개성존엄성, 평등성, 창의성이 양(揚), 즉 보존됨과 동시에, 전체주의에서 강권주의와 기계주의가 지(止), 즉 폐기되고, 사회협동, 즉 사회연대성, 공존성이 양(揚), 즉 보존되어 개인주의와 전체주의가 자유협동주의에로 지양 통일될 것이다. 이 자유협동주의는 개인주의나 전체주의와는 그 차원을 달리하는 질적으로 비약된 하나의 단일 사상으로 자유와 협동이 불가분리의 관계에 선다. 자유협동주의는 자유적 협동이요 협동적 자유이다. 자유는 협동에서 온 자유임으로 독점성과 배타성이 개재할 수 없고, 협동은 자유에서 온 협동임으로 강권주의와 기계주의가 용납될 수 없다.
>
> — 전진한, 《자유협동주의》, 국회타임스사, 단기 4290, 7~8쪽

그러니까 '자유협동주의'에서 중요한 것은 개체와 전체의 조화라는 거죠. 어디까지나 강제가 아니라 자율성에 기초한 협동을 전제로 한 조화

로운 관계이기 때문에 '자유협동'이고요. 따라서 자유협동사회란 "각자가 자기에게 맞는 자리를 찾아(各得其所) 각자의 타고난 개성을 맘껏 발휘하는(各得其性) 사회"입니다. 전진한 선생에 의하면, 여기서 자기에게 맞는 자리란 "전체와 개체가 조화를 얻은" 위치입니다. 그래서 "사회연대성, 공존성이 발휘되어 각자의 경제생활의 균형이 보장"되는 이런 사회야말로 '자유'와 '빵'이 동시에 갖추어지는 사회라는 것입니다. 전진한 선생은 이런 사회를 오케스트라에 비유하고 있습니다.

> 음악에 있어서 악사(樂士)가 각자 법열(法悅) 속에서 자유로이 그 가진 바 악기의 성능과 자기의 개성을 발휘하여 전체와 협동함으로써 하나의 '심포니'를 형성하여 듣는 사람으로 하여금 법열 속에 잠기게 하는 것이다.
>
> — 같은 책, 14쪽

이러한 조화를 통한 '법열'의 세계—이것은 한 나라 내부뿐만 아니라 전 세계가 지향해야 할 목표이기도 합니다. "세계와 민족국가, 민족 상호 간 대립의 통일을 이룩함으로써 인류가 자유와 빵을 함께 누릴 수" 있게 되고, 그 "길만이 인류로 하여금 원자탄적 자폭을 면할 수 있게" 할 것이라는 게 전진한 선생의 신념이었습니다.

덴마크의 힘, 협동과 교육

흥미로운 것은 이 '자유협동주의'의 모델로서 전진한 선생이 덴마크를 들고 있다는 점입니다. 해방 후 상당 기간 동안에 한국의 지식인·사회운동가들 사이에는 덴마크에 대한 관심이 꽤 높았던 것 같아요. 아마도 19세기 중반에 독일과의 전쟁에서 대패하여 비옥한 국토를 대부분 잃고 절망에 빠졌던 덴마크가 온갖 시련 끝에 부흥을 하게 된 곡절은 한국 지식

인들에게 특히 관심을 끌 만한 이야기였을지 모릅니다. 식민지에서 해방
되었으나 곧 전쟁으로 초토화된 상황에서 덴마크의 재생·부흥 모델은 매
우 매력적인 이야기일 수 있었겠죠. 전진한 선생도 그런 관점에서 덴마
크를 주목한 게 아닐까 싶어요.

어쨌든 덴마크는 "밖에서 잃은 것을 안에서 되찾자"라는 구호 밑에서
원래 황무지였던 유틀란트반도 전역에서 온갖 난관을 뚫고 식림과 농지
개간을 전개합니다. 그리고 덴마크의 부흥운동에서 가장 중요한 것은 농
민들에 의한 협동조합운동이었습니다. 당시 덴마크는 소농이 대세를 이
루고 있었는데, 그들은 신대륙 아메리카 등으로부터 헐값으로 쏟아져 들
어오는 외국산 농산물과 경쟁해서 도저히 이길 수가 없었어요. 그래서
산업혁명 초기에 영국의 노동자들이 생존을 위해서 만들었던 '로치데일
생활소비자조합'의 선례를 참고하여 덴마크 농민들은 전국 각지에 협동
조합을 만들어 대항합니다. 그리고 동시에 철학자, 시인, 목사였던 니콜
라이 그룬트비의 주도하에서 대대적인 민중교육기관(폴케호이스콜레)이
전국적으로 활발히 설립됩니다.

결국 덴마크의 부흥은 이 두 가지 운동, 즉 협동조합운동과 민중교육
운동을 통해서 달성되었다고 할 수 있습니다. 전진한 선생도 이 점을 강
조하고 있습니다. 실제로 오늘날에도 덴마크에는 다양한 농업협동조합들
과 민중교육기관들이 건재하고 있습니다. 그리고 그것들이 결국 덴마크
로 하여금 오늘날 세계 제일의 복지국가가 되게 만든 원동력이라고 할
수 있죠. 어떤 사람들은 20세기 대부분의 기간 동안 사회민주당이 계속
집권했기 때문에 덴마크가 모범적인 복지국가가 되었다고 설명합니다.
그러나 그것은 매우 피상적인 설명이에요. 오랜 세월에 걸쳐 뿌리를 내
린 협동조합운동과 민중교육운동을 고려하지 않고는 덴마크 복지국가의
근본 배경을 이해할 수 없습니다. 이 점은 오늘날 덴마크라는 나라가 단
지 높은 세금과 높은 수준의 복지시스템으로만 돌아가는 나라가 아니라
는 점과 관련해서 볼 필요가 있어요.

제가 이미 여러 자리에서 얘기했습니다만, 예를 들어, 오늘날 덴마크

사람들은 가족 중 누군가의 생일이면 자기 집 현관에 국기를 게양한다고 합니다. 저는 이 이야기를 처음 어디서 듣고 굉장히 의아스러웠습니다. 덴마크 사람들, 모두 바보 아닌가 싶었어요. 우리 한국 사람들의 감각과는 너무 다르잖아요. 사실 저 자신도 국경일에 태극기를 다는 게 그리 흔쾌하지 않아요. 정작 국토와 국민은 밤낮없이 유린하고 졸(卒)로 여기면서, 국토와 국민의 상징물에 불과한 국기에 대해서는 난리법석을 떠는 우리나라 지배층의 꼬락서니가 하도 가소롭기 때문인지 몰라요.

그 점에서 덴마크 사람들은 참 부러워요. 그들에게 국가라는 것은 우리 한국인들이 느끼는 국가와 본질적으로 다른 것 같아요. 우리는 국가 때문에 피해를 입는다는 느낌이 강한데, 덴마크 사람들에게 국가는 자신들의 평화롭고 행복한 삶을 보장하는 커다란 집이에요. 국가를 집으로 느낀다는 것은 자신들의 힘으로 만들어온 자랑스러운 공동체라는 의식이 없으면 불가능합니다. 하기는 덴마크라고 해서 아무 문제가 없는 나라는 아닐 것입니다. 거기도 인간이 모여서 사는 곳이니까 범죄가 있고, 차별과 편견이 있고, 억울한 사연들도 꽤 있겠죠. 그러나 덴마크 사람들이 대체로 자기 사회 속에서 소외감을 느끼지 않고, 늙어죽을 때까지 자기 나라에서 살기를 진심으로 원한다는 사실이 중요합니다. 그런 점에서 어쨌든 이 지구상에서 드물게 매우 인간적인 나라임이 틀림없습니다.

되풀이하자면, 덴마크 사람들의 '내 나라' 의식은 스스로의 힘으로 나라를 만들어온 데 대한 자랑스러운 기분에 직결돼 있다고 할 수 있습니다. 결국 제일 중요한 것은, 강제에 의해서 움직이는 게 아니라 스스로 자발적으로 나라 만들기에 참여했고, 지금도 참여하고 있다는 사실, 그리고 그 의식입니다. 이게 핵심이에요. 그러므로 우리가 선거도 잘해야 하지만, 실은 가장 필요한 것은 생활의 현장에서 각자가 처한 조건에 따라 자발적으로 연대하여 협동하고, 끊임없이 공부하는 일이라고 할 수 있습니다. 다시 말해서, 지금 여러분들이 각 지역에서 하시는 일들이 가장 중요하다는 뜻입니다.

예전이나 지금이나 세상 돌아가는 이치는 근본적으로 마찬가지라고 할 수 있습니다. 지금 세상은 자본주의 근대문명의 최종 단계를 암시하는 징후들로 넘쳐나고 있습니다. 문제는 이 상황에서 자본주의가 가지고 있는 야만주의가 가장 난폭하게 나타날 가능성이 높다는 점이죠. 그리고 그 이후에 세상이 어떻게 될지는 아무도 모릅니다. '세계체제론'으로 유명한 임마누엘 월러스틴 교수의 예측으로는, 자본주의 이후 세계는 지금보다 더 인간적이고 민주적이며 지속가능성이 높은 사회일 수도 있고, 혹은 지금보다 더 잔혹하고 야만적인 사회일 수도 있는데, 그 확률은 50 대 50이라고 합니다. 요컨대 어떤 사회가 될 것인지는 우리가 하기에 달려 있다는 거죠. 그러나 무턱대고 열심히 일한다고 옳은 방향으로 가는 게 아닙니다. 철학과 비전이 있어야 합니다. 그 점에서 오늘 제가 소략하게나마 설명을 드린 전진한 선생의 '자유협동주의' 이념은 우리가 진지하게 음미해볼 충분한 가치가 있다고 생각합니다. 제 이야기는 이것으로 끝내겠습니다. 고맙습니다.

협동적 자치의 공동체를 향하여

2008년 8월 3일 모스크바 근교에서 90세를 일기로 타계한 작가 솔제니친은 20세기의 가장 위대한 정신의 하나였다. 한때 한국의 독자들 사이에서도 그는 상당한 인기가 있어서 적지 않은 작품이 번역되어 읽혔다. 많은 사람들에게 솔제니친은 전체주의체제하에서 온갖 시련을 겪으면서도 그 체제의 실상을 용기 있게 폭로하고, 꺾이지 않는 인간정신을 증언하기 위해서 비타협적으로 싸운 불굴의 이름으로 기억되어왔다.

그러나 말할 것도 없이, 솔제니친은 단순한 반공 작가가 아니었다. 1974년 《수용소 군도》가 국외에서 발간된 직후, 소련당국에 의해 강제적으로 추방된 뒤 미국에서 20년에 걸친 망명생활을 하는 동안 그가 일관되게 보여준 반서구적(反西歐的) 언동은 물론이고, 실제 작품들을 읽어보면 그 점은 분명하다. 예를 들어, 비교적 초기에 쓴 중편소설 〈마트료나의 집〉이 특히 그렇다.

혁명 후 러시아 오지(奧地) 풀뿌리 농민들의 삶에 관한 이 뛰어나게 감

* 《녹색평론》 제102호(2008년 9-10월) 권두 에세이.

동적인 이야기는 솔제니친이 도스토옙스키와 톨스토이를 거쳐 전승되어 온 러시아의 심오한 정신적·사상적 맥을 정통적으로 계승하고 있는 작가임을 유감없이 보여준다. 이 작품에서 작가는 스탈린이 강제적으로 추진한 집단농장화로 인해 러시아의 옛 농민공동체가 어떻게 철저히 파괴되었는가를 암시하면서, 농민들이 집단농장의 일개 타율적인 노동자로 전락하는 과정에서 농민으로서의 심리와 정서는 말할 것도 없고 인간성마저 잃어가는 비참한 상황을 묘사한다. 하지만 모두가 모두에 대해서 사나운 늑대가 되어가는 이 상황에서도, 러시아 사회의 오래된 '거룩한 바보'의 전통, 즉 자기주장이 아니라 자기희생을 습관적으로 실천하는 철저히 겸허한 정신이 끝끝내 살아 있음을 작가는 발견한다. 솔제니친에 의하면, 아무리 타락한 세상이지만 아직 세상이 완전히 무너지지 않고 있는 것은 자기희생의 습관이 몸에 밴 이러한 '거룩한 바보'의 존재 때문이다. 작가는 작품 속에서 가난하고 외로운 데다가 늙고 병든 이 '바보'에게 '마트료나'라는 이름을 부여함으로써 그녀가 만물을 품 안에 기르는 어머니-대지(大地)를 표상하는 존재임을 암시하고 있다('마트료나'는 '마티'에서 왔고, 러시아어에서 '마티'는 어머니라는 뜻이다).

사실, 솔제니친의 저작 속에서 러시아 농민이나 농민공동체에 대한 언급이 그렇게 많은 것은 아니다. 그러나 때때로 농민에 관한 일을 묘사하거나 언급할 때 그의 어조는 매우 날카롭고 강렬하다. 예를 들어, 《수용소 군도》는 혁명의 과정과 혁명 후 소련에서 일어난 수많은 부조리, 잔혹함, 비극적 사건들을 엄청난 치밀성과 정확성을 가지고 기록한 방대한 기록이다. 그렇게 기록된 사건의 하나로, 1932년 모스크바 근교 집단농장에서 다섯 명의 농민이 스탈린의 명령으로 처형당한 일이 있었다. 그 이유는 기막힌 것이었다. 그날 집단농장에서 다른 농민들과 함께 풀베기 공동작업을 끝낸 뒤에 이들 다섯 명이 농장에 남아서 자기들이 개인적으로 키우는 말에게 먹이려고 따로 풀을 베어서 갖고 간 사실이 발각되었기 때문이다. 여기서 주목할 것은 솔제니친이 이 사건을 기록하면서 드러내는 극도의 분노이다. "만일 스탈린이 이 다섯 농민 이외에 단 한 사

람도 죽이지 않았다고 하더라도, 이 사건만으로 그는 극형에 처해졌어야
마땅하다"라고 그는 쓰고 있는 것이다.

스탈린에 의해 저질러진 반인륜적 범죄가 한둘이 아닌데도, 특히 이
농민들의 죽음에 관련해서 솔제니친이 이토록 강경한 태도를 드러낸 것
은 어째서인가? 여러 이유가 있겠지만, 그중 빠뜨릴 수 없는 것은 아마도
러시아 옛 농민공동체에 대한 그의 본능적인 애정이었을 것이다. 솔제니
친은 특히 혁명 전까지 계속되었던 농촌의 협동적 자치조직, 즉 '젬스트
보'에 대해 관심이 컸던 것으로 보인다. 서구 지식인들이 흔히 들먹이는
솔제니친의 이른바 '슬라브주의'라는 것도 실은 이러한 자치적 협동성의
생활기반 위에서 생을 영위하던 옛 러시아 농민의 세계를 옹호하고, 가
능하다면 그것을 부활시키고 싶다는 갈망에 깊이 관계되어 있었던 게 아
닐까? 실제로 이와 같은 농민공동체는 따져보면 모든 인간다운 삶의 토
대 중의 토대라고 할 수 있다. 개인으로서나 작가로서 솔제니친의 위대
성은 그가 평생 유지했던 강인한 정신적 에너지와 무관한 것이 아니라고
할 수 있을 것인데, 그 에너지는 바로 이 농민적 세계에 대한 억누를 수
없는 향수나 갈망에 의해서 끊임없이 재충전되는 것이었는지도 모른다.

그런데, 여기서 집단농장의 풀을 개인적 용도를 위해서 베어 갔다고
해서 사형을 당한 농민들의 이야기에서 좀더 생각해볼 것이 있다. 즉, 그
이야기는 무엇보다 소비에트사회주의체제의 본질을 짐작할 수 있는 중요
한 실마리를 제공해주는 것으로 해석할 수도 있는 것이다. 실제로 혁명
이라는 이름으로 소비에트체제는 인간사회의 오랜 관습을 지나치게 가볍
게 여기고, 심지어 인간성에 반하는 폭력을 무자비하게 휘둘렀던 것이다.
집단농장만 하더라도 그렇다. 기본적으로 집단농장화는 농민의 심리와
정서를 아예 무시하는 폭거였다. 그뿐만 아니라, 생산력이라는 견지에서
도 소농 중심 경제가 우월하다는 유력한 학문적 증언이 있었다. 그러나
그런 견해를 표명한 당대의 저명한 농업경제학자 알렉산드르 차야노프
등의 지식인은 철저한 탄압을 받았다. 그리하여 1928년에서 1933년까지
강행된 집단농장화의 직접적인 결과는 사회적 갈등과 비극적인 대기근과

그에 따른 엄청난 인명 손상이었고, 그 궁극적인 결과는 소비에트사회주의 자체의 붕괴였다.

물론 소비에트사회주의가 실패한 것은 스탈린의 폭압통치에 전적인 책임이 있는 것이라고는 할 수 없다. 무엇보다 그와 같은 압제체제의 근간에는 사회주의란 무엇인가에 대한 기본적 인식에 있어서의 혼란이 있었던 것이다. 초기 소비에트의 이상이 무엇이었든, 그것은 결국 산업화와 생산력 제고를 위한 효율적인 시스템으로 환원되어버렸고, 이를 실현하기 위한 요체가 생산수단의 국유화였다. 그 결과 농촌은 단지 도시와 공장에 식량과 원료를 공급하는 생산기지로 전락하고, 공동체는 파괴되고, 농민들은 자기 땅에서 유리된 채 집단농장의 한갓 노동기계로 전락할 수밖에 없었던 것이다.

생산수단을 국유화한다고 해서 생산력 경쟁에서 사회주의가 자본주의를 이길 수 없다는 것은 명백하다. 그뿐만 아니라, 사회주의가 일차적으로 효과적인 산업화 혹은 경제성장의 도구로 인식되는 순간, 국가가 독점적인 자본가가 되고 인민은 전부 프롤레타리아로 전락하고 마는 기형적인 사회주의체제의 출현은 거의 필연적이라고 할 수 있다.

근대적 발전사관의 덫

돌이켜보면, 현대 사회주의운동을 사실상 독점적으로 주도해왔던 맑스주의 자체 속에 이미 사회주의의 기형적인 발전을 예고하는 논리가 내포되어 있었다. 우선, 사회주의가 성립하려면 먼저 물질적 생산력을 비약적으로 높여주는 자본주의 문명의 발달이 선행되어야 한다는 맑스 자신의 논리가 그러했다. 한나 아렌트가 지적한 바 있듯이, 이러한 논리에 이미 혁명이 "자유가 아니라 물질적 풍요함"을 겨냥하는 운동으로 왜소화되는 결정적인 요인이 있었다. 나아가서, 여기에 내포된 역사 발전에 대한 일원론적이며 단계론적인 관점은 결과적으로 서구 제국주의에 의한 비서구 민중공동체에 대한 공격과 침탈을 정당화하는 매우 위험한 논리로 이어지고 만다.

1857년과 58년에 걸쳐 일어났던 인도 민중의 대대적인 봉기에 대해서 영국 식민당국이 무자비한 탄압으로 맞섰을 때, 맑스는 다음과 같이 썼다.

> 우리는 [인도의] 이 목가적인 마을공동체들이 '동양적 전제주의'의 견고한 토대가 되어왔음을 잊어서는 안된다. … 문제는 이러한 아시아의 사회 상태에 근원적인 혁명이 일어나지 않고 인류가 그 운명을 성취할 수 있을 것인가 하는 것이다. 영국의 죄악이 무엇이건, 영국은 그런 혁명을 위한 역사의 무의식적인 도구였다.

이렇게 '문명화'라는 개념으로 제국주의와 식민지 지배를 정당화하는 맑스의 논리는 "아시아의 '근대화'를 위한 일이었기 때문에 일본에는 아무런 전쟁책임도, 식민지 지배에 대한 책임도 없다"는 오늘날 일본 보수우파의 논리나 이른바 '식민지 근대화'를 미화하는 한국의 뉴라이트 그룹의 논리와 본질적으로 일치한다. 그렇게 해서 비록 한정된 논리에서일지라도 오늘날 한일 우익 논객들이 뜻밖에도 맑스의 충실한 제자가 되어 있는 기이한 상황이 벌어진 것이다.

결국 핵심은 '근대'를 어떻게 볼 것인가 하는 점이다. 맑스를 단순히 근대주의자라고 하는 것은 어폐가 있는 얘기가 되겠지만, 비록 잠정적으로나마 맑스에게도 '자본주의 근대'는 역사 발전의 불가결한 단계로서 긍정하고 옹호해야 할 대상이었다. 그 '근대'를 통해서만 사회주의가 성립할 수 있다고 보았기 때문이다. 그런데 문제는 이 '근대'를 허용해야 할 잠정적인 기간이 과연 얼마 동안이냐 하는 것이다. 다시 말해서, 자본주의 근대문명이 과연 어떤 수준까지 발전해야 사회주의혁명이 가능한가 하는 것이다. 이것을 알려줄 객관적인 척도는 사실상 존재하지 않는다. 그럼에도 불구하고, 맑스는 역사법칙에 의해서 언젠가는 사회주의혁명이 일어날 것이라고만 말했다. 이렇게 되면 '과학적 사회주의'가 그토록 강조한 '과학'과는 상관없이, 혁명의 때가 무르익었음을 판단하는 것은 전적으로 주관적인 행위일 수밖에 없게 된다.

이 맥락에서 또 희극적인 일이 발생할 수 있다. 지금 오키나와(沖繩)에서 평화운동에 헌신하고 있는 정치사상가 더글러스 러미스는 어떤 글에서 자신이 아는 일본의 한 젊은 맑스주의 운동가에 관한 일화를 들려주고 있다. 그 젊은이는 일본 자본주의가 혁명이 일어나기에는 아직 미숙하다는 결론을 내리고, "혁명적 수준까지 자본주의가 도달하는 것을 돕기 위해서" 지금까지 하던 운동을 접고, 대기업으로 들어갔다는 것이다. 이것은 논리적으로는 흠잡을 데 없는 행동이라고 할 수 있다.

결국 이런 터무니없는 희극들이 발생하는 것은 서구 자본주의적 산업화와 경제성장에 의해서만 문명생활도 가능하고, 더 높은 단계로의 인간해방이 가능하다고 믿어온 뿌리 깊은 '근대적 미신' 때문이다. 실제로 인간생존의 궁극적 테두리인 우주와 자연은 순환의 법칙에 의해서 돌아갈 뿐인데도, 서구 근대문명은 끊임없이 자기중심적인 욕망을 내세워 직선적인 진보를 끝없이 추구·확대해왔고, 그 과정에서 생태적·사회적·인간적 한계는 계속해서 무시되어왔다. 근대문명이란, 간단히 말해서, 재생순환적인 태양에너지 체계의 근본적인 제약을 뛰어넘어 장구한 세월 동안 땅속 깊숙이 묻혀 있던 석탄, 석유, 천연가스, 우라늄 및 기타 지하자원을 채굴하여 마구잡이로 사용하자는 지극히 근시안적인 발상에 근거하고 있는 문명이다. 그러니까 이런 종류의 문명이 영속할 수 없는 것은 지극히 당연하다.

옛날 도쿠가와(德川)막부 말기 개국 초에 일본에 와 있던 영국 공사가 당시 일본의 석탄 생산이 전근대적이어서 일본에 기항하는 영국의 선박에 원활한 연료공급이 되지 않고 있는 것을 답답하게 생각한 나머지 막부의 관리에게 근대적인 석탄 채굴 기술을 제공하겠다고 제의를 한 적이 있었다. 그때 막부의 담당 관리는 이렇게 말했다고 전해지고 있다. 즉, "일본의 석탄은 우리 세대에만 쓰라고 있는 게 아닙니다." 이 말은 전형적인 '비근대인'의 세계관을 명료하게 드러내고 있다.

지금 우리가 직면한 생태적 위기는 단순히 자원과 에너지를 낭비적으로 소비한 결과라고 할 수는 없다. 무엇보다도 그것은 세계관의 문제, 세계인식의 문제이다. 무엇이 정말 좋은 삶이고, 인간다운 삶인가, 혹은 어떤 사회가 진실로 선진사회인가 하는 것에 대한 기준이 오로지 서구 근대적 발전사관에 의거해 있을 때, 위기상황을 근본적으로 극복할 수 있는 길은 사실상 없다고 하지 않을 수 없다. 맑스주의를 포함한 사회주의 운동 세력 대부분이 지금까지 파행을 거듭해온 것도 결국 이러한 발전사관의 덫에 걸려온 탓이라고 할 수 있다.

란다우어의 '사회주의'

지금 우리는 신자유주의 세계화라는 글로벌 자본주의의 지배에 대한 대안이 없다는 통설에 대부분 굴복한 채 나날을 보내고 있다. '대안이 없다'는 구호 밑에 강화되어온 것은 히틀러와 스탈린의 것보다 어쩌면 더 지독한 전체주의체제라고 할 수 있다. 감세, 노동유연화, 규제철폐, 민영화, 자유무역 등등, 그럴싸한 언어유희 밑에서 실제로 발생하는 것은 갈수록 벌어지는 사회적 격차, 부와 권력의 극심한 편중, 토지와 물을 포함한 공공재의 상품화, 국가기구의 사유화, 그리고 걷잡을 수 없이 심화되는 환경파괴이다. 지리학자 데이비드 하비가 "강탈에 의한 자본축적"이라고 부를 만큼 거의 노골적인 형태로 진행되는 이 수탈 구조를 우리는 과연 언제까지 허용할 수 있을 것인가. 그리고 정말 이 시점에 '대안'이 없다는 게 진실일까.

그러나, 깊이 생각해볼 때, '대안이 없다'는 논리에 굴복하고 있는 것은 우리가 물질적 풍요와 계속적인 경제성장이 인간다운 삶의 필수적인 전제조건이라는 고식적인 관점을 떨쳐버리지 못하고 있기 때문일 것이다. 만일 우리가 용기 있게 이 상투적인 관점에서 벗어날 수만 있다면, 사실 '대안'은 얼마든지 있다고 할 수 있다. 인류사회는 장구한 세월 동안 공동체의 호혜적 관계망을 토대로 다양한 상호부조의 경제를 경험해왔고, 그것은 아직도 드러나거나 드러나지 않은 형태로 수많은 사람들의 생존·생활을 떠받치고 있다고 말할 수 있기 때문이다.

오늘날 산업화된 세계에서 우리들은 현금이 없으면 죽을 수밖에 없다는 두려움 속에서 살아가고 있다. 상호부조의 경제가 붕괴된 상황에서 이 두려움은 어쩌면 당연한 것이다. 그러니까 지금 필요한 것은 이 상호부조의 경제를 시급히 복구하려는 노력이지, 상황을 이 지경으로 만들어온 글로벌 자본주의시스템에 대한 계속적인 굴종은 아닐 것이다. 그렇게 해서는 우리에게 아무런 활로가 열리지 않을 것임은 자명한 일이다.

사람들은 '상호부조의 경제'라는 개념에서 대뜸 '가난'을 연상할지도 모른다. 실제로 상호부조의 경제란 기본적으로 자원과 에너지를 낭비적으로 사용할 것을 강요하는 성장경제시스템의 바깥에 있는 경제이다. 따라서 이른바 생활수준의 저하는 어느 정도 감수하지 않으면 안된다. 그리하여 '가난'은 회피할 게 아니라, 우리가 적극적으로 껴안아야 할 미덕이 되어야 하는 것이다. 아나키스트 철학자 프루동에 의하면, 정상적인 인간생활은 원래 가난한 생활이었다. 중요한 것은 '가난'을 견딜 만하게 하고, 나아가서는 '가난'을 삶의 축복이 되게 하는 사회적 토대, 즉 공생공락의 네트워크를 확보하는 일이다.

구스타브 란다우어는 유태계 독일인으로 20세기 초 혁명과 반혁명의 소용돌이 속에서 치열한 삶을 살았던 뛰어난 문예비평가, 사상가, 평화운동가였다. 그는 자신이 신봉하는 '사회주의'의 이상을 위해서 헌신적인 생애를 살다가 1차대전 직후 짧은 순간 존립했던 바이에른 소비에트공화국 혁명정부의 문화 담당 각료로 활동하던 중 1919년 49세의 나이로 반동세력에 의해 살해되었다.

그런데 흥미롭게도, 란다우어는 '사회주의'를 자본주의의 모순에 의해 언젠가 필연적으로 도래할 미래로 생각하지도 않았고, '진보'를 믿지도 않았으며, 생산수단의 국유화를 찬성하지도 않았다. 그가 생각한 '사회주의'는 철저히 자발적인 상호부조와 협동적 공동체들의 연합이었다. 그에

게 있어서 사회주의의 기초는 생산력의 발전이 아니라 무엇보다도 인간의 사회적 관계였다. 그는 자본주의국가가 혁명에 의해서 전복될 수 있으리라고 믿지 않았고, 새로운 사회공동체가 국가권력의 장악을 통해서 실현될 수 있을 것으로 믿지도 않았다. 그에게 국가는 "하나의 조건, 어떤 종류의 인간관계이자 행동양태"를 의미하였다. 따라서 우리는 지금과는 "다른 종류의 인간관계를 형성함으로써, 즉 우리가 서로서로에 대하여 종래의 방식과 다르게 행동함으로써" 지금 당장 국가의 지배를 벗어나거나 심지어 국가를 폐기할 수도 있다는 게 그의 신념이었다. 게다가 그는 생애의 후반기로 갈수록 땅과 농촌공동체를 무엇보다 중요시하게 되었다. 그는 토지를 떠난 인민은 자본가에 맞설 수 있는 독립성이 없다는 사실을 강조하고, 산업노동자들이 도시의 공장으로부터 퇴각할 필요가 있다고, 역설하였다. 그들이 만일 '협동적 사회주의' 사회의 일원이 되고자 한다면 대도시를 떠나 농촌공동체에서 농업과 소규모 공업의 결합을 추구해야 한다는 것이 란다우어의 생각이었다.

구스타브 란다우어의 '사회주의' 사상은 주류 사회주의 사상들에 밀려나 오랫동안 잊혀졌다. 그러나 '사회주의'란 무엇보다 새로운 인간관계를 의미한다는 그의 명료한 메시지는 과거 어느 때보다도 지금 우리들에게 요긴한 지침이 될 수 있다. '경제'라는 덫에 걸려 사고력이 정지되어 있는 오늘의 우리들에게 그의 메시지는 강력한 충격이 아닐 수 없다. 란다우어와 함께 우리는 우리 각자가 새로운 인간관계를 통해서, 이웃들과 더불어 자발적인 협동체를 형성함으로써 '지금 여기에서' 당장에 자유인으로 살아갈 수 있다는 확신을 가질 필요가 있다.

II. 생명사상과 소국주의의 이상

일리치의 혹

　오늘 '신앙인아카데미'가 새로운 거처로 이사를 한 기념으로 손님들을 초대한다고 해서 왔습니다. 그런데 저한테 무슨 얘기든 이야기를 하나 해보라고 하는데, 제가 쓸 만한 이야깃거리를 갖고 있는지 모르겠습니다. 여기 책을 한두 권 가지고 왔는데 그냥 이 책들을 실마리로 해서 잡담을 해볼까 합니다.

질병에 대한 두 반응

　이것은 리 호이나키라는 분이 쓴 《정의의 길로 비틀거리며 가다》 (1999)라는 제목의 책인데, 제가 번역해서 재작년에 출판했습니다. 그런데 저자의 자전적인 이야기로 구성돼 있는 이 책의 제7장은 〈'아니오'의

---

* 이 글은 2009년 9월 19일 가톨릭학습모임 '신앙인아카데미'에서 했던 강연을 정리한 기록이다. 《녹색평론》 제111호(2010년 3-4월)에 게재.

아름다움〉이라는 제목이 붙어 있습니다. 꽤 재미있는 이야기라서 이 글을 가지고 이야기를 시작하겠습니다.

이야기는 저자의 친구 둘에 관한 것으로, 그들이 병이 났을 때 각기 어떻게 대조적인 반응을 보였는지, 그리고 그 반응들은 어떤 의미를 갖는지를 추적하는 내용입니다.

한 사람은 아일랜드에 사는 마크라는 친구인데, 이 사람 등에 혹이 하나 났어요. 마크는 가톨릭교회 신자인 것 같습니다. 등에 혹이 발견됐는데 악성인지 양성인지는 모르지만 아무튼 고약한 종양일 수 있다는 것을 알면서도 의사한테 가지 않고 친구들, 마을 사람들하고 의논을 해요. 그런 다음에 마을 사람들과 함께 신부님을 찾아갑니다. 거기서 간단한 의식을 행하고, 그 혹에 성유(聖油)를 발라달라고 부탁합니다.

성유라고 해서 별난 것이겠어요? 그냥 흔한 올리브기름 같은 거겠죠. 신부가 축성을 했으니까 성유가 되는 거죠. 신부님이 등에 기름을 바르고, 기도를 하고 그럽니다. 이 의식이 효험이 있느냐 없느냐 하는 것은 여기에 참여한 사람들의 믿음에 달려 있는 거죠. 그 사람들은 〈마태복음〉 17장 20절 "진실로 여러분에게 이르거니와, 여러분이 겨자씨 한 알만한 믿음이라도 갖고 있다면, 이 산더러 '여기서 저기로 옮겨 가라' 하더라도 옮겨 갈 것입니다. 여러분이 못할 일은 하나도 없을 것입니다"를 읽고 헤어졌습니다. 그런데 신기하게도 몇 주 후에 그 혹이 사라졌습니다. 이야기가 되려고 하니까 이렇게 되는 거죠. 혹이 안 사라질 수도 있죠. 근데 다행히 혹이 사라졌습니다. 여기서 혹이 사라졌다, 사라지지 않았다는 게 중요한 문제가 아닙니다.

비슷한 시기에 호이나키의 또 다른 친구, 이번에는 미국인 대학교수 한 사람의 목에 혹이 있는 게 발견되었습니다. 이 사람도 처음에는 친구들하고 의논을 하는데, 그 친구 중 한 사람은 맥락으로 보면 이반 일리치인 것 같아요. 어쨌든 이 친구는 의료전문가에게 가지 말라고 조언을 합니다. 물론 선택은 본인이 해야겠지만, 의사의 전문적인 치료는 말할 것도 없고, 의학적인 진단이라는 개념 자체를 거부해야 한다는 것입니다. 근데 당사자인 이 대학교수는 고민하다가 의사한테 가기로 결정을 내립니다. 결국 의사가 하라는 대로 절차를 밟기 시작했어요.

진단 결과, 암으로 판명되고, 이어서 복잡한 절차가 진행됩니다. 우리가 주변에서 흔히 듣는 이야기 그대로예요. 독한 항암제 투여가 시작되면서 머리털 다 빠지고 하는 거 있죠? 외출할 때는 모자를 써야 하고, 그러다가 나중에는 방사선치료를 받지 않으면 안되는 처지가 돼요. 그럴 때마다 지옥 같은 경험을 합니다.

그런데 이 사람이 자기 나름으로 상당한 교양인이어서 그 와중에도 평상심을 유지하려고 애를 씁니다. 어쨌든 과학을 공부한 사람이라 현대의학에 대한 신뢰가 깊어요. 병원에 입원하여 의사들이 하자는 대로 다 하는데도 증세는 점점 심해지고, 그럼에도 불구하고 환자는 자꾸 그걸 합리적으로 해석합니다 — 이런 증상은 치료 도중에 환자의 몇 퍼센트는 겪어야 한다는 통계가 있다, 이런 식으로요. 그러나 결국은 무균실로 옮겨져서 문병 온 친구들도 특수복을 입고 들어가야 하는 상황이 되고, 마침내는 처참한 몰골로 사망에 이르게 됩니다. 이것도 얘기가 되려고 하니까 그렇게 된 거죠. 앞의 마크라는 사람은 기름 발라서 나았고요.

사실 이 이야기와 반대되는 경우도 얼마든지 생각할 수 있습니다. 요즘 암 치료도 병원에서 꽤 많이 성공하는 경우가 있고, 위암과 같은 것은 초기에 발견하면 비교적 간단하게 회복된다고 하잖아요. 사실 간단한지 아닌지는 모르겠지만. 지금은 떠나고 없는 제 친구 중에 오윤이라는 화가가 있었는데요. 이 친구가 참 재미난 친구였어요. 이 친구는 배가 아프면 발바닥에 먹으로 붓글씨를 쓰면 낫는다고 하는 그런 이상한 믿음을 가지고 있었습니다. 그렇게 해서 때론 낫는 수도 있어요.

그런데 호이나키가 들려주는 이 이야기에서 어떤 요법이 성공했느냐 성공하지 않았느냐는 것은 중요하지 않다고 생각합니다. 문제는 두 사람의 대조적인 경험이 무엇을 말하는가 하는 것입니다. 호이나키는 이반 일리치의 절친한 친구입니다. 이 책은 전체적으로 이반 일리치라는 가톨릭 철학자의 사상을 비교적 친근한 이야기식으로 풀어냈다고 할 수 있습니다.

일리치의 책은 기본적으로 번역이 매우 어려운 책이에요. 우리나라에 번역된 책 몇 권을 읽어보려고 하는 독자들이 일반적으로 느끼는 게, 무슨 소린지 모르겠고 굉장히 읽기가 고통스럽다는 거예요. 일리치의 글은 구절 하나하나가 극히 함축성이 높은 시에 가깝기 때문에 그것을 풀어서 얘기하지 않으면 이해하기가 어려워요. 그런데 호이나키가 쓴 이 책은 일리치의 사상을 이해하는 데 아주 유용한 책입니다. 사실 이야기로 풀었지만 그렇게 쉽지만은 않습니다. 근본적으로 신앙에 관한 이야기이고, 믿음을 토대로 하고 있기 때문에 믿음의 세계에 공감하지 못한다면 완전히 미친 소리로 들릴 가능성이 높아요.

그런데 이반 일리치의 사진을 보면 늘 한쪽 뺨을 손으로 괴고 있습니다. 혹이 있었거든요. 76세에 세상을 떠났는데, 50대 중반부터 뺨에 종양이 생겨나기 시작했습니다. 20년 동안 가지고 있다가 결국은 그 때문에 죽었습니다. 세월이 갈수록 혹이 점점 커질 뿐 아니라 고통스러워서 아편을 먹지 않으면 참을 수가 없었다고 그래요. 그러면서도 병원에는 안 갔습니다. 자기 주변에 의사가 없는 것도 아니고, 가까운 친구들이 진단과 치료를 간곡히 권했는데도 병원에 안 갔어요. 그러다가 2002년 겨울에 독일 브레멘의 친구 집에서 세미나 준비를 하다가 점심 후에 잠시 쉬다가 조용히 숨을 거두었습니다.

아까 호이나키의 이야기에 나오는 혹에 성유 바른 아일랜드 사람도 일리치의 친구일 가능성이 있습니다. 생각해보세요. 지금 우리 자신에게 고약한 질병을 암시하는 징후가 있다고 합시다. 어떻게 하겠습니까? 대개 별생각 없이 의사한테 찾아갈 겁니다. 그러지 않겠어요? 요즘은 다들 감기만 약간 들어도 의사한테 찾아가는데요. 콜록콜록하고 열이 나서 앓는 소리를 내면 식구들부터 귀찮아 하잖아요. 하물며 어려운 병이다 싶은 게 걸렸을 때 어떻게 하겠습니까? 병원에 가서 잘 안 풀리면, 그때부터 자연요법이다 민간요법이다 하면서 찾아다니기는 하겠지만요.

'효율성'을 넘어서

얼마 전에 어떤 젊은 변호사한테서 전화가 왔어요.《녹색평론》창간 때부터의 독자예요. 최근에 민간의료와 관련해서 헌법재판소에 헌법소원을 하나 제기하고 있는데, 조언을 좀 듣고 싶다는 전화였습니다.

우리나라에 민간요법가들이 많잖아요. 방방곡곡에 있어요. 우리나라 참 재미있는 나라예요. 저도 예전에 아플 때 더러 만나봤는데, 이 양반들이 멀쩡하게 병 고쳐주고 쇠고랑 차는 경우가 많아요. 환자들 가운데는 잘 안될 경우가 있지 않겠습니까? 그중에서 앙심을 품고 돌아가서 고발하는 사람이 있거든요. 심지어는 병이 잘 낫고도 고발하는 사람이 있습니다. 참 세상에는 이상한 사람들이 많아요. 어려운 병을 낫게 해줬는데도 은혜를 갚기는커녕 불법 의료라는 약점을 노려 돈을 뜯어내려는 사람이 있습니다. 인간성이라는 게 무엇인지 잘 이해가 안돼요. 하여튼 훌륭한 의술을 가지고 있지만 의과대학을 나오지 않았고 면허증이 없다는 이유로 핍박을 받는 사람들이 많은 게 오늘날의 현실입니다.

오랫동안 부산·경남 지역에서 판사로 일하다가 얼마 전에 그만두고 지금은 변호사가 된 황종국 판사, 혹시 여러분도 아시는지 모르겠군요. 이분이 판사생활을 하며 보니까 온갖 사건이 다 있지만 제일 이해하기 어려운 게 남의 어려운 병을 낫게 해준 사람이 쇠고랑을 차고 재판소에 끌려오는 거예요. 자기가 재판을 하면 모두 풀어주지만, 우리나라 의료법을 엄격히 적용하면 유죄거든요. 이게 모순이다 싶어서 이 양반이 10년 넘게 민간의료 합법화를 위해 노력하고 있는데, 최근에는 김남수 선생과 함께 활동하고 있다고 합니다.

제일 웃기는 게 김남수 선생한테서 침이나 뜸으로 도움을 안 받은 국회의원이 드문데도, 막상 김남수 선생의 숙원을 풀어주기 위해서 나서는 국회의원이 없어요. 개인적으로는 김남수 선생의 은혜를 잊지 못하고, 침뜸의 신기한 효과를 인정하면서도 침구사 제도의 부활을 위한 법제화에는 극히 소극적이에요. 왜? 의사들, 특히 한의사들의 반대가 워낙 강하기 때문입니다. 이런저런 소리를 하고 있지만, 결국 자기들 밥그릇 걱정 때문이죠. 근데 가만 생각해보면, 국가라는 게 근본 문제예요. 어차피 국가는 민간의 자생적인 의술에 대해서 우호적일 수 없어요. 국가는 항상 국민의 생명과 안전을 위해서라는 명분을 내걸고 끊임없이 민중의 자치능력을 폄하하고, 자발적 움직임을 통제하려고 합니다. 그게 국가의 본성이에요. 그래서 당연히 국가는 국가에 의해 공인된 제도적 틀을 거치지 않은 민간요법 시술자들이 합법적으로 활동할 수 있는 공간을 열어주는 데 극히 인색할 수밖에 없는 거죠. 게다가 면허 받은 의사들도 엉터리가 많지만, 실은 민간요법가들 중에도 신뢰할 수 없는 인간들이 많거든요. 그러니 민간요법의 합법화라는 과제가 어려울 수밖에 없어요.

어쨌든 침구사 제도가 부활하면 한의사들이 큰 타격을 받을 겁니다. 우리나라 방방곡곡에 이렇다 할 공식적인 교육은 못 받았지만, 타고난 재주와 뛰어난 기량을 가진 사람들이 참 많아요. 저도 예전에 건강이 안 좋아서 고생하고 있을 때 그런 사람들 몇 분을 만나본 경험이 있습니다. 그런 재주꾼들이 기를 펴고 살 수 있도록 우리가 어떻게 도와야 할지 생각해볼 필요가 있어요. 그게 결국 우리 자신의 삶의 자립성을 위한 길이거든요. 어마어마한 돈과 장비를 들여서 하는 장기이식 같은 것을 저는 의료라고 생각하지 않습니다. 괴상한 테크놀로지일 뿐이죠. 인간성과 신성을 배반하는 의학적 교만이지, 그게 어떻게 인술이고 의술이라고 할 수 있겠어요? 그런 이상한 기술에 의지해서까지 무조건 생명을 살려 놓고 보아야 한다는 것은 생명물신주의라고 할 수 있습니다.

그런데 문제는 민간요법을 옹호하는 사람들도 결국은 효율성의 관점에 서 있다는 점입니다. 황종국 판사는 왜 민간의료를 합법화해야 하는가라는 논리를 전개하면서 이런 얘기를 합니다. 즉, 지금 공인된 서양의학에서 치유할 수 있는 병이 30퍼센트도 안된다고요. 하기는 잘 따지고 보면 현대의학도 하나의 미신체계입니다. 현대과학이라는 게 얼마나 불안한 근거 위에 서 있어요? 그런 생각 안해보셨어요? 우주에 로켓을 쏘아 올리고 별의별 짓을 다 하니까 현대과학이라는 게 어마어마한 것 같지만,

이런 것들이 근원적으로 보면 사실 대책 없는 짓들이잖아요? 결과가 어떻게 될 것인지, 전체적인 자연질서와의 조화를 전혀 생각하지 않습니다.

현대과학은 따져보면 또 하나의 거대한 미신임이 분명합니다. 자원은 갈수록 고갈시키고 지구를 생존 불가능한 곳으로 만드는 기술을 끝없이 내놓는 이것을 우리가 어떻게 과학으로 대접할 수 있을지 모르겠습니다. 아인슈타인이 죽기 전에 했던 인터뷰에서 다시 태어나면 절대로 과학자 되고 싶지 않다고, 차라리 배관공이 되고 싶다고 한 것은 정말 새겨들을 말입니다. 배관공은 쓸모라도 있죠. 남의 집 수도꼭지나 보일러 고쳐주면 당장의 생활에 얼마나 유용해요? 세계 최고의 과학자가 했던 발언입니다. 상대성원리라는 과학적 원리를 발견해 놓으니까 결국 그게 원자탄의 응용 원리가 되는 현실에 절망한 거죠.

아까 얘기로 돌아가서, 아무튼 현대의학의 치료능력이 실제로는 크게 과장되어 있는 게 틀림없습니다. 호이나키의 친구처럼 환부에 성유를 바르거나 기도를 해서 병을 고치는 확률도 실은 현대의학보다 낮다고는 할 수 없죠. 무당한테 가서 푸닥거리를 해서 낫는 비율도 30퍼센트 정도 되지 않을까요?(웃음)

그런데 제가 하고 싶은 말은 치료 효과가 있느냐, 얼마나 효율성이 있느냐 하는 건 결국 부차적인 문제라는 거예요. 민간요법도 공식 의학에 못지않은 효과가 있다는 것보다도, 이게 공식 의학에 비해 훨씬 자연적 질서와 조화된 기술이라는 게 중요해요. 물론 민간요법이라고 해서 다 그렇지는 않죠. 그러나 동물실험이 일상화되어 있는 현대 서양의학이나 서양의학 흉내를 내는 데 급급한 지금의 한의과 대학 시스템에 비하면 민간요법은 그 비체계성과 토착성 때문에 자연의 순리를 쉽게 거역하지 못합니다. 그런데 여기서 제가 자연적 질서라고 말하는 것은 오래된 민중사회의 삶의 방식, 즉 상부상조를 통해서 유지해온 공생공락의 질서까지 포함합니다. 그러니까 가장 중요한 것은 민간 의술의 효과 유무가 아니라, 그것이 민중생활의 자치와 자립성의 회복에 얼마나 기여하느냐는 것이죠.

믿음 – 헐벗은 마음으로 그리스도를 따르기

일리치는 종양 때문에 엄청난 괴로움을 겪으면서도 아무런 의학적인 처치를 하지 않았고, 특별히 민간요법사도 만나지 않았습니다. 일리치 자신이 다양한 민간요법이나 자연요법에 대한 꽤 풍부한 지식을 가지고 있었지만, 종양이 참을 수 없는 고통을 주면 아편을 먹고 견디는 것 이외에 특별한 방법을 강구하지 않았다고 합니다. 1년 중 몇 달씩 멕시코 농촌에서 보냈기 때문에 거기서 양귀비를 구해 가루로 해서 먹었던 모양이에요. 그 가루 때문에 공항에서 더러 수색을 당하고 봉변을 겪기도 했다고 합니다.

하여튼 일리치 본인도 괴로웠겠지만, 옆에서 보는 친구들도 너무 괴롭고 답답하니까 일리치에게 병원진료를 많이 권했던 것 같아요. 그러나 일리치는 요지부동이었습니다. 확실한 얘기인지는 모르지만, 일리치의 외가 쪽 숙부가 특이한 능력을 가진 분이었는데, 이분이 일리치가 어렸을 적에 했던 예언이 있었다고 합니다. 일리치가 어른이 되면 불치의 병을 앓게 될 것이라고요. 그 말 때문에 의사를 만나지 않았다고는 할 수 없겠지만, 혹시 모르지요. 일리치가 그 혹을 자신의 운명으로 받아들였을 가능성도 없다고는 할 수 없죠. 사람은 누구든지 자신의 행동의 의미를 완전히 알기는 어려워요. 그러나 가장 절친했던 친구인 호이나키가 한번은 작심하고 왜 병원에 가지 않느냐고 물은 적이 있었는데, 그때 일리치가 했던 대답이 매우 인상적이에요. 라틴어로 "나는 헐벗은 마음으로 그리스도를 따를 뿐(nudum Christum sequere)"이라고 말했다는 겁니다. 이 말은 그저 예수님이 겪은 고통의 만분지일이나마 느껴보겠다는 뜻이겠죠. 기본적으로 일리치는 독실한 가톨릭 사제였습니다. 멕시코 농촌에 독립적인 연구소를 설립하여 미국 정부의 외교정책을 비판하고, 로마교황청이 공식적으로 추진하던 선교활동을 정면으로 방해했다고 해서 빨갱이로 낙인찍혀 교황청에 소환되어 사제직을 사실상 박탈당하기는 했지만, 죽을 때까지 일리치는 '어머니 교회'로서의 가톨릭에 대한 신앙을 조금도 버린 적이 없었고, 스스로 교회의 충직한 하인이라고 자처했던 사람입니다. 한마디로 '믿음'의 인간이었죠. 성유 바르는 일과 거의 같은 거예요. 현대식 병원제도의 근원적인 불경스러움을 거부하고, 신부가 찍어주는 기름 바르고 고통을 견디려고 하는 자세 말이에요. 구체적으로 뭘 믿느냐 하는 것과는 별개로, 믿음의 힘이란 이렇게 어마어마합니다. 우리가 지금 모두 촐랑거리고 사는 것은 믿음이 없기 때문이에요.

일리치와 프레이리

일리치가 죽었을 때 여러 매체에 추도사가 실렸습니다. 시시한 추도사도 많고, 눈여겨볼 만한 것도 더러 있었어요. 추도사만 모아도 책 한 권 될 만큼 꽤 많았어요. 그런데 죽기 전 15~20년 정도는 일리치는 사실상 잊혀진 사상가였죠. 그랬기 때문에 가령 〈뉴욕타임스〉 같은 미국 신문들이 주로 1980년대 초까지의 업적을 언급하고 그 후의 일리치 사상에 대해서는 무지를 드러내요. 심지어는 무식하게 일리치를 사회주의 사상가라고 일컬은 언론도 있었어요. 물론 일리치에게 사회주의자적인 면이 없었던 건 아니지만, 그렇게 말하면 일리치 사상의 핵심에 전혀 접근할 수 없습니다.

파울루 프레이리라는 교육사상가가 1970년대, 80년대에 우리나라에도 많이 소개되었는데, 아마 여러분도 기억하실 거예요. 《억압받는 자들의 교육학》(1968)이라는 책 꽤 많이 읽혔죠. 이분이 소위 '의식화'라는 말을 세계적으로 퍼뜨린 사람이잖아요. 한때 프레이리가 일리치와 아주 가까웠습니다. 멕시코에서 일리치가 운영하던 연구소에서도 일을 같이 했었어요. 일리치도 교육문제에 관한 책 《탈학교 사회》(1971)를 썼잖아요. '탈학교'란 말은 일리치가 처음 만들었죠. 일리치는 기본적으로 시인이라 셰익스피어처럼 단어를 잘 만들어요. 그런데 프레이리와 일리치는 서로 비슷한 데도 있어서, 사람들이 두 사상가가 공통한 점이 많다고 생각했을 가능성이 있습니다. 그러나 근본적인 차이가 있습니다. 그리고 이 차이 때문에 나중에는 둘 사이가 멀어집니다. 일리치는 프레이리가 충분히 래디컬(radical)하지 않다고 보았습니다. 이것은 일리치 사상을 이해하는데 열쇠가 될 만한 발언입니다. 프레이리는 억압받는 사람들, 교육 못 받은 사람들, 글자 모르는 사람들, 하층민들을 위해 문맹퇴치운동을 하면서그 운동이 동시에 절실한 정치운동, 의식화운동이 되어야 한다고 생각했지요. 또 실제로 그런 방법으로 일을 했고요. '바둑아, 바둑아' 하는 식이아니라, 노동문제에 관련하여 잔업이 어떻고, 임금이 어떻고, 이런 말을가지고 글자를 배워야 한다는 거죠. 기본적으로 프레이리는 사회주의자였어요. 억압받고 있는 사람들의 사회적 지위가 향상되고, 사회적 평등이실현돼야 한다, 차별 없는 세상이 돼야 한다, 그런 사회주의적 전망 속에서 작업한 사람이에요. 그래서 그는 기본적으로 산업사회를 부정하지는않습니다. 근대라는 체제 자체를 부정하지 않아요.

그러나 일리치는 근대 산업주의 문명을 근원적으로 부정하는 사람입니다. 일리치는 사람들에게 평등한 지위를 약속하는 교육이 아니라 근대적인 학교교육 그 자체를 거부하고, 교육이라는 말 자체가 필요 없는 사회를 지향했던 거죠. 그래서 프레이리에 대해 "충분히 래디컬하지 못하다"고 말한 거죠. 일리치는 원래 로마에서 사제 서품을 받은 후, 하도 영민한 사람이라 교황청에서 근무하라는 강한 권유가 있었는데도 뿌리치고뉴욕으로 갑니다. 그리고 뉴욕의 푸에르토리코 이민자가 모여 사는 동네에서 사목활동을 하면서 그 사람들을 통해서 제3세계 민중의 삶과 문화에 눈뜨게 됩니다. 그리고 몇 년 지나서 멕시코 농촌에 정착해서 연구소를 만들어 세계 각처에서 비판적인 문제의식을 가진 사람들을 불러다가끊임없이 세미나를 하면서 산업주의체제를 뒷받침하고 있는 기본적인 개념들의 허구를 폭로합니다. 그래서 《탈학교 사회》라든지 《의료의 한계》(1975) 같은 책이 출판되었죠. 사실 이때의 일리치의 교육론만을 얼핏 보면 단순히 특권적인 엘리트를 양성하는 교육제도를 비판하는 것으로 읽힐 수 있어요. 그래서 프레이리와 동일시하는 것도 무리는 아니죠. 또 그 무렵에는 둘이 친했으니까요.

일리치는 해방신학자들과도 친했어요. 돔 헬더 카마라 신부와는 아주 각별한 사이였다고 합니다. 그런데도 일리치는 해방신학도 가차 없이 비판했습니다. 충분히 래디컬하지 않다는 이유로요. 그것은 민중의 삶의 뿌리에 닿아 있지 않다는 뜻이죠. 일리치가 보기에 세계 어디서나 풀뿌리 민중의 삶의 근저에는 근대의 논리로는 포착할 수 없는 삶의 원리가 작용하고 있는데, 이런 비근대적인 원리나 가치야말로 가장 인간다운 삶을 보장해준다는 것이죠. 가령 근대적 학교제도 없이 밑바닥 민중은 언제나 필요한 지식을 서로 어울려 지내는 동안 상호 간의 관계를 통해서 학습해왔다는 거예요. 그런데 근대적 교육제도는 이런 학습의 공동체를 파괴하고, 민중문화를 망가뜨리고, 다수 민중의 자립능력을 박탈합니다. 물론 일리치는 자신의 입장을 민중사상이라든가 그런 개념으로 정식화한 적은 한 번도 없습니다. 그러나 제가 보기에 일리치의 사상은 현대의 그 어떤 사상보다도 래디컬한 민중사상입니다.

일리치가 제도로서의 학교가 가진 특권을 마땅히 폐기해야 한다고 한 것은 참된 배움은 전문가들의 지도에 의해서가 아니라 민중 자신의 자율적인 삶에서 우러나온다는 철저한 믿음이 있었기 때문입니다. 그리고 그런 자율성이야말로 가장 소중한 가치라고 생각했어요. 사실 근대적 학교가 제도화되면 사람들은 가치 있는 것은 학교에 가야 배울 수 있는 것이라고 생각하게 됩니다. 학교를 안 다니면 무식하고 교양도 없는 무능한 인간으로 간주됩니다. 그러나 따지고 보면 학교제도란 민중에 대한 가장 효과적인 지배와 통제 수단이에요. 프레이리 같은 사상가는 가난한 사람들도 글자를 익혀 중산층처럼 교육을 받고 고급문화를 향유하고, 모차르트도 듣고 괴테도 읽어야 한다고 생각하겠죠. 그러나 일리치는 달라요. 일리치는 예컨대 사투리를 굉장히 소중하게 여깁니다. 사투리란 근대적 교육체제 바깥에서 삶을 영위하는 사람들의 살아 있는 언어라고 할 수 있죠. 사실 프레이리처럼 문맹퇴치 교육을 하면, 그것은 이른바 표준말 중심으로 되기 쉽고, 따라서 사투리의 지위는 폄하될 가능성이 큽니다.

표준말이란 것은 위계질서가 전제되어 있는 권력언어라고 할 수 있어요. 어떤 의미에서 근대는 표준말을 확립하고 유지해온 시대라고 할 수 있죠. 근대 이전에는 표준말이 없었죠. 문법도, 사전도 없었고요. 근대 이전에 대부분의 사람은 이야기의 세계 속에서 살았고, 그 이야기는 기본적으로 방언으로 행해졌습니다. 그때는 각자가 다 세계의 중심에 있었어요. 표준말이 성립되면 방언 쓰는 사람들은 졸지에 모두 세계의 변두리로 밀려나게 됩니다. 제가 지방에서 오래 살았는데 늘 분개한 것이 지방 방송 아나운서들이 서울말로 방송을 하는 거예요. 경상도 방송이면, "내일 비가 온다 캅디다", 이렇게 말해야 되는 거 아니에요?(웃음) 지방 방송 아나운서가 서울말을 쓰면 그 지방 말은 촌놈 말이 돼버리고, 그러면 거기에 사는 사람들의 의식은 늘 자기들이 변방의 인생, 별 볼 일 없는 인생을 살고 있다는 열등감을 갖게 돼요. 언어란 결국 권력이거든요. 이 문제를 제일 예민하게 래디컬한 각도에서 이야기한 사상가가 일리치였어요.

사실 푸코도 일리치에 비하면 별로예요. 그런데 푸코 같은 사람은 세계 지식인사회에서 늘 화제가 되고 있는데, 어떤 일인지 일리치에 대해서는 지식인들이 몰라요. 한국에서도 일리치는 대학에서 가르치지 않아요. 그냥 몇몇 독자들이 호기심으로 책을 볼 뿐이죠. 그러나 기본적으로 푸코의 사상은 일리치가 거의 다 얘기했고, 그것도 철저히 민중적인 시각에서 얘기했습니다. 그런데도 일리치가 주목을 못 받는 이유는 워낙 래디컬하기 때문입니다. 미국에 피터 버거라고 하는 진보적인 사회학자가 있는데 일찍이 일리치와 가깝게 지낸 학자였습니다. 그런데 일리치가 죽고 난 뒤, 그가 어떤 지면에 추도사를 쓴 게 있는데, 뭐라고 하느냐 하면, 일리치는 천재였지만 아무 쓸모가 없는 사상가라는 겁니다. 일리치의 사상을 가지고는 실제로 현실에 적용할 수 있는 가능성이 전혀 없다는 거죠. 하기는 혹이 났는데 병원에 안 가고 성유를 바른다는 게 현대사회에서 통하는 얘기가 아니죠. 종양 가지고 20년 동안 고통 속에서 지낸다는 게 무슨 의미인지 현대인들에게 설명한다는 것은 불가능한 일이죠. 사상뿐만 아니라 실제 삶 자체에서도 일리치는 굉장히 래디컬한 사람이었어요.

지금 오키나와에 있는 미국인 정치학자로 더글러스 러미스라는 분이 있습니다. 녹색평론사에서 발행한 책 《경제성장이 안되면 우리는 풍요롭지 못할 것인가》의 저자이기도 하지요. 이 러미스 교수한테서 몇 해 전에 제가 직접 들은 얘기가 있어요. 일본 지식인 중에는 일리치를 존경하는 사람들이 꽤 있어서 일리치가 가끔 일본에 오는 경우가 있었습니다. 1980년대 초 처음 일본 방문을 하게 됐을 때 일리치는 러미스 교수한테 자기가 몇 달 머물 숙소를 좀 알아봐달라고 부탁을 했다고 합니다. 원래 일리치와 러미스 교수는 교분이 있었던 모양이에요. 그래서 일리치의 성향을 짐작하고 있었던 러미스 교수는 수소문 끝에 도쿄시내 재개발 지역에서 철거 직전에 있는 건물의 방을 빌릴 수 있다는 것을 알아냈어요. 이미 그때는 전기도 수도도 안 나오고, 거의 버려져 있는 건물이지만, 방값이 엄청 싸고 교통이 편리하다는 점 때문에 일리치에게 알려줬어요. 이 얘기를 듣고 일리치가 굉장히 기뻐하더라는 거예요. 자기한테 딱 맞는 숙소라고. 자기가 일찍이 사목활동을 했던 푸에르토리코 사람들이 그렇게 사는 것을 보았고, 멕시코시티의 수많은 슬럼가의 주민들이 그렇게 사는 것을 오랫동안 목격해왔기 때문에 일리치는 그런 주거를 조금도 낯설어 하지도 불편해 하지도 않았던 거죠. 얼마나 양심적이고 정직한 지식인이에요. 일리치의 생각으로는 가난한 사람들을 돕는 게 아니라, 가난한 사람들하고 같이 있는 게 중요한 것입니다. 가난한 사람 돕는다는 생각 참 부질없는 짓이지요. 가난한 사람 위하려면 그 사람하고 같이 있어야 됩니다. 그러나 그게 얼마나 어려운 일입니까? 저는 절대로 못 합니다. 저는 돈을 내라면 낼 수 있습니다. 그러나 며칠이라도 같이 지내라고 하면 못 해요. 몸이 말을 안 들어요. 저는 별로 부유하게 자라지도 않았고, 별나게 고상한 취미를 가진 사람도 아니지만, 이미 오랫동안 학교에서 편안하게 살아온 탓인지 심신이 나약해져서 자기 몸을 던져야 하는 험한 상황 앞에서는 거의 본능적으로 움츠러들어요. 말은 그럴싸하게 하지만, 제 꼴이 이래요. 그래서 제가 제일 부러워하고 존경하는 사람은 현장을 늘 지키고, 가난한 사람들, 버림받은 사람들과 고락을 실제로 같이 하는 분들입니다.

일리치는 그런 사람이에요. 화학, 역사, 신학 세 분야에서 학위를 가지고 있고요. 1970년대에는 획기적인 저서를 내서 서양 지성계를 발칵 뒤집어 놨어요. 일리치는 참 독창적인 사람입니다. 그는 자신의 작업을 근대세계가 당연한 것으로 여기고 있는 고정관념(certainties)을 근원적으로 깨뜨리는 것이라고 생각했습니다. 학교나 병원은 근대세계에서는 흔히 진보의 지표로서 자명하게 받아들여져온 제도입니다. 그런데 이런 제도가 핵무기나 군산복합체는 말할 것도 없고, 감옥이나 군대에 못지않은 나쁜 제도라는 것을 거침없이 말하기 시작한 지식인이 일리치입니다. 그것도 명확히 철저히 민중의 자립적인 삶의 전통을 기본적인 입각점으로 삼아서 말이죠. 그래서 많은 사람들이 자기들하고 생각하는 게 너무 다르니까, 그러면서도 그게 놀라운 논리이니까, 도대체 일리치란 사람이 누구냐고 말들이 많았어요. 사실 프레이리식의 사고는 이른바 좌파 지식인이라면 누구나 생각할 만한 거예요.

일리치의 《탈학교 사회》도 그렇지만, 그 직후에 나온 《의료의 한계》라는 책은 그 첫 구절이 "오늘날 건강에 대한 가장 큰 위협은 현대의학이다"로 시작하면서 큰 충격을 주었죠. 건강과 의료를 위해서 존재한다는 현대의학체계 그 자체가 사람의 건강을 가장 근원적으로 위협하고 있다는 충격적인 발언은, 그것이 굉장히 철저하고 광범위한 논거 위에 나오는 것이었기 때문에 더 충격적이었습니다. 지금도 이 책은 현대의학에 대한 가장 심오한 비판적 문헌이라고 할 수 있습니다.

일리치는 의인병(醫因病)이라는 용어를 가지고 분석을 합니다. 즉, 병원의 존재 자체가 근본 문제라는 것이죠. 이게 왜 문제냐 하면 전통적으로 사람들이 건강을 돌보고 관리하는 오만 가지 방법과 기술이 있어왔는데, 현대의학이 이러한 것들 위에 군림하면서 유일 합법적인 의료시스템으로 독점적 권력을 누리게 되었기 때문입니다. 일리치는 여기서 "근원적 독점"이라는 말을 사용합니다. 사실 오늘날 우리는 건강에 관한 자율적 선택권을 모두 잃어버렸어요. 대부분의 사람은 아플 때 병원에 가는 것 이외에 다른 방법을 생각할 수 없게 되었거든요. 그래서 중요한 것은 이제 모두 돈이에요. 병원비를 위해서 돈이 있어야 하고, 돈 없으면 죽는다고 생각하게 된 거죠.

오늘날 산업주의 시스템의 불가결한 지주(支柱)의 하나가 의료체제입니다. 지금 미국 경제에서 국방비 다음으로 큰 비중을 차지하는 게 의료보건비라고 하죠. 미국은 5,000만의 시민이 보험혜택을 못 받고 있는 나라인데도, 전체적으로 의료비용이 엄청나게 많이 들어갑니다. 한국도 예외가 아니죠. 게다가 완전히 독점적인 지위를 누리고 있잖아요. 그 바람에 풀뿌리 민중이 자신의 건강을 주체적으로 보살필 수 있는 능력은 심각하게 훼손되었습니다. 사실 미국에서도 본래 이랬던 것은 아니에요. 〈플렉스너 보고서〉라는 게 있어요. 1910년일 거예요. 카네기재단의 돈으로 그 당시 미국·캐나다의 의료 현황과 의과대학의 실태에 대해 자세히 조사하고, 대안을 제시한 보고서예요. 그 보고서로 인해 미국에서 현대적인 표준화된 의학 교육시스템이 확립됩니다. 그 이전에는 미국에도 민간요법과 자연요법이 성행했거든요. 그러나 의과대학 교육이 완전히 표준화되고 과학화됨에 따라 민중의 자립적인 건강관리에 대한 권리와 능력이 심각하게 위축되기 시작합니다. 예를 들어, 미국 사람들도 예전에는 대부분 동네 할머니나 산파의 도움으로 아이를 낳았지만, 이제부터는 의과대학을 나온 산과의사에게 가지 않을 수 없게 되었습니다. 그러지 않으면 시대에 뒤떨어진 야만인, 원시인 취급을 받고 경멸을 당하는 체제가 확립된 것입니다.

우리도 해방 후 미국식으로 사는 게 문명적인 방식이었으니까 아무 저항 없이 따라가버렸습니다. 생각하면 끔찍하죠. 제가 스물일곱에 장가를 들어 1년쯤 지나 큰아이를 낳았는데 그때는 아직 우리 주위에 산파가 드물지 않았는데도 당연히 병원에서 아이를 낳아야 교양이 있는 사람인 줄 알았어요. 우리 부부가 다 대학 나왔고, 명색이 지식인으로 자처하고 있는데 어떻게 산파한테 가겠어요? 당연히 병원에 갔죠. 게다가 아이에게 또 당연히 분유를 먹여야 되는 줄 알았어요. 지금 생각하면 치가 떨려요. 그렇게 무지했어요. 가르쳐주는 사람도 없었고요. 양가 부모님들이 아직 생존해 계실 때였지만, 자식들이 워낙 잘난 체하니까 이래라저래라 말씀을 하시지 못하고 그냥 우리가 하는 대로 지켜만 보실 뿐이었죠. 간섭할 엄두를 못 내셨죠. 그런데 이게 얼마나 불행한 일이에요? 사람이 자식을 낳는다는 것은 수천수만 년 동안 이어져 온 습속입니다. 그런데 건강하게 아이를 낳아 길러왔던 우리 부모님들이 이제는 자신들은 아무런 역할도, 조언도 할 수 없다고 철저한 무력감을 느끼셨던 거예요. 말할 수 없는 엉터리 근대화죠. 동물의 세계에서 세대를 이어간다는 게 뭡니까? 어미가 새끼를 낳고, 그 새끼가 자립하도록 생존기술을 가르쳐주는 거잖아요. 인간도 똑같아요. 이게 하루 이틀에 형성된 전통이 아니잖아요. 그런데 우리는 그걸 깡그리 내팽개치는 것을 발전이라고 생각했던 거죠. 어리석기 짝이 없는 시대였어요. 아이를 낳을 때도 그랬지만, 기를 때도 우리는 어른들의 말에 귀를 기울일 생각보다는 《스포크 박사의 육아전서》 따위를 신줏단지 모시듯 했습니다. 그러니까 돌아가신 우리 어머니가 하도 답답한 나머지 "얘들아, 아이는 책 가지고 키우는 거 아니다"라고 하셨어요. 지금 생각해보면 너무나 심오한 말입니다. 아이를 낳고 키우는 것은 근대사회가 형성되기 훨씬 이전 까마득한 옛날부터 인간사회가 수행해왔던 일입니다. 그 오랜 세월 동안 공동체에 누적된 엄청난 지식과 기술이 있었어요. 그러니까 아이를 기르는 것은 개인의 학식이 아니라 면면히 전승되어온 공동체의 결집된 문화의 힘이라고 할 수 있죠. 근대적 학문 따위로는 도저히 근접도 못 하는 풍부하고 깊은 지혜가 거기에는 축적되어 있는 거죠. 이런 전통을 무시하고 대학 나왔다는 것을 근거로 잘난 척하고 있었던 거예요.

사실 이것 말고도 우리 세대가 부모님 세대보다 나은 게 거의 없어요. 우리 어머니는 이야기꾼이기도 했어요. 순 사투리로 얼마나 재미나게 이야기를 잘하시는지 여러 차례 들은 이야기도 지루한 줄 몰랐어요. 그런 이야기를 나누면서 그 가난하고 험한 세월을 자식들을 건강하게 기르고 사셨던 거예요. 늘 친척, 이웃들과 친밀한 관계를 유지하면서요. 그리고 우리 부모님들이 또 자식들에게 얼마나 헌신적이었어요. 제가 우리 부모님이나 그 세대의 사람들이 살았던 삶이 너무나 소중하고, 우리 세대보다도 백배, 천배 훌륭하고 위대한 것이었다고 생각하는 것은 일리치를 읽은 탓이 큽니다.

제도화된 친절과 자유인의 친절

하여간 제가 일리치한테서 배운 게 참 많은데, 핵심적인 것은 이 세상의 못생기고 가난한 사람들, 풀뿌리 민중들의 오래된 삶의 방식이 얼마나 지혜롭고 소중한 것인가 하는 것입니다. 일리치는 무슨 감상적인 언어로 이런 이야기를 하지는 않아요. 그의 언어는 지극히 시적이면서 견고해요. 지금 제가 감상적으로 풀어서 그렇지 일리치의 언어는 감상적인 데가 없어요. 일리치가 근대적 제도나 관습의 근본적인 허구를 꿰뚫어 보는 눈은 굉장히 냉정합니다. 일리치의 관점에서 볼 때, 근대란 한마디로 가장 인간적인 가치가 제도화된(institutionalized) 체제라고 할 수 있습니다. 이 지점에서 일리치와 프레이리 같은 좌파 사상가의 논리가 갈라진다고 할 수 있어요. 지금 우리나라도 그렇고 세계적으로도 진보적인 사회적 프로그램이라는 것은 대개 복지국가체제를 말하잖아요. 우리 주변의 양심적인 사람들이 대개 꿈꾸는 좋은 사회가 다 그런 복지체제죠. 거의 다 그렇죠? 우리가 스웨덴까지는 안되더라도 아무튼 그런 복지국가를 지향해야 한다는 데는 별로 이의가 없잖아요. 그런데 저는 일리치를 오랫동안 읽어서 그런지 모르지만, 복지국가란 게 별로 탐탁지 않아요.

그 이야기를 잠깐 해보죠. 복지국가가 뭐가 나쁘냐고요? 간단히 말해서 복지국가는 국가적으로 환대를 제도화하고, 친절을 제도화하고, 보살핌을 제도화한 시스템이라고 할 수 있어요. 인생에 있어서 가장 좋은 것은 환대, 친절, 보살핌 같은, 사람이 사람에 대해서 자발적으로 행하는 선의의 행동입니다. 일리치가 되풀이해서 즐겨 얘기한 것이 있는데, 그것은 복음서의 사마리아인 이야기예요. 이 비유를 죽을 때까지 이야기해요. 이것은 우리가 다 아는 이야기지요. 사마리아인은 그 당시로는 지금의 팔레스타인 사람 같은 존재였어요. 유태인의 적이었죠. 그런데 유태인 나그네가 강도를 만나 피를 흘리며 길거리에 쓰러져 있는데 같은 유태인 제사장이나 율법사들은 본척만척하면서 지나가버렸단 말이에요. 성가시잖아요. 복음서의 이 이야기는 사실 간단한 게 아니에요. 아무도 보는 사람도 없는데, 굳이 내 시간과 돈을 버려가면서 생전 알지도 못하는 타인을 돕는다는 게 말은 쉽지만 실제로는 어려운 일이에요. 그런데 유태인 동포도 아니고, 유태인의 적인 사마리아인이 길가에 쓰러진 사람을 실제로 돕습니다. 사마리아인은 그냥 지나가도 아무 문제가 없어요. 같은 유태인도 나 몰라라 하는데 하물며 사마리아 사람인 자기가 굳이 나서야 할 까닭이 없죠. 그런데도 그는 순전히 자신의 자발적인 의사로 쓰러져 죽어가는 사람을 인근 여관으로 데려가서 치료를 받게 하고는 여관비용까지 지불합니다.

일리치는 이것이 기독교 정신의 핵심이라고 생각합니다. 그 사마리아인도 다른 유태인들처럼 얼마든지 그냥 지나갈 수 있잖아요. 유태인의 원수인 사마리아인으로서 양심의 가책을 느낄 일도 없었을 거예요. 그런데도 그렇게 하지 않았어요. 지나가버릴 수도 있는데, 다가왔다는 게 뭡니까? 그 사마리아인의 행동이 제도화된 친절이 아니었다는 얘기죠. 제도화되어 있다는 것은 프로그램대로, 예측된 대로 행한다는 것입니다. 저 교회나 자선기관에 12시까지 가면 밥을 준다더라 — 이게 제도화된 환대, 친절, 보살핌입니다. 이렇게 제도화된 환대나 친절은 이미 개인과 개인 사이의 인격적 교류와는 관계가 없습니다. 인격적 만남은 자유인의 행동에서만 가능합니다. 이렇게도 할 수 있고, 저렇게도 할 수 있는 상황에서 자유로운 의지로써 한쪽을 선택하는 것, 이게 자유를 행사하는 거고, 그걸 실행하는 사람이 자유인인 거죠. 그런 의미에서 사마리아인은 자유인이에요. 그리고 그런 자유인의 자발적인 행동에 의해서 진정한 '이웃'이 만들어지는 겁니다. 우리의 삶은 그런 의미의 자유와 '이웃'이 결여되면 근본적으로 공허하고 무의미한 것이 될 수밖에 없어요.

그런데 이러한 자유의 행사로서의 타인에 대한 환대나 친절과는 근본적으로 다른 게 제도화된 환대와 친절이에요. 그것은 기계적인 행동입니다. 거기에는 자유로운 선택의 여지가 없어요. 제도적으로 정해 놓으면 프로그램대로 움직이면 됩니다. 이런 기계적인 체제가 국가적으로 확립되면 그게 바로 복지국가체제인 거죠. 복지국가에서는 환대와 친절과 보살핌이라는 게 기본적으로 사람과 사람 사이의 자유로운 관계가 아니라 시스템에 의해 돌아가게 돼 있어요.

그런 문제를 예민하게 포착하는 게 문학과 예술의 역할입니다. 예를 들어, 재작년(2007)에 노벨문학상을 받은 도리스 레싱도 그런 얘기를 했어요. 레싱은 기본적으로 사회주의를 지지하는 양심적인 작가예요. 그런데 레싱의 소설에는 국가적 복지시스템이 자연스러운 인간관계의 흐름을 방해하고, 삶을 건조하게 한다는 것을 증언하는 작품이 있어요. 거기에 보면, 80세가 넘어 거동이 매우 불편한 할머니가 사회복지사의 도움으로 근근 일상을 영위하고 있는데, 그 할머니가 제일 보기 싫어하는 게 바로 그 복지사예요. 왜냐하면 복지사는 관청에서 급료를 받고 나온 사람이거든요. 이게 재미가 없는 거예요. 복지사의 개인적인 자질과 관계없이 그가 시스템에 의해서 움직이는 존재인 이상, 할머니와의 사이에 진정으로 우러나오는 교감이 성립하기 어려운 거죠. 할머니에게는 차라리 함께 지내는 고양이가 더 나아요. 이게 인간이에요. 하느님이 무슨 까닭인지 몰라도 인간을 이렇게 만들어 놓았습니다.

타르코프스키의 일기에도 그런 얘기가 나와요. 타르코프스키가 소련에서 서유럽으로 망명한 뒤에 죽기 직전에 만든 마지막 작품이 〈희생〉이잖아요. 그걸 스웨덴에서 찍었어요. 스웨덴의 저명한 영화감독 베르히만이 각종 장비와 사람들을 주선해줘서 거기서 찍었죠. 타르코프스키는 자기 몸 하나밖에 없었으니까요. 그런데 그 영화를 찍는 동안에 타르코프스키가 내내 일기 속에서 불만을 터뜨려요. 도대체 영화를 찍는 데 스웨덴 사람들이 배우든 스태프진이든 모두 공무원처럼 행동한다는 거죠. 아침 9시에 출근해서 오후 5시에 정확히 퇴근을 한다는 겁니다. 실제로 영화를 찍다 보면 밤을 새워야 할 경우도 많은데 한창 카메라가 돌아가는 도중에 퇴근시간 됐다고 가버린다는 거예요. 얼마나 환장할 노릇이에요. 영화나 예술은 정열로 하는 건데 이게 없다는 거죠.

타르코프스키는 실제 그런 언급까지는 안했지만, 제가 보기에 이것은 스웨덴 복지체제와 관계가 없지 않을 거예요. 우리는 보통 복지체제가 갖는 결함으로 사람들이 일을 열심히 하지 않을 것이라고, 그 결과로 생산성이 떨어질 것이라고 생각하는데, 핵심적인 문제는 그게 아닙니다. 사람들 일 안하고 게으르게 살면 어때요? 그게 중요한 게 아닙니다. 진짜 문제는 정열이 있어야 할 곳에 정열이 없는 상태예요. 이것은 물론 자본주의사회를 옹호하자는 얘기가 아니에요. 그런데 자본주의를 넘은 인간적인 사회에서는, 그게 사회주의라고 불리든 어쨌든, 어느 정도는 시장을 인정해야 할 것 같아요. 국가적인 계획에 의한 생산요? 그것은 현실적으로도 불가능하지만, 사람 사는 재미를 다 빼앗아버려요. 내가 남들보다 더 좋은 빵을 만들어서 내 고객이 좋아하는 얼굴을 보고 싶다는 욕망을 살려주는 것이 필요해요. 이런 인센티브는 결국 시장에서 나옵니다. 사실 근대 자본주의 이전에도 세상에는 고대부터 장터가 존재해왔잖아요.

서양 역사에서 문화예술의 최고 경지를 실현했다고 하는 희랍시대에 뛰어난 예술 창작이 가능했던 것은 콘테스트 제도 때문이었습니다. 희랍비극은 전부 경쟁적인 콘테스트에서 뽑았어요. 폴리스의 주요 행사를 기념하기 위해서 작품을 공모했고, 응모작들을 엄격히 심사해서 뽑았던 거죠. 유명한 〈오이디푸스왕〉의 작가 소포클레스는 실은 2등을 했던 극작가입니다. 1등 작품은 남아 있지 않아요. 하여튼 경쟁에서 이겨보려고 작가들이 머리를 싸매고 노력을 했던 거예요. 그런데 소련에서는 작가동맹이라는 것을 만들어 소속 작가들에게 월급을 줬어요. 예를 들어, 한 달에 원고지 100장 쓰면 얼마를 준다는 식이죠. 작품의 질을 따지지 않아요. 따질 수도 없죠. 문학이나 예술작품의 질이라는 것은 세월이 지나면서 독자와 청중이 결정하는 겁니다. 위원회 같은 것을 만들어 작품의 질을 판정한다는 것은 불가능해요. 그러니 양적인 성과만 보고 돈을 줄 수밖에 없어요. 그런데 문학이나 예술에서는 어디까지나 질이 중요하지 양은 아무 의미가 없는 거란 말이에요. 졸작이 많아 봐야 그게 무슨 의미가 있어요? 그렇게 보면 소련시대에 진정으로 중요한 작품들이 거의 다 반체제 작품, 지하에서 출판되거나 해외에서 발표된 것은 당연한 현상이라고 할 수 있어요. 그런 반체제 작가들을 통해서 러시아의 위대한 문학전통이 계승된 것이죠.

계획과 희망

실제로 모든 게 계획적으로 돌아가고 그냥 평등분배만 한다고 하면 사는 게 아무 재미가 없어져요. 빵은 고르게는 먹겠지만 맛없는 빵이 되고 말죠. 조금 과감하게 말하면, 사회에는 어디선가 굶주리는 사람들도 있을 필요가 있습니다. 거지도 있고요. 전부가 다 호의호식하는 세상이 있다면, 아마 그건 지옥일 겁니다. 굶주리는 사람이 있어야 우리가 굶주림이 뭔지 알고, 그런 앎을 통해서 인간의 삶이라는 게 무엇인지 성찰하고, 성숙한 인격에 도달할 수 있다고 할 수 있습니다. 그러나 물론 너무 비참하게 되는 건 곤란해요. 균형점이랄까 하는 게 필요해요. 그러나 그렇다고 해서 우리가 복지제도 그 자체를 완전히 부정할 수는 없겠지요. 단지 이른바 좌파 지식인들이 모두 별생각 없이 늘 복지국가 운운하니까 한번쯤 이의를 제기할 필요는 있다는 것입니다. 더욱이 일리치 같은 사상가는 기본적으로 시인입니다. 시인은 근본적으로 이의를 제기하는 사람입니다. 사물의 근본을 생각해보자는 것이죠.

일리치도 영향을 받은 사람들이 꽤 있는데, 그중에 가톨릭 철학자 자크 마리탱이 있어요. 일리치의 회고담에 의하면 어느 날 마리탱과 얘기하는 도중에 '계획'이란 말이 나왔다고 합니다. 경제계획이니 개발계획이니 하잖아요. 그 계획이라는 말이 경제문제를 떠나서도 광범위하게 사용되기 시작한 게 1950년에서 60년대 사이가 아닌가 싶어요. 가족계획이니 인구계획이니 하는 말도 그때 생겼죠. 그런 상황에서 아마 일리치가 계획이라는 용어를 언급했던 모양인데, 마리탱이 '계획'이란 말이 도대체 뭐냐고 물었다고 그래요. 그건 결국 또 하나의 근본적인 불경(不敬)을 의미하는 말이 아니냐는 거죠. 재미있죠?

세상이 정해진 프로그램대로 돌아간다면 그건 인간다운 세상이 아니라 기계나 로봇의 세상이에요. 인간다운 삶이란 예측 불가능한 일들이 끊임없이 일어나는 곳이라고 할 수 있습니다. 우리가 신비로운 것을 느끼고 그 앞에서 경탄을 하는 것은 그게 미리 예견될 수 있는 게 아니기 때문이잖아요. 그리고 그런 신비감, 경탄, 놀람이 없는 곳이라면 그건 지옥이에요. 저 사람이 무슨 짓을 할지 모르기 때문에 그 사람의 뜻밖의 행동이 다른 사람들에게 감동을 주는 겁니다. 그러니까 계획이라는 용어에 불경이 내포돼 있다는 것은 맞는 얘기예요. 하느님이 창조한 이 우주의 질서는 인간이 알 수 없는 무수한 신비와 기적으로 구성돼 있는데, 그런 질서를 인간 자신의 능력으로 파악하고, 통제할 수 있다는 교만한 의지가 '계획'이라는 용어에 들어 있는 게 사실이거든요.

이와 관련해서 일리치가 말하는 '희망'과 '기대'에 관해서 말씀을 드리고 제 얘기를 마치겠습니다. 최근에 일리치의 《탈학교 사회》를 다시 읽어보면서 저는 이 초기작 속에 나중의 일리치 사상의 핵심적인 메시지가 이미 얘기되어 있다는 느낌을 받았어요. 특히 맨 마지막 장에서 일리치는 이제 인류사회가 프로메테우스가 아니라 그 동생 에피메테우스를 기리지 않으면 안된다고 말하고 있는데, 이게 의미심장해요. 프로메테우스가 앞을 보는 신화적 인물이라면 에피메테우스는 뒤를 돌아보는 인물이죠. 그래서 인류에게 불을 가져다준 프로메테우스는 늘 전진하는 진보의 표상으로 추앙받아왔잖아요. 근현대의 진보적인 사회사상가들 사이에서 프로메테우스는 늘 영웅이었죠. 반면에 에피메테우스는 기껏해야 인류사회에 갖가지 재앙과 질병을 퍼뜨린 판도라의 남편으로 기억되어왔을 뿐이에요. 엉터리 여자에게 장가를 간 바보 같은 놈으로 취급을 당해왔어요. 맑스의 영웅도 프로메테우스예요.

그러나 일리치는 거꾸로 보고 있습니다. 지금 인류에게 필요한 것은 에피메테우스지 프로메테우스가 아니라는 거죠. 이것은 끝없이 앞으로만 돌진하다가 지금 생태적 파국이라는 벼랑 끝에 도달한 산업문명의 행로를 들먹일 것도 없이 분명한 사실이에요. 앞으로 내다보는 만큼 끊임없이 뒤를 돌아보는 지혜로움이 있었어야 하는 거죠. 조상들의 경험과 지혜를 완전히 무시하고 늘 현대적인 첨단 논리만을 좇다가 다다른 귀결점이 어디인가를 생각하면 프로메테우스의 영웅화가 더이상 설득력이 없다는 게 자명합니다. 그리고 판도라에 대한 일리치의 해석도 독특합니다. 판도라의 상자에 희망이 남아 있다는 게 얼마나 축복이냐는 거죠. 판도라가 온갖 재앙과 질병의 씨앗을 퍼뜨렸다고 하지만, 그것도 선물이라는 거예요. 뭐든 주고 싶어서 내놓았다는 거죠. 그리고 가령 판도라가 내놓은 질병이 만약 인간사회에 없다면 그게 인간사회로서 성립할 수 있는지 생각해볼 필요가 있어요. 병이 없는 세상이 과연 인간세상이냐 하는 겁니다. 사실 가만 생각해보면 이 세상이 병이 있고 고통이 있기 때문에 완벽한 거예요.

《참을 수 없는 존재의 가벼움》을 쓴 밀란 쿤데라는 한국에서도 독자가 많은 모양이에요. 그런데 저는 그 사람이 대단히 철없는 사람이라고 생각합니다. 왜냐하면 그는 자기가 하느님을 믿지 않는 것은 하느님이 완벽하지 않기 때문이라는 거예요. 무슨 말이냐면 하느님이 완벽하다면 인간이 성가시게 똥을 누고 있지는 않을 거라는 얘기예요. 얼마나 바보 같은 생각이에요? 인간은 밥을 먹고 배설하고, 그 배설물이 또 누군가의 밥이 되고, 그 누군가는 다른 동물이나 인간에게 다시 밥이 되고…. 이런 식으로 순환하게 되어 있는 게 자연질서란 말이에요. 얼마나 완벽한 순환이에요. 근대세계에 들어와서 이 순환적인 질서가 깨뜨려짐으로써 엉망진창이 돼버렸는데, 그걸 보지 못하고 쿤데라는 똥을 단지 성가신 것으로 보는 거죠. 이게 서양의 현대 작가로서 그가 가진 근본적인 한계라고 저는 생각해요. 순환의 개념이 없어요. 하느님의 질서는 순환고리로 연결된 완벽한 질서예요. 삶과 죽음이 돌고 돌면서 우주생명을 지탱하는 구조란 말이에요.

그런 순환구조를 생각해보면 질병이라는 것도 세상을 위해서 빠뜨릴 수 없는 축복이죠. 고통이 있고, 아픈 사람들이 있기 때문에 사람들의 인간성이 유지되고, 삶이 풍요로워져요. 이 세상에 약자와 병자가 없으면 보살핌과 친절과 환대라는 인간사회를 지탱하는 가장 소중한 가치가 성립할 수 없어요. 그렇게 되면 그 사회는 단지 로봇이나 개미들의 사회가 되고 맙니다. 풍요로운 인간성의 발현이라는 게 있을 수 없죠. 그리고 우리는 대체로 누구나 생을 살아가는 동안에 때로는 아프고 때로는 굶주리는 경험을 하지 않을 수 없는데, 이것을 통해서 진정한 '이웃'을 발견하는 기회를 얻게 됩니다. 그뿐만 아니라 나 자신도 그 고통 속에서 고통을 견디는 기술을 익히게 되고, 그 과정에서 인간적인 성숙을 경험하는 법이에요. 그런 의미에서 일리치는 삶의 기술이란 고통의 기술(art of suffering)이자 죽음의 기술(art of dying)이라고 했습니다.

평생 동안 스스로 아파보지 않거나, 아픈 사람 돌본 경험이 없는 사람은 인간다운 삶을 살았다고 할 수 없어요. 요즘은 죽을 때도 대개는 임종을 병원에서 하는 경우가 많아요. 그 때문에 사람들이 '죽음의 기술'을 익히지 못해요. 인간답게 위엄 있게 죽을 줄 모른다는 얘기예요. 집에서 자손들에 둘러싸인 가운데 가장 엄숙한 의식의 주인공이 되어 자신의 인생을 요약하는 유언도 남기면서 죽어야 할 사람들이 이제는 병원의 중환자로 분류되어 마지막 호흡이 끊어질 때까지 온갖 의료장비에 매달려 볼품없이 시체로 변해가는 처량한 존재들이 돼버렸어요. 죽어가는 과정은 결코 질병이 아닌데 이렇게 되었거든요. 요즘 사람들은 마지막 숨을 거둘 때까지 죽음이라는 병과 싸워야 하는 줄로 알고 있어요. 인간다운 문화가 사멸해버린 거죠.

이런 문제는 아까 말한 '계획'이라는 것과도 관계가 있어요. 계획화라는 멘탈리티가 지배하는 상황에서는 질병이나 고통 같은 일반적으로 사람들이 원치 않는 것들은 박멸의 대상이 될 뿐이에요. 바이러스 같은 게 돼죠. 그래서 모두들 언제나 건강하게 부유하게 즐겁게 사는 삶만이 긍정되고, 그러한 삶을 위한 계획이 부단히 추구되는 거죠. 줄기세포니 뭐니 하는 소위 첨단 의료라는 게 출현할 수 있는 정신적, 심리적 바탕이 뭐겠어요. 물론 그게 돈이 된다고 하는 점도 크게 작용하고 있지만, 결국 현대 문화의 근원적인 불경, 천박성이 문제예요. 지금 우리는 인간으로서 사는 게 아니에요. 인간이라는 형상을 한 물질덩어리로 살아가는 거예요. 이제는 병원도 더이상 인간 대 인간의 접촉이 아니라 그냥 테크놀로지가 지배하는 공장이에요. 제가 보기에는 청진기 시대까지가 인간적인 의술의 시대였던 것 같아요. 장기이식이니 뇌사니 유전자치료니 하는 것이 유행하는 것을 보면 불경이 도를 넘어도 너무 넘었다는 생각이 들어요.

일리치가 일찍이 1970년대 초부터 서비스의 제도화를 비판하고, 풀뿌리 민중사회의 오래된 경험과 그 전통을 소중하게 생각해왔던 것도 결국 그런 이유 때문이었던 거죠. 일리치는 물과 H_2O가 근본적으로 다른 것이라고 말했습니다. 현대사회에서는 오염된 물이라도 화학약품을 투입해서 음용수로 만들 수 있다고 하는 생각이 지배적인데, 그것은 물과 H_2O가 같다는 전제 때문이죠. 그러나 그게 아닙니다. 우리는 이 물 한잔을 하느님께 바칠 수 있느냐 하는 것을 물어봐야 합니다. 물론 이것은 비현실적인 생각인지 모르지만, 사실 이것은 물 얘기가 아니라 궁극적으로는 인간에 관한 얘기예요. 인간은 부품으로 구성된 기계도 로봇도 아닙니다. 우리 개개인은 조물주에 의해 창조된, 다른 어떤 것으로도 대체될 수 없는 독특한, 인격적 존재입니다.

그런 논리에 의해서 일리치는 희망(hope)과 기대(expectation)를 구분해야 한다고 말합니다. 희망이란 '자연의 선량함'에 대한 근원적인 믿음에서 우러나옵니다. 반면에 기대는 인위적으로 계획하고, 통제한 것에 따른 결과에 대한 의존을 말합니다. 아까 말한 그거예요. 낮 12시에 어디로 가면 국수가 나오고 밥이 나온다, 이건 기대예요. 몇 월에 국가예산이 집행되면 영세민들에게 지급된다, 이게 기대예요. 그런데 희망은 예측 불가능한 거예요. 자연의 선량함이라고 했을 때 그 자연에는 당연히 인간도 포함되어 있거든요. 자연세계 혹은 그 일부인 인간에게 어떤 일이 벌어질지, 한 시간 후에 무슨 일이 발생할지 사실 아무도 모릅니다.

그러나 자연과 인간은 기본적으로 선한 것(goodness)이라는 믿음이 있기 때문에 우리는 예측은 할 수 없지만 희망을 갖고 사는 거죠. 조물주가 만드신 거니까 그런 근원적인 믿음이 가능한 거죠. 그러니까 희망에는 늘 놀람, 경이로움이라는 체험이 수반되는 거예요. 강도질을 당하고 길가에 피를 흘리고 쓰러져 있던 사람이 정신을 차렸을 때 사마리아인이 자기를 구원해줬다는 것을 알고는 얼마나 놀랐겠습니까? 너무나 뜻밖의 일이니까. 이건 시스템에 의해서는 절대로 가능하지 않은 현상이에요. 그 놀랍고 경이로운 일이 결국 인간을 들어 올립니다. 아까 처음에 한 이야기, 등에 혹이 났는데 성유를 바르고 기도를 한다—이게 믿음이 없으면 안되잖아요. 성유를 발라가지고 몇 주 만에 혹이 사라진다, 이것은 놀라운 은총입니다. 실은 낫지 않고 죽더라도 은총이에요. 종양이 더 악화돼서 치료가 안돼도 믿음의 인간에게는 그것도 은총이죠. 사람이 100세까지 살아야 성공한 인생이라고 할 수 있는 게 아니잖아요. 중요한 것은 믿음입니다. 믿음이야말로 궁극적으로 우리 모두의 희망의 원천이니까요. 오늘 제 이야기는 여기서 끝내겠습니다. 고맙습니다.

무위당의 생명사상과 21세기 민주주의

독서인(讀書人) 무위당

지금 이 자리에서 별로 아는 것도 없는 저 같은 인간이 무위당의 사상에 대해서 이야기를 하려니까 염치없다는 생각도 들고, 긴장도 많이 됩니다. 오늘 제가 엉터리 이야기를 많이 할 것 같은데, 꾹 참고 들어주시면 고맙겠습니다.

무위당의 사상은 흔히 '생명사상'이라고 말해지고 있습니다. 틀린 말이 아니지요. 선생님 생전에 오랫동안 생활을 함께하셨던 분들의 증언과 갖가지 일화들을 들어보거나 선생님이 돌아가시기 전 몇 해 동안 여기저기서 말씀하신 이야기를 녹취해서 만든, 지금 제가 들고 있는 이 책《나락한 알 속의 우주》를 읽어보면 왜 선생님이 생명사상가로 일컬어지는지 금방 이해할 수 있습니다. 그런데 이 생명사상의 내용이 구체적으로 무엇인가 하는 것은 사람마다 생각이 조금씩 다를 수 있습니다. 오늘은 제가

---

* 이 글은 2016년 9월 22일 '한살림 서울' 주최로 열린 '제1회 무위당학교'에서 했던 이야기를 정리·보완한 것이다.《녹색평론》제151호(2016년 11-12월)에 게재.

나름대로 생각하는 무위당의 생명사상을 말씀드리고, 그 사상이 오늘의 상황에서 어떤 의미를 가지는지에 대해서도 설명을 드려볼까 합니다.

그 전에 먼저 드리고 싶은 이야기가 있습니다. 보통 저널리즘에서는 장 선생님을 교육자, 사회운동가, 서예가 등으로 불러왔습니다. 그러나 저는 만약에 선생님이 어떤 분인지 한마디로 말하라고 하면, '독서인'이라는 명칭이 가장 적절하지 않을까 하는 생각입니다. 책벌레처럼 책에 빠져서 살았다거나 혹은 방대한 책들이 소장된 서재를 소유하고 계셨다는 뜻이 아닙니다. 제 짐작이지만, 선생님은 확실히 동서고금의 많은 고전을 섭렵하신 분이지만, 그렇다고 해서 엄청난 다독가였을 것 같지는 않습니다. 단지 선생님은 스스로를 교육하고, 세상을 이해하기 위해서 소싯적부터 항시 가까이 책을 두고 그것을 음미하는 시간을 즐긴 것으로 생각됩니다. 학자들이나 지식인들은 일반적으로 특정한 정보나 지식을 얻기 위해서, 그리고 글이나 책을 쓰기 위해서 분주히 문헌을 뒤적이죠. 선생님도 물론 정보를 얻으려고 책을 읽은 때가 많았겠죠. 그러나 우리가 잘 알다시피 선생님은 평생 동안 글을 쓰지도, 책을 저술한 분도 아닙니다. 그리고 특별히 어디에 써먹기 위해서 책을 보신 분도 아닙니다. 장 선생님은 아마도 책을 통해서 지혜롭고 맑은 정신을 지닌 선현들과 만나는 즐거움 때문에 독서를 계속했고, 그런 독서를 통한 깨달음이나 앎을 아무 격식 없이 생활 속에서 주변 사람들과 자유로이 나누는 것을 아주 좋아한 것으로 보입니다.

이렇게 독서인으로서의 무위당을 생각하면, 제게는 가장 먼저 떠오르는 인물이 공자(孔子)입니다. 이렇게 말하면 다소 의아하게 생각하실 분들이 계실지 모르겠습니다. 평소에 장 선생님이 빈번히 언급하거나 인용한 고대의 사상가는 공자가 아니라 노자였으니까요. 돌아가시기 직전까지도 작은 규모지만 젊은이들을 상대로 노자 강의를 하셨고, 이현주 목사님과 댁에서 《도덕경》을 놓고 자유롭게 이야기를 나눈 기록이 선생님 돌아가신 지 몇 년 후에 《장일순의 노자 이야기》라는 책으로 출판되기도 했죠. 그런 사실을 제가 몰라서 하는 얘기가 아니라, 장 선생님이 풍기는 분위기가 제게는 노자보다도 공자에 훨씬 더 가까운 느낌이 들기 때문입니다.

실제로 노자가 어떤 사람이었는지 알려주는 기록은 거의 없습니다. 생몰 연대도 불분명합니다. 어떤 나라의 도서관 사서(司書) 비슷한 일을 했다는 것 말고는 거의 알려진 게 없습니다. 왜 이토록 노자의 생애에 관해서는 알려진 게 거의 없을까요? 제멋대로의 생각입니다만, 사람들과의 교류나 사귐이 별로 없었던 탓이 아닐까요. 그런데 공자의 경우는 완전히 반대입니다. 공자는 늘 사람들 속에서 살았습니다. 《논어》에서 단적으로 드러나듯이, 공자는 언제나 사람들과 생활을 함께하고 많은 이야기를 나누면서 일생을 보냈습니다. 그랬기 때문에 공자의 삶과 언어는 기본적으로 '대화적'입니다. 반면에 노자의 말은 사물의 근본을 꿰뚫고 정곡을 찌르지만, 그 말투가 가파르고 날카롭습니다. 매우 고독하게 지내는 사람 특유의 말투라고 할까 그런 것이 느껴집니다.

물론 공자라고 해서 근원적인 고독을 느끼지 않았을 리 없죠. 그러나 《논어》를 통해서 우리가 받는 느낌은 이른바 인류의 스승이라고 하는 고대의 사상가들 중에서도 가장 인간적이고 친근한 모습입니다. 실제로 공자는 제자들에게 일방적으로 뭔가를 교시하는 방식이거나 주입식으로 가르치지 않았습니다. 늘 제자들이 묻는 말에 대답하는 형식으로, 혹은 자신이 제자들과 동등한 입장에서 말을 거는 형식으로 가르쳤습니다. 그리고 공자의 말은 언제나 부드럽고 점잖습니다.

지금도 우리들 중에는 공자에 대해서 매우 경직된 가부장적 이미지를 갖고 있는 사람들이 많지만, 그것은 《논어》의 기술 방식이 기본적으로 대화적이라는 사실이 무엇을 의미하는지 잘 생각해보지 않았기 때문일 것입니다. 청나라 말기에 변혁운동을 하다가 젊은 나이에 희생된 담사동(譚嗣同)이라는 사상가가 있습니다. 유학과 불교는 물론이고 기독교에도 아주 밝았던, 중국 근대 사상사에서 대단히 중요한 인물입니다. 그에 따르면, 훌륭한 스승은 제자들과 '붕우(朋友)의 정신'으로 교류하는 사람입니다. 그렇게 보면, 공자와 같이 늘 제자들과 벗처럼 지낸 분이 진짜 스승이라고 할 수 있죠. 이런 점에서 무위당이 공자와 무척 닮았다고 제가 생각하는 것입니다.

1970~80년대에 서울에서 반독재·민주화 운동을 하던 많은 지식인과 젊은이들이 당국의 눈을 잠시라도 피하고 싶을 때나 심신이 지쳤을 때 흔히 원주로 가서 무위당 선생을 만나 용기와 위안을 얻었다고 하는 이야기는 우리가 많이 들어왔습니다. 실제로 선생님을 기억하는 여러 사람들의 증언기록을 봐도 장 선생님은 늘 그런 식으로 사람들을 환대하고 위로하면서 지내신 것 같아요. 천성적이었는지 아니면 훈련이 되어 그랬는지 모르지만 늘 그러셨다고 합니다.

텍스트의 포도밭에서

그런데 한 가지 더 공자와 무위당의 주목할 공통점이 있는데, 그것은 그렇게 많은 이야기를 하면서도 자신이 지어낸 이야기가 아니라 선현들이 말한 것, 즉 독서를 통해서 얻은 것을 자기 나름으로 풀어서 했다는 것입니다. 이것을 공자는 술이부작(述而不作)이라는 말로 표현했죠. 내가 지어낸 이야기는 하나도 없다, 모든 것은 다 옛사람들이 한 이야기를 내가 인용하는 것에 불과하다, 라고요. 그러나 아무리 지어낸 게 없다고 해도, 수많은 옛 언설 중에서 특정한 글귀를 기억하고, 그것을 풀어서 이야기한다는 것은 그 자체가 사상적 개입이라 할 수 있고, 그 과정을 통해서 또한 자기 나름의 새로운 사상이 형성되는 것이죠. 예를 들어, 장 선생님이 지으신 수많은 서화를 보면, 거기에 담긴 글귀들은 거의 전부 옛날 경전이나 고전에서 인용한 것들입니다. 그리고 그 인용된 글귀들에는 일관된 경향성이 있습니다. 그러므로 그러한 인용은 선생님 자신의 인생관과 세계관을 표현하는 방식일 뿐만 아니라 동시에 그 인용문들이 총체적으로 모여서 무위당의 생명사상을 형성했다고 할 수 있죠.

그러니까 '독서인'으로서 공자나 무위당을 생각할 때 특히 주목할 것은 그분들이 일종의 '쾌락주의자'였다는 점입니다. 무슨 말이냐 하면 그분들이 선현들이 남긴 기록을 읽을 때 어떤 의무감이 아니라 매우 즐거운 마음으로, 글귀 하나하나를 깊이 음미하면서 읽었다는 것입니다. 공자는 자신을 일러서 이 세상에서 누구보다도 '학문'하기를 가장 좋아하는 사람이라고 말했죠. 중요한 것은 '좋아서' 책을 읽고 사색을 하고 제자들과 이야기를 했다는 겁니다. 장 선생님도 마찬가집니다. 한없이 편안한 기분으로 제자들이나 지인들에게 자신이 읽은 것을 풀어내는 것을 즐겨한 그분의 생활이 그것을 말해줍니다.

최근에 우리말로 번역돼 나왔습니다만, 이반 일리치가 쓴 《텍스트의 포도밭에서》(1993)라는 책이 있습니다. 거기에서 일리치는 옛날 중세의 수도원에서 수도사들이 책을 읽었던 독특한 방법을 묘사하고 있습니다. 수도사들은 하느님의 거룩한 말씀이 적혀 있는 양피지로 된 책을 여럿이서 같이 소리를 내어 낭독을 합니다. 그리고 그렇게 낭독을 할 때 그들은 마치 농사꾼이 자신이 지은 포도밭의 잘 익은 포도를 한 알 한 알 천천히 음미하듯이 책의 글자 하나하나를 읽으며 깊이 음미했다고 말합니다. 다시 말해서 '거룩한' 텍스트를 음악적으로, 쾌감을 느끼면서 낭독하는 과정을 매우 즐겼다는 거죠. 오늘날에는 독서라면 소리를 내지 않고 혼자서 눈으로 읽는 외로운 체험이 되어버렸습니다. 그럼에도 사람에 따라서는 비록 혼자서라도 농부가 포도송이를 따서 하나씩 음미하듯이 글자 하나하나에 온 마음을 기울여 천천히 읽는 것이 불가능하지는 않습니다. 저는 이것을 '쾌락주의적 독서'라고 부르고 싶습니다. '쾌락'을 동반하지 않는 독서는 별로 의미가 없습니다. 《논어》가 첫머리에서부터 "배우고 또 배운 것을 때때로 익히니 기쁘지 아니한가"라는 말로 시작되고 있는 것은 우연이 아니라고 생각합니다. 때때로 익힌다는 것은, 여러 가지로 해석할 수 있지만, 기본적으로는 텍스트를 보고 또 본다는 뜻이겠죠. 재미가 없으면 이렇게 되풀이하지 못합니다. 제가 '쾌락주의적 독서'라고 하는 것은 그런 뜻입니다. 이렇게 기쁘게, 즐겁게 읽는 행위를 통해서만 독서라는 게 우리한테 진정으로 가치 있는 체험이 되고, 살아 있는 지식을 제공한다고 할 수 있습니다.

《텍스트의 포도밭에서》라는 책에서 일리치는 12세기에 살았던 어떤 수도사를 가리켜 자신의 둘도 없는 벗이라고 말합니다. 비록 문자로 된 기록을 통해서 접할 수밖에 없지만, 그 기록에서 느껴지는 중세 수도사의 인격과 정신세계에 대해서 어떤 동시대인들보다도 더 친화력을 느끼기 때문이죠. 생각해보면, 꼭 살아 있는 사람만이 우리의 친구는 아닙니다. 시간을 거슬러 올라가서도 우리는 풍요로운 인간관계를 맺을 수 있습니다. 우리는 알게 모르게 책을 읽으면서 늘 그런 친구를 만나서 사귀고 있는지도 모릅니다. 진정으로 기쁨을 느끼며 천천히 읽게 되는 독서라면 말이죠.

함께 어울려 살자

사실, 실생활에서나 책을 읽을 때나 우리에게 제일 중요한 것은 인간관계입니다. 아까 《논어》 첫머리 이야기를 했죠. 바로 그 뒤에 "벗이 있어서 멀리서 스스로 내게 찾아오니 그 또한 즐거운 일이 아닌가"라는 말이 나옵니다. 결국 공자에게 가장 중요한 것은 배움과 벗이라는 얘기입니다.

무위당의 경우도 마찬가집니다. 선생님은 젊었을 적에 정치적 탄압을 각오하고 중립화 평화통일을 주장하다가 5·16 쿠데타 직후에 붙들려 가서 이후 3년 동안 옥살이를 합니다. 그리고 1970~80년대에는 반독재·민주화 투쟁을 음으로 양으로 지원했습니다. 그리고 다른 한편으로는 일찍부터 가난한 사람들이 살아갈 방법으로 협동운동을 제창하고, 나중에는 생명운동의 긴급성을 강조하고, 그 결실의 하나로 '한살림'이 만들어진 것은 우리가 다 아는 사실입니다. 그런데 이 한살림운동에 대해서 늘 선생님이 당부하신 게 있죠. 그것은 이 운동이 절대로 배타적으로 돼서는 안된다는 것이었습니다. 물론 한살림운동은 기본적으로 땅을 살리고, 모든 생명을 살리자는 운동인 만큼 이윤추구에 혈안인 시장논리와는 근본적으로 다른 원칙에 입각해 있어야 하고, 그 원칙에 충실해야 합니다. 그렇다고 해서 형편상 어쩔 수 없이 기존의 시장논리에 묶여서 관행적인 농사를 짓는 농부들이나, 아예 이런 문제에 무지하거나 무관심한 일반 소비자들을 깔보거나 우습게 여겨서는 안된다, 늘 그렇게 말씀하셨죠. 어떤 경우에도 조금이라도 엘리트 의식을 가져서는 안된다고 하셨죠. 절박하게 생명운동의 필요성을 말씀하시면서도 무농약 농사나 유기농법보다도 더 중요한 게 사람을 아끼는 것이라고 늘 강조했습니다. 모두를 껴안고, 함께 가야 한다는 생각에 철저한 분이었습니다. 함께 어울려서 살자, 이게 무위당 생명사상의 핵심입니다.

숱한 일화가 있습니다. 여러분도 많이 들어보신 이야기들이니까 제가 여기서 되풀이하지는 않겠습니다만, 제가 특히 좋아하는 일화 몇 가지만 들어보겠습니다. 예를 들어, 원주시내에서 합기도 도장을 운영하며 살아가는 사람이 있었습니다. 언젠가부터 장사가 잘 안되었습니다. 합기도장은 썰렁하고, 집세를 내기도 어려운 형편이 계속되었습니다. 보다 못한 어떤 이웃 사람이 장일순 선생을 찾아가보라고 했답니다. 생면부지의 어른을 찾아가보라고 하니까 당황스럽기도 하고, 찾아가본들 이런 장사에 대해서 아무것도 모르는 분에게서 무슨 조언을 얻을 수 있을지 도무지 짐작이 안되니까 망설였습니다. 그래도 가보라고 종용하는 이웃 사람 때문에 용기를 내어 마침내 선생님 댁으로 찾아가 자초지종을 애기했답니다. 선생님은 가만히 듣고 나서 가 있으라고 했습니다. 그리고 이튿날 선생님이 혼자 그 합기도장으로 나와서 도복으로 갈아입고, 마룻바닥에 종일 앉아 계셨다고 합니다. 그러자 그게 소문이 나서 제자들을 비롯해서 지인들, 호기심 많은 사람들이 하나둘씩 찾아들었고, 모두들 합기도장의 신규 회원으로 가입을 했습니다. 그러는 동안 다시 그곳에 사람들의 출입이 잦아지면서 그런대로 먹고살 만하게 되었다는 것입니다. 참 기가 막힌 이야기죠. 우리는 돈이 없으면 남을 도와줄 수 없다고 미리 체념하기가 일쑤인데, 이 일화는 돈 없이도 얼마든지 사람을 도울 수 있을 뿐 아니라 오히려 훨씬 더 효과적으로 도울 수 있다는 것을 보여줍니다. 선생님이 사람들을 돕는 방법은 실은 늘 이런 식이었어요. 즉, 처지가 딱한 사람과 함께 있어주는 것 말입니다. 선생님은 자신이 합기도장에 가서 앉아 있으면 사람들이 몰려올 거라는 계산을 하신 게 아닙니다. 자기 자신도 달리 어떻게 해야 할지를 모르겠으니까 그냥 거기로 가서 앉아 계셨던 거죠. 설사 그게 실질적인 효과를 못 본다 해도 그건 문제가 아니죠. 도움이 필요한 사람 쪽에서는 누군가 자기의 심정을 이해해주었다는 것만으로도 충분히 위로와 용기를 얻을 수 있으니까요.

원주역에서 소매치기를 당한 할머니를 도운 이야기도 그렇습니다. 아들의 등록금을 간신히 마련하여 집으로 오다가 역에서 돈을 도둑맞은 동네 할머니가 호소할 데가 없으니까 장 선생님께 찾아와서 눈물을 흘리며 얘기를 했다고 하죠. 사정이 너무 딱한 것을 듣고 선생님은 그날로 원주역에 나가서 무작정 대합실에 앉아 계셨다고 합니다. 달리 방법도 없었겠죠. 기차를 타시려는 것도 아니고, 몇 날 며칠이나 계속해서 아침부터 저녁까지 어른이 대합실에 앉아 계시니까 사람들이 궁금해 하고, 장 선생님을 알아본 사람들이 어찌된 사연인지 여쭙고 해서 역 주변에 소문이 쫙 났습니다. 일주일째 되는 날 소매치기가 결국 선생님께 찾아와서는 고개를 숙이고 "제가 잘못했습니다"라고 하면서 그때까지 일부 쓰고 남은 돈을 도로 내놓았답니다. 그 뒷얘기가 더 재미있습니다. 그 돈을 할머니께 돌려주고는, 다음 날 장 선생님은 원주역으로 되돌아와서 그 소매치기를 찾았다고 합니다. 그리고 그를 데리고 근처의 식당으로 가서 소주잔을 권하면서 말했다지요. "내가 자네 영업을 방해했지? 용서해주게." 매사가 이런 식이었어요. 굉장한 분이죠. 소위 먹물들은 절대로 이렇게 못합니다.

어떻게 이렇게 하실 수 있었을까? 저 같은 사람에게는 미스터리이지만, 결국 이런 에피소드는 선생님이 사람들, 특히 힘없고 가난한 사람들을 너무나 아꼈다는 것을 말해줍니다. 우리가 상상할 수 있는 것 이상으로요.

군고구마 장수가 포장마차에 '군고구마 팝니다'라고 써 붙여 놓은 글씨를 보고 이거야말로 진짜 명필이라고 감탄하고, 서예가인 자신의 붓글씨는 그에 비하면 하잘것없는 허튼수작에 불과하다고 하셨다는 이야기도 많은 생각을 하게 만드는 일화입니다. 포장마차의 그 투박한 글씨를 보고, 그건 가난한 가장이 식구들을 먹여 살리기 위해서 간절한 마음으로 온 정성을 다해서 쓴 글이다, 그러니까 어떠한 이름난 지식인·예술가의 서예보다도 더 아름다운 혼이 담긴 작품이라는 게 장 선생님의 생각이었던 것이죠. 이런 생각은 평생 동안의 일관된 사상과 신념 없이는 나올 수 없습니다. 어쨌든 이런 에피소드는 실제 열거할 수 없을 정도로 많은데, 이 일화들을 통해서도 알 수 있지만, 가난한 약자들에 대한 장 선생님의 관심과 애정은 거의 본능적이었던 같습니다. 이런 모습 때문에 선생님을 '성자'라고 부르는 사람도 있지만, 어쩐지 그 말은 꼭 어울리는 것 같지는 않습니다. 왜냐하면 선생님에게는 늘 유머러스한 분위기가 풍기고, 우리의 마음을 긴장시킨다기보다 따뜻하게 껴안는 너른 품이 느껴지기 때문입니다.

돼지가 살이 찌면

실제로 선생님의 좌우명은 '겸손'이었습니다. 지금 원주의 '밝음신협' 4층 '무위당기념관'에는 선생님이 생전에 써서 사람들에게 나누어 주신 글씨들이 상당수 수집되어 상시 전시 중인데, 그 전시된 것 중에서도 가장 눈에 잘 뜨이는 게 "猪怕肥 人怕出名"이라는 글귀입니다. 즉, 돼지는 살찌는 것을 두려워하고, 사람은 이름나는 것을 두려워해야 한다, 라는 경구이죠. 돼지는 살찌면 도살을 당하죠. 그러니까 어떤 사람이 유명해진다면, 그것은 돼지가 도살당하듯이 자멸의 길로 들어섰다는 것을 알아야 한다는 뜻입니다. 이 글귀는 중국의 어느 문헌에서 유래한 것이라고 알고 있습니다만, 출처에 관계없이 그것은 인용한 분의 사상을 드러내는 말입니다. 요컨대 잘난 척하지 말라는 거죠. 사실 평범한 일생을 살아가는 보통 사람은 크게 망하는 일도 없고, 큰 재앙을 맞는 일도 별로 없습니다. 문제는 언제나 잘난 사람들, 소위 엘리트들이죠. 그들은 잘난 척하면서 늘 세상에 분란을 일으키고 결국은 빈번히 스스로 몰락해버리고 맙니다. 혼자서 망하면 좋은데, 문제는 그들 때문에 세상이 위험에 처해진다는 것입니다.

따져보면, 이 세상에는 특별히 잘난 사람이 있고 특별히 못난 사람이 있는 게 아닙니다. 우리들은 거의 다 기본적으로 어금버금한 인간들입니다. 배고프면 밥 먹고 싶고, 피곤하면 쉬고 싶고, 좋은 사람 만나면 반갑고, 싫은 사람 보면 피하고 싶은 게 인간이에요. 그런데도 우리는 어떤 특출한 인간이 나타나서 우리를 구원해주기를 부지불식간에 기대하고 있습니다. 그러면서 흔히 이 시대에 우리가 존경할 스승이 없다고 투덜거립니다. 물론 답답해서 하는 말이겠지요. 그런데 장 선생님이 어디선가 그런 말씀을 하셨어요. 사람들이 스승이 없다고 말하는 것은 소위 '거목'들 중에서 스승을 찾기 때문이라고요. 시선을 조금만 돌리면, 우리 주변에서 말없이 살아가는 사람들 가운데서 얼마든지 스승을 발견할 수 있다는 말씀이죠. 그러니까 두드러지게 세상에 이름이 난 사람만이 스승이 될 자격이 있는 게 아닙니다. 오히려 유명한 사람은 감출 게 많은 사람일 가능성이 큽니다. 왜냐하면 지금 우리가 살고 있는 세상이 정의로운 사회가 아니잖아요. 공자님식으로 말하면, 도(道)가 사라진 시대란 말이에요. 이런 시대에 출세를 하고 성공을 한다는 것은 도리어 부끄러운 일이라고 《논어》에도 적혀 있습니다.

벌레한테서 배운다

제가 장 선생님이 돌아가시기 전에 편찮으실 때 원주의 댁으로 가서 뵈었을 때도, 어느 대목에서 이런 말씀을 하시더군요. "치악산이 풍수적으로 좋지 않아서 이 원주라는 데가 인물이 잘 안 나온다고 흔히 사람들이 그러는데 말이지, 인물이란 게 무언가? 가족들, 이웃들과 함께 잘 지내고 성실히 살아가는 사람이 좋은 인물 아닌가?" 인생에서 가장 중요한 진리를 선생님은 이렇게 쉬운 말로 가르쳐주시는 분이었습니다. 우리의 스승은 도처에 있다, 아니 사람뿐만 아니라 세상의 미물도 우리의 마음가짐에 따라서는 둘도 없는 스승이 될 수 있다고 말씀하셨어요. 이 책 《나락 한 알 속의 우주》의 맨 처음에 〈삶의 도량에서〉라는 글이 실려 있습니다. 선생님이 직접 쓰신 유일한 글이라고 할 수 있는데, 굉장히 좋은 글입니다. 거기에 이렇게 적혀 있습니다.

나는 가끔 한밤에 풀섶에서 들려오는 벌레 소리에 크게 놀라는 적이 있습니다. 만상(萬象)이 고요한 밤에 그 작은 미물이 자기의 거짓 없는 소리를 들려주는 것을 들을 때 평상시의 생활을 즉각 생각하게 됩니다. 정말 부끄럽다는 이야기입니다.

이럴 때면 내 일상의 생활은 생활이 아니고 경쟁과 투쟁을 도구로 하는 허영의 삶이었다는 사실을 깨닫게 됩니다. 삶이 삶이 아니었다는 것을 하나의 작은 벌레가 엄숙하게 가르쳐줄 때에 그 벌레는 나의 거룩한 스승이요, 참생명을 지닌 자의 모습은 저래야 하는구나, 라는 것을 새기게 됩니다.

한밤에 벌레가 내는 소리에 놀란다고, 그 거짓 없는 소리에서 생명의 참모습을 보고 깨닫는다는, 이런 말을 들으면 우리도 자연히 마음이 경건해집니다. 그런데 사람이 이런 경지에 도달할 수 있는 것은 무슨 힘 때문일까요? 어떤 눈에 보이지 않는 정신적 에너지가 작용하고 있다고 봐야 하지 않을까요? 예를 들어, 동학에서는 경천(敬天), 경인(敬人), 경물(敬物)이라는 경(敬)의 사상을 가르쳐왔습니다. 그런데 이런 가르침을 들었다고 해서 우리가 곧바로 경(敬)의 사상을 체득하고 실천할 수 있는 게 아닙니다. 우선 마음이 저절로 그쪽으로 돌아가야 합니다. 이 세상 만물이 하나로 이어져 있다는 것, 그리고 이 연결된 존재들의 관계 속에서는 그 어떤 것도 소중하지 않은 것이 없다, 그리하여 세상의 모든 존재가 내 스승이 될 수 있다는, 그야말로 '깨달음'이 생겨야 비로소 그게 가능해진 다고 할 수 있습니다. 이때 마음이 절로 그렇게 돌아가도록 하는 정신적 에너지는, 장 선생님의 말씀으로 유추한다면, 자신의 삶이 허영에 찬 것이었음을 지각하는 철저히 겸허한 태도에서 우러나온다고 할 수 있습니다. 사람들이 흔히 마음을 비운다고 말할 때, 그 비워진 마음 말입니다.

언젠가 장 선생님은 이 '비워진 마음'이 과연 어떤 것인지 설명하면서 아주 기막힌 예를 드신 적이 있습니다. 선생님이 5·16 직후 투옥되어 춘천형무소에서 3년간 옥살이를 하는 동안 경험했다는 사형수들에 관한 이야기인데요. 그 사람들은 지푸라기라도 잡는 심정으로 대법원의 최종 판결에 기대를 걸고 있다가 결국 사형이 확정되면 처음에는 거의 미친 사람처럼 행동한다고 합니다. 요즘은 사형수들이라 해도 집행은 거의 안 하잖아요. 그러나 당시는 그렇지 않을 때니까 확실히 죽음이 임박했다고 생각되는 상황에서 미친 듯 행동하는 것은 이해가 되죠. 그러나 그런 사람들이 시간이 좀 지나면서 차츰 체념을 하고, 때로는 종교에 귀의하게 되는 등, 여러 유형으로 조금씩 태도가 변해간다고 합니다.

그런데 그중에는 드물지만 거의 '성자'처럼 되는 사람도 있다는 거예요. 그 당시 감옥이 낡고 지저분해서였는지 벌레나 쥐들이 감방을 무시로 출입했고, 그 바람에 쥐들을 쫓고, 밟고, 때로는 죽이는 게 일상적이었다고 합니다. 그런데 어느 날부터는 죽음을 목전에 둔 사형수가 자기 몫의 밥을 쥐들더러 먹으라고 쥐구멍 근처에 갖다 놓고, 쥐들이 나타나기를 기다린다는 거죠. 그러면 쥐들도 처음에는 피하다가 슬금슬금 눈치를 보며 조금씩 사람한테로 다가오는데, 마침내는 안심하고 그 사람의 등과 팔, 가슴팍에까지 올라와서 논다는 것입니다. 다시 말해서, 이미 사람의 마음에서 모든 살기(殺氣)가 사라진 것을 쥐들이 읽은 거죠.

이런 이야기에서 우리가 새삼 느끼는 것은, 인간의 마음과 짐승의 마음이 확실히 연결돼 있다는 것입니다. 짐승뿐만 아니죠. 식물들의 마음을 잘 읽고 교감을 잘하는 사람들에 관한 이야기도 꽤 있잖아요. 제가 예전에 어떤 러시아의 '초능력자'에 관한 책을 읽은 적이 있는데, 그 여자는 현대적인 농사가 기계화되고 독한 농약까지 마구 뿌려대는 통에 땅이 무척 괴로워하며 신음소리를 낸다고 말했어요. 그리고 그 신음소리를 듣는 자기도 덩달아 고통을 느낀다고 말했습니다. 우리처럼 평범한 사람들이 이런 이야기를 믿는 것은 쉽지 않죠. 그렇다고 해서 그 이야기의 신빙성을 부정하는 것은 옳지 않다고 생각합니다. 지금 인간들이 땅을 얼마나 난폭하게 다루고 있습니까? 제가 생각해도 땅이 마음을 갖고 있다면 당연히 고통스러워할 것 같습니다. 문제는 땅도 과연 마음을 갖고 있나 하는 것인데, 적어도 동양사회에서는 기(氣)라는 용어를 가지고 그것을 긍정해온 오랜 전통이 있습니다.

장 선생님이 쓰신 서화에도, "천지만물이 하나의 기(氣)로 되어 있으니 틀림없는 하나의 꽃일세(天地萬物 都是一氣 無違一華)"라는 글이 있습니다. 물론 이것은 고전을 인용한 것이지만, 생각해보면 선생님 자신이 젊은 시절 감옥에서 듣고 느낀 것을 근거로 쓴 표현이라고 할 수도 있습니다. 선생님의 서화에 자주 등장하는, "천지는 같은 뿌리요 만물은 한 몸(天地同根 萬物一體)"이라는 글귀도 마찬가집니다. 우리가 정신없이 살다 보니 다들 바보가 되었지만, 찬찬히 생각을 해보면, 이 세상 삼라만상이 모두 한 가족, 형제자매로 돼 있다는 것은 분명히 진리 중의 진리입니다. 그런데도 우리는 이 진리를 무시하고, 즉 제 부모와 형제자매를 알아보지 못하고 서로 반목하고 질시하면서 어쨌든 저 혼자 살겠다고 자기보다 힘없는 약자들, 그리고 죄 없는 동물들을 불필요하게 학대하고 살육하는 것을 너무나 당연하게 생각하고 있습니다.

이렇게 된 것은, 간단히 말하면, 우리가 좁디좁은 자아의 감옥에 갇혀 있기 때문입니다. 불교식으로 말하면 아상(我相)에 사로잡혀 모두가 나르시시즘에 빠져 사는 게 오늘날 우리들의 공통적인 실존적 상황이라고 할 수 있습니다. 그러다 보니 우리 각자는 타자와의 관계가 단절된 불모의 정신적 사막에서 매우 외로운 생을 살아가지 않으면 안되는 불쌍한 존재가 돼버렸습니다.

나르시시즘에 갇힌 현대인

우리나라에도 잘 알려진 일본의 작가 나쓰메 소세키(夏目漱石)가 남긴 유명한 말이 있습니다. 소세키는 메이지시대 일본 근대문학을 개척한 대표적 작가라고 할 수 있는데, 그는 원래 유교적 한문교양을 익히면서 성장한, 말하자면 구시대인이었죠. 그러나 그는 대학에서는 영문학을 전공하고 국비장학생으로 런던 유학까지 다녀온 이후에 잠시 교편을 잡다가 그만두고는 창작을 업으로 삼아 살았습니다. 그런 배경 때문인지 그는 일본이 근대화를 향해 질주하던 당시 지식인의 복잡한 심리상황을 주로 그렸습니다. 그의 작품을 보면, 교양 있고 자의식이 강한 인간에게는 근대화의 이름으로 정신없이 서양 따라잡기에 바쁘던 그 시대상황이 무척 고통스러운 것으로 묘사돼 있습니다. 그 자신도 꽤 성공한 작가였음에도 불구하고 늘 심사가 편치 않아 위궤양에 시달렸습니다. 그런 그가 남긴 말에 이런 구절이 있습니다. "옛날 사람들은 우리더러 자기를 잊고 살라고 했다. 그러나 지금 우리는 무엇보다도 자기를 찾지 않으면 안된다, 자기본위로 살지 않으면 안된다, 라는 (근대적) 논리에 강박적으로 붙들려 있다. 그 결과, 우리의 인생은 하루하루가 초열지옥(焦熱地獄)이다." 예리한 지적이죠? 자본주의 근대문명이라는 게 본질적으로 '원자화된 개인'의 논리에 기초를 두고 있을 뿐만 아니라 개인주의를 갈수록 강화한다는 것, 그리하여 공동체—사회적, 자연적 공동체—를 전제로 한 모든 '인간관계'를 체계적으로 파괴함으로써 결국은 이 세상을 지옥으로 만들어 놓는다는 것을 명확히 표현하고 있잖아요.

그런데 여담이지만, 지옥이라는 것은 구체적으로 과연 뭘까요? 제가 좋아하는 시인으로, 브렌던 케널리라는 아일랜드 사람이 있는데 지금도 생존해 있습니다. 이 시인이 쓴 시에 "지옥이란 경이로움을 잃어버린 상태"라는 구절이 나옵니다. 친구와의 우정을 그냥 당연한 것으로 여긴다든지, 환한 햇살 속에 익어가는 옥수수밭을 보면서도 경이의 감정이 솟아오르지 않는 게 바로 '지옥'이라는 것이죠. 그런데 흥미롭게도, 시인은 그런 경이의 감정이 사라진 상태, 즉 '지옥'이란 다른 말로 하면 권력욕망이 지배하는 곳이라고 말합니다. 그는 그것을 이렇게 표현하고 있습니다. "경이로움이 죽을 때, 권력(욕망)이 태어난다."

말할 필요도 없지만, 인간이 세상의 신비와 경이로움을 느끼는 것은 영적으로, 정신적으로 살아 있다는 증거입니다. 그러니까 저 시인에 따르면, 인간이 권력을 탐하고 남을 지배하려거나 남들 위에 군림하려는 욕망을 갖게 되는 것은 그의 정신과 영혼이 병들었거나 메말라버린 데 그 원인이 있다고 할 수 있습니다. 그렇기 때문에 그런 인간은 사람 간의 관계(우정)가 얼마나 소중한 것인지, 혹은 햇빛과 바람과 구름의 은혜로 익어가는 곡식을 보면서도 그게 무슨 의미인지, 자연의 운행이 얼마나 신비롭고 아름다운 것인지 모르는 '지옥'에서 산다는 것이죠. 참으로 탁월한 성찰이라고 하지 않을 수 없습니다.

권력욕망과 서구적 멘탈리티

혹시 아시는지 모르지만, 20세기 초중반에 걸쳐 활동했던 양수명(梁漱溟)이라는 중국 사상가가 있습니다. 제가 왜 이분에게 관심이 있는가 하면, 근대화의 시급한 달성이 시대적 과제였던 당시의 중국에서 대개 근대화는 곧 공업화를 의미했는데, 유독 이분은 촌치(村治)라는 개념에 입각하여 농촌과 농업의 중요성을 설파하고 향촌건설운동에 매진했던 지식인이기 때문입니다. 인민정부가 수립된 이후 공식 회의에서 모택동(毛澤東)과 논쟁을 벌인 것으로도 유명한 분이죠. 모택동은 공업화 우선 정책을 밀고 가려는데, 양수명은 중국식의 독자적인 근대화가 필요하다고 주장하고, 농촌경제를 중시해야 한다는 논리를 폈거든요. 두 사람이 크게 언성을 높였다고 전해지고 있습니다. 그래서인지 이 논쟁 이후 모택동의 지시로 중국 지식계에서 양수명 사상 추방 운동이 벌어집니다. 어쨌든 그런 분인데, 원래 독학으로 공부했지만 동서양의 사상에 아주 밝아서 북경대학에 교수로 초빙되어 인도철학을 가르치기도 했습니다.

그런데 이분의 저술을 보면 동서양 사상의 배경을 비교하는 재미있는 이야기가 나옵니다. 즉, 인간이 살아가는 태도는 크게 세 가지로 분류할 수 있다, 첫째는 자신의 욕망 충족을 위해서 외부를 끊임없이 개척·공격 하고 확대해나가는 서구적인 방식, 둘째는 자신의 욕망을 조절함으로써 세상과의 조화를 꾀하는 중국적인 방식, 그리고 셋째는, 세상은 원래 헛 것이니 아예 현실에서 이탈하여 물러나려는 인도적인 방식, 이 세 가지 로 나누어진다는 것입니다. 물론 양수명이 가장 바람직하게 생각한 것은 두 번째, 즉 중국적 방식이었습니다. 인도적 방식은 아무래도 보편성이 없다고 본 거죠. 그리고 서구적 방식에 대해서는, 양수명은 그것을 받아 들일 만한 것으로 보지는 않지만, 그렇다고 완전히 부정하지도 않습니다. 어쨌든 끊임없이 외부로 뻗어간 결과, 세계가 하나로 되고, (서구적) 민 주주의가 전 세계로 확대된 것은 인정해야 한다고 생각했기 때문이죠.

그런데 제가 이 이야기를 하는 것은, 오늘날 이 세계가 사회적으로, 생 태적으로 엄청난 위기를 맞은 근본 원인이 뭘까 하는 의문 때문입니다. 오늘날 우리는 대체로 거의 모든 재앙을 자본주의 탓으로 돌리는 경향이 있습니다. 하지만 조금 다른 각도에서 들여다보면, 자본주의 문명 이전부 터 서구문명의 근간을 지배해온 어떤 불가시적인 심층구조가 있는 게 아 닐까, 그런 느낌이 듭니다. 다시 말하면, 자본주의보다 더 오랜 뿌리를 가진 서구인 특유의 멘탈리티가 있고, 그것이 이 세계를 근원적으로 파 괴해온 원흉이 아닌가 하는 것입니다. 물론 충분한 근거를 가지고 자신 있게 하는 말은 아닙니다. 하지만 어쨌든 그런 관점에서 본다면, 서구적 삶의 특성에 대한 양수명의 설명이 나름대로 꽤 유용하다는 생각이 듭니 다. 자신의 욕망을 반성적으로 들여다보지 않고, 오직 자기중심적으로 그 충족에만 몰두하여 끊임없이 외부로 영역을 확대해나가는 태도 말입니다. 어떻게 봐도 '한계'를 모르는 그런 태도는 결코 온전한 정신이라고 할 수는 없죠. 문제는 그런 정신이 온 세계를 지배하고 파멸로 몰아가고 있다는 사실입니다.

이 대목에서 흥미로운 에피소드를 하나 소개하고 싶네요. 아마존의 어느 토착민 여성에 관한 이야기인데요. 아마존에는 벌써 오래전부터 서양 사람들이 떼로 몰려와서 개발이라는 이름으로 숲과 강을 마구 파괴해왔습니다. 그런데 언젠가 그런 개발업자 중 일부가 대형 댐을 짓는 공사를 하고 있는데, 그 댐으로 수몰될 위기에 처한 '카야포'라는 부족의 한 부인이 이렇게 말했다고 합니다. "우리는 저런 댐 필요 없다. 저 댐 만든다고 바쁜 당신들은 내가 보기에 모두 고아들이다. 당신들이 어렸을 적에 어머니가 꼭 껴안아주지 않은 게 틀림없어"(William Ophuls, *Requiem for Modern Politics*, Boulder, Colorado: Westview Press, 1997, 278쪽). 엄청난 이야기죠. 그 부족민 여성이 발달심리학 따위를 알 리가 없습니다. 하지만 어떤 이유로든 사람 사이의 '보살핌'이 현저히 결핍된 문화가 서양 문화이고, 그런 문화에서 길러진 탓에 심각한 정신적·심리적 장애를 앓는 인간들의 공격성·침략성 때문에 이 세상이 한시도 편할 날이 없다, 그런 메시지잖아요. 대단한 직관적 지혜라고 하지 않을 수 없죠. 여기에 비하면 오늘날의 온갖 복잡하고 세련된 학술적 논리는 너무나 초라하다고 할 수밖에 없습니다.

무욕의 정신, 21세기 민주정치

아무리 봐도 지금 우리에게 가장 필요한 것은 인간의 근본 한계를 자각하고, 자신의 욕망을 조절할 줄 아는 정신적 능력입니다. 장 선생님도 늘 그런 생각을 하고 계셨죠. 예를 들어, 선생님이 즐겨 인용하시던 해월 선생의 말씀, 즉 "山不利水不利 利在挽弓之間"이라는 구절도 그렇습니다. 이것은 해월 선생이 《정감록》과 같은 옛사람들이 많이 보던 예언서의 어투를 빌려서 하신 말씀입니다. 즉, 구원받을 수 있는 데가 어디냐 하는 얘기죠. 한문을 풀이하면, 우리에게 이로운 곳은 산도 물(강과 바다)도 아니고, "활시위를 당기는 사이에 있다"로 됩니다. 즉, 구원의 길은 인간의 외부에 있는 게 아니라 오직 사람의 마음―활을 쏘기 위해서 완전히 마음을 모아 집중할 때와 같은―에 있다는 것이죠. 활 쏘는 사람들의 이야기를 들으면, 잘 쏘겠다고 한껏 욕심을 내는 순간 거의 틀림없이 과녁에서 빗나간다고 합니다. 그러니까 해월 선생이 강조하신 것은 한마디로 비운 마음, 즉 무욕의 정신이라고 할 수 있습니다. 그게 유일한 활로이고, 구원의 길이라는 거죠. 말할 것도 없지만, 해월 선생의 이 가르침은 120년 전 동학농민운동이 전개될 당시보다 지금 훨씬 더 적실하고, 어쩌면 급박하다고 할 수 있습니다.

급박하다는 것은 오늘의 정치상황 때문입니다. 시간은 빠르게 가는데, 지금 이대로 가면 인류 생존의 토대 자체가 붕괴한다는 경고가 끊임없이 나오는데도, 세계의 정치는 마냥 이 사태를 방치하고 있습니다. 한국만 그런 게 아닙니다. 미국을 보세요. 최근의 미국 대통령 선거판을 보면 미국식 민주주의는 완전히 끝났다고 하지 않을 수 없습니다. 도널드 트럼프라는 최소한의 인간다운 기본적 교양도 상식도 없어 보이는 부동산 부호가 갑자기 나타나서 저렇게 대중들의 인기를 끄는 것을 보고 소위 엘리트 지식인들은 포퓰리즘의 대두를 걱정하고 있지만, 결국은 미국식 민주주의가 끝났다는 신호로 보는 게 옳습니다. 그동안 지배층이 정당정치니 민주주의니 하는 가면을 쓰고 정치랍시고 해온 게 실은 자신들의 사욕을 채우는 게 전부였다는 것을 깨달은 대중들의 분노가 표출됐다고 봐야죠. 소위 엘리트들에 대한 민중의 반란이라고 봐야죠.

아닌 게 아니라, 기후변화를 비롯한 오늘날의 숱한 사회적·환경적·경제적 난제들을 현행의 민주주의로 대응한다는 것은 거의 불가능합니다. 무엇보다 현재의 대의제 민주주의는 선거를 통해 대표를 뽑는 제도인데, 선거를 하면 결국은 지금의 위기상황을 만들어온 장본인들(기득권층)이 계속해서 정치를 독점할 수밖에 없고, 그러면 똑같은 정치가 되풀이될 게 뻔합니다. 그러니까 지금보다 질적으로 다른 민주정치, 즉 21세기형 민주주의를 만드는 게 시급하다고 할 수 있습니다.

그런 의미에서 우리는 민주주의의 원점을 되돌아볼 필요가 있습니다. 즉, 고대 아테네 민주주의에서 왜 선거가 아니라 제비뽑기로 대표자나 공직자를 뽑았는지, 그 의미를 제대로 배워보자는 것입니다. 원래 민주주의는 엘리트들에게 권력을 위임하는 제도가 아니라 글자 그대로 인민이 스스로를 다스리는 것을 뜻합니다. 21세기 민주주의가 명실상부한 민주주의가 되자면 제비뽑기를 통한 선출방식을 적극 고려해야 합니다. 아리스토텔레스도 선거는 귀족정(貴族政)에 적합하고, 민주정치에 맞는 것은 추첨이라고 분명히 말했습니다.

물론 선거에 오래도록 익숙해진 사회에서 불쑥 제비뽑기 방식을 채택할 수는 없습니다. 하지만 기층 조직에서부터 시작하는 것은 가능합니다. 중요한 것은, 현재의 사이비 민주주의를 빨리 청산하고, 평민들이 실질적으로 의사결정의 주체가 되는 틀을 만드는 것입니다. 실은, 그 틀은 이미 많은 학자들에 의해 매우 구체적으로 제안돼 있고, 또 세계 여러 곳에서 실행 중입니다. '숙의민주주의'라는 게 그것입니다. 즉, 전화번호부 등을 이용하여 제비뽑기로, 즉 무작위로 일정 수의 시민들을 뽑아 소규모 회의체(mini-publics)를 구성하여 자유로운 토론과 숙고 끝에 어떤 문제에 대한 결정을 내리는 방식이죠. 저는 이 방식을 본격적으로 정치에 도입하는 게 지금으로서는 최선의 방책이라고 생각합니다.

그리고, 현행의 민주주의 제도가 이제 효력이 없다고 보는 중요한 이유가 또 있습니다. 즉, 현재까지의 민주주의는 성장시대에 적합한 시스템, 그러니까 생산과 소비가 끊임없이 증가한다는 전제 밑에서 재화를 어떻게 나눌 것인가에 초점이 맞춰진 정치시스템이었다고 할 수 있습니다. 그러나 이제부터는 어차피 탈성장 시대로 들어갑니다. 그러면 당연히 정치시스템도 달라져야죠. 문제는 이런 사실을 너무 늦지 않게 깨닫고 대처해야 할 텐데, 여전히 경제성장이라는 미신에 우리 사회가 사로잡혀 있는 게 걱정스럽습니다. 어떤 사람들은 오늘의 세계적인 난제를 해결하려면, 일시적이나마 세계적 차원에서 독재체제가 필요하다고 주장하고 있습니다. 옳고 그름을 떠나서, 그건 굉장히 비현실적인 주장입니다. 그보다는 역시 민주주의를 강화하는 게 정당하고, 보다 현실적인 길이라고 저는 확신합니다.

최근에 기록을 뒤적이다 보니까, 장 선생님도 돌아가시기 직전에 어떤 저널리스트와 가진 인터뷰에서 서구식 민주주의로는 새로운 문명을 만드는 게 불가능하다고 말씀하셨더군요. 선생님 말씀은 서구식 민주주의는 따지고 보면 제국주의와 식민주의에 의한 착취와 수탈의 산물이다, 그러니까 생명공동체 전체의 조화와 공생을 지향해야 하는 21세기에는 맞지 않다, 그런 취지였습니다.

그러면서 선생님은 현재와 같은 선거방식의 근본적 문제도 지적했습니다. 즉, 지금 정치하겠다고 선거판에 나서는 사람들은 누구나 자기가 잘났다고, 더 능력이 있다고 자신을 내세우고, 타자를 배제하려 한다, 그러니 이런 배타성을 원리로 하는 시스템으로는 절대로 좋은 사회가 만들어질 리 없다, 그런 말씀이었어요. 현실의 정치에 익숙한 사람들에게는 매우 나이브하게 들릴 수도 있겠지만, 저는 이런 견해야말로 이 시대에 가장 필요한 급진적인 사상이 아닌가 하고 생각합니다. 적어도 이 정도의 '급진성'이 아니고는 우리에게 활로가 열리지 않을 것이기 때문입니다. 그런 의미에서, 제가 보기에 무위당의 생명사상은 단순한 개인적 윤리의 차원을 넘어 진실로 인간적인 사회를 위한 이 시대의 가장 탁월한 정치사상이기도 합니다.

소국주의 사상의 흐름

세월호 참사, 사상의 빈곤

오늘 여기는 무위당 장일순 20주기를 기념하는 자리인데, 제가 여러분 앞에 서서 이야기할 자격이 있는 사람인지 모르겠습니다. 매우 외람되다는 생각이 듭니다. 요즘 모두 참 침통한 기분으로 지내는 나날입니다. 어찌 보면, 세월호 참사는 결국 우리가 역사적 과제를 제대로 풀지 못했기 때문에 일어난 재앙이 아닌가 생각합니다. 그 역사적 과제라는 것은 결국 120년 전 동학농민혁명에서 제기되었던 문제입니다. 그동안 역사를 통해서 후손들이 그 문제를 해결하기 위해서 많은 노력을 해왔지만, 내외 조건들에 의해서 아직까지 해결하지 못했고, 해결의 전망도 시원하게 보이지 않는 그런 상황에 우리가 있는 게 아닌가 합니다.

상투적인 이야기지만, 이 문제를 해결하지 못하고 있는 근본적인 이유는 결국 우리의 정신적인 혹은 사상적인 빈곤에 있다고 할 수 있습니다.

* 이 글은 2014년 5월 16일 조계사 전통문화예술회관에서 열린 '무위당 20주기 기념 강연'에서 행한 이야기를 녹취, 정리한 것이다. 《녹색평론》 제137호(2014년 7-8월)에 게재.

그런 점에서 우선 역사를 제대로 공부해야겠다는 생각을 하지 않을 수 없습니다. 금년에 갑오 2주갑을 맞이하여 가만히 생각해보니까 명색이 지식인이라면서 제가 아는 게 거의 없어서 요즘 역사책을 이것저것 들춰보고 있습니다.

우리 역사를 찬찬히 돌이켜보면 굉장히 소중한 역사입니다. 우리는 흔히 우리 근현대사를 실패한 역사로 간주하지만, 그냥 단순히 실패했다고만 단정 지을 수는 없습니다. 설혹 실패했다고 하더라도 대단히 소중한 역사입니다. 그동안 무수히 많은 사람들이 피와 땀을 흘려서 이 땅을 인간다운 세상으로 만들어보려고 애써왔습니다. 어떻게 보면 그것을 위해서 분투해온 사람들 한 사람 한 사람 모두가 해월 선생의 부활한 모습이 아닌가, 그렇게도 볼 수 있을 것입니다.

오늘은 좀 거창하지만, 무위당의 삶과 사상을 우리 근현대사 혹은 더 나아가 세계사적 문맥 속에서 한번 생각해보는 것도 의미가 있지 않을까, 그런 각도에서 말씀드려볼까 합니다.

아까 박맹수 선생 말씀으로는 동학농민전쟁에서 30만 명이 희생당했다고 했죠. 그리고 당시 인구의 3분의 1 내지 4분의 1이 농민군으로 실제로 전쟁에 참가했다고요. 사실 동학농민전쟁은 세계사적으로 볼 때 다른 나라들에서 일어난 농민반란하고도 성격이 많이 다르죠. 우리나라에서도 그 이전에 있었던 수많은 민란과 비교해볼 때도 질적으로 아주 다릅니다. 무엇보다도 동학농민전쟁은 사상적으로 굉장히 무장이 잘된 민중반란이었습니다. 그것은 수십 년간 해월 선생께서 지하로 잠행하면서 끊임없이 민중을 가르치는 동안 형성된 정신적 토양, 거기에서 자란 나무가 열매를 맺은 것이라고 할 수 있습니다.

그런데 저는 전봉준 선생의 사상과 해월 선생의 사상이 다른 것이 아니라고 생각합니다. 전봉준 선생은 동학에 입도하기 이전이든 이후든 기본적으로 유생이었고, 유생으로서의 자각과 강한 긍지를 지니고 있었습니다. 그것은 동학을 창시하신 수운 최제우 선생도 마찬가지였습니다. 수운 선생은 조선이라는 유교적 이념에 입각한 오래된 왕조국가, 즉 확고한 민본주의적 전통을 갖고 있었던 정치체제 속에서 숙성된 사상을 바탕으로 동학사상을 일궈냈다고 할 수 있습니다. 그러니까 글 읽는 선비들이 국가를 운영하고 정치를 한다고 하는, 세계에서도 거의 유례가 없는 문민통치의 전통 속에서 면면하게 지속되었던 덕치(德治)의 이상과 민본주의 사상이야말로 동학사상의 모태라는 것이죠. 우리는 흔히 동학의 혁신적 면모를 중시하여 그것이 마치 유학전통과 단절된 것처럼 보는 습관이 있는데, 그것은 오해입니다. 유교정치의 이념과 동학사상은 불가분의 관계가 있었습니다.

유교정치의 이상과 동학사상

우리는 흔히 조선왕조가 망하여 식민지로 전락해버렸다는 사실 때문에 그 정신적·문화적 유산을 가볍게 보는 경향이 있지만, 저는 그렇게 봐서는 안된다고 생각합니다. 반드시 오래 지속된 왕조라고 좋은 것은 아니지만, 어쨌든 500년 동안 지속되었다는 것은 그렇게 흔한 예는 아니죠. 물론 임진왜란 이후에 나라가 크게 혼란스러워지고 특히 정조대왕 사후에는 외척들의 발호 때문에 매관매직의 성행, 삼정의 문란 등 나라 전체가 엉망으로 돌아가고 있었습니다. 그러나 어쨌든 단순한 민란 수준이 아니라 세계사에서도 유례가 없는 엄청난 사상적 민중운동이라고 할 수 있는 동학농민전쟁이 일어날 수 있었던 것은 유교국가에 잠재되어 있던 실력, 사상적 힘이 없었다면 불가능했을 것입니다. 그것이 오로지 수운, 해월 선생 덕분이라고 생각하는 것은 말이 안됩니다.

물론 조선의 많은 정통적 유학자들이 동학을 이단으로 간주하고 심지어 적대한 것은 사실입니다. 예를 들어, 《매천야록》을 쓴 황현 선생도 그러했고 안중근 의사의 부친인 안태훈 선생 같은 분도 그러했습니다. 심지어 안태훈 선생은 황해도에서 동학군을 토벌하기 위해서 직접 전투대를 조직하여 싸웠습니다. 안중근 의사는 15세 소년으로서 자기 부친이 이끄는 동학 토벌대의 일원으로 전투에 참가했습니다. 동학군의 입장에서 보면 적이죠. 그러나 자세히 들여다보면 그렇게 단순하게 볼 수만은 없습니다. 그분들은 유교국가의 선비로서 백성들이 죽창을 들고 나오는 것을 결코 찬성할 수는 없었지만, 무조건 그들을 적대한 것은 아닙니다. 젊은 시절의 김구 선생이 황해도에서 동학군에 가담했다는 것은 잘 알려진 사실입니다. 그런데 동학군들이 나중에 쫓기게 되었을 때 청년 김구(김창수)가 어디에 피신을 했느냐 하면 바로 안태훈 선생 댁이었습니다. 안태훈 선생은 바로 어제까지 동학군을 토벌하기 위해 전투를 지휘했지만, 동학군 진압이 끝난 상황에서는 도리어 동학에 가담했던 젊은이들을 보호해야 한다고 생각한 거죠. 왜? 그들의 애국심에 대해서 추호도 의심하지 않았기 때문입니다. 저는 이 에피소드를 어디선가 읽고, 조선의 유학자들이 비록 일부였을지 모르지만 이렇게 깊고 유연한 정신세계의 소유자들이었다는 사실이 경탄스러웠습니다.

실제로 우리는 조선왕조에 대해 잘 알지도 못하면서 일제 식민사학이 심어준 편견을 가지고 판단하는 경향이 있습니다. 예를 들어, 우리는 조선왕조가 굉장히 중앙집권적인 국가였다, 권력이 오로지 중앙에 집중돼 있는 국가였다고 생각하기 쉬운데, 실상은 반드시 그렇지 않았습니다. 지방에는 벼슬하지 아니한 선비들이 많았고, 이들 중 유교의 정치이념에 충실하려고 한 선비들이 많았습니다. 이른바 재지사족(在地士族)이라고 하는 선비들이죠. 지역에 거주하고 있었던 이런 선비들이 향청이나 향교 등등 준(準)제도적인 조직을 통해서 지방 수령들에 대해서 끊임없이 충고를 하고 간섭을 했습니다.

중앙정부로부터 임명을 받아 부임해 온 수령들은 어차피 일시적으로 지나가는 사람들입니다. 그러니까 현지 사정을 잘 모르기 때문에 엉뚱한 짓을 할 수도 있죠. 그러면 그때마다 지방 선비들은 여론을 모아서 수령을 비판하고, 견제하는 일을 했던 것입니다. 물론 이 지방 선비들도 조선조 후기에는 많이 타락하긴 했지만, 기본적으로 유생으로서의 소명감을 갖고 살았던 사람도 많았습니다. 즉 유생이란 오로지 백성의 편안한 삶을 위해서 존재하는 것이라는 소명감 말입니다. 문제는, 유교국가의 근본적인 한계, 즉 민중 자신이 스스로를 다스릴 권리와 자격이 있다는 데까지는 인정하지 않았다는 데 있죠. 그러니까 민주주의가 아니라 민본주의죠. 그러나 지금의 껍데기뿐인 민주주의보다는 그 민본주의가 오히려 백성을 진정으로 아끼는 사상이었다고 할 수 있습니다.

조선의 사림파 선비들은 기본적으로 맹자 이래의 왕도정치의 이념을 구현하고자 한 사람들이었습니다. 그들의 기본 입장은 백성의 삶을 파괴하는 폭군이라면 추방해도 좋다는 것이었습니다. 맹자는 포악한 통치자는 군주가 아니라 불한당이기 때문에 제거해야 마땅하다고까지 말했습니다. 맹자의 이 생각을 조선의 선비들이 반드시 따른 것은 아닐지라도 그들에게 적어도 이념상으로 가장 중요한 것은 언제나 백성의 삶이었습니다. 어쨌든 이런 전통이 오래 계속됐다는 것을 생각할 때, 동학혁명이라는 거대한 역사적인 움직임도 결국은 이러한 유교적 민본주의 정치이념과 절대로 분리해서 볼 수 없는 것이죠.

권력을 잡은 부패한 지배층은 예나 지금이나 마찬가집니다. 그들은 외국 군대를 끌어들여서 밑으로부터의 민중의 요구를 압살해버렸습니다. 막강한 물리력 앞에서는 도리가 없는 거죠. 죽창 정도 가지고 어떻게 현대식 무기에 맞설 수 있겠습니까. 전봉준 장군도 아마 자기 쪽이 반드시 승리할 것이라고 생각하지 않았을 겁니다.

전봉준 장군이 체포되어 서울로 압송된 다음 두 달에 걸쳐서 심문을 받습니다. 그게 〈전봉준 공초(供草)〉라는 기록으로 남아 있습니다. 심문관은 당시의 사법관리와 일본영사, 이렇게 두 사람이 맡아서 진행했습니다. 공초를 읽어보면, 심문관들의 주된 관심은 동학군 봉기에 대원군이 어느 정도까지 개입했느냐는 것을 캐내는 것이었던 것 같아요. 그런데 심문하는 도중에 심문자들이 전봉준 선생의 고결한 인격에 크게 감화를 받습니다. 그래서 심문이 끝나고 재판으로 들어갈 때 일본영사가 본국 정부에 상신(上申)을 합니다. 이 사람 죽여서는 안됩니다, 굉장히 훌륭한 인물입니다, 그렇게 말합니다.

조선의 사법관리도 무척 애통해합니다. 당시 개화파 독재정권이 방침을 미리 정했기 때문에 결국 사형 언도를 내리지만 몹시 아까워합니다. 재판이 끝나고 나서 마지막에 당시 심문관이었던 사법관리 장박이라는 이와 전봉준 장군 사이에 이런 문답이 오갔다고 합니다. "할 말이 없느냐?" 전봉준 선생이 "내가 죽는 건 두렵지 않다, 다만 분한 것은 내가 역적으로 몰려서 죽는 것이다" 그러자, 그 장박이라는 사람이 그랬다고 합니다. "누가 당신을 역적이라 하더냐? 당신 역적 아니다. 당신의 충군애국 정신을 모르는 사람이 어디 있느냐." 오늘날 민주공화국이라는 대한민국의 검찰과는 그 수준이 달라도 너무 다르죠.

이런 전통이 우리에게 있었습니다. 동학농민전쟁 그 자체도 세계사적으로 참으로 독특한 것이었습니다. 저는 공부를 별로 하지 않아서 잘 모르지만, 중세 후기 유럽 농민전쟁이나 민중반란 같은 걸 보면 대개 평등까지는 이야기를 해요. 대개 그 맥은 기독교 사상의 급진적인 흐름에서 나오는 것이죠. 인간은 누구든지 하느님의 형상을 받아서 태어났다, 그러니 당연히 누구나 평등하다, 아담이 밭 갈고 이브가 물레질을 할 때 양반 상놈이 어디 있었느냐, 그런 논리죠. 그러나 아무리 급진 사상이라 하더라도 동학사상이 보여주는 그런 심오한 수준, 궁극적인 진리를 이야기하는 경우까지는 가지 못합니다.

동학운동의 탁월성

조선시대 말기에 민중사회에 만연했던 것은 구세신앙이었습니다. 대표적인 게 《정감록》 신앙, 즉 언젠가 진인(眞人)이 출현하여 세상을 구제할 것이라는 신앙이었죠. 그 신앙은 숱한 민란의 배경에 있었습니다. 그런데 동학사상의 특징은 진인이 따로 있는 게 아니라는 것이었습니다. 백성 한 사람 한 사람이 모두 진인이고, 구세주라는 것이죠. 철저한 내면적 수양을 거쳐, 만물을 공경하고, 하늘을 섬기고, 물건을 아끼고 이웃을 보살필 줄 알면 누구나 자기 자신과 세상의 주인이 된다는 것이었습니다. 탁월한 민중사상이죠. 이 진실로 래디컬한 사상이 바로 동학농민혁명의 사상적 토대를 이루고 있었습니다. 세계적으로 유례가 없는 일이죠.

물론 이런 탁월한 사상에도 불구하고, 현실에서는 당시 상황으로 봐서 이길 수 없는 전쟁이었습니다. 물밀듯 쳐들어오는 서양 제국주의의 물리적 힘 앞에서 맞선다는 것은 불가능할 수밖에 없죠. 그리고 거의 대부분의 지식인들도 결국 사회진화론을 수용했습니다. 적자생존, 약육강식이라는 것은 세계사의 항거할 수 없는 법칙이고 진리다, 그렇게 생각한 겁니다. 단재 신채호 선생도 초기에는 사회진화론자였습니다. 박은식 선생도 그랬고요. 이런 이론에 입각하면, 사람이 버틴다는 게 힘듭니다. 당연히 대부분의 식자들은 친일파가 되거나 상황에 적당히 타협하면서 살아남는 길을 모색하게 됩니다.

하지만 신채호 선생 같은 분은 실력에 의한 국권회복이라는, 당시로서는 비현실적인 꿈을 꾸면서도 절대로 굴복하고 싶은 생각이 없었기에 조선을 탈출해서 중국으로 갑니다. 중국에서 풍찬노숙의 험난한 생활을 견디며 그 열악한 여건에서 독립운동을 치열하게 전개하다가 결국 체포당하고 감옥에서 순사하셨죠.

그런데 그 과정에서 생각이 많이 바뀝니다. 사회진화론이라든지 약육강식이라든지, 이것은 지금 현실적으로는 서양 제국주의 세력이 세계를 지배하고 있는 현상을 설명해주는 논리는 되겠지만 이걸 우리까지 수용하면 우리가 제국주의 세력에 맞서서 투쟁할 수 있는 사상적 무기를 마련할 수 없죠. 그래서 포기합니다. 그래서 민중적 민족주의라고 해야 할 노선을 견지하면서 국제주의적 시야를 잃지 않는 방향으로 사상적 방향을 재정립하면서 나중에는 아나키즘에 경도됩니다. 신채호 선생이 감옥에서 돌아가신 뒤 발견된 몇 가지 안되는 유품 가운데 특기할 것은 크로포트킨의 책이 들어 있었다는 점입니다. 아나키즘 사상, 그중에서도 민중의 상호부조와 연대에 의한 협동적 자립생활을 강조한 크로포트킨식의 아나키즘 사상에 경도돼 있었다는 얘기죠.

경제성장에 의한 자기망각

여기서 한번 돌이켜보고 싶습니다. 아시다시피 동학농민군의 처절한 싸움에도 불구하고, 우리나라는 결국 일제 식민지로 전락하고, 우여곡절 끝에 해방을 맞이했지만 곧 분단되고, 전쟁 터지고, 휴전 후에는 이승만 독재정권 밑에서 신음하다가 4·19라는 빛나는 순간이 열렸습니다. 그러나 1년 만에 군사쿠데타에 의해서 짓밟혀버렸습니다. 그 뒤 근 30년 동안 군사독재 시대가 계속되다가 1987년 6월항쟁을 통해서 비로소 120년 전 동학농민군이 제시했던 역사적 과제를 실현할 수 있는 기회가 마침내 열렸다고 할 수 있죠. 즉, 우리가 어느 정도 자주적으로 민중이 주체가 되는 인간다운 나라를 만들 수 있는 기회를 얻은 거죠. 그리하여 명색뿐이긴 하지만 어쨌든 두 차례의 민주정부가 들어섰죠. 그리고 남북관계를 평화적으로 변화시킬 수 있는 획기적 조치도 나왔죠. 그런데 불행하게도 또다시 구한말 이래의 뿌리 깊은 반민족, 반민중적 특권세력의 계승자들이 권력을 농단하는 현실로 퇴행하고 말았습니다. 우리 현대사란, 거칠게 그려보면, 대략 그렇게 됩니다.

그런데 이 역사적 과정에서 제일 중요한 변수는 자본주의 근대라는 논리입니다. 우리나라에서는 엄밀히 말하면 대한제국 시기에서부터 근대 자본주의 시대가 열리기 시작했다고 할 수 있죠. 물론 소위 근대적 제도와 문물이 어느 정도 본격적으로 도입된 것은 식민지 시대를 통해서였습니다. 그리하여 식민지 시대는 소위 경제성장이라는 개념이 시작된 시대라고도 할 수 있습니다. 이른바 '식민지근대화론'자들은 경제성장이라는 척도 하나를 가지고 마치 식민지 시대를 통해서 조선 사회가 더 좋은 사회로 발전한 것처럼 생각하는 모양이지만, 원래 조선의 민중사회는 경제성장이라는 근대적 개념과는 아무 상관없이 유지되고 있던 자족적 농경 사회였습니다. 삶의 방식, 무엇이 옳고 좋은가를 재는 가치척도 자체가 자본주의 근대사회의 그것과 질적으로 다른 세계였던 거죠. 이렇게 전혀 질적으로 서로 다른 삶을 '경제성장'이라는 근대적 잣대를 가지고 단순

비교한다는 것은 난센스 중의 난센스입니다. 식민지 시대를 통해서 조선에 근대 자본주의 제도와 문물이 도입된 것은 분명한 사실입니다. 그러나 그렇다고 해서 이게 우리나라가 더 좋은 사회가 되었다거나 더 인간적인 사회가 되었다거나 하는 것을 뜻하는 것은 아닙니다. 전혀 질적으로 다른 삶의 상황이 강제적인 힘에 의해서 전개되기 시작했을 뿐이죠. 오히려 대다수 민중의 입장에서 보자면 근대적 제도와 문물의 도입과 더불어 삶은 더 혹독하고 견디기 어려운 것이 되었다고 말하는 게 더 정확한 실체적 진실입니다.

하여튼 조선 사회도 비록 식민지 상황이지만 자본주의 근대의 세례를 입게 되고, '경제성장'으로 인해 근대적 물질문명의 영향을 입게 됩니다. 그리하여 그 이후 지금까지 계속되고 있는 '경제성장 체제' 속에서 수많은 사람들이 우리도 이제는 전근대적 질곡과 빈곤에서 벗어날 수 있다는 기대 혹은 환상을 갖게 되었고, 이러한 기대와 환상이 지속되는 동안은 우리가 해결해야 할 진정한 역사적 과제가 무엇인지를 망각하고 지낼 수 있었습니다. 민중이 나라의 실질적 주인이 되고, 자치와 협동을 토대로 한 인간다운 사회를 만든다는 역사적 과제 말입니다. 그 역사적 과제가 이미 120년 전에 무수한 희생을 치르면서 동학농민군에 의해서 제시됐는데도, 우리는 그동안 잊어버리고 살아왔던 것이죠.

그런데 지금에 와서 분명한 것은 이제 경제성장 시대는 끝나가고 있다는 사실입니다. 우리만 그런 게 아니라 세계적으로 그렇습니다. 왜냐하면 간단히 말해서 자본주의 근대문명이라는 것은 결국 기본적으로 화석연료 에너지를 기반으로 하는 시스템이기 때문입니다. 원자력도 따지고 보면 화석연료 에너지죠. 석유가 없으면 원전을 건설할 수도, 유지할 수도, 폐쇄할 수도 없습니다. 그러니까 가장 중요한 것은 석유라고 할 수 있죠. 그런데 이미 1970년대 초에 1차 오일쇼크가 발생했을 때부터 온 세계적으로 석유문명은 끝난다는 게 명확히 예고가 되었습니다. 그런데도 세계의 주류 정치, 주류 경제학에서는 이 사실을 인정하지 않았습니다. 그 대신 엉뚱하게 금융화, 즉 돈이 돈을 버는 카지노 도박경제 쪽으로 세계경제를 끌고 감으로써 30년 이상 버텨왔습니다. 그러다가 2008년 뉴욕에서 시작된 금융붕괴 사태로 인해 이것도 수명이 다했다는 게 입증되었습니다. 그러면 깨달아야 합니다. 재생 가능한 에너지가 중심이 되는 새로운 에너지체계를 기반으로 하는 전혀 다른 문명을 구상하고 그쪽으로 방향 전환을 해야 하는데, 지금까지도 사태의 심각성을 깨닫지 못하고 있습니다. 여기에는 좌파, 우파의 구별도 없습니다. 우파는 말할 것도 없고, 좌파도 이 사실을 냉정하게 고려하지 못하고 있습니다. 물론 어느 정도 민주적인 정부가 들어서서 조금 더 합리적인 정치를 한다면 상황이 약간은 개선될 수 있겠죠. 그러나 근본적으로는 종전 방식으로는 더 갈 수가 없습니다. 화석연료에 기반을 둔 문명을 조속히 탈피하지 못한다면 전면적인 환경파괴, 특히 기후변화 때문에 인류는 결국 절멸을 모면할 수 없을 것입니다.

어제도 시골에서 오신 분한테 얘기를 들었습니다만, 지금 꿀벌이 보이지 않습니다. 이렇게 꽃이 피어나는 신록의 계절인데도 벌을 보기가 어려워요. 도시는 말할 것도 없고, 시골에서도 벌을 볼 수가 없습니다. 기가 막힐 일이죠. 그냥 심각하다고 말하고 넘어갈 수 없는 문젭니다. 무조건 성장만 하면 된다고 끝없이 생명과 자연의 논리를 무시하다가 결국 이렇게 되었습니다. 꿀벌 없는 세상은 생태계의 총체적인 죽음이 임박했다는 뜻입니다. 이제는 정말로 그동안 해오던 방식을 계속한다는 것은 말이 안됩니다. 그런데도 아직까지 방향전환을 하지 못하는 가장 중요한 이유는 무엇일까요? 아까도 말씀드렸지만, 결국 사상적 빈곤 탓입니다. 저는 우리 역사를 허심탄회한 마음으로 돌아보면 해답을 발견하는 게 어렵지 않다고 생각합니다.

소국사상과 생명사상

저는 그동안 현재 우리나라에서도 활발히 전개되기 시작한 협동운동 혹은 생명운동이 그냥 서양에서의 사회적 실험을 모방한 게 아니라 어디서나 자본주의 근대체제 속에서 시련을 겪다 보면 자연스럽게 나올 수 있는 대안적 구상이라고 생각해왔습니다. 그러면서도 우리나라도 어쨌든 사람들이 살아온 땅인데 여기서는 그런 운동의 오래된 사상적 뿌리와 흐름이 없었겠느냐, 그런 생각을 하며 지내왔습니다. 그러다가 근래에 우리 근현대사를 겉핥기식으로나마 읽다가 아주 중요한 가르침을 받았습니다.

제가 지금 들고 있는 이 책은 일본 책인데, 이 책(菅原憲二·安田浩 編《國境を貫く歷史認識》, 靑木書店, 2002)에 실린 논문 중에 〈근대 조선의 소국사상〉이라는 글이 있습니다. 이 글을 쓴 사람은 조경달이라는 재일조선인 역사학자입니다. 이 글을 읽고 무릎을 쳤어요.

실은 일본에서는 소국주의를 지향하는 일련의 사상적 계보가 있다는 것은 저도 오래전부터 알고 있었습니다. 메이지유신 직후부터 서양의 강대국을 모델로 나라를 발전시킬 것이 아니라 덴마크, 네덜란드, 스위스, 벨기에 등 작은 나라들을 모델로 삼아서 일본을 근대국가로 만들어야 한다는, 비주류지만 그런 흐름이 계속 이어져왔죠. 그중에서도 유명한 사상가는 이시바시 단잔(石橋湛山)이라는 저널리스트였습니다. 전후에 잠깐 총리까지 되었던 사람이죠. 이 사람은 1920년대에 〈동양경제신보〉라는 신문의 주필이었는데, 일본이 진정으로 살려면 대만, 조선과 같은 식민지를 포기하라는 논설을 게재합니다. 지금 세계열강들이 다 제국주의 세력화해서 식민지를 거느리고 그것을 유지하기 위해서 온갖 무리한 짓을 하고 있다, 국제법도 어기고 세계를 위험한 상태로 몰아가고 있다, 이런 식으로 가면 결국 세계전쟁밖에 없는데, 이 상황에서 일본이 식민지를 포기하고 평화국가 노선으로 간다면 세계인들로부터 찬사를 받고, 오히려 큰 도덕적 발언권을 행사할 수 있다—대개 그런 요지의 논설을 되풀이해서 썼습니다. 그는 일본이 식민지를 포기하면 서양 사람들도 몰염치한 짓을 더이상 할 수 없게 되고, 결국은 세계가 평화로워질 것이라고 말했습니다. 아주 비현실적인 논리처럼 보이지만, 어떻게 보면 대단히 실용주의적인 생각이기도 하죠. 군국주의 노선으로 폭주해가면 결국은 전멸할 게 분명한데, 그것에 제동을 걸기 위해서는 무엇보다도 대국주의적 야심을 버리는 게 현실적으로도 가장 효과적인 방법이라고 할 수 있으니까요. 어쨌든 일본에서는 사상적으로 그런 일련의 흐름이 존재해왔고, 그것은 실은 지금까지도 계속되고 있다고 할 수 있습니다.

그래서 일본의 전후 평화헌법도 결국은 그런 흐름 속에서 탄생한 것이라고 해석하는 시각도 있습니다. 물론 군대의 보유와 교전권을 인정하지 않는 일본 전후 헌법은 맥아더 사령부가 주도한 것으로 알려져 있죠. 하지만 어떤 연구자들에 의하면 원래 전쟁 직후에 일본의 일부 리버럴한 헌법학자들이 만든 독립적인 헌법 초안이 있었고, 맥아더 사령부는 그것을 중요한 자료로 참고했다고 합니다. 그렇다면 어쨌든 그 헌법 초안을 작성한 일본 학자들은 '소국주의' 사상의 계승자로 볼 수 있는 거죠. 하여튼 이런 사상의 흐름이 있는데, 다만 주류가 아니고 비주류이기 때문에 잘 드러나지 않았고, 한국의 언론이나 학자들이 그런 일본의 비주류 사상에 대해서 이야기를 해주지 않으니까 우리가 일반적으로 잘 몰랐던 거죠.

그럼 조선은 어땠는가. 식민지 상황에서 식민지 지식인의 정치적 발언은 근본적으로 봉쇄되어 있기 때문에 아무리 좋은 생각이 있다 하더라도 이게 사실 현실화될 가능성이 거의 전무하고 따라서 리얼리티가 없죠. 그런 점에서 식민지 치하에서 살아왔던 우리 선배들을 생각하면 몹시 비감스럽습니다. 그럼에도 불구하고 지식인이라는 것은, 아무리 가혹한 상황에서라도 열심히 생각해야 합니다. 어떻게 독립을 할 것인가, 독립한 뒤에는 어떤 국가 모델을 채택할 것인가, 어떤 식으로 우리나라를 인간다운 나라로 만들어갈 것인가에 대해서 치열하게 생각하고 고민하고 토론해야 하는 게 지식인의 임무입니다. 특히 동양에서는 그런 면면한 전통이 있습니다. 중국과 한국의 유교전통에서 선비들, 글 읽는 사족에게는 나랏일을 생각하는 게 그들의 존재 이유 자체였으니까요. 다행스럽게도, 조경달 교수가 쓴 이 글을 읽어보면 비록 식민지 치하였지만, 조선 근대 사회에서도 이 소국주의 사상이 전승되고 있었습니다.

농민들이 꿈꾼 세상

그 얘기를 하기 전에 잠시 생각해볼 것이 있습니다. 예를 들어, 지금부터 120년 전에 동학농민전쟁을 이끌었던 전봉준 선생이나 동학 지도자들 혹은 많은 농민들이 꿈꾸었던 나라는 어떤 나라였을까요? 물론 그때는 다급한 상황이니까 우선 외국 침략세력을 막아내고, 국내의 부패하고 무능한 지배층을 척결해야 한다는 게 우선적인 목표였겠죠. 사실 한일합방이 되기 훨씬 전에도 일본인들은 조선의 백성을 수탈하고, 조선에서 쌀을 많이 강탈해가고 있었습니다. 농민들은 조선 지배층에 의한 가혹한 수탈 때문에만 고통받은 게 아니고, 1876년의 강화도조약 이후에 소위 미곡 수출이라는 이름으로 계속 수탈을 당하고 있었습니다. 동학농민전쟁이 전라도 농민들이 중심이 되어 일어난 건 우연이 아닙니다. 곡창이기 때문에 더 많이 착취를 당했던 거죠. 농민들은 누구보다도 먼저, 제국주의 세력에 의해서 자신들이 직접적인 피해를 입고 있다는 것을 통절히 체감하고 있었습니다.

그러나 그렇다고 해서 동학농민군은 제국주의 세력에 맞서서, 힘에 대해서 힘으로라는 논리로 궐기한 것은 아니었습니다. 동학농민전쟁이 세계사적으로 특기할 만한 것은 무엇보다 그 사상적인 탁월함 때문이라고 아까 말씀드렸죠. 동학농민군의 목표는 요컨대 인간다운 세상을 건설하겠다는 것이었습니다. 동학군이 내세운 기치, 즉 보국안민(輔國安民), 척왜양(斥倭洋), 유무상자(有無相資) 등, 핵심 구호를 들여다보면 그것을 알 수 있습니다. 보국안민의 '국(國)' 자가 뜻하는 것은 고종 임금도, 국가 위계질서도 아니었습니다. 그것은 그냥 백성들이 살림살이를 하고 자식을 낳아 기르며 사는 땅이에요. 그 땅을 떠나면 갈 데가 없는 삶터 그것입니다. 척왜양도 그렇습니다. 그것은 특정 외국인에 대한 적대감을 드러내는 게 아니라, 자신의 야심을 위해서 약자를 희생시키려는 비인간적인 논리, 그 폭력적인 세력에 대한 항거를 뜻하는 거죠. 그러니까 평등과 공생의 원리가 살아 있는 세상에 대한 열망을 표현한 것입니다. 그중에서도 가장 핵심적인 것은 유무상자(有無相資)라는 개념, 즉 있는 사람 없는 사람 서로 도와서 살아야 한다는 상호부조의 윤리라고 할 수 있습니다.

그런데, 제가 보기에는 유무상자라는 것은 동학의 가르침 이전에 전통사회를 통해서 면면히 전승돼온 오래된 농민의 인생관, 세계관입니다. 있는 사람, 없는 사람 같이 서로 도우면서 살아야 한다는 생각, 이것은 고대 이래 국가가 생기기 이전부터 풀뿌리 민중사회 속에 집요하게 흘러온 전형적인 농민적 사고입니다.

그러니까 조선 사회를 통해서 전승돼온 '소국사상'이라는 것도 결국은 농민적 세계관을 바탕으로 했다고 할 수 있습니다. 소국사상이라는 것은 패권을 누리고 부국강병을 도모하자는 게 아니고, 남들과 더불어서 소박하고 평화로운 삶을 살겠다는 사상입니다. 유교적 정치이념도 따지고 보면 원래 이 농민적 세계관에서 움튼 것이 확실합니다. 조선의 유교정치의 이상도 패도가 아니라 어디까지나 왕도였습니다. 유교적 정치사상뿐만 아니라 동학운동 이래 우리나라의 지혜로운 사상가들의 이상도 대개는 그랬습니다. 패권을 추구한다거나 부국강병 노선을 지향한다는 것은 조선의 사상 전통에서는 예외였습니다. 오히려 친일파들, 그리고 친일파를 혈통적으로 혹은 정신적으로 계승한 이 나라 주류 지배층이 부국강병이니 뭐니 하는 쓸데없는 소리를 하면서 결과적으로 나라를 엉망진창으로 만들어왔을 뿐입니다.

스스로 내면적인 수양을 통해서, 외적의 침입을 방비할 수 있을 만큼의 군사력만 가지면 되는 것이고, 어디까지나 중요한 것은 내적인 충실이다―이게 원래 조선의 정통적인 정치사상이었습니다. 절대로 부국강병 노선이 아니죠. 부국강병이라는 건 식민지 시대를 경험하면서 조선 사람들이 자기도 모르게 길든 잘못된 사상입니다. 말하자면 부국강병이라는 논리는 일제 식민지 잔재의 하나라고 할 수 있죠.

실제로 우리의 정신적 습관 속에는 일제의 잔재가 아직도 많이 남아 있지만, 그중에 제일 타기해야 할 게 강자숭배주의라고 저는 생각합니다. 그리고 강자숭배주의와 결부해서 꼭 짚어야 할 또 하나의 중요한 식민지

시대의 잔재가 하극상(下剋上)이라는 개념, 용어입니다. 하극상이라는 것은 원래 조선 사회에는 없었던 개념이죠. 일본에서는 800년 동안 칼잡이들이 나라를 다스리는 동안 아랫사람의 옳은 이야기도 높은 사람의 심기를 불편하게 하면 가차 없이 처형 혹은 처벌하는 관행이 굳어졌습니다. 일본에서는 전통적으로 가장 무거운 죄가 하극상이었죠. 그런데 조선은, 옛날 사료나 통속적인 사극을 보더라도, 임금 노릇 하기가 정말 어려운 나라였습니다. 신하들이 날마다 임금에게 정치의 도리를 가르치는 경연(經筵)이라는 제도가 있었고, 임금의 잘잘못을 그때그때마다 날카롭게 따지고 지적하는 상소문 제도가 확립되어 있었습니다. 하극상이라는 개념 자체가 있을 수 없었죠. 그래서 저는 '소국사상'이라는 것도 일본보다도 본시 조선의 전통에 더 어울리는 사상이 아닐까 생각합니다.

안재홍과 김구의 자강(自强)사상

조경달 교수는 우리 근현대사의 대표적인 소국사상가로 두 분을 꼽습니다. 백범 김구 선생 그리고 민세 안재홍 선생. 안재홍 선생은 해방 후 군정기에 민정장관을 하신 분인데, 1920년대 후반에서 1930년대 초에 걸쳐 〈조선일보〉가 사실상 신간회 기관지 역할을 하고 있을 때, 〈조선일보〉 주필과 사장을 맡고 계셨죠. 신간회라는 것은 민족주의 좌파와 사회주의자들의 연합체로서 국내에서 독립운동을 시도하던 대표적인 지식인 단체였죠. 안재홍 선생은 그 신간회를 주도하셨던 분이죠. 저는 안재홍 선생에 대해서 별로 아는 게 없었는데, 이번에 조경달 교수의 글을 읽고 찾아보니까 재미있는 글을 많이 쓰셨더군요. 이분은 기본적으로 농본주의자입니다. 물론 당시 농민이 전체 인구의 8할을 점하는 나라였으니 농본주의는 아주 자연스럽다고 할 수 있지만, 실은 그 당시에도 새로운 세상을 꿈꾸는 대부분의 지식인은 공업입국을 생각하고 있었습니다. 그러나 안재홍 선생은 원래 조선의 길(조선도)은 농민의 길(농민도)이라고 명확히 말씀하셨어요. 그래서 우리나라에서 산업을 발전시킨다면 경공업과 전통적인 산업을 부활시켜야 하고, 기본적으로 상부상조하면서 또 동시에 상호 견제하면서 살아가는 공생의 사회를 만들어야 한다고 말했습니다. 그리고 또 하나 제게 특히 흥미로운 것은 덴마크에 대해서 안재홍 선생이 지대한 관심을 표명하고 있다는 점입니다. 저는 최근 몇 년 동안 여기저기서 덴마크 이야기를 많이 해왔는데, 안재홍 선생이 이미 일제 때 덴마크 이야기를 하신 걸 보니 굉장히 반가웠어요. 덴마크란 나라는 150년 전에 독일과 전쟁을 한 뒤 완전히 패망했지만, 농민들에 의한 자발적인 협동조합운동과 '폴케호이스콜레'라고 하는 성인교육기관을 통한 광범위한 국민교육운동을 통해서 일어선 나라죠. 지금도 덴마크는 자립정신을 으뜸으로 여기는 나라라고 합니다. 강인한 자주성, 자립심을 지닌 시민을 육성한다는 게 덴마크 교육의 주안점이라고도 합니다. 국민체조라는 것도 원래 덴마크에서 시작되어 세계로 전파되었죠. 안재홍 선생도 우리가 모델로 삼아야 할 나라가 있다면 그것은 덴마크라고 생각하신 것 같아요. 크고 강한 나라가 되어 다른 나라에 위압적인 존재가 될 것이 아니라 어디까지나 내적 충실을 기하면서 알뜰하게 소박하게 살아가는 것을 소중하게 생각하는 소국주의 사상가였던 것이죠.

민세 안재홍 선생은 시대가 시대니만큼 기본적으로 민족주의자였습니다. 보다 정확히는 민족주의 좌파로 분류될 수 있는 지식인이었습니다. 나중에 신간회가 해산되고 나서는 사회주의자들과 결별합니다. 그러나 해방 후에, 해방 전에도 그랬지만, 좌우합작에 의한 통일국가를 건설해야 한다는 입장을 확고히 견지하고 있었습니다. 그래서 해방 후 여운형 선생의 건국준비위원회에도 잠시 몸을 담았는데, 사회주의자들이 참여를 못 하겠다고 강경하게 나오는 바람에 좌우합작이라는 자신의 뜻을 이루지 못하고 거기서 나오셨다고 합니다. 그러다가 끝내 남북에서 각각 단독정부가 세워졌고, 그 후 전쟁 중에 선생은 납북되셨는데, 지금 평양의 애국열사릉에 누워 계시다고 합니다.

우리 현대사의 비극 중 큰 비극이 뭐냐 하면, 좌파, 우파로 극명하게 분열되어서 좌파 쪽 사람들은 좌파 사상가들만 부각시키고, 우파는 우파 쪽 인물들만 편향적으로 부각시키는 바람에 중도 내지 통일 노선을 지향한 사상가들은 거의 조명을 받지 못했다는 점입니다. 저도 여태까지 민세 안재홍 선생 같은 분을 잘 몰랐는데, 물론 저 자신의 나태함도 원인이겠지만, 기본적으로는 우리 사회의 고질적인 이데올로기 편향적 분위기에 영향을 받았던 탓이죠.

우리가 잘 아는 김구 선생도 민족주의자이고 우익 사상가입니다. 그러나 어디까지나 이념적 통합을 지향한 사상가였고, '소국'을 지향했다는 점에서 일반적인 우익 사상가와는 전혀 다른 입장이었습니다. 김구 선생이 《백범일지》 말미에 쓰신 유명한 〈나의 소원〉 다 아시죠? 조경달 교수는 김구 선생의 이 〈나의 소원〉에 대하여 굉장히 크게 의미를 부여하면서, 그것이 전형적인 소국사상의 표출이라고 해석합니다. 김구 선생의 〈나의 소원〉은 단순히 한 애국자가 즉흥적으로 기분 나서 쓴 게 아니라는 겁니다. "우리나라가 세상에서 제일 아름다운 나라가 되는 것이다"라는 게 김구 선생의 첫 번째 소원입니다. 김구 선생은 자신이 원하는 것은 아름다운 나라이지 결코 부강한 나라가 아니라고 말합니다. 조경달 교수는 김구 선생의 이 입장이야말로 유교국가의 오래된 이념인 자강(自强)사상을 훌륭하게 계승한 것이라고 보고 있습니다. '자강'이란 '부국강병'과는 거리가 먼, 어디까지나 내적 충실을 중시하는 개념이라는 것이죠.

김구 선생의 두 번째 소원은 "오직 한없이 가지고 싶은 것은 높은 문화의 힘"이라고 돼 있습니다. 여기서 '문화적 국가'는 물질만능의 근대문명, 생산력 제일주의에 대한 안티테제를 말하는 것으로 볼 수 있습니다. 김구 선생은 현재 인류에게 부족한 것은 군사력도, 경제력도, 자연과학도 아니라고 말합니다. 자연과학은 현재의 수준으로 충분하다는 거죠. 대단히 과감한 발언이죠. 물론 이런 이야기는 즉흥적으로 나올 수 없는 것입니다. 철저한 '소국주의'에 대한 신념 없이는 안되는 발언이죠. 김구 선생은 지금 인류사회에 가장 필요한 것은 인의(仁義), 자비, 사랑이라고 생각합니다. 그리하여 우리는 사랑의 문화, 평화의 문화를 쌓아가지 않으면 안된다는 것입니다.

그러나 이러한 문화국가의 건설은 "우리 민족의 재주와 정신과 과거의 단련"의 축적이 없으면 불가능합니다. 그리하여 김구 선생은 세 번째 소원으로 "모든 사람이 성인이 되는 상태"를 들고 있습니다. 조경달 교수에 의하면, 일찍이 실학과 이후 조선에서는 "인민의 총 선비(士)화" 가능성을 모색하는 흐름이 계속돼왔는데, 김구 선생의 "모든 사람의 성인화"라는 아이디어는 이 흐름을 계승한 것으로 볼 수 있다고 해석하고 있습니다. 실제로 동학사상에서도 "모든 인민의 진인화(眞人化)"가 핵심이었죠. 이 점에서 젊었을 적에 백범 선생 자신이 동학도였다는 것도 간과할 수 없는 사실입니다.

어설프게나마 살펴봤습니다만, 어쨌든 이런 역사적 흐름 속에서 무위당 선생님의 생명사상을 자리매김해보고, 또 지금 중요한 대안적 삶의 방식으로 대두되고 있는 다양한 협동운동들의 역사적 의미를 음미하는 작업은 꼭 필요하다고 저는 생각합니다. 무위당 선생님의 생명사상도, 오늘의 협동운동들도 결코 평지돌출적으로 출현한 게 아님을 우리는 기억하지 않으면 안됩니다.

다나카 쇼조와 참된 '문명'

마지막으로 드리고 싶은 이야기가 있습니다. 저는 오늘날 우리가 사상적 빈곤을 벗어나는 것은 결국 세계적인 문제라고 생각합니다. 그런데 중요한 것은, 이제 시대가 완전히 전환기에 접어들었다는 것을 명확히 하는 것입니다. 이 전환기는, 예전처럼 고대에서 중세, 중세에서 근대로 전환하는 이행기 정도가 아니라 더 본질적이고 더 근원적인 변화를 요구하는 전환기임을 알 필요가 있습니다. 인류 역사상 이처럼 급진적인 변화를 요구하는 전환기는 일찍이 없었습니다. 우리가 지금 슬기롭게 전환하지 못한다면, 결국 인류는 절멸의 운명을 면치 못할 게 분명합니다.

6,500만 년 전에 공룡이 지구상에서 완전히 사멸한 것은 소행성 때문이라고 하죠. 지금은 온 세계에 만연한 자본주의 근대문명, 부국강병 지향 국가 논리, 경제성장 논리 자체가 바로 '소행성'입니다. 그런 점에서 이 절체절명의 전환기에 아마도 가장 시급한 것은 도대체 '문명'이란 게 무엇인지, 깊이 숙고하는 게 아닐까 합니다.

여기에 아주 흥미로운 자료가 있어서 이것을 소개하고 오늘 제 이야기를 끝내겠습니다. 19세기 말에서 20세기 초는 서양 근대 자본주의 문명이 동아시아 지역으로 물밀듯 쳐들어오면서 멀쩡한 사회가 식민지로 전락하고, 우리도 일제의 침략을 받아서 속절없이 무너지고 있던 그런 상황이었습니다. 그때 제국주의자, 식민지 지배자들이 내걸었던 명분이 뭡니까? '문명화'의 논리였습니다. 예를 들어, 이토 히로부미(伊藤博文)가 조선 통감에 부임하면서 내걸었던 명분도 그랬습니다. 그것은 이토 자신이 진심으로 믿었던 명분이기도 했습니다. 물론 무의식중에 스스로의 행동을 정당화하려는 자기기만의 논리일 수도 있습니다. 어쨌든 이토의 평전을 읽어보면, 그는 나름대로 생각이 깊은 사람이었습니다. 일본 정치에서 군대의 발언권이 강해지는 것을 막기 위해서 문민통치를 강화해야 한다는 확고한 생각을 가졌던 사람입니다. 어쨌든 그 이토는 조선의 '문명화'에 지대한 관심을 표명했습니다. 물론 그게 허위의식일 수는 있지만, 하여튼 침략의 명분은 문명화였습니다. 그래서 조선 지식인들도 그 명분 앞에서는 항거하기 어려웠을지 모릅니다. 이 문명화의 논리는 일본만이 아니라 서양 제국주의 국가가 공통적으로 표방한 논리입니다. 맑스도 그랬습니다. 영국의 인도에 대한 식민지배가 없다면 인도가 자기 힘으로 문명화를 성취시킬 능력이 없다고 지적하며, 식민 지배의 역사적 정당성을 인정했으니까요.

그런데 아이러니컬하게도, 제국주의 침략에 대항하는 동학농민전쟁이 치열하게 전개되고 있던 바로 그 무렵, 일본에서는 다나카 쇼조(田中正造, 1841-1913)라는 한 정치가, 사상가에 의해서 격렬한 '반문명'운동이 전개되고 있었습니다. 이 다나카 쇼조라는 분도 원래 글 읽는 유학자 가계 출신입니다. 청년시절부터 의협심이 강해서 지방 관헌의 부조리한 행정에 항의를 하다가 감옥살이를 몇 차례 했던 사람인데, 그런 경험을 통해서 국가와 민중의 관계 혹은 근대문명의 모순 등등에 대하여 남다른 성찰을 합니다. 그런데 당시는 일본이 청일전쟁 이후 근대적인 산업국가, 군사국가로 발돋움하기 위해서 본격적으로 광산을 개발하고 공장을 세우고 하는 바람에 숱한 사회적 마찰과 갈등, 환경문제가 터지기 시작합니다. 그 중에서 가장 유명한 것이 '아시오 광독 사건'이라는 거죠. 일본 도치기(栃木)현 아시오(足尾)라는 지역에 구리광산이 있었습니다. 구리(銅)는 근대적 산업이나 무기생산에 불가결한 금속이라고 하죠. 그래서 옛날부터 있었던 광산이지만, 그 무렵 대량생산체제로 들어갔다고 합니다. 그런데 구리라는 게 워낙 독성이 강합니다. 광산에서 구리 원광을 캐내 거기에서 정련을 합니다. 그러면 증기와 물을 통해서 광산의 아랫마을들이 큰 피해를 보게 됩니다. 농작물이 말라 죽고, 가축들이 괴질로 쓰러지는 사태가 빈번히 일어났습니다. 홍수가 나면 그 물이 둑을 넘쳐서 논밭을 완전히 못쓰게 만들고, 거기서 키운 작물을 먹은 사람들이 질병에 걸리게 된 거죠. 이것을 아시오 광독 사건이라고 합니다. 동아시아 근대사에서 최초로 발생한 대규모 공해 사건입니다. 근대라는 것은 바로 공해의 역사입니다.

그래서 다나카 쇼조라는 분이 이 문제를 해결하기 위해서 생애를 다 바칩니다. 몇십 년 동안에 걸쳐서요. 순전히 이 문제 때문에 국회의원에 출마하여 당선되자마자 매일같이 국회에서 이 문제를 따집니다. 일본 헌법이 천황주권을 명시한 나라이지만, 천황이 사랑하는 인민의 생명과 삶을 파괴하는 것은 헌법 위반이라는 논리로 매섭게 따집니다. 정부가 굉장히 성가서 합니다. 근대적 산업화와 군비증강에 몰두하고 있는 정부 입장에서는 다나카 쇼조의 요구를 들어줄 수 없었기 때문입니다. 그러나 다나카 쇼조는 도쿄시내로 외출 중인 천황 앞으로 달려가 직소를 결행합니다. 아까 하극상 이야기를 했지만, 일본에서는 절차를 거치지 않고 천황에게 직소를 하면 사형을 당하게 돼 있었습니다. 그러니까 죽을 각오를 하고, 유서까지 써 놓고, 천황에게 직소를 한 거죠. 결국 천황의 특명으로 사형은 면했고, 덕분에 아시오 광독문제는 전국적으로 부각되었죠. 일본 정부는 이 문제를 해결하는 방법으로 광산 하류에 큰 유수지를 만들어서 광산에서 흘러내리는 독성물질을 거기에 정체시키기로 조치를 강구합니다. 하지만 유수지를 만들려면 또 몇 개 마을이 수몰됩니다. 마을이란 백성이 장구한 세월 동안 일구고 살아온 터전인데, 이것을 없애려고 한다는 것은 결국은 국가의 안중에는 백성의 삶이 보이지 않는 게 아니냐면서 다나카 쇼조는 항의를 계속합니다. 그러면서 국가를 위해서 백성을 죽이는 게 '문명'이라고 한다면, 그것은 문명을 가장한 조직적 대량 학살이라고 주장합니다. 처음에는 농민들의 위험에 처한 생활을 보호하기 위해서 시작한 운동이 어느새 근대국가, 근대문명의 본질을 근원적으로 묻는 반근대주의 사상으로 발전한 것입니다.

그래서 다나카 쇼조는 자신의 거처를 그 수몰 예정지 마을로 옮겨서, 마을을 끝까지 지키기 위해서 몇몇 마을 사람들과 버티다가 결국 지병으로 거기서 죽음을 맞이합니다. 저는 이분이야말로 근대 동아시아의 근본 모순을 온몸으로 드러낸 최대의 의인이 아닌가 생각합니다. 그런데 매우 흥미로운 일화가 있습니다. 그 다나카라는 분이 어디서 어떻게 들었는지 모르지만 동학농민군의 군율(軍律)에 대해서 들었습니다. 대규모로 군사행동을 하자면 군율이 있게 마련인데, 동학농민군 지도자들이 정한 군율의 일관된 원칙은 생명을 존중하라는 것이었습니다. 예를 들어, 피를 흘리지 않고 이길 수 있다면 절대 생명을 해치지 말라, 군사행동 중 민폐를 끼치는 행위를 하지 말라, 효자와 열녀가 사는 마을로부터는 멀찍이 떨어져 숙영을 해야 한다 등등, 이런 군율이었다고 합니다. 이것을 듣고 다나카 쇼조는 이 군율이야말로 참으로 '문명적'이라고 감탄했다는 겁니다. 일기인지 편지인지 그가 적은 기록에 이 발언이 남아 있다고 합니다(어느 일본 학자의 책을 보니, 이 기록을 찾아낸 분이 바로 박맹수 교수라고 하더군요).

재미있는 것은, 같은 시대임에도 이토 히로부미가 말한 '문명'과 다나카 쇼조의 '문명'이 이렇게 다르다는 것입니다. 문명이라는 말은 같지만,

그 뜻은 판이합니다. 다나카 쇼조는 이렇게 말했습니다. "산천의 수명, 즉 자연의 생명은 영원하고 인간의 생명은 순간에 불과하다. 그렇기 때문에 일순의 생명에 불과한 인간이 자연을 상하게 하는 것을 문명이라고 해서는 안된다." 물론 다나카 쇼조도 예컨대 이토 히로부미의 문명관이 당시 주류를 형성하고 있다는 사실은 잘 알고 있었겠죠. 그러니까 '문명'이라는 이름으로 백성의 삶을 희생시키는 시스템이 문명의 본질이라는 것을 간파하고 있었던 거죠. 그러나 그는 그것은 본래적인 의미의 문명이 아니라고 선언합니다. 다나카 쇼조에게 있어서 중요한 것은 근대적 국가시스템이 아니라 어디까지나 백성들의 근원적 삶터, 즉 '마을'입니다. 그에 의하면 국가는 일시적인 것이지만, 마을은 몇천 년, 적어도 몇백 년에 걸쳐서 인간의 지혜에 의해서 구축되어온 터전입니다. 그래서 그는 영원한 생명을 가진 것을 위해 싸워야지 일순간의 생명밖에 없는 것에 대해서 목숨을 바치는 것은 말이 안된다고 말했습니다.

그는 자신의 '문명관'을 다음과 같이 명료하게 밝혔습니다. "지금 세계 인류 대다수는 기계문명에 의해서 살육당하고 있다. 문명은 인간을 집어삼키는 악의 도구가 되었다. 산을 황폐케 하지 않고 마을을 파괴하지 않고 인간을 죽이지 않는 것이 참된 문명이다." 또한 그는 민중과 지식인 혹은 권력엘리트의 근본적 차이를 이렇게 드러냅니다. "오호라, 인민은 어리석게도 정직해서 항상 백년의 대계를 생각하는데, 관리, 특히 상층 엘리트 관리들은 100년은커녕 1년의 계획도 없이 일시일각의 욕심뿐이다. 무학(無學)의 토민 노동자는 일시적 유한의 이익을 위해서 영원의 토지를 못쓰게 하는 일 따위는 절대 하지 않는다."

일본에서는 최근 다나카 쇼조를 재발견하여, 생태주의 사상의 선구자라고 이야기하고 있습니다. 그러나 저는 선구적인 생태사상가라는 식으로 접근하는 것은 너무 상투적이라는 생각이 듭니다. 다나카 쇼조는 일본이 근대 초기에 대국으로 발돋움하기 위해서 광분하던 시기에 이미, 동아시아 혹은 세계 전체에 닥쳐올 불길한 어둠의 정체를 꿰뚫어 보았고, 나아가서 우리가 진실로 추구해야 할 문명이 어떤 문명인지 가장 명쾌하게 밝혀주신 분이라고 생각합니다.

우리는 물론 앞으로 한동안 국민이나 민족 개념을 완전히 떠나서 살수는 없을 겁니다. 그러나 안재홍 선생이나 김구 선생이 말씀하신 것처럼 우리의 민족주의는 늘 세계로 열려 있어야 합니다. 배타적 민족주의, 국가주의로는 절대로 희망의 길이 열리지 않습니다. 우리의 '소국사상가'들은 벌써 오래전에 국제적 민족주의 혹은 민족적 국제주의를 제창하셨지만, 세계로 열려진 이런 사상이야말로 활인의 사상, 생명사상이라고 할 것입니다.

지금 우리 사회에는 무위당 선생님을 생명사상의 스승으로 기리는 사람들이 많이 생겨났고, 이 생명사상을 토대로 전국 각지에서 국가와 자본의 틀을 벗어나 자립과 공생의 삶을 실현하려는 노력들이 많이 시도되고 있습니다. 이런 움직임은 희망의 표지이면서도 한편 생각하면 그만큼 상황이 다급하다는 뜻이기도 할 것입니다. 이런 상황에서 생명사상의 뜻을 깊게 새기고 그것을 실속 있게 발전시켜 나가려면, 국내외 생명사상의 선각자들에게서 우리가 겸허한 마음으로 배우고자 하는 자세를 갖추는 게 중요하다고 생각합니다. 앞에서 이 위기의 시대에 지금 우리에게 가장 필요한 것이 사상적 빈곤을 극복하는 것이라고 말했습니다. 그 사상적 빈곤을 벗어나는 확실한 길은 우리가 선인들의 발자취를 깊이 음미하는 가운데서 열릴 수 있을 것이라고 저는 믿습니다. 경청해주셔서 고맙습니다.

해방 70년, 전후 70년에 생각하는 '일본문제'

전후 70년을 맞이하여 오다 마코토(小田實, 1932-2007) 선생을 기념하는 이 모임에 불러주셔서 고맙습니다. 오늘 제가 이 자리에서 드리고자 하는 이야기는 사실 매우 상식적인 것입니다. '해방 70년, 전후 70년에 한국에서 생각하는 일본문제'라고 제목을 붙였습니다만, 이 타이틀에 대해서 조금 설명을 드리겠습니다.

먼저 '해방'이라는 것은 1945년 8월에 한반도가 식민지 상태로부터 해방된 사실을 가리킵니다. 지금 한국에서는 공식적으로 '광복'이라는 말을 더 많이 쓰고 있습니다만, 저는 '해방'이라는 말을 고집하고 싶습니다. 왜냐하면 제일 중요한 것은, 하나의 공동체가 식민지라는 노예적 삶을 강요받는 (인간으로서 가장 치욕스러운) 상황에서 풀려났다는 점이기 때문입니다. 또한 이런 경우 '해방'은 세계적으로 더 보편적으로 사용되

* 이 글은 2015년 8월 29일 일본 효고현 아시야(芦屋)시 소재 '야마무라(山村)살롱'에서 열린 제 18회 '오다 마코토를 읽는 시민모임'에서 행한 강연을 정리한 것이다. 《녹색평론》 제145호(2015년 11-12월)에 게재.

는 용어이기도 합니다.

그리고 '전후(戰後) 70년'이라는 것은 물론 일본 쪽의 사정입니다. 그런데 제가 여기서 굳이 '일본문제'라고 명기한 것에 대해서는 약간의 해명이 필요할 것 같습니다. 즉 적어도 제가 보기에는, 오늘날 한국과 일본, 북한, 중국, 대만, 오키나와 등, 동아시아 국가 혹은 지역들 사이의 불안하고 불편한 관계는 근원적으로 일본제국주의에 의한 식민지 지배와 침략전쟁에 기인하고 있습니다. 물론 그것은 이제 와서는 돌이킬 수 없는 '과거지사'입니다. 그런데 문제는 태평양전쟁이 종식된 지 70년이 지난 지금에도 우리가 계속 이 문제를 거론하는 것은 일본의 지배층이 이 명백한 역사적 과오에 대한 진실한 반성과 그에 입각한 책임 있는 자세를 보여주지 않기 때문입니다. 몇 차례 형식적인 반성이나 사죄의 변이 있었으나, 그럴 때마다 어김없이 일본 정부나 지배층 인사 누군가에 의해서 그 반성이나 사죄의 변을 무효화하는 '망언'이 튀어나오는 어이없는 사태가 반복되었습니다. 그러니까 일본 지배층의 역사적 과오에 대한 반성이라는 것은 그 진정성이 근본적으로 의심을 받을 수밖에 없는 상황이 계속돼온 것입니다.

게다가 지금 아베 정권은 반성은커녕 오히려 옛 '제국의 영광'을 되찾으려는 시도를 갈수록 노골적으로 드러내면서 드디어 집단적 자위권을 행사할 수 있는 안보법안 통과를 밀어붙이면서 헌법을 완전히 무시하고 일본을 '전쟁국가'로 만들기 위해 광분하고 있습니다. 이 사태는 동아시아의 평화에 대한 심각한 현실적 위협이 될 가능성이 농후합니다. '제국 일본의 부활'이라는 것은 광기라고밖에 말할 수 없는 시대착오적인 망상입니다. 그런데도 지금 그런 망상에 사로잡혀 있는 아베 정권의 행태를 보면 참으로 어이가 없습니다. 이러고서는 동아시아에서의 평화로운 선린관계의 성립이 불가능하다는 것은 말할 필요가 없습니다.

그런 의미에서, 일본이라는 나라는 과거에 그랬듯이 지금 이 순간에도 가장 '문제적인' 존재라고 하지 않을 수 없습니다. 제가 '일본문제'라고 표기한 것은 그 때문입니다.

오다 마코토에 대한 기억, 그의 인간관과 세계관

그러면 이제 제가 오다 마코토 선생을 어떻게 만나서 교류를 했는지, 개인적인 이야기에서부터 시작하겠습니다. 제가 오다 선생을 처음 뵌 것은 2002년 겨울이라고 기억합니다. 그 무렵 오다 선생께서 한일 지식인 간의 연대를 위해 발간하시던 잡지 《식견교류(識見交流)》에 제가 원고를 기고했었는데, 그게 인연이 되어 니시노미야(西宮)의 댁을 방문하게 되었습니다. 그 몇 달 후 2003년 5월에 미국의 부시 정권이 온 세계의 반대여론을 무시하고 이라크 침략전쟁을 개시했을 때, 저는 제가 재직하고 있던 대학에서 몇몇 동료와 함께 그 침략전쟁을 규탄하기 위해서 '세계평화와 미국'이라는 이름으로 국제 평화 심포지엄을 개최했습니다.

그래서 오다 선생을 초청 연사로 모셨는데, 그 심포지엄에서 오다 선생은 자신의 평화사상과 평화운동의 원점에 대해서 인상적인 설명을 하셨습니다. 즉, 태평양전쟁 종결 막바지 중학생 때 미군폭격기에 의한 공습으로 오사카라는 도시가 아비규환의 지옥이 되고 있던 현장에서 겪었던 체험을 이야기하면서, 그때부터 자신은 폭탄을 투하하는 자, 살해하는 자, 공격하는 자가 아니라, 폭탄세례를 당하는 자, 살해당하는 자, 공격을 당하는 희생자의 시선으로 세상을 보는 습관이 생겼다고 말했습니다. 그리하여 오다 선생은 모름지기 하늘을 나는 새의 눈(鳥瞰)이 아니라 땅을 기는 벌레의 눈(蟲瞰)이야말로 평화를 지키고, 대다수 평범한 인간의 삶의 진실을 옹호·대변하는 데 불가결한 시각임을 강조했습니다.

그 이후 돌아가시기 전까지 수년간 오다 선생께서 한국을 방문하실 때마다 만나서 많은 얘기를 나눌 수 있었습니다. 한번은, 군사정권 시절 이후 보행자는 오랫동안 지하도를 통해서만 다닐 수 있었던 서울의 광화문 네거리에 지상의 횡단보도가 재개된 것을 보시고는, 그것을 한국의 민주화와 남북한 사이의 관계 개선의 한 증표로 해석하시는 얘기를 들었습니다. 그동안 광화문 네거리에서 횡단보도가 사라졌던 것은 그 넓은 네거리를 유사시 전투기 활주로로 사용할 복안이 한국 정부나 군사당국에 있었기 때문인데, 이제는 그럴 필요가 없으니 지상의 보행로가 열리지 않았겠느냐는 게 오다 선생의 생각이었습니다. 이 생각이 사실에 부합하는지 여부와 관계없이 그냥 무심하게 지내는 저 같은 인간과는 달리 늘 그런 점을 눈여겨보시는 오다 선생의 평소의 자세가 놀라웠습니다.

하여튼 그런 식으로 뵙는 도중에 저는 오다 선생의 책들을 조금씩 읽어나갔고, 제가 관여하고 있는 출판사에서 선생의 저서 《평화인가, 전쟁인가》(2002)를 번역, 발간도 했습니다.

오다 선생은 거의 유례가 없을 만큼 다면적으로 작가, 지식인, 평화운동가로서 매우 활동적인 생애를 보낸 분이지만, 그 삶과 사상을 일관하고 있는 가장 두드러진 특징은 뛰어난 '국제주의자'의 면모라고 저는 생각합니다. 인종이나 민족, 성별, 계급 등에 관련해서 어떠한 편견도 없이 모든 인간을 그냥 인간으로서 대하고 바라보는 자세가 그것입니다. 그리고 오다 선생이 세계와 현실을 보는 기본 시각도 늘 이 벌거벗은 보통의 인간의 입장에 서 있었다고 할 수 있습니다. 어떻게 보면, 양식을 지닌 지식인이라면 당연한 자세일 것 같지만, 누구나 예외 없이 지리적으로, 역사적으로 국지적인 이해관계에 얽매여 국가 혹은 민족이라는 테두리를 벗어날 수 없는 현실상황에서는 아무리 깨어 있는 지식인일지라도 늘 이런 인간관, 세계관을 일관되게 유지하는 것은 쉬운 일이 아닙니다. 그러나 오다 선생에게는 이런 시각은 거의 체질화된 것이 아니었는가 하고 생각됩니다. 그래서 저는 오다 선생은 말 그대로 철저한 민주주의자(radical democrat)였다고 생각합니다. 물론 이런 이름 붙이기는 좋은 게 아닙니다만, 굳이 말한다면 그렇다는 얘기입니다.

그래서, 결국 같은 이야기가 되겠습니다만, 오다 선생께서 궁극적으로 지향한 나라는 부강하고 번영하는 나라가 아니라 그냥 평범한 사람들이 인간다운 최소한의 존엄성을 잃지 않고 그날그날 소박한 생활을 안심하고 영위할 수 있는 '인간의 나라'가 아니었나 생각합니다.

오다 선생이 작가, 지식인으로서 매우 존경할 만한 분이라고 생각되는 것은 단지 서재에서 사색하고 책을 읽고 글을 쓰는 데 그치지 않고, 거리로 나와서 직접 행동하는 지식인이었기 때문이기도 합니다. 오늘날처럼 학문, 문화, 예술이 극도로 분화, 전문화된 현실에서 이것은 매우 예외적인 경우라고 할 수 있습니다. 그리고 아마 이 점 때문에 2011년 3월에 일본 동북지방을 휩쓴 지진, 쓰나미 피해와 더불어 발생한 후쿠시마 제1원전 사고라는 엄청난 재앙을 겪으며 많은 사람들이 오다 선생의 부재를 아쉬워했을 것이라고 생각합니다.

브레이크가 없는 세계에서

이 모임에 참석하기 위해서 오다 선생의 에세이 한 편을 지니고 왔습니다. 〈이 패도의 세계에서〉라는 이 글은 《녹색평론》 제72호(2003년 9·10월)에 게재된 것인데, 당시 미발표 원고를 선생으로부터 얻어서 제가 번역하여 게재한 것입니다. 이 글을 이번에 주의 깊게 다시 읽어보았는데, 놀랍게도 지금 이 자리에서 제가 하고 싶은 핵심적 주제가 이미 그 에세이 속에 훌륭하게 이야기되어 있었습니다.

그러므로 오늘 이 자리에서 제가 하는 이야기는 기본적으로 선생의 그 에세이에 군소리를 덧붙이는 것에 불과하다는 것을 미리 말씀드리고 싶습니다. 요약하자면, 우리가 인간다운 삶을 누리고 좋은 사회를 만들자면, '패도'를 버리고 '왕도'를 지향해야 한다는 메시지입니다. 오다 선생은 2003년의 이 글에서 세계 현실을 바라보는 자신의 상황진단을 다음과 같이 간명하게 표현하고 있습니다.

원래 자본주의는 '돈벌이가 무엇이 나쁜가'라는 논리, 힘은 정의, 정의는 힘이라는 경제논리이다. 그 제멋대로의 움직임에 제동을 거는 형태로 존재하는 사회주의경제, 그 이론을 실천하는 사회주의국가가 사라진 지도 오래되었다. 이제 브레이크는 어디에도 없다. 세계경제는 국내적으로도, 국제적으로도 패도를 향해 돌진하고 있다. 그 방향은 어디가 될지

불분명하다. 확실한 것은, 국내적으로도, 국제적으로도 힘없는 사람은 그 진행에 의해 튕겨 날아간다는 것이다.

여기서 오다 선생은 글로벌 자본주의경제를 기본적으로 '패도'를 향해 돌진하는 난폭한 시스템이라고 정의(定義)하고 있습니다. 그러면서 이 시스템 속에 무방비로 노출된 사회적 약자들의 운명에 대해서 깊은 우려를 하고 있습니다.

현재 동아시아 기류와 '아베문제'

이제부터는 조금 구체적으로 지금 당면한 현실 문제로 들어가겠습니다. 그것을 저는 '현재 동아시아 기류와 아베문제'라는 소제목 밑에서 말씀드리고자 합니다.

지금 아베 정권은 시대역행적인 방향으로 계속 가면서 일본 국내와 동아시아 지역에서 쓸데없는 갈등, 대립을 끊임없이 일으키고 있습니다. 그런데 주목할 것은, 아베 정권의 이런 행태로 말미암아 '반동적 수구세력'의 힘이 강화되고 있다는 사실입니다. 대외적인 '적(敵)'의 상정은 언제나 국내 기득권층을 이롭게 하는 데 기여하는 법입니다. 이런 상황에서는 본질적으로 지배와 피지배, 권력과 민중 간의 대립과 갈등에서 비롯된 문제인데도, 중요한 사회적 이슈들이 엉뚱하게 '민족'문제로 치환되기 쉽기 때문입니다. 그렇게 되면 불가피하게 '민주주의'는 위축될 수밖에 없습니다(아마도 그 전형적인 경우는 남북 분단 상황하에서의 남북한 지배층 간 '적대적 공생' 관계일 것입니다. 그 점에서 한반도의 분단 상황은 남에서든 북에서든 온전한 민주주의의 실현을 원천적으로 가로막는 저해 요인이라고 할 수 있습니다. 그러나 다른 한편으로는, 불완전한 형태의 민주주의나마 어느 정도 민주주의적인 제도와 관행이 선행되지 않는다면, 즉 기득권세력의 수구적 자세에 대항할 수 있는 민중적 역량이 존재하지 않는다면, 남북 간의 교류, 화해, 협력,

그리고 나아가서 통일을 향한 가능성도 열리지 않는다는 것도 분명한 사실입니다. 그러니까 남북한 수구세력의 '적대적 공생 관계'를 깨는 데 무엇보다 필요한 것은, 제한된 한계 안에서일망정 최대한 민주적 공간을 넓히려는 노력이라고 할 수 있습니다).

어쨌든, 지난 8월 14일 전후(戰後) 70년을 기념하여 아베가 내놓은 담화를 살펴봅시다. 무엇보다 이 담화에는 피해자, 희생자들에 대한 진정한 사죄의 마음이 전혀 담겨 있지 않았습니다. 아베는 국제여론의 압력 때문에 겉으로만 사죄를 하는 척했을 뿐입니다. 그리고 그것마저 자신이 주체가 되어 사죄를 하는 문장이 아니라, 1993년의 고노(河野)담화와 1995년의 무라야마(村山) 총리의 담화 내용을 '인용'하는 형식을 취했습니다.

그런데 아베담화 중에서 한국인의 입장에서 가장 곤혹스러운 (혹은 유감스러운) 대목은 러일전쟁에 대한 찬양이었습니다. 러일전쟁에서 거둔 일본의 승리가 세계의 약소민족들에게 위안을 주고 용기를 주었다는 아베의 발언은 러일전쟁의 결과로 나라를 잃었던 한국인들에게는 심히 모욕적인 발언이었습니다.

실제로 아베담화는 한국, 중국뿐만 아니라 세계의 주요 언론에 의해서도 진실성이 결여된 껍데기뿐인 사과라는 평가를 받았습니다. 유일하게 긍정적인 반응을 보인 것은 미국 정부였습니다. 이것은 아마도 아베가 계산한 대로일지도 모릅니다. 아베는 한국, 중국을 포함한 아시아 이웃 나라들과 좋은 관계를 유지하려는 생각이 없음이 분명합니다. 그가 염두에 두는 것은 오직 미국의 반응입니다. 그런데 미국은 어떻게든 중국을 견제하기 위해서 일본을 이용하려는 입장입니다. 그러므로 미국은 일본이 태평양전쟁을 일으킨 역사적 과오를 전면적으로 부정하지만 않는다면, 그리하여 미국의 전쟁 개입의 정당성을 부정하지만 않는다면, 더이상 추궁할 생각이 없는 것 같습니다. 미국에게는 현재의 일본은 중국을 견제하거나 포위하는 데 유용한 도구로서 큰 쓸모가 있기 때문일 것입니다.

하여튼 아베 정권은 지금 옛 일본제국의 '영광'을 부활하고자 하는 망상에 사로잡혀 있는 게 분명합니다. 그런데 문제는 아베의 이런 망상이 아베 개인이나 그의 측근에게만 국한된 것이 아니라, 일본 사회 저변에 두텁게 깔려 있는 어떤 집단적 억압심리 혹은 원망(願望)에 연결되어 있는 게 아닐까 하는 점입니다. 지금 일본의 거리에서 난무하는 민족차별적 언사들만 보더라도 그렇습니다. 대도시의 가두에서 큰소리로 반한(反韓), 혐한(嫌韓), 심지어는 매한(呆韓)을 외치고, 반중(反中)을 외치는 국수주의자 무리들의 심리와 언동에는 오래된 역사적 퇴적물이 쌓여 있는 것으로 보인다는 것입니다.

'탈아입구'의 논리가 가져온 재앙

되돌아보면, 아시아 이웃 나라들에 대한 일본의 적대적 태도는 역사가 매우 깊다고 할 수 있습니다. 오랜 세월 계속된 동아시아의 위계적인 중화질서(中華秩序) 속에서 일본은 바다 건너 변방에 위치해 있었으므로 상당한 독립성을 유지할 수 있었고, 동시에 고립감을 느꼈을 수도 있습니다. 이 고립감이 반감과 적개심으로 발전했을지도 모릅니다.

그 적대감의 역사에서 가장 중요한 것은 역시 근대 이후입니다. 한일 관계에 국한해서 본다면, 일본의 '근대'는 메이지유신의 주역들에 의한 정한론(征韓論)에서 시작되었다고 볼 수 있습니다. 처음에 정한론이 일본에서 거론되기 시작했을 때는 장차 조선을 식민지로 만들겠다는 계획된 방침 같은 것은 없었을 것입니다. 하지만 이미 이때 아시아 제(諸) 민족에 대한 편견과 멸시의 사상이 널리 유포되고 있었습니다.

말할 것도 없지만, 그 대표적인 논객은 후쿠자와 유키치(福澤諭吉)였습니다. 유명한 그의 '탈아입구(脫亞入歐)' 논리는, 간단히 말하면, 아시아 혐오, 서양 숭배의 사상이었습니다. 후쿠자와는 실제로 중국인이나 조선인 등을 개나 돼지 같은 짐승과 다름없는 미개한 인종이라고 노골적으로 표현하기를 주저하지 않았습니다. 명저(名著)라고 알려진 후쿠자와의 《학문의 권장》(1872)은 "하늘은 사람 위에 사람을 만들지 않고 사람 아래에 사람을 만들지 않았다"라는 말로 시작합니다. 그러나 그는 이 근본적 평등사상을 아시아의 이웃 민족, 인간들에게는 적용하지 않았습니다. 그런 점에서 본다면 그가 일본에서는 근대화의 선각자, 계몽사상가, 교육자로서 아무리 존경을 받는다 하더라도, 그의 사상은 일본이라는 한 나라의 국지적인 이익을 위한 매우 제한된 '평등사상'이었다고 하지 않을 수 없습니다. 어쨌든 후쿠자와는 조선이나 중국인의 입장에서는 엄청난 재앙과 비극과 불행의 사상적 씨앗을 뿌린 장본인으로 인식될 수밖에 없습니다. 탈아입구론이 초래한 비극은 너무나 잘 알려진 역사이기 때문에 새삼스럽게 거론할 필요가 없을 것입니다. 그러나 문제는 이 탈아입구론의 근저에 있는 사고구조가 여전히 일본사회 속에 만만치 않게 살아 있는 것 같다는 사실입니다. 제가 판단컨대, 극우 성향의 집단이나 개인들뿐만 아니라, 상당히 양식이 있는 '합리적인' 지식인들에게서까지 그러한 경향이 엿보이는 것 같습니다.

일본 지식인들의 '편견'

그러한 지식인들 중 몇몇 인물들만 여기서 잠깐 거론해볼까 합니다. 먼저 오구라 기조(小倉紀藏)라는 교토대학 철학 교수의 경우입니다. 이분은 다년간 한국 유학을 한 경험이 있습니다. 제가 알기로는 서울대학교 대학원에서 동양철학을 연구하고 박사학위를 받은 학자입니다. 제가 이 학자를 거론하는 이유는 무엇보다 그가 한국어에 능통하고, 한국의 현실과 문화를 비교적 잘 이해하고 있는 이른바 지한파(知韓派) 지식인에 속하기 때문입니다.

그런 그가 금년 봄에 〈'땅콩회항' 사건으로 본 한국 사회의 본질〉이라는 글을 발표했습니다(《中央公論》, 2015년 3월호). '땅콩회항' 사건이라는 것은, 여러분이 아시는지 모르겠습니다만, 한국의 항공재벌이 자사 소속

항공기의 승무원에게 횡포를 부린 사건입니다. 즉, 대한항공 최고경영자의 딸(부사장)이 미국을 떠나 한국으로 오기 위해서 활주로를 향해 막 출발하던 비행기에서 승무원이 제공한 '땅콩' 서비스가 맘에 들지 않는다고 소동을 벌이고 끝내는 비행기를 되돌려 사무장을 강제로 내리게 한 사건입니다. 이 사건은 한국에서 큰 물의를 일으켰고 대다수 시민의 분노를 샀습니다. 지금 한국 사회에서는 수많은 사람들이 약자들의 인권이 갈수록 유린되고 있다고 느끼고 있습니다. 그런 상황에서 이 사건은 일반 시민들의 감정을 크게 악화시킬 수밖에 없었습니다.

그래서 결국 이 사건은 법정에까지 가게 되었는데, 1심에서 피고(부사장)에게 실형이 선고되었습니다. 그 법적 근거는 운항 중인 비행기의 진로를 강제로 변경해서는 안된다는 '항공안전법'이었습니다. 그런데 이 법의 원래 취지는, 예컨대 테러범에 의한 비행기 납치를 방지하려는 목적일 것입니다. 그리고 미처 활주로에 진입하기 전 램프에서 발생한 소동이었기 때문에 이 사건이 과연 항공안전법의 저촉 대상인지도 불확실합니다. 그럼에도 불구하고 한국의 1심 법원은 유죄 판결을 내렸습니다. 그렇게 한 것은, 제가 보건대, 무엇보다 재벌가의 횡포에 대하여 시민들의 여론이 너무나 나빴기 때문입니다. 그 압도적인 여론 때문에 법원이 조금 무리한 법 적용을 한 측면이 전혀 없다고는 할 수 없습니다(이후 2심에서 피고는 석방되었습니다).

오구라 교수는 이러한 판결이 나온 배경을 설명하고, 아직 한국 사회는 근대적 합리성이 아니라 국민감정이 지배하는 '전근대적' 사회라고 말했습니다. 그런데 제가 과민하게 반응한 것인지는 몰라도, 그런 말을 하는 그의 어조에는 다분히 한국인과 한국 사회에 대한 경멸적인 뉘앙스가 내포돼 있는 것으로 느껴졌습니다. 비교적 한국 사정을 잘 아는 일본 지식인임에도 이런 식으로밖에 이 사건을 이해하지 못한다는 것은 기본적으로 어떤 뿌리 깊은 편견이 작용하고 있기 때문이 아닐까 하는 생각이 들었습니다. 사실 엄격한 법리 이외에 여론이나 국민적 정서가 다소간 재판에 영향을 주는 것은, 정도의 차이는 있겠지만, 인간사회라면 근대,

전근대를 막론하고 어느 사회에서든 있을 수 있는 일입니다. 그것을 굳이 한 사회의 '후진성'의 증표로 해석해버리는 게 진정으로 '합리적인' 자세인지는 큰 의문입니다.

제가 또 거론하고자 하는 인물은 한국에서도 꽤 잘 알려진 저술가 다치바나 다카시(立花隆)입니다. 그는 기본적으로 우익 성향의 지식인이라고 생각됩니다만, 저는 그가 나름대로 합리성을 지닌 저술가라고 보아왔습니다. 그러다가 우연히 그가 2006년에 쓴 책《멸망하는 국가, 일본은 어디로 가는가》를 읽다가 놀란 경험이 있습니다. 그는 태평양전쟁을 일으킨 군국주의자들의 어리석음을 개탄하면서, 만약에 일본이 태평양전쟁만 하지 않았다면 미국에 참패하는 일도 없었을 것이고, 따라서 일본이 지배하고 있던 식민지 영토(한반도와 만주)를 상실하지도 않았을 것이라고 아쉬워했습니다. 한국인의 입장에서 이 발언을 어떻게 받아들일까요? 참으로 황당하다고 할 수밖에 없는 발언을 그는 공개된 저술 속에서 버젓이 하고 있었습니다.

자, 그러면 이제 전후 일본의 학계와 지식인사회에서 가장 큰 권위를 누리고 존경을 받아왔던 분의 경우를 한번 볼까요. 다름 아닌 마루야마 마사오(丸山眞男)의 경우입니다. 전후 최고의 민주주의 사상가로 평가받는 이 지적(知的) 거인에게서도 제가 보기에는 미심쩍은 구석이 있다는 느낌을 지울 수 없습니다. 아시다시피 마루야마는 태평양전쟁 말기에 도쿄대학의 조수로 연구생활을 하다가 징집되어 조선에서 이등병으로 복무한 경험이 있었습니다. 처음에는 평양에 있는 일본군 부대에서, 나중에는 짧은 기간이지만 경성(서울)의 조선군사령부(현재의 용산 미군기지)에서도 근무했다고 합니다. 그런데 특이한 것은, 마루야마가 전후에 학계로 복귀한 뒤에 일본의 전쟁책임에 대해서는 끊임없이 논하면서도 식민지 지배에 대한 책임론은 거의 거론하지 않았다는 사실입니다. 그는 엄연히 조선이라는 식민지 현장에서 군대생활을 했으면서도 그 조선이 보이지 않았던 것일까요? 이유가 무엇일까요? 혹시 후쿠자와 유키치의 근대적 사상과 계몽적 업적을 높이 평가하는 그의 기본적 입장과 이 문제가 내면적으로 연결돼 있는 것은 아닐까요? 저는 늘 그게 궁금했습니다.

마지막으로, 이른바 '국민작가' 시바 료타로(司馬遼太郎)에 대해서도 조금 언급하지 않을 수 없습니다. 대표작 《언덕 위의 구름》을 비롯하여 그의 수많은 작품과 에세이, 대담, 강연을 통해서 시바 료타로가 중심적으로 하는 이야기는 메이지 이후 러일전쟁 시기까지가 일본 근대의 가장 진취적이고 성공적인 시대였다는 것입니다. 그리하여 그는 이 시기를 굉장히 높이 평가하고, 찬양합니다. 그러나 이 시기 이후 일본이 군국주의의 길로 빠져들면서 파탄의 길로 갔다는 것을 시바는 못내 안타까워하고 개탄합니다. 그러나 그의 이러한 사관(史觀)에 문제가 많다는 것은 말할 필요가 없습니다. 거기에는 청일전쟁, 러일전쟁, 한일합병으로 이어지는 시대가 조선의 대다수 민중에게는 학살을 당하고 피눈물을 흘리는 시간이었다는 사실이 전혀 고려되어 있지 않습니다. 또한 마찬가지로 그러한 사관에는 일본의 가난한 민중이 겪은 고난의 시간도 고려되어 있지 않습니다. 이것은 시바사관이 갖고 있는 명백한 한계, 결함이라고 하지 않을 수 없습니다. 문제는 이러한 역사관이 일본의 광범위한 독자들 사이에 별 저항 없이 유통되어왔다는 사실입니다.

대미 의존, 아시아 멸시가 계속된 전후(戰後)

이제 여기서 참고자료 하나를 여러분께 소개해드리고 싶습니다. 여러분 중에 이 책을 읽어보신 분도 계시겠지만, 마쓰다 다케시(松田武)라는 정치학자가 쓴 《대미 의존의 기원─아메리카의 소프트파워 전략》이라는 금년(2015)에 출판된 책입니다. 이 책 저자에 의하면, 태평양전쟁 직후 미국의 외교관이자 나중에 국무장관이 된 존 포스터 덜레스는 전후 일본을 효과적으로 운영할 방침으로 일본인의 아시아 민족에 대한 편견을 이용하기로 작정했다는 것입니다. 즉, "일본인은 유럽과 미국에 대해서는 콤플렉스를 느끼면서 동시에 아시아에서는 자신들만이 근대인이 되었다는 감정을 갖고 있다. 이 차별감정을 이용하면, 일본인은 우리(미국)에게 종속되어 있는 한편에, 아시아에서는 계속해서 고립되어 있을 것이다." 덜레스는 의식, 무의식적으로 일본인들이 갖고 있는 심리의 저변을 정확히 포착했다고 할까요?

되돌아보면, 이러한 흐름, 즉 탈아입구론적 의식과 사고의 역사적 배경에는 서양세력으로부터의 위협과 압력 속에서 일본이 어떻게든 생존을 하고, 나아가 서양식 근대화를 신속히 성취해야 한다는 절박한 시대적 요구가 있었습니다. 도쿠가와(德川)막부 말기 갑작스런 흑선(黑船)의 출현으로 큰 충격을 받은 데 이어 일본은 서양 제국의 요구에 따라 불평등조약들을 맺을 수밖에 없었고, 이것은 일본 전체에 긴박한 위기감을 불러일으켰습니다. 그리하여 메이지 변혁이 일어났고, 그 주역들은 근대식 군사제도와 병력과 기술을 확보하는 데 매진하면서, 그 연장선에서 아시아 이웃 나라, 그중에서도 특히 조선의 병탄을 통해서 상황 타개를 추구하였습니다.

물론 이런 방향은 강요된 측면이 없지 않았습니다. 가장 중요한 전기(轉機)는 청일전쟁 후 전리품으로 획득한 요동반도를 삼국간섭에 의해서 포기하지 않을 수 없었던 사태였습니다. 그것은 일본으로서는 매우 '굴욕적'인 사태였음이 분명했고, 그 때문에 많은 일본인이 분노하고, 원한의 감정을 품게 된 것은 어쩌면 자연스러운 일이었을지 모릅니다. 그리고 그 감정이 잠복되어 있다가 10년 후 러일전쟁에서 승리를 가져다준 힘의 원천이 되었을 개연성이 큽니다. 그러나 러일전쟁의 승리로 인한 과도한 도취감과 비이성적인 자신감은 오히려 일본이 이후 패망의 길로 빠져 들어가는 근본 요인이 되었다는 것은 더 말할 필요가 없습니다.

만일《태평양전쟁》(1968)을 쓴 이에나가 사부로(家永三郞) 교수의 견해처럼, 일본이 아시아 타민족에 대한 침략이 아니라 이들과의 연대와 협력의 노선을 지향했더라면 역사는 완전히 달라졌을 게 분명합니다. 오다 선생의 표현을 빌려 말하면, 그것은 '패도'가 아니라 '왕도'의 길이 되었을 것입니다.

'소일본주의'의 흐름, 다나카 쇼조의 문명관

그런데 유의할 것은, 실제로 일본 근대사에는 비록 비주류였으나 '왕
도'의 길을 지향한 중요한 흐름이 초기부터 분명히 존재했다는 사실입니
다. 그 전통은 오랫동안 (지금까지도) 계속돼왔습니다. 메이지 초기 이와
쿠라 사절단(岩倉使節團)의 귀국 보고서 속에는 구미 국가 중 일본이 모델
로 해야 할 대상은 강대국이 아니라 덴마크나 스위스와 같은 소국이어야
한다는 견해를 피력한 이른바 '소일본주의' 노선이 포함돼 있었습니다.
그 노선은 따지고 보면, 예를 들어, 일본의 식민지 지배를 비판했던 요시
노 사쿠조(吉野作造), 아시아 밑바닥 민중사회가 오랜 세월에 걸쳐 산출해
놓은 민중예술의 아름다움에 민감하게 반응하여 '민예'라는 개념으로 그
의미를 해명하는 데 평생을 바친 야나기 무네요시(柳宗悅), 군국주의 논
리가 횡행하던 현실에서 일본이 진정으로 살려면 조선과 만주 등 식민지
를 전면적으로 포기하고 '소일본주의'를 지향해야 한다는 논설을 용기
있게 썼던 저널리스트 이시바시 단잔 등등에 의해서 면면히 계승되어온
사상적 흐름이라고 할 수 있습니다.

이 흐름 속에서 제가 특히 주목하고 싶은 인물은 다나카 쇼조입니다.
그는 '아시오 광독 사건'의 피해자들에 대한 관심에서 시작하여, '국익'을
위해서는 백성은 언제라도 버릴 준비가 되어 있는 '국가', 그리고 인간과
자연의 황폐화를 반드시 수반하게 되어 있는 근대 자본주의 문명의 본질
을 꿰뚫어 보는 데까지 나아갔던 사상가, 행동가입니다.

그런 그에게 매우 흥미로운 에피소드가 있습니다. 그것은 조선의 동학
농민군에 관련된 것인데요. 동학농민전쟁은 부패하고 무능한 조선의 지
배층과 조선의 주권을 위협하던 외세의 침략에 항거하여 궐기한 대대적
인 농민봉기였습니다. 그것은 여러분들도 잘 아시리라 믿습니다. 그런데
어디서 어떻게 들었는지 모르지만 다나카는 동학농민군의 군율(軍律)에
대해서 들었다고 합니다. 대규모 군사행동에는 군율이 있게 마련인데, 동
학농민군의 지도자들이 정한 군율의 대원칙은 한마디로 생명을 아끼라는

것이었습니다. 예를 들면, 적(敵)일지라도 불필요하게 죽여서는 안된다, 군사행동 중에는 민폐를 끼치는 일은 극력 피해야 한다, 효자나 열녀가 살고 있는 마을로부터는 멀찍이 떨어져 숙영해야 한다 등등, 그런 내용이었습니다.

다나카 쇼조는 이 군율에 대해서 듣고, 그것은 진실로 '문명적'인 사고를 표현한 것이라고 감탄했다고 합니다. 그런데 그 당시 조선의 식민지화를 주도하던 이토 히로부미(伊藤博文)가 내세운 대의명분은 조선을 '문명화'하겠다는 것이었습니다. 두 사람이 생각하고 있던 '문명'이라는 것의 개념이 이렇게 극단적으로 대조적이었습니다. 재미있지 않습니까?

이토 히로부미 혹은 그의 동지들이 생각한 문명이라는 것은 폭력이나 침략을 수반하지 않으면 성립 불가능한 것임에 반해서 다나카 쇼조가 생각한 문명은 어디까지나 생명을 양육하고, 생명을 보호하는 원리였습니다. 다나카 쇼조의 이런 생명사상이야말로 21세기 이 시점에서 가장 필요한 사상일 것입니다. 그런데 이 생명사상은 동시에 뛰어나게 민중적인 사상이라는 점을 기억할 필요가 있습니다.

평화헌법과 소일본주의

실제로, 전후의 평화헌법의 성립 과정도 이러한 '소일본주의'라는 사상적 흐름과 내적인 연관성이 있지 않을까, 한번 생각해볼 필요가 있을 것입니다. 흔히 평화헌법은 맥아더의 점령군 사령부가 일본국가에 강요하여 성립된 헌법이라고 말해져왔습니다. 특히 그러한 논리로써 일본 우익세력은 '자주헌법'의 필요성을 끊임없이 주장해왔던 게 현실입니다. 그러나 평화헌법은 외부세력에 의해서 강요된 것이라기보다 예전부터 일본 사회 저류에 잠복되어온 흐름, 즉 소일본주의적 사고의 자연스러운 산물일 가능성도 사실 배제할 수 없습니다.

그 점에 대한 조금 더 명확한 이해를 돕는 자료가 있습니다. 그것은

지금 오키나와에서 평화운동을 하고 있는 더글러스 러미스 교수가 2013
년에 쓴《헌법은 정부에 대한 명령이다》(증보판) 중에 나오는 다음과 같
은 구절입니다.

(오늘날) 헌법개정파는 아메리카가 일본에 헌법을 밀어붙였다고 말한
다. 그러나 이것은 잘못된 주장이다. 우선 (이것은 민주적 사상의 대전제
이지만) 정부와 민중을 구별하지 않으면 실상이 보이지 않는다. 실은 아
메리카 점령군은 그와 같은 구별을 했다. 신헌법을 일본 정부에 밀어붙
일 때 일본 민중이 미국의 동맹자라는 기대를 갖고 있었다. 총사령부가
신헌법안을 일본 정부에 보냈을 때(그야말로 밀어붙이는 순간이었다), 코트
니 휘트니 준장은 (일본) 정부가 즉시 그 헌법안을 일본 민중에 공개하
지 않는다면 총사령부가 공개하겠다고 위협하였다. 즉, 총사령부는 일본
민중이 반드시 그 헌법안을 지지할 것이라고 확신하고 있었다. 그리고
그 예측은 맞았다. 따라서 신헌법안에 대한 높은 지지율은 민중이 신헌
법에 '동의했다'는 것을 의미할 뿐만 아니라, 총사령부가 신헌법안을 일
본 정부에 밀어붙이는 과정에 일본 민중이 동참했다는 것을 의미하기도
한다.

그러니까 일본의 전후 평화헌법은 결코 미국이라는 외부세력에 의해
서 일방적으로 강요되어 일본이 어쩔 수 없이 수동적인 입장에서 받아들
인 헌법이 아니라는 뜻입니다. 평화헌법의 채택은 실제로는 (일본 지배
층이 아닌) 일본 민중이 자신의 것으로 적극적으로 수용했다고 볼 수 있
다는 것입니다.

비극의 원인, '패도' 세력의 부활

그런데 비극은, 일본(한국도 마찬가집니다만)에서 역사적 과오에 대한 책

임을 지고 물러나야 할 자들이 전후에 (혹은 '해방' 후에) 국가권력을 장악하는 세력으로 계속 군림해왔다는 사실입니다. 여기서 지난 70년 동안 거의 대부분의 사회적 불행과 재앙이 생겨났다고 할 수 있습니다.

그러나 그 국가권력을 장악한 자들은 '경제성장'을 통해서 잠정적으로 국민들의 민주적 요구를 잠재울 수 있었습니다. 대표적인 주역은 일본에서는 기시 노부스케(岸信介), 한국에서는 박정희(朴正熙)입니다. 둘 사이의 관계도 매우 흥미롭습니다. 기시는 만주국 설계자로서의 사고와 의식에 기초하여 전후 일본 국가의 틀과 경제발전의 궤도를 깔았다고 한다면, 박정희는 만주군 장교로서 자신이 만주국에서 보고 들은 것을 기반으로 하여 강권적인 통제경제의 틀을 만들어 그것을 밀어붙였습니다. 물론 그 노선은 본질적으로 '패도'의 길이었습니다. 패도의 길은 반드시 적대적 경쟁논리를 사회 운영의 제1원리로 삼고, 사회를 황폐케 하고, 기존의 공동체적 연대와 협동의 윤리를 파괴하고, 억울한 자의 피눈물을 낳게 마련입니다.

생각해보면, 근년에 들어 한일관계가 악화된 중요한 요인은 두 나라에서 경제성장이 정체되거나 멈췄다는 사실에 크게 관계되어 있습니다. 전후에 일본이 열심히 추구해온 '경제주의' 노선은 본질적으로 전전(戰前)의 군국주의와 그 근본 지향에 있어서 일치한다고 볼 수 있습니다. 그것은 철저히 반민중적, 비민주적 노선이었고, 그리하여 결국은 엄청난 재앙을 불러들이는 근본 요인이 되었습니다. 그런 점에서, 우리는 이 대목에서 오다 선생의 문장을 다시 음미해볼 필요가 있습니다. 그것은 〈이 패도의 세계에서〉에 나오는 다음과 같은 구절입니다.

전후에도 일본은 비행기와 폭탄, 철포와 대포라는 '무력을 가지고 사람을 압박하는 문화'의 길을 걷는 대신에 '경제력으로 사람을 압박하는 문화', 패도의 문화의 길로 매진, 오늘에 이르렀다. 그리고 그것은 '사람을 압박하는 것이 아니라 사람에게 덕을 끼치는' 왕도의 문화를 형성해 오지 못했다. 그런 가운데 패도의 문화의 토대가 되어왔던 경제가 크게 흔들리기 시작했다.

이 패도의 길, 즉 사람에게 덕을 끼치는 것이 아니라 사람을 압박하는 경제노선, 그 노선의 필연적인 도달점이 바로 후쿠시마 원전사고라고 해석하는 것도 가능합니다. 1945년 히로시마·나가사키의 참극이 '무력'을 통한 패도의 길이 도달한 귀결점이었다고 한다면, 2011년의 후쿠시마 사고는 '경제력'을 통한 패도의 귀결점이 되었다고 보는 것은 별로 무리한 논리가 아닐 것입니다.

그런데도 후쿠시마 사고 이후에도 일본 주류세력은 아무런 역사적 성찰 없이 다시 옛날 방식을 답습하려 하고 있습니다. 가장 기가 막힌 것은 이 미증유의 원자력 참사를 이성적으로, 지혜롭게 수습하려는 움직임을 보여주지는 않고 엉뚱하게도 세계를 속여가면서 올림픽 개최권을 따낸 일본 정부의 행동입니다.

후쿠시마 원자력발전소 사고를 수습하기 위해서 왜 세계의 도움을 요청하지 않는가? 저는 의문입니다. 방사능 유출 상황은 기약도 없이 계속되면서 갈수록 세계적인 대재앙이 되고 있는데, 왜 일본 정부는 겸손하게 자신의 실패와 무능력을 자인하고 세계의 협력을 구하지 않는 걸까요? 2020년 도쿄올림픽이 과연 정상적으로 열릴 수 있을까요?

'왕도'를 지향하는 경제패턴

결국 일본이나 한국이 당면한 핵심적인 역사적 과제는 민주주의의 확립, 민주정치의 실현입니다. 한국은 식민지, 분단, 전쟁, 독재체제하에서 온갖 쓰라린 고통을 겪어왔으나 어쨌든 군사독재와 싸워서 어느 정도의 민주적 권리를 쟁취하고, 민주적 제도를 성립시킨 경험이 있습니다. 그와 대조적으로 일본의 '민주주의'는 패전 후에 외부로부터 이식된 측면이 강한 것이 사실입니다. 그럼에도 그동안은 어쨌든 '미국의 핵우산' 밑에서 표면적으로는 평화와 안정을 누리며 세계적인 경제대국으로 성장해왔습니다.

그런데 경제성장이 멈추고, 경제상황이 나빠지면서 양쪽 모두의 최근 정세는 민주주의의 극심한 퇴행을 보여주고 있습니다. 그렇다고 해서 종래와 같은 근본적으로 지속 불가능한 방식의 경제성장을 돌이킨다는 것은, 현실적으로도 불가능하지만, 기후변화가 급속히 진행되는 시대 현실에서는 더이상 용납할 수도 없습니다. 그리고 무엇보다 그것이 '패도'를 지향하는 성장 방식이었다는 것을 잊어서는 안됩니다. 따라서 '왕도'의 길에 부합하는 경제패턴을 찾는 것―이것이 지금 가장 긴급한 역사적 과제라고 할 수 있습니다.

현재 한일 양국에서 민주주의가 쇠퇴하고 있는 사회적 요인이 많지만 그중에서 저는 두 가지를 대표적으로 꼽을 수 있다고 생각합니다. 첫째, 고도 경제성장 시대를 통과하는 동안에 대다수 대중이 소비주의 문화에 함몰되어 정치적인 의식이 크게 마비돼왔다는 점, 그리고 둘째는 미디어의 영향입니다. 미디어는 기본적으로 '광고'로 먹고살아야 하기에 어느 정도 보수적일 수밖에 없다는 것은 이해할 수 있습니다. 그런데 일본의 주류 미디어가 보여주는 반역사성, 반민중성은 유별난 것 같습니다. 군위안부 문제에 관련한 '오보' 사건에 대하여 〈아사히(朝日)신문〉을 공격하는 일본 미디어의 행태는 거의 광태라고 할 만합니다. 〈아사히신문〉의 그 오보 때문에 위안부 문제의 진실이 변한 것은 아무것도 없는데, 완전히 균형감각을 잃은 일본 주류 언론의 태도는 참으로 어처구니없습니다.

한국에서도 미디어의 공정성 문제는 갈수록 심각해지고 있습니다. 언론의 일차적 책임은 사실을 정확히 전달하고, 진실을 밝히는 것이고, 무엇보다 권력을 감시하고 비판하는 것입니다. 그러나 한국의 주류 미디어는 언론의 기본 사명이 기성의 사회질서를 수호하는 데 있는 것처럼 행동하고 있습니다. 국가나 사회질서의 수호가 언론의 일차적 미션이 된다면, 언론은 타락할 수밖에 없습니다. 이것은 자명한 진리입니다.

1990년대 이후 경제성장과 더불어 만연하기 시작한 소비주의의 악영향도 극심합니다. 최근에는 독서인구도, 독서습관도 급격히 감퇴하고 있습니다. 신문을 보는 사람들이 현저히 줄어들고 있고, 특히 젊은 세대는 거의 전부 스마트폰에 함몰되어 있는 형편입니다.

민주주의를 살리려면

민주주의를 살리자면 민중의 자기교육이 필요하고, 무엇보다 국가권력과 금권에 대항할 수 있는 힘이 있어야 합니다. 아시다시피, 데모크라시는 원래 'demos'와 'kratos'가 결합된 말, 즉 'demokratia'에서 온 말입니다. 'kratos'는 '지배'라는 말이니까 데모크라시는 민중의 자기 통치를 의미하는 것입니다. 그러나 그리스어 'kratos'는 또한 힘(power)이라는 뜻이기도 합니다. 그러니까 민중의 '힘', 즉 '민중권력'이야말로 민주주의의 전제조건이라는 뜻입니다. 세상의 어떤 기득권 지배층도 민주주의를 자진해서 실천하는 법은 없습니다. 그들은 내심으로는 민주주의를 혐오하는 사람들입니다. 현재 한국에서는 노동자들의 노조 가입 비율이 갈수록 떨어져 지금은 겨우 10퍼센트대에 머물고 있습니다. 이것은 전체 노동자 중 비정규직이 가파르게 증가하고 있는 현상과 맞물려 있습니다. 이런 상황으로는 민주주의의 실현은 갈수록 그림의 떡이 될 가능성이 큽니다. 아마 일본의 경우도 크게 다르지 않을 것입니다.

어떻게 하면 민중의 힘을 강화하고, 민주주의를 살릴 수 있을까요? 이것은 제가 여러분과 함께 생각하고 싶은 가장 중요한 질문입니다.

그러나 물론 희망이 없는 것은 아닙니다. 후쿠시마 원전사고 이후에 오랫동안 중단되었던 시민적 저항운동이 일본에서 다시 소생하고 있는 현상은 매우 희망적인 신호입니다. 그 연장선에서 지금 일본의 젊은이들이 대거 거리로 나와 아베 정권이 밀어붙이고 있는 안보법안 반대 데모를 전개하고 있는 것은 특히 고무적인 현상이라고 할 수 있습니다. 이 운동은 한국, 대만, 중국, 오키나와 등 각 지역의 젊은이들에게도 큰 자극을 주고, 그들은 또 상호 영향을 주고받을 것입니다. 그렇게 된다면 필시 동아시아 시민사회 속에서 평화와 민주주의를 위한 새롭고 강력한 물결이 형성될 수 있을 것입니다. 그날이 머잖아 올 것을 믿고 기다립시다. 장시간 경청해주셔서 고맙습니다.

Ⅲ. 성장시대의 종언과 기본소득

성장시대의 종언

오늘 이 자리에서 드릴 이야기는 별로 새로운 이야기는 아닙니다. 물론 제 딴에는 중요하다고 여기는 얘기지만, 따져보면 매우 상식적인 이야기입니다. 그런데 제가 궁금하게 생각하는 것은 왜 이 상식적인 이야기가 현재 이 사회에서는 별로 사람들이 터놓고 하는 이야기가 못 되는가 하는 겁니다. 아마도 너무 근본적이고, 보기에 따라서는 두렵고 막막한 이야기라서 쉽게 꺼내기가 망설여지기 때문일지도 모릅니다.

그러나 이것은 계속 쉬쉬하며 미룰 수 있는 이야기가 아닙니다. 누군가는 이야기를 시작해야 하고, 그래서 활발한 공개적 논의가 있어야 할 것입니다. 그래서 저 같은 어리석은 사람이라도 이야기를 꺼내야 하지 않을까 생각하고 요즘 이런저런 기회에 이 이야기를 계속해왔습니다. 오늘은 그 이야기를 좀 정리해서 말씀을 드리려고 합니다.

---

* 이 글은 2012년 5월 31일 한국기독교회관에서 열린 심원(心園) 안병무 선생 기념 강연회에서 행했던 강연을 정리, 가필한 것이다. 《녹색평론》 제125호(2012년 7-8월)에 게재.

경제위기, 일시적인가

제가 며칠 전에 정기적으로 받아 보는 일본 잡지가 하나 도착해서 봤습니다. 그 잡지에 어떤 강연을 정리한 〈협동과 반자본주의〉라는 꽤 흥미로운 글이 실려 있더군요. 필자는 와세다대학 대학원 정치학과 박사과정 재학 중이라고 되어 있습니다. 그런데 제가 지금 이 글 내용에 관해 말씀을 드리려는 것이 아니라 이 글 첫머리에 필자가 자신의 현재 생활 형편에 대해서 언급하는 부분이 있어서 그것을 인용하려고 이 잡지를 들고 왔습니다. 사실 요즘 젊은이들의 경제상황은 일본이나 한국 혹은 미국도 마찬가지가 아닌가 싶습니다. 우리 주변에서 흔히 듣는 이야기지만, 이것이 세계의 보편적인 현상이 돼가고 있다는 점을 다시 한번 확인한다는 의미에서 이 일본 청년의 신상발언을 인용해보겠습니다.

이 청년은 지금 대학원 박사과정에서 공부를 하고 있는데, 학자금이나 생활비를 어떻게 조달하는지 그것을 언급합니다. 결론부터 말하면 빚으로 버텨나갑니다. 현재 이 청년이 갚아야 하는 빚은 일본 돈으로 840만 엔이라고 합니다. 그런데 작년에 자신의 수입이 얼마였냐 하면 10만 엔이었다고 합니다. 부채는 840만 엔인데 연간 수입은 고작 10만 엔이라는 겁니다. 그 수입도 대개 학교에서 아르바이트를 하거나 장학금으로 받은 돈이겠죠. 이런 식으로 가서는 빚을 갚는다는 것은 불가능합니다. 물론 조만간 박사학위를 받고 대학에 교원으로 취직이 된다는 것을 가정해서 지금까지 대출도 받고 생활을 해왔겠지만, 취직할 전망은 날이 갈수록 줄어들고 있습니다. 일본에서 한 해 박사학위 취득자가 1만 5,000명 가까이 된다고 하는군요. 그런데 정규직이든 비정규직이든 대학에서 채용하는 신규 교원은 연간 5,000 내지 6,000명이라고 합니다. 결국 박사학위 취득자 중에서 3분의 1 정도만 취직이 되는 거죠. 그 가운데 정규직 교원이라면 몰라도 비정규직, 즉 일본에서는 비상근 강사라고 부르는 그 비정규직 교원의 봉급으로는 생활도 어려울 지경인데, 빚을 갚는다는 것은 엄두도 낼 수가 없습니다. 그러니 암담할 수밖에요.

일본 청년의 이 이야기는 남의 이야기가 아닙니다. 우리 주변에서 매일 듣는 이야기입니다. 지금 여기 앉아 계신 젊은 분들은 말할 것도 없지만, 연로하신 분들에게는 자식이나 손자들 이야기, 그리고 그 자식과 손자의 친구들의 이야기입니다. 이미 한국은 비정규직이 정규직보다 비중을 더 많이 차지하고 있는 사회가 되었습니다.

　그런데 문제는 이런 현상이 앞으로 달라질 가능성이 있느냐는 것입니다. 일자리 문제를 비롯해서 서민들의 경제생활이 점점 악화했으면 악화했지 근본적으로 개선될 가능성은 별로 없다고 저는 생각합니다. 지금 이 사회는 여야를 막론하고 보수진영이든 진보진영이든 관계없이, 대부분의 경제나 정책 관련 인사들은 이런 상황이 다소 시간이 걸리겠지만 조만간 극복될 일시적인 현상일 것이라고 보고 있습니다. 그런 전제 위에서 여러 가지 제안이나 계획 혹은 정책 공약들을 내놓고 있습니다. 하기는 민주적인 정치세력이 집권을 하여 지금보다 좀더 공정하고 합리적인 정치가 이루어진다면 이 상황이 다소나마 개선될 여지는 있을 것입니다. 그것은 분명한 사실입니다. 하지만 제가 보기에 근본적으로는 상황이 달라질 것 같지 않습니다. 왜냐하면 경제가 계속해서 양적 성장을 할 수 있는 시대는 이미 끝났기 때문입니다.

　요즘 제가 시내 나가서 돌아다니다 보면 제일 한심한 게 뭐냐면 새로운 고층빌딩들이 쭉쭉 올라가는 광경입니다. 수십 년 동안 우리가 보아온 장면이지만, 이제는 그런 공사 현장을 보면 단지 얼굴이 찌푸려지는 게 아니라 지금이 어느 때라고 저런 한심한 짓을 계속하나 하는 생각이 앞섭니다. 걱정이 되기도 하고요. 저런 공사를 벌이고 빌딩을 짓는 사람들은 큰 수익을 기대하고 투자를 하고 있겠지만, 곧 후회할 날이 닥칠 텐데 그걸 어떻게 감당하려고 저러는가 싶어요. 여태까지 수십 년 동안 경제성장을 하면서 반복해왔던 과정이 앞으로도 어떻든 계속될 수 있을 것이라고, 그런 세월이 다소 부침은 있겠지만 변함없이 지속될 것이라고, 아무 의심 없이 믿고 있으니까 저런 무모한 짓을 되풀이하고 있는 것이지요. 앞으로의 세상은 질적으로 차원이 다른 세상일 것이라는 인식이 전혀 없는 거죠. 그냥 지금까지 그래왔던 것처럼 낯익은 방식의 삶이 좀 더 확대된 형태로 계속될 것이라고 믿고, 관성에 따라 생각하고 행동하는 겁니다. 사실 이 세상에서 관성처럼 무서운 힘도 없죠.

그동안 우리나라 정치가 너무나 거짓과 속임수가 판치는 야바위판이었기 때문에 많은 사람들이 지금 가장 시급한 것이 사회정의와 경제민주화의 실현이라고 생각하고 있습니다. 이것은 지극히 당연한 반응입니다. 아까도 말했지만 정치가 약간이라도 합리적으로 돌아가기만 해도 서민들의 살림이 한결 나아질 것입니다. 그것은 틀림없습니다. 지금 선출된 권력도 아니면서 사실상 나라 전체를 말아먹고 있는 재벌들에 대한 규제를 강화하고, 불로소득자나 부유층에게 합당한 세금을 물리는 것만으로도 국가재정이나 국민경제가 지금보다 상당히 호전될 것임은 분명합니다. 그러나 그런 경제민주화를 현재의 정치시스템으로 어떻게 실현할 것인가 하는 것도 큰 문제지만, 설사 우여곡절 끝에 실현하는 데 성공한다 하더라도 그것이 오래가지는 못할 것입니다. 저는 그렇게 보고 있습니다. 제가 점쟁이가 아니기 때문에 꼭 박아서 말씀은 못 드립니다만, 아무튼 성장을 대전제로 하는 현행의 경제시스템 자체는 앞으로 5년이 될지 10년이 될지는 모르지만 조만간 종식될 것입니다.

결국은 지금까지 우리가 수십 년 동안 경험하고 보아왔던 이런 삶, 이런 경제는 더이상 계속되지 않는다는 얘기입니다. 그 사실을 좀 냉정하게 보고 직시하자, 그런 사실에 대한 올바른 인식과 판단 위에서 장래를 설계하지 않으면 모든 게 허사라는 겁니다. 과학적으로, 합리적으로 생각해야 한다는 얘기입니다.

성장의 종식과 복지국가론

좋은 비유는 아니지만, 타이타닉호가 지금 빙산을 향해 맹렬하게 돌진하고 있는데 갑판에서 의자 위치 몇 개 바꾼다고 될 일이 아닙니다. 지금 우리나라에서 소위 진보적 개혁을 지향한다는 사람들이 늘 되풀이해서 말하는 게 복지국가 건설입니다. 요즘은 여당 쪽 사람들도 말로는 복지국가를 얘기하지 않을 수 없는 상황이 되었습니다. 진심이라기보다는 선거전략인 것이죠. 그러나 어쨌든 복지국가 그 자체는 좋은 것이라고 하더라도, 그것이 과연 실현 가능한 프로젝트인가 하는 것은 생각해봐야 합니다. 제가 잘못 판단하고 있는지 모르지만, 저는 어려울 것이라고 봅니다. 복지국가도 결국은 경제성장이 뒷받침되지 않으면 실현이 안될 게 분명하기 때문입니다. 흔히 조세제도를 개혁하여 불로소득자나 부유층이 세금을 많이 내도록 해야 한다고 합니다. 당연히 그건 그래야지요. 그런데 경제 전체가 정체상태로 들어가거나 혹은 마이너스 성장이 계속되는 상황으로 들어갈 때, 세금을 걷는다는 게 쉬운 일일까요? 저는 조세국가의 존립 자체가 위태롭게 될지 모른다는 생각을 합니다. 현대 국가는 다른 말로 하면 조세국가입니다. 그런데 조세국가의 존립은 무엇보다도 경제성장을 전제로 하고 있습니다. 근대 국민국가 시스템이란 경제성장 없이는 생각할 수 없는 시스템이고, 동시에 그 경제성장을 토대로 국민들에게 세금을 부과하고, 그 세수(稅收)를 가지고 국부를 재분배하는 시스템이라고 할 수 있습니다. 경제성장이 중단된다는 얘기는 국민국가의 작동원리가 붕괴될 수 있다는 뜻이기도 합니다.

요컨대 제가 하고 싶은 말은, 좀 어려운 세상이 될 것이다, 그런 이야기가 아닙니다. 지금까지 적어도 몇십 년 동안 우리 사회가 삶의 당연한 전제로 알고 있던 근본 틀이 완전히 달라진 상황을 우리가 맞이하게 될지도 모른다는 뜻입니다. 완전히 달라진다! 여기 앉아 계신 연로하신 분들은 그렇지 않겠지만, 예를 들어 지금 40대까지만 하더라도 경제성장이 없는 사회가 어떤 사회일지 상상을 하기는 거의 불가능할 것입니다. 태어나서 유년시절부터 지금까지 성장경제체제 속에서 쭉 살아왔으니까요. 오늘은 어제보다, 내일은 오늘보다 사회적 차원에서든 개인적 차원에서든 물자든 서비스든 인구든, 뭐든지 더 많거나 더 규모가 큰 상황이 전개된다는 것을 너무나 당연한 사실로 받아들여왔습니다. 저 같은 사람은 박정희 정권에 의해서 경제개발이라는 것이 본격화되기 이전에 대학생 시절을 보냈으니까, 앞으로 경제성장이 중단되면 어떤 장면이 벌어질지 막연한 대로 짐작은 가능합니다. 그러나 그렇다고 해서 옛날과 같은 모습은 아닐 테니까 정확히 어떤 상황일지 구체적으로 그려내지는 못하겠습니다.

예를 들어, 민주주의 문제만 하더라도 그렇습니다. 그동안 많은 사회적인 모순, 계층 간 갈등과 대립, 이런 것들을 한국 사회는 경제성장을 통해 해소하거나 완화해 왔습니다. 파이를 크게 만듦으로써 저소득층에게도 어느 정도의 물질적인 혜택이 돌아가고, 그래서 불만을 누그러뜨릴 수 있었던 거죠. 그게 지배층의 의도적인 전략이든 아니든 그런 관행이 계속되었습니다. 실제로 사회적 정의가 바로 세워지고, 진정으로 민주주의 원칙이 작동한 결과로 사회적 모순과 갈등이 해소되었던 것은 아닙니다. 사회적인 폭발을 막을 수 있었던 것은 오로지 경제성장이 가능했기 때문입니다. 물론 이것은 한국 사회에만 해당되는 얘기가 아닙니다. 거의 모든 나라, 모든 산업국가가 기본적으로 그런 방식으로 국가체제와 사회질서를 유지해왔습니다. 껍데기뿐인 민주주의지만, 소위 자본주의 산업국가들에서 그동안 의회제 민주주의가 형식적으로나마 기능할 수 있었던 기반도 결국은 경제성장의 지속이었다고 할 수 있습니다. 경제성장 시스템이 중단되면 독재체제나 파시즘이 등장할지도 모릅니다.

《성장의 한계》 40년 후

여기서 여러분이 보고 계신 도표에 대해서 이야기를 해야겠네요. 1972년에 로마클럽에서 출간한 《성장의 한계》라는 책, 모두 들어보셨죠? 아마 제목은 누구나 다 알지만 실제로 이 책을 들여다본 사람은 별로 많지 않을 겁니다. 꽤 두터운 책인데 딱딱하고 별로 흥미로운 책은 아니죠. 저는 예전에 어떤 출판사에서 내놓은 축약본을 읽어봤습니다. 이 《성장의 한계》라는 책이 1972년에 처음 나왔으니까 금년, 즉 2012년은 이 책이 출판된 지 40주년이 되는 해입니다. 그래서 세계 여러 곳에서 이 책 출간 40주년을 기념하는 토론회나 심포지엄이 열리고, 새삼스럽게 중요한 화제가 되어 얘기가 되고 있습니다. 그 대표적인 게 미국의 스미소니언협회라는 유명한 민간 학술문화단체에서 지난 3월에 개최한 국제 심포지엄입니다. 저명한 학자, 전문가, 언론인들이 모였고, 원래《성장의 한계》를 집필했던 매사추세츠공과대학(MIT) 교수들 중 아직 생존해 있는 저자들도 참석했다고 합니다. 그 심포지엄에 관한 보도가 여러 매체에 실렸는데, 저도 그런 보도를 보고서야 금년이《성장의 한계》출판 40주년이라는 것을 알았습니다.

그런데 새삼스럽게 스미소니언 심포지엄에서 주목을 받은 것이 바로 다음의 도표입니다. 이 도표는 지금부터 40년 전에 나온 책《성장의 한계》속에 들어 있던 그래프입니다. 세계 인구, 비재생가용자원, 1인당 산업생산물, 1인당 서비스, 환경오염 등 다섯 항목에 대하여 컴퓨터 시뮬레이션을 통한 예측조사를 거쳐 그것들이 향후 2100년경까지 어떻게 증감 추세를 드러낼지 그려 보여준 게 이 그래프입니다. 그리고 40년이 지난 지금 과연 어느 정도 그 예측이 맞았는지를 이번의 심포지엄에서 검토해본 거죠. 세상에는 별별 전문가들이 다 있는 모양입니다. 이미 세계 여러 곳에서 몇몇 연구자들이 이 문제를 검토해왔는데, 그중 대표적인 학자로 그레이엄 터너라는 호주의 물리학자가 있다고 합니다. 2008년인가 발표한 논문에서 터너 교수는 1970년부터 2000년까지 30년 동안《성장의 한계》가 예측한 다섯 항목이 실제 어떻게 변화해왔는가를 추적하여 그 결과를 대조해보니 놀랍게도 예측치와 거의 일치하고 있다는 것을 발견했습니다. 1970년 시점에서는 예측이었지만, 2008년의 연구에서는 이미 실현된 역사적 사실을 재확인하는 작업이었습니다. 그러니까 객관적인 자료로 입증이 된 것이죠. 여러분이 보고 계시는 도표상에 1970년부터 2000년 사이의 곡선에 굵은 선으로 덧붙여 표시된 것이 터너 교수가 확인한 실제 현실에서의 추세입니다. 1970년에《성장의 한계》가 예견한 같은 기간의 추세와 거의 일치하고 있는 게 보이죠?

물론 사람들은 대개 마음속으로는 다 알고 있습니다. 지금 지구 자원이 빠른 속도로 고갈되어가고 있고, 그동안 증산을 계속해왔던 식량생산도 곧 역전될 것이라는 것을 알고 있습니다. 그리고 세계 인구도 언제까지나 불어나지는 않을 것입니다. 특히 산업국가들에서는 얼마 안 가서 인구 감소 현상이 나타날 것이라는 사실도 우리는 짐작하고 있습니다. 우리나라는 그중에서도 특히 출산율이 낮고요. 이 그래프를 보면, 이 추세대로 가면 세계 인구가 클라이맥스에 다다르기 전에 한국의 인구가 먼저 정점에 이를 가능성이 큽니다.

어쨌든 1970년에서 2000년까지 동향을 조사한 2008년의 연구에서 《성장의 한계》가 예측한 추세가 단순히 예측이 아니라 실제로 현실화되었다는 게 입증됐다면, 앞으로도 현실은 예측대로 전개될 것이라고 보는 게 논리적으로 타당합니다. 그러니까 40년 전의 예측치가 무의미한 수치가 아니라 장차 인류사회가 실제로 직면할 상황을 미리 보여주는 유효한

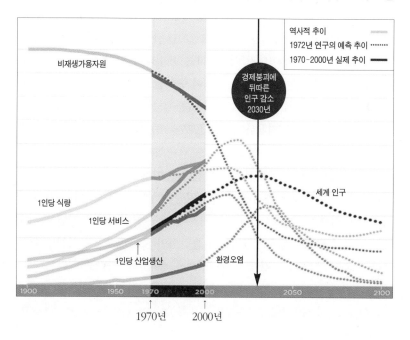

자료가 되는 셈이죠. 달리 상황이 급진적으로 변화한다면 모르지만, 그렇지 않고 대량생산, 대량유통, 대량유통, 대량폐기에 의존하는 지금과 같은 성장을 계속해서 추구해간다면 현실은 《성장의 한계》가 예측한 대로 될 것임이 명백하다는 거죠.

그러나 한편으로는 다행이라는 생각도 들어요. 이 추세를 보면, 예를 들어, 환경오염 같은 것은 대략 2040년경에 절정에 이르렀다가 그 후에는 오염도가 확연하게 줄어들 것이라는 것 아닙니까? 이런 것은 고무적인 전망이죠. 환경오염이 줄어드는 것은 좋은 현상이잖아요. 하기는 지상에 인간이란 존재가 아예 없어지거나 크게 줄면 오염은 사라지게 마련이겠지만.(웃음) 지구 입장에서는 나쁠 게 없죠.

그런데 문제는 뭐냐 하면, 인구 추세를 한번 보십시오. 지금 제3세계의 인구는 증가하고 있다고 하지만, 제3세계까지 포함해서 세계 전체 인구가 이 도표를 보면 2030년경에 클라이맥스에 이르렀다가 완만한 속도로나마 끊임없이 줄어들게 되어 있습니다. 이것은 세계 전체 상황이고, 한국의 경우에는 그보다 10년 정도 앞당겨질 가능성이 큽니다. 아마 2020년 정도? 앞으로 10년도 안 남았어요. 10년 정도 있다가 한국의 인구는 절정에 이르렀다가 줄어들기 시작한다는 얘깁니다. 이건 무슨 뜻인가요? 간단히 말해서 생산에 종사할 노동력이 줄어들고, 소비자가 줄어들고, 납세자가 줄어들고, 연금이니 보험이니 하는 것을 불입할 인구가 줄어든다는 뜻입니다. 그러면 지금과 같은 규모와 수준의 경제활동이 안된다는 이야기죠. 젊은 사람들이 들으면 기가 막히겠지만 연금제도를 위시해서 국가의 복지체제가 유지되기 어려워진다는 이야기죠. 더구나 인구가 줄어든다는 것도 어느 선에서 정지되어 일정한 상태를 유지한다는 것이 아니라 계속적으로 줄어들 것이므로 거기에 대응하여 어떤 안정된 복지체제를 만들어낸다는 것은 지금까지의 습관적인 사고로써는 불가능할 것입니다. 그러니까 국가의 경제나 사회정책을 생각하는 사람들이 다른 것보다도 인구가 줄어드는 문제에 대해서 제일 민감한 것은 충분히 이해가 갑니다. 그래서 출산장려금 따위로 인구를 늘려야 한다는 주장도 나오고,

이런저런 대책들을 세우지 않으면 안된다고 다급한 소리들이 나오는데, 여러분들은 어떻게 생각하세요? 그런 정책으로 출산율이 높아질 거라고 생각하십니까? 지금 한국 사회에서 출산율이 자꾸 낮아지는 이유는 한두 가지가 아닙니다. 돈 몇 푼 받는다고 젊은이들이 서둘러 결혼하고 아이들을 많이 낳고, 그렇게 될까요? 어림도 없습니다. 정책을 생각하는 사람들은 사람이 살아가는 문제를 지나치게 피상적으로 보는 것 같아요. 지금 이 얘기를 할 여유는 없어서 생략하겠습니다만, 아무튼 국가정책 몇 가지로 출산율을 높인다는 것은 불가능할 것입니다. 그 사실을 직시해야 합니다. 앞으로 인구가 줄어들 것은 명백합니다. 그 사실을 받아들인 다음에 삶을 어떻게 꾸려갈 것인가를 진지하게 모색해야 합니다. 자꾸만 지금까지 해온 방식에 매달려 그것만이 사는 방법이라고 생각하면서, 현실을 부정하고 억지를 부려 봤자 출구는 절대로 열리지 않습니다. 앞으로의 세상은 전혀 다른 세상이라는 새로운 인식으로부터 출발하지 않으면 안됩니다.

그런데 실제로 가장 두려운 현상은 1인당 식량생산이 인구가 절정에 이르는 시기보다 앞서서 절정에 이른다는 사실입니다. 다시 말해서 세계적으로 늘어나는 인구를 먹이기에는 턱없이 식량생산이 부족한 상황이 곧 도래한다는 거죠. 그래프를 보면 인구가 절정을 지나서 줄어드는 경향은 상당히 완만한 곡선을 보여주고 있는데 식량생산이 클라이맥스에 이르렀다가 내려가는 곡선은 가파릅니다. 이것도 잘 생각하면 하나도 이상할 것이 없습니다. 너무나 당연합니다. 지금 세계의 농지들의 질이 계속 나빠지고 있고, 타 용도로 빠른 속도로 전용되고 있으니까요. 더구나 기후변화에 의해서 제일 큰 타격을 받을 것으로 예상되는 게 농사라는 것을 우리가 다 알고 있습니다. 요즘도 가뭄이 심하지만, 앞으로는 혹심한 가뭄과 홍수, 태풍 같은 것이 빈번하게 발생하면서 감당하기 어려울 정도로 농민을 괴롭힐 것이 분명합니다. 종래에 동토였던 시베리아나 캐나다의 그 넓은 땅들이 경작지로 변하면 농경지가 훨씬 확대되지 않겠나 하는 생각들을 하는 사람들도 없지 않지만, 그건 참으로 뭘 모르는 이야깁니다. 세계 전역에서 지금 사막화되고 있는 방대한 농지들을 생각하면, 그렇게 안이한 생각을 할 처지가 못 됩니다. 질이 양호한 농경지가 얼마나 남아 있을 것인가 하는 문제도 중요하지만, 이상기후 때문에 농사가 뒤죽박죽으로 될 가능성을 생각해야 합니다. 이런 문제들을 종합적으로 읽어야 됩니다.

석유 의존 경제의 위험

그리고 무엇보다도 오늘 제가 중점적으로 말씀드리고 싶은 것은 비재생 자원, 즉 재생 불가능한 자원들의 동향입니다. 이미 《성장의 한계》라는 책이 집필된 1970년대 초부터 하강 곡선을 그리고 있죠? 인구나 식량생산이 정점에 다다를 시기보다 훨씬 앞서서 현대문명 생활에 불가결한 자원들, 즉 석유, 석탄을 비롯한 재생 불가능한 자원들의 잔존량이 급격한 하강 곡선을 그리면서 내리막길로 떨어지고 있습니다. 가장 중요한 것은 석유입니다. 세계적인 범위에서 피크오일이 언제 닥칠 것인가 의견이 분분했지만, 2009년에 발표된 국제에너지기구(IEA)의 한 보고서에 의하면, 피크오일은 2006년에 이미 지나갔다고 합니다. IEA는 석유생산자와 유통업자들의 기구입니다. 그들은 석유생산이 곧 한계에 이를 것이라는 따위의 정보는 석유를 팔아먹어야 하는 자신들에게 이롭지 않다는 것을 너무나 잘 알고 있습니다. 그러나 언제까지나 현실을 부정해 봤자 소용없는 일이기 때문에 인정을 한 것이죠. 일부 연구자들은 2010년경에 피크오일이 닥칠 것이라고 예견해왔지만, 이 문제에서 보수적인 입장을 취할 수밖에 없는 IEA의 발표가 더 정확하다고 보는 게 타당합니다.

2008년 가을에 미국 월스트리트의 투자금융회사들이 파산사태에 직면하기 직전에 원유 가격이 배럴당 140달러까지 치솟았던 것을 기억하시죠? 물론 투기꾼들의 농간이 개입되어 있는 점도 있었겠죠. 하지만 그런 투기행위도 결국은 피크오일 이후에는 석유공급이 원활하지 않을 것이라는 정세 판단에 의한 것이라고 볼 수 있습니다. 그렇다면 결국 석유라는 자원 자체의 생산량 한계가 근본 문제라는 것이 틀림없습니다.

월스트리트 금융 붕괴사태 이후 세계경제가 얼어붙고 경기가 둔화되면서 석유 수요가 줄어드니까 다시 유가는 내려갔지만, 그렇다고 해서 옛날처럼 값싼 양질의 석유가 풍부하게 공급되는 시절이 다시 올 리는 만무합니다. 세계경제의 호황 혹은 불황에 따라 부침은 있겠지만, 이제는 기본적으로 유가는 상승 추세를 계속할 것입니다. 자, 그러면 어떻게 될까요? 앞으로도 계속 경제규모나 산업활동이 종래와 같이 지속될 것이라고 생각할 수 있겠습니까?

생각해보면 매우 간단한 논리입니다. 예를 들어, 북한이 저렇게 어렵게 된 결정적인 이유는 1990년대에 들어서서 그 이전에 소련으로부터 국제 시세의 10분의 1 정도 값으로 공급받아오던 석유가 중단되었기 때문이잖아요. 하루아침에 완전히 모든 산업활동이 마비되지 않았습니까? 거기에 설상가상으로 두어 차례의 대홍수를 겪으면서 괴멸상태가 돼버렸죠. 몇십만이 넘는 사람들이 굶어 죽는 처참한 상황이 벌어졌습니다. 그 상황은 아직도 마무리된 것 같지 않습니다. 얼마 전에 보도를 보니까 금년에도 가뭄 때문에 농사가 엉망이 되고 있는 모양입니다. 북한의 농업은 전통적으로 옛 소련식 농업을 모방해서 기계농사·화학농사 위주로 돼왔었기 때문에 석유 떨어지면 순식간에 괴멸상태를 면하기 어렵습니다. 구조적으로 그것부터 고치지 않으면 희망이 없습니다. 수년 전에 북한을 다녀온 중국의 농업전문가가 쓴 글을 보니까 그 무렵에도 북한에는 가을에 농사를 다 지어 놓고도 논밭에 수확물의 30퍼센트를 그대로 썩게 내버려둔다고 하더군요. 총력을 다해서 농사를 지어 놓고도 운반할 수단이 없어서 가져가지 못한다는 것입니다. 수송수단도 기름이 있어야 하니까 그렇다는 얘긴데, 얼마나 석유가 없으면 이 지경까지 되었을까요? 기가 막힌 이야기죠.

그런데 이게 북한만의 문제가 아닐 가능성이 큽니다. 만약에 남한에서 이 비슷한 사태가 벌어진다면 훨씬 더 비참한 상황이 될 것입니다. 왜냐하면 지금 한국 경제는 거의 전적으로 석유 의존 경제라고 해도 과언이 아닌데, 거기다가 농산물 자급도는 경제협력개발기구(OECD) 국가들 중에서 최하위인 25퍼센트 수준입니다. 북한이 아무리 비참하다고 해도 식량 자급률이 남한에 비할 수 없을 만큼 높은 60퍼센트 이상입니다. 남한에서는 지금 농사도 다 석유로 짓는 농사입니다. 그러니까 석유 떨어지면 지금 수준의 자급률도 도저히 유지할 수 없게 됩니다. 일본에서 어떤 학자가 조사를 해보니까, 지금 일본의 식량자급률이 40퍼센트 정도 되지만 만약 석유를 쓰지 않을 경우에는 1퍼센트 정도밖에 안될 것이라고 합니다. 오늘날 농사에서도 석유는 이렇게 절대적인 역할을 하고 있는 존재입니다. 미국의 통계에 의하면 석유 네 통으로 곡물 한 통 수확하는 게 현대 농사입니다. 그러니까 우리는 지금 밥을 먹는 게 아니라 석유를 먹고 사는 셈입니다.

그런 중요성을 가진 게 석유인데, 그 석유 수급이 맞아떨어지지 않을 경우에는 어떻게 되느냐, 세계경제가 곤두박질할 것이 분명합니다. 그중에서도 한국은 바로 직격탄을 맞을 겁니다. 여러분 다 아시다시피 한국 경제는 OECD 국가 중 무역의존도가 제일 높습니다. 우리가 일본을 모방해서 경제를 일으켜왔다고 하지만, 일본은 기본적으로 내수경제입니다. 일본은 무역의존도가 15퍼센트 정도밖에 안됩니다. 독일이 상당히 높죠. 독일이 무역의존도가 높기 때문에 유럽 통합에 가장 적극적이었고, 또 유럽연합(EU)을 통해서 유럽 국가 사이에 관세가 모두 철폐된 상황에서 수출을 가장 많이 해서 재미를 많이 본 경제가 독일 경제입니다. 그러니까 지금 유로위기 상황에서 그동안 가장 이득을 본 독일이 책임을 져야 한다는 소리가 나오잖아요.

아무튼 지금 한국은 무역 없이는 살 수 없는 나라가 되었는데, 그 무역이란 게 내용이 뭐냐 하는 겁니다. 한마디로 값싼 석유 들여와서 그걸 가공해서 만든 공업제품을 해외에 내다 팔아서 생긴 달러를 가지고 다시 석유를 사서 또다시 석유제품 만들어 내다 파는 식의 철저히 석유에 의지해서 돌아가는 경제입니다. 그러니까 지금까지는 어떻든 양질의 석유가 저렴하게 공급되는 상황이니까 이 경제가 돌아갔지만, 이제 그 석유 공급이 어려워지면 어떻게 되느냐 하는 것이죠. 참으로 위태로운 풍전등화 같은 상황입니다. 이게 앞으로 5년 안에 닥칠지, 10년 안에 닥칠지 모르지만, 조만간에 반드시 닥칠 상황이라는 것은 부정할 수 없습니다.

"남북한 모두 원리주의 사회"

어쩌다가 이렇게 되었을까요. 여기서 생각나는 게 요한 갈퉁이라는 세계적인 평화학자가 1998년 1월에 한국을 방문했을 때 했던 발언입니다. 요한 갈퉁은, 다들 아시겠지만, 현재 생존해 있는 세계의 몇 안되는 현인 중의 한 사람입니다. 그분이 김대중 대통령과 교분이 있는 사이여서 그때 대통령 취임식에 참석하기 위해서 서울에 왔던 거죠. 그런데 그 무렵 한국은 외환위기에 빠져 국제통화기금(IMF) 통치를 받기 시작하던 때였죠. 그 상황에서 어떤 언론과 나눈 대담에서 갈퉁은 대략 다음과 같이 말했습니다. "한국 정부가 IMF로부터 지원을 받기로 한 것은 어쩔 수 없다. 그러나 이제부터 그 돈을 잘 쓰는 게 중요하다. 김대중 정부는 그 돈을 또다시 무역 확대 정책에 쓴다고 낭비하지 말고, 국내 농업과 에너지 자급 기반을 다지는 데에 써야 할 것이다. 내가 보기에 남한과 북한은 둘 다 편협한 원리주의가 지배하고 있는 사회이다. 북한을 지배하고 있는 것은 주체라는 원리주의, 남한은 무역 원리주의이다."

물론 김대중 정부도, 그다음의 노무현 정부도 요한 갈퉁의 이 충고를 따르지 않았습니다. 따르지 않은 정도가 아니라 갈퉁이 우려했던 방향으로 맹렬히 달려갔습니다. IMF가 요구하는 대로 귀중한 국가 공공재산인 공기업들을 대대적으로 민영화하고, 무엇보다도 주요 은행들에 대한 지배권을 외국인들의 손에 넘겨주었습니다. 그리고 경제의 글로벌화라는 게 시대의 대세라는 거짓 논리에 놀아난 나머지 별다른 숙고 없이 이른바 시장권력에 모든 것을 내주고 말았습니다. 그 결과가 어떻게 될지 심사숙고하지도 않고, 우리는 무역 아니면 살길이 없는 나라니까 시장개방을 확대할 수밖에 없다는 논리로 농산물도 다 개방하면서 농업축소, 공업확대라는 수십 년에 걸쳐 일관되게 계속돼온 전략을 이어받아서 그대로 확대하는 데 열중했을 뿐이죠. 저는 이게 실제로 냉정하게 종합적으로 검토한 연후에 진행되었다기보다도 "우리는 자원이 없으니 무역으로 먹고살 수밖에 없다"는 강박관념에 의한 조건반사적인 반응이었다고 생각합니다. 관성의 힘은 무서운 것입니다. 이게 굳어지면 '원리주의'가 되는 거죠.

이 상황은 지금도 변하지 않았습니다. 자유무역협정(FTA)을 자꾸만 맺으려고 하는 것을 보세요. 지속 가능한 농업대책이라는 것은 이 나라에서는 국가적인 차원에서 전혀 없습니다. 농민과 농촌을 죽이는 전략밖에 없어요. 농사를 조금이라도 회복시킴으로써 건전한 경제로, 나아가서 지속 가능한 순환경제 시스템을 확보하는 방향으로 가자는, 그런 사상과 철학을 이 나라에서는 어떤 정권도 갖고 있지 않았습니다. 자유무역협정 중에서도 가장 악질적인 게 한미FTA인데, 그걸 노무현 정부가 시작했다는 것은 지금 와서 생각해도 참 알다가도 모를 일입니다. 늘 설움을 겪어온 사회적 약자들 편에 서서 정치를 하겠다고 들어선 정부가 자립이나 자급의 근본인 농사기반이 다 무너지면 장차 어떻게 위험한 상황이 전개될 것인가에 대한 최소한의 인식도, 안목도 없었다는 게 믿어지지 않기 때문입니다.

'변경'의 소멸

지금 제가 들고 있는 것은 《거대한 변경(邊境)》이라는 책입니다. 월터 프레스콧 웨브라는 미국의 역사가가 오래전에 쓴 책입니다. 이분은 래디컬한 사상가가 아니라 아주 온건한 자유주의 역사가입니다. 미국역사학회 회장도 역임했고요. 그런 학자가 1951년에 발표한 책인데, 참 재미있어요. 최근에 제가 우연히 이 책을 보다가 그 선견지명에 상당히 놀랐습니다. 무슨 내용이냐 하면, 지난 450년 동안 유럽인들에 의해서 주도되어 온 근대 자본주의 문명은 놀랄 만한 성장과 확장을 거듭하며 승승장구해왔는데, 그렇게 될 수 있었던 가장 중요한 이유는 간단히 말하면 1492년 아메리카 대륙 '발견' 이후 남북 아메리카를 비롯하여 아프리카, 오스트레일리아, 아시아 등 실제로 서구인이 마음대로 지배할 수 있었던 '거대한 변경'이 존재했기 때문이라는 것입니다. 다시 말해서 유럽이라는 중심에서 보자면 비유럽은 모두 '변경'인데, 그 '거대한 변경'에 대한 거침없는 약탈에 의해서 자본주의경제가 비약적인 발전을 거듭할 수 있었다는 얘기죠. 그리고 그 성장하고 팽창하는 경제를 근본 토대로 해서 의회제 정당정치 시스템을 비롯하여 온갖 사회적·문화적 시스템, 즉 서구문명의 상부구조가 존립해왔다는 것이죠. 요컨대 서구 근대문명의 번영은 '거대한 변경'이라는 것이 존재하지 않았다면 성립 불가능한 프로젝트였다는 것입니다.

그런데 그 번영의 시기는 이제는 끝났다고 이 책의 저자는 단언합니다. 1950년의 시점에서 그 이전 450년 동안 근대 자본주의 문명을 뒷받침해왔던 성장과 확대의 근본 조건, 즉 '거대한 변경'이 사라졌기 때문이라는 겁니다. 1950년경이라면 세계의 열강들이 식민지를 대부분 포기하고, 이른바 제3세계가 세계사의 무대에 등장하던 시기였죠. 그런 점에서 '거대한 변경'이라고 했을 때 이 책의 저자가 주로 그 식민지들을 염두에 두고 있었는지 모르겠습니다. 그렇게 본다면 비록 식민지는 과거지사가 되었으나 이른바 신식민주의적 지배와 약탈이 계속돼온 20세기 후반의 세계적 현실을 생각하면, 월터 프레스콧 웨브라는 역사가의 관점은 퍽 나이브하게 보일 수도 있습니다. 그리고 지금에 와서 보면 1950년 시점에서 자본주의경제의 성장 조건이 사라졌다는 판단은 성급했다는 게 분명합니다. 지금까지 어쨌든 경제성장 시대는 계속돼왔으니까요.

그럼에도 불구하고 제가 이 책을 중요하게 생각하는 것은, 1950년이라는 시점을 잡은 것은 판단 착오라고 해야 할지 모르지만, 이 책이 말하고

자 하는 중심적 메시지는 매우 중요하다고 생각하기 때문입니다. 서구식 근대 자본주의 문명이란 기본적으로 비서구 세계에 대한 침략과 약탈의 소산이라는 것, 그리고 침략과 약탈이 더이상 가능하지 않은 날이 반드시 오게 마련이고, 그때는 그 문명은 당연히 종식될 수밖에 없다는 이 책의 메시지는 사실 부정할 수 없는 진실입니다. 더구나 그것을 지금보다 반세기도 더 전에 얘기했다는 것은 대단한 혜안과 용기가 있었음을 말해줍니다. 지금 생각하면 《거대한 변경》의 저자는 확실히 석유의 중요성을 간과한 면이 있습니다. 이 점을 고려했다면 성장경제의 종식 시점을 1950년대로 성급하게 잡지는 않았겠죠. 그러나 석유문제를 제대로 고려하지 못했던 탓에 시기를 좀 앞당겨 예견하였을 뿐이지, 그가 근대문명의 다가오는 종말에 대해 내린 예측은 본질적으로 정당했다고 할 수 있습니다. 그리고 석유공급 문제가 심각한 현안이 되고 있는 지금이야말로 그 예측과 판단은 훨씬 더 적실한 것으로 평가할 수 있습니다.

이 책에서 '변경'이라는 용어를 쓴 것도 재미있다고 저는 생각합니다. 권력의 중심에서 보면 권력에서 멀리 떨어질수록 변두리이고, 근대 자본주의 문명이란 결국 권력의 중심에 의한 변두리에 대한 강탈의 역사임이 확실합니다. 이 점을 프레스콧 웨브라는 역사가는 아무 주저나 유보 없이 아주 명쾌하게 지적한 것입니다. 서양에서 자본주의 초기 역사를 얘기할 때 반드시 언급하는 게 전통적인 관습에 따라 오랜 세월 농민들이 공유해오던 땅을 권력자들이 강제적으로 사유화했던 이른바 '인클로저'입니다. 그러니까 인클로저라는 것은 간단히 말해서 폭력적인 약탈행위이외 아무것도 아니죠. 그것을 맑스주의 경제학에서는 자본주의 형성기에 필요했던 원시적 축적(primitive accumulation)이라고 부릅니다. 아마도 맑스는 '원시적'이라는 형용사로써 그 난폭한 강탈행위를 암시하려고 했는지 모르겠습니다. 그런데 이 '원시적' 축적은 따져보면 자본주의 초기에만 있었던 게 아니라 지금도 날마다 계속되고 있다는 것을 주의해야 합니다. 자본주의란 그런 강탈행위로서의 '원시적' 축적 없이는 하루도 존속할 수 없는 시스템입니다. 그래서 서구라는 중심이 비서구적 '변경'

을 약탈함으로써 성장·발달해온 문명이라고 근대 자본주의를 간단명료하게 정의하는 《거대한 변경》의 저자를 저는 높게 평가하고 싶은 거죠.

사실 《거대한 변경》이 전하는 기본 메시지는, 예를 들어, 그보다 더 나중에 등장한 '종속이론'이라든지 혹은 월러스틴의 '근대세계체제론'과 같은 이론에 비하면 너무나 단순하고 소박한 논리라고 할 수 있습니다. 그러나 《거대한 변경》은 시기적으로도 이들 사회과학 이론보다 앞선 선구적인 저술일 뿐만 아니라, 그 단순한 논리가 오히려 문제의 본질을 확연히 드러낸다는 점에서 큰 미덕이 있다고 저는 봅니다. 예를 들어, 월러스틴의 '근대세계체제론'은 결국은 같은 얘기를 하면서도 중심 지역과 변두리 지역 사이의 관계를 '분업'이라는 용어로 설명하고, 그 격차의 원인을 '불균등 교환'이라는 용어로 설명합니다. 이런 용어가 보다 과학적인 언어인지는 모르지만, 그 의미하는 내용은 결국은 약탈적 관계입니다. 그냥 약탈이라고 말하는 게 훨씬 정직한 태도죠. 과학이라는 이름으로 완곡어법으로 표현하면 학자들은 그게 무슨 소린지 알겠지만 보통 사람들은 모릅니다. 저는 학문이라는 게, 정치적 입장에 관계없이, 이처럼 민중을 현혹시키는 언어를 구사한다면 그것은 문제라고 생각합니다. 학술적인 용어가 아니라 일상적인 언어에 익숙한 보통 사람들의 감각으로는 분업이니 교환이니 하는 말을 들으면 무엇인가 고상한 느낌이 들게 마련이잖아요. 완전히 도적질, 강도짓을 하는데 그것을 그런 식으로 표현해 놓으니까 헷갈리는 거죠. 그런 점에서 《거대한 변경》이란 책은 훨씬 솔직하고 거침없는 표현, 즉 강탈이라는 표현을 쓰고 있다는 사실이 돋보입니다.

윤리·사회적인 한계

자본주의 근대문명이라는 것이 결국은 세계 대다수 인민들에게는 학살과 강탈의 역사였음이 분명합니다. 조금 다른 얘기일지 모르지만, 제가 이런저런 모임에서 강연을 할 경우가 있는데, 그런 강연에서 질문시간이면 가끔 듣는 얘기가 있습니다. 어쨌든 환경문제나 사회문제에 비교적 잘 대응하고 있는 사회는 잘사는 선진국이 아니냐, 그 점을 생각하면 먼저 경제를 발전시켜서 선진국이 되는 게 중요한 일이 아니냐, 그런 얘기를 하는 사람이 왕왕 있어요. 이상하게 대개는 많이 배웠다는 사람들이 그런 얘기를 하는 경향이 있습니다. 그런 얘기를 들을 때 저는 이 사람들이 기초적인 역사 공부도 안했는가 하는 의문이 듭니다. 도대체 제3세계의 빈곤의 원인이 무엇이고, 소위 선진국의 부가 어디서 나온 겁니까? 서양인들이 쳐들어오기 전에도 아프리카나 아메리카 원주민들이 비참한 생활을 하고 있었던가? 물론 그런 사회에 기술문명 따위는 없었죠. 그러나 기본적으로 어디서나 상호부조의 원리에 따라 서로 돕고 함께 일하면서 소박한 행복을 누리며 살았습니다. 이 점을 확실히 하는 게 중요합니다. 지금 세계의 앞날을 위태롭게 하는 근본 문제는 후진국의 빈곤이 아니라 기본적으로 선진국의 번영이라는 인식을 명확히 하지 않으면 안됩니다. 그리고 그 선진국의 번영이라는 게 몇백 년에 걸친 약탈의 산물이라는 것을 똑똑히 인식해야 합니다.

《성장의 한계》라는 책이 아니라도 지금 성장이 명확히 한계에 다다랐다는 것은 분명합니다. 성장은 크게 두 가지 점에서 더이상 계속될 수 없습니다. 첫째는 생물·물리학적인 한계 때문입니다. 자원고갈 문제, 환경오염 문제 등으로 벽에 부딪친 것입니다. 또 하나 성장이 중단되어야 하는 중요한 이유는 경제성장에 따르는 윤리·사회적인 문제가 더이상은 허용할 수 없는 단계에 이르렀다는 점입니다. 명백한 윤리적 임계점에 다다른 거죠.

여러분은 어떻게 생각하실지 모르겠습니다만, 제 생각에 제일 바람직한 것은 생물물리학적인 한계에 부딪치기 전에 사람들이 집단적으로 윤리적인 각성을 하여 비윤리적인 자본주의 문명을 극복하고, 인간해방을 이루어내는 길입니다. 그러나 부분적인 성과는 있었지만, 자본주의를 극복하고자 하는 인간의 집단적인 투쟁은 늘 왜곡되거나 실패로 끝나는 것을 우리는 보아왔습니다. 해방투쟁이 장차 어떻게 또 다른 모습으로 전개될지 모르지만, 인간 자신의 그런 투쟁보다는 생물물리학적인 한계 때문에 먼저 자본주의가 붕괴될 가능성이 더 높은 게 사실입니다. 어차피 자본주의는 이대로 갈 경우 제 무덤을 팔 수밖에 없습니다. 자본주의가 인간 자신의 능동적인 각성과 단결된 노력에 의해서 극복되는 게 아니라 외적 한계에 봉착하여 무너질 전망이 더 큰 것은 유감스럽습니다. 사실, 사람들이 그냥 지금처럼 살아온 관성대로 행동하기만 해도 조만간 자본주의는 붕괴합니다. 그렇게 되면 속수무책으로 파국을 맞이하겠지만, 아무튼 자본주의는 망합니다.

그게 바로 1972년에《성장의 한계》라는 책의 저자들이 했던 말입니다. 그 책의 저자들은 좌익 혁명가도 아니고 녹색사상가들도 아니었습니다. 그들은 미국의 특권적인 대학에서 확고한 지위가 보장된 부르주아 학자들이었습니다. 그런 사람들이 객관적인 데이터를 가지고 과학적으로 조사를 해본 결과 그런 결론이 나온 거죠. 근본적인 문제는 유한한 체계인 이 지구상에서 무한한 진보를 직선적으로 추구한다는 점에 있습니다. 그런 시스템을 만들어 놓고, 인간들이 그 시스템의 노예가 되어 살고 있다는 게 문제입니다. 유한한 지구에서 무한한 진보를 추구한다는 것은 절대로 화합할 수 없는 모순입니다. 그런 모순을 시초부터 내포하고 있는 게 근대 자본주의 문명입니다. 그러니 온갖 무리와 부조리가 따를 수밖에 없죠.

요즘 우리나라 대학의 동태가 심상치 않습니다. 대학에서는 학과 통폐합이니 뭐니 하면서 구조조정이 한창입니다. 특히 지방에 있는 대학들에서 이런 움직임이 심합니다. 저는 벌써 오래전부터 예상했던 일입니다. 첫째는 앞으로는 대학에 들어올 학생 수가 갈수록 줄어듭니다. 인구분포가 그렇게 돼 있어요. 그동안 무턱대고 대학을 확장하고 학생 정원을 늘려왔는데, 그게 벽에 부딪친 거죠. 이것을 진작부터 예견하는 게 어려운 일이 아니었을 텐데도 경쟁적으로 무작정 학교를 키우다가 낭패를 당하게 된 거죠. 설마 하는 생각도 있었겠지요. 그리고 아직도 이게 뭘 의미하는지 모르는 사람이 많을 겁니다. 그래서 학과 통폐합을 하면서 피부로 느끼는 게 있을 텐데도 기술적으로 잘 대응하면 위기를 넘길 수 있다고 생각할지도 모릅니다. 그러나 이것은 앞으로 밀어닥칠 쓰나미의 전조에 불과하다는 것을 알아야 합니다. 비단 적령기의 입학생 수가 줄어드는 인구문제뿐만 아닙니다. 사회 전체 경제활동이 대폭 축소되면, 그 필연적인 결과로 대학도 축소되지 않을 수 없습니다. 제 예감으로는 앞으로 10년 내에 우리나라 대학의 절반 이상은 사라질 것 같습니다. 학생이 안 들어오는데, 어떻게 대학이 존립할 수 있습니까? 지금 대학 경영자나 교수들은 자기 학교만의 문제, 혹은 지방대학이라서 닥치는 위기라고 생각하고 있을지 모릅니다. 그러나 절대로 그렇지 않습니다. 사회의 전반적인 산업구조가 일시적인 퇴조가 아니라 영구적인 축소 지향의 길로 가는 상황에서 대학만이 예외가 될 수 없다는 것은 자명합니다. 그러니까 학과 통폐합이니 구조조정이니 하는 쓸데없는 짓을 할 게 아니라 차라리 지금부터 캠퍼스에 가급적 많이 텃밭을 조성하여 학생들과 교직원들에게 농사체험을 익히도록 하는 게 장래를 위해서 훨씬 더 현명한 대비책이 될지도 모릅니다. 농담으로 하는 얘기가 아닙니다. 거의 틀림없이 대부분의 건물이 쓸모가 없어지고, 학교의 빈터는 모조리 농지로 전환해야 하는 날이 곧 올 것입니다.

1970년대의 중요성

그런데 되돌아보면 성장이 중단될 수밖에 없다는 것은 이미 1970년대에 모두 분명히 깨달았어야 할 문제입니다. 그렇지 못했기 때문에 지금에 와서 허둥거리는 것이 아닌가 하는 생각이 듭니다. 말씀드린 것처럼 《성장의 한계》라는 책이 출판된 것이 1972년이었는데, 그 연대는 우연한 게 아니었습니다. 생각해보면 1970년대 초는 세계적으로 굉장히 중요한 연대였습니다. 한번 꼽아볼까요. 베트남전쟁이 사실상 미국의 패배로 끝나가고 있었고, 68학생운동이라는 자본주의 문화와 권위주의 체제에 대한 세계적인 대항문화운동이 한창때였습니다. 68학생운동은 치열한 반전운동과 반핵운동이기도 했습니다. 그런 상황에서 1972년에 《성장의 한계》라는 책이 나왔는데, 이 책은 인류사적으로 굉장히 의미가 크다고 생각합니다. 다른 중요한 책들과는 전혀 의미가 다릅니다. 이 책이 별로 문학적 흥취를 주는 책은 아니지만, 객관적인 자료에 의거해서 문명의 방향전환을 인류사회가 시도하지 않으면 조만간 파국에 이른다는 것을 명확하게 과학적으로 예측한 책입니다.

그리고 1971년에는 뭐가 있었습니까? 그해 8월에 미국 대통령 닉슨이 달러와 금의 태환(兌換)을 중지한다고 선언했습니다. 그 전까지는 완전한 금본위제는 아니지만, 미국달러 1달러면 실제 금 얼마라는 식으로 교환할 수 있게 되어 있었습니다. 2차 세계대전 이후 미국달러 중심의 세계통화질서를 규정해온 브레턴우즈체제라는 게 그거였죠. 달러라는 지폐가 금이라는 희귀 금속에 연계되어 소위 고정환율제가 유지되고 있었죠. 그런데 1971년에 미국 정부는 이 제도를 정지시켰습니다. 미국은 베트남전쟁 비용 때문에 달러를 남발하여 심각한 인플레를 유발했고, 재정 적자가 심각했습니다. 미국달러의 가치가 하락하니까 달러를 보유하고 있던 외국인들이 서둘러 금과 교환하려 했습니다. 그러면 미국이 갖고 있는 금의 유출이 심해지고, 이 상황이 계속되면 버틸 수가 없죠. 그래서 중단시켜버린 겁니다. 이것을 '닉슨쇼크'라고 부릅니다. 세계의 금융질서, 무역 및 경제 질서에 대충격을 가하는 조치였기 때문입니다. 미국은 산유국들에게 석유 판매 대금을 미국달러로 받도록 강요함으로써 달러의 기축통화 지위를 계속 유지하게 되지만, 그러나 브레턴우즈체제는 붕괴됩니다. 그래서 수십 년 동안 지속돼왔던 고정환율제가 무너지고 이제부터는 경제력에 따라 각국의 통화가치가 끊임없이 재조정되는 변동환율제의 시대로 들어서게 된 거죠.

고정환율제에서 변동환율제로 통화질서가 바뀌면 뭐가 가장 문제냐 하면 금융의 규율이 무너지고, 끊임없이 변동하는 각 통화 사이의 환차익을 노린 금융투기가 성행한다는 것이죠. 그러면 실제로 생산적인 부문에 돈이 투자되는 게 아니라 돈이 돈을 증식하는 카지노경제가 극성을 부리게 됩니다. 2007년의 통계를 보면 전 세계적으로 하루에 약 4.5조 달러치의 외환이 거래됐습니다. 이 액수는 실제 그해 세계무역 총액의 86배에 해당되는 돈이었다고 합니다. 그러니까 인간생활에 필요한 실제 생산품과 서비스를 거래하는 무역을 위해 사용된 돈은 외환거래액 전체 중에서 극히 미미한 비중밖에 차지하지 않는 반면에 그 나머지는 전부 외환시장에서의 시세차익을 노린 도박을 위해서 거래된 거죠. 결국 닉슨쇼크 이후의 세계경제는 금융투기꾼이 주도하는 거대한 도박판이 돼버렸습니다. 빈발하는 외환위기, 주택버블을 위시한 거품경제, 온갖 해괴한 금융 파생상품 등등, 지난 수십 년간 고삐 풀린 금융의 투기화에 의해서 세상은 온통 도박판이 돼버렸고, 모든 도박의 귀결이 그렇듯이 개인적이든 국가적이든 결국 세계는 전대미문의 부채위기, 금융위기, 경제위기에 빠져버렸습니다.

  그러나 요즘 많은 사람들은 이 위기의 원인이 금융에 대한 공적 통제의 결여에 있다고 흔히 말하지만, 저는 그렇게 보지 않습니다. 제가 보기에는 닉슨이 달러의 금 태환 정지를 선언한 1971년 시점에서 미국 경제의 기반은 사실상 무너졌습니다. 미국은 물론 2차 세계대전의 승자로서 전후의 세계경제를 주도해왔죠. 미국의 지원으로 독일과 일본을 비롯하여 많은 나라들이 부흥을 하고, 미국의 지위는 확고했습니다. 그러나 이기면 바보가 된다는 말이 있습니다. 미국은 오만방자해진 나머지 어리석은 짓을 되풀이합니다. 그 대표적인 게 베트남전쟁이죠. 베트남전쟁에서 완전히 수렁에 빠져 결국 퇴각할 수밖에 없었는데 미국이 입은 상처는 회복 불가능할 만큼 심대한 것이었습니다. 그때라도 정신을 차렸어야 했는데도, 계속해서 미국식 생활방식을 확대한답시고 세계 전역의 토착 문화와 토착민의 삶을 유린하고, 세계 인민의 민주적 자치에 대한 열망을 분쇄하려는 횡포를 멈추지 않았죠. 그러면서 독일이나 일본이 전후재건에 성공하고, 자신들이 생산한 우수한 공업제품을 오히려 미국으로 대거 수출하면서 미국의 산업생산 기반은 무너지기 시작했습니다. 그것을 만회하기 위한 것이 '경제의 금융화'였다고 할 수 있습니다. 실제 생산적인 경제와 관계없이 돈이 돈을 증식하는 카지노경제 말입니다. 그렇게 해서 돈이 넘치는 상황에서 미국은 세계의 거대한 소비시장 노릇을 하며 살아왔지만, 그러한 철저히 비생산적인 거품경제가 언젠가는 파탄난다는 것은 자명한 일이었습니다. 결국 2008년 월스트리트 금융붕괴로 미국을 지탱해온 카지노경제도 무너졌습니다. 그리고 그 영향으로 지금 유럽이 위기에 빠졌고, 조만간 동아시아에도 그 여파는 쓰나미처럼 밀려들 게 분명합니다.

1970년대가 중요했다는 것은 1974년에 일어난 1차 오일쇼크를 생각하더라도 분명합니다. 이 오일쇼크는 물론 그때 중동의 석유산유국들이 종래의 패권적인 석유메이저들로부터 석유주권을 되찾겠다는 결의 때문에 발생한 사건입니다. 하지만 본질적으로는 그것은 석유문명이 언제까지나 계속될 수 없다는 것을 드러낸 사건이었다고 볼 수 있습니다. 실제로 사태를 그렇게 이해한 지식인, 학자들이 적잖게 있었습니다. 일본의 교토대학에서 금속공학과 교수로 있던 스치다 다카시(槌田劭)라는 분도 그렇게 생각한 사람이었습니다. 그래서 그분은 자신의 전공인 금속공학이 궁극적으로 세계의 파괴를 앞당기는 데 기여할 뿐이라고 생각하고, 교수직을 그만둡니다. 그 후 '한번 쓰고 버리는 시대를 생각하는 모임'이라는 시민단체를 만들어 지금까지 환경운동, 유기농산물 장려 협동운동을 계속하고 있습니다.

그러니까 오일쇼크는 1972년에 나온《성장의 한계》혹은 1973년에 출판된 슈마허의《작은 것이 아름답다》같은 책이 제기했던 산업문명의 지속성이라는 문제에 관련해서도 매우 중대한 사건이었던 거죠. 그때 제대로 신호를 포착했어야 하는 겁니다. 그런데 그러지 않고 지금까지 인류사회는 40년을 허비했습니다. 그때 정신을 차리고 직선적인 산업경제가 아니라 자원순환적인 경제시스템을 만드는 쪽으로 방향전환을 시작했어야 했습니다.

허비된 시간

사실, 슈마허가 쓴 책《작은 것이 아름답다》는 그것을 명백하게 논리적으로 설명한 책이었습니다. 원래 슈마허는 독일 출신의 경제학자인데 영국에 와서 20년 넘게 석탄공사의 경제자문을 했었습니다. 이분이 1950년대 후반에 버마(미얀마)를 방문할 기회가 있었어요. 버마에 와서 보니까 서양 세계와는 살아가는 방식이 너무 다른 거예요. 서양에서는 이미 다 잃어버린 공동체적인 인간관계가 풍부하게 살아 있고, 돈 없이 얼마든지 품위 있게 살 수 있는 소박한 삶이 있다는 것을 발견한 거죠. 그동안 경제학자로서 유럽에서 활동할 때에는 산업경제 이외에는 방법이 없는 줄 알았거든요. 말하자면 문화적인 충격을 받은 거죠.

그 후에도 여러 저개발 사회를 방문할 기회를 가지면서 다양한 비서구적 전통문화를 알게 됩니다. 그래서 원래 인문적인 소양이 풍부했던 사람이기도 했기 때문에《작은 것이 아름답다》라는 흥미로운 책을 집필했습니다. 이 책의 핵심 개념은 '불교경제학'입니다. 그것은 욕망의 무제한적인 추구 때문에 세계와 인간 자신을 파괴시키는 경제가 아니라 최소한의 물질적 조건 위에서 자족할 줄 알면서 타자와의 관계를 중시할 수 있게 하는 경제라는 뜻이죠. 말하자면 자본주의 산업경제에 대한 근원적인 비판과 더불어 대안적 비전을 이야기하는 책입니다.

이미 그 무렵 서양에서는 근대문명의 지속성에 의문을 느끼는 사람들이 늘어나고 있었기 때문에 슈마허의 책은 큰 반향을 일으켰습니다. 그 책을 열심히 읽은 독자 중에는 당시 미국 대통령이었던 카터도 있었습니다. 카터는 우리가 흔히 보는 정치지도자와는 좀 다르게 진심으로 지구의 장래를 생각했던 모양입니다. 하기는 그러니까 현직 대통령이면서 재선 출마를 하지 못했는지도 모르죠. 미국의 지배계층이 그러한 카터를 달갑게 생각했을 리가 없으니까요.

어쨌든 카터는 슈마허를 백악관으로 초청해서 한 시간 넘게 경청을 했다고 합니다. 그러고는 참모들에게 지시하여 대통령 지구환경 보고서를 작성하게 했습니다. 그 책은 제가 오래전에 본 기억이 있습니다. 또 카터는 백악관 지붕 위에 태양광발전 패널을 설치했습니다. 상징적인 의미가 큰 행동이죠. 카터의 이런 의식과 행동이 다음 지도자들에 의해서 계승되었다면 얼마나 좋았겠어요. 그러나 그다음 대통령은 레이건이었습니다. 레이건은 대통령이 되어 백악관으로 들어오자마자 지붕 위의 그 태양광 패널을 제거하라고 했습니다. 그게 백악관에서 레이건이 행한 최초의 업무였다는 얘기도 있어요.

그 후의 역사를 생각하면 가슴이 아픕니다. 인류사회의 장기적인 미래를 생각하면 뭐니뭐니 해도 미국의 정치적 리더십이 가장 중요합니다. 그런데 레이건 시대를 통해서 세계는 온갖 면에서 역사의 후퇴를 강요당했습니다. 신자유주의라는 정책노선에 따라 레이건이 본격화한 퇴영적 정치는 인류에게 남은 아까운 시간을 어이없이 허비하게 만든 결과가 되었습니다.

아까 말씀드렸듯이 스미소니언협회가 주최한 그 심포지엄에는 《성장의 한계》를 쓴 저자들 중에서 지금 생존해 있는 두 사람의 학자도 참가했다고 합니다. 그중 데니스 메도스라고 원래 MIT 교수였다가 지금은 은퇴한 분이 이렇게 얘기했다고 합니다. "이제는 너무 늦었다. 우리가 책을 썼던 1970년대만 하더라도 정치지도자들이 정신을 차리면 방향전환은 가능했다. 그래서 그걸 돕기 위해서 책을 썼다. 그런데 40년이 지난 지금은 이미 늦어버린 것 같다. 지금은 인류의 산업생산과 소비규모가 지구가 용납할 수 있는 수용능력의 150퍼센트 이상이나 초과해버렸다."

수용능력을 초과했다는 것은, 개인 생활로 치면 마이너스 통장으로 살아가고 있다는 얘깁니다. 개인이 장기적인 생활의 안정성을 유지하자면 원금은 건드리지 말고 이자에 의존해서 살아야 하는데, 지금은 원금까지 다 파먹고 아예 빚으로 살아가고 있는 형국이라는 거죠. 빚을 갚으려면 다시 빚을 내야 합니다. 그러면 악순환이 시작되고, 그 구조는 언젠가는 파열하게 마련입니다. 지금 인류는 그 순간을 기다리면서 살고 있는 꼴이죠.

'이상을 결여한 정치'

　문제를 들여다볼수록 정치적 리더십이라는 게 중요하고, 무엇보다도 건전한 정치적 이성(理性)이 기능을 발휘할 수 있어야 한다는 생각이 듭니다. 인도의 뉴델리에 가면 간디의 묘가 있습니다. 그 비문에는 생전에 간디가 했던 말이 새겨져 있다고 합니다. "세계에는 일곱 개의 큰 죄가 있다. 첫째, 이상을 결여한 정치. 둘째, 노동이 뒷받침되어 있지 않은 부(富). 셋째, 양심에 어긋나는 쾌락. 넷째, 인격이 결여된 학문. 다섯째, 도덕성이 결여된 상업. 여섯째, 인간성이 결여된 과학. 일곱째, 자기희생을 망각한 신앙." 이 일곱 개 항목이 다 중요하지만, 간디가 특히 정치를 제일 먼저 꼽았다는 게 의미심장합니다. 실제로 정치가 잘못되면 모든 게 허사입니다. 간디는 그처럼 중요한 정치에 있어서 가장 필요한 요소가 '이상(理想)'이라고 본 것입니다. 보통 사람들은 정치는 현실주의 논리가 지배하는 세계라고 생각하지만, 현실주의만이 전부라면 정치는 야바위꾼들의 권력쟁탈 이외 아무것도 아니게 됩니다.

　지금 우리가 직면한 상황은 어쩌면 인류사에서 한 번도 경험하지 못한 상황이라고 할 수 있습니다. 세계적으로는 지난 수백 년, 한국이라면 지난 몇십 년 동안, 경제가 성장한다는 것은 당연지사였습니다. 그러나 지금은 그 당연지사가 중단될 수밖에 없는 상황을 맞고 있습니다. 이 사실을 정치지도자들이 얼마나 정확히 꿰뚫고 있느냐 하는 것은 사활적인 중요성을 갖습니다. 그러나 그런 안목은 대단히 높은 윤리의식이 요구된다고 할 수 있습니다. 즉, 우리가 지금까지 살아온 자본주의 근대문명이라는 것은 근원적으로 타자―동시대의 사회적 약자와 자연 그리고 미래세대―에 대한 무관심 혹은 무책임한 태도를 기초로 해서 전개돼온 극히 비윤리적인 시스템이었다는 것을 명확히 인식하지 않으면 도달할 수 없는 안목입니다.

　혹자는 근대라는 것을 일방적으로 규탄할 수 있느냐, 근대문명 덕분에 많은 사람이 수준 높은 교육을 받을 기회도 갖게 되었고, 정치적 자유와 민주주의도 누리고, 높은 생활수준과 복지혜택도 누리면서 살게 되었지 않느냐고 말합니다. 지식인일수록, 고등교육 받은 사람일수록 그런 관념을 버리지 못합니다. 그들은 근대문명이 계속돼온 세월 동안 헤아릴 수도 없이 많은 인간들이 끝없이 학살을 당하거나 참을 수 없는 모욕을 당하며 살아왔고, 그 상황은 지금도 변함없다는 사실에 대해서는 별로 주목을 하지 않습니다.

어떤 자료를 보니까 지난 500년 동안에 자본주의 문명이 시작된 이래 지금까지 물질적 혜택을 실제로 누렸던 사람의 수효는 지구 전체 인구 가운데 최대 15퍼센트를 넘어본 적이 없다는 통계가 나와 있더군요. 그러니까 85퍼센트 이상의 인구는 항상 15퍼센트 이하 '특권층'의 번영과 행복을 위해서 희생을 당하며 살아온 거죠. 이제는 마지막 국면이 되니까 그 15퍼센트에 속한 계층도 대부분 나락으로 떨어지고 있는 게 아닌가 싶습니다. 지금은 1퍼센트 대 99퍼센트라는 게 정확할 것입니다. 이것은 완전한 몰락이 얼마 남지 않았다는 것을 암시하는 병리적 현상이라고 생각됩니다. 요즘은 미국이든 일본이든 서유럽이든 그동안 비교적 유복하게 살았던 사회들에서 거의 제3세계적인 양극화 현상, 대중적 빈곤화 현상이 심화되고 있습니다. 일본에서 연간 자살자는 3만 5,000명을 넘고 해마다 증가하고 있습니다. 미국에서는 의료보험 미가입자가 4,500만 명이 넘고, 2012년 3월 현재 정부로부터 식비보조(food stamp)를 받아야 하는 미국 시민의 수는 4,600만 명 이상이 되었습니다. 거기다가 실업문제의 심각성은 선진국들의 공통 현상입니다. 그러다 보니까 이민자 배척 운동이 소위 선진국들에서도 급속히 번져나가고 있습니다. 경제상황이 나빠지면 인종주의, 민족주의, 혈통주의가 쉽게 발호하는 법이지만, 최근에는 복지 선진사회라고 하는 북유럽 국가들에서도 외국인 노동자나 이민자들을 배척하는 분위기가 고조되고 있다고 합니다. 역사의 퇴행이 시작된 거죠. 경제성장이 순조롭게 계속될 때에는 빵을 크게 함으로써 사회적 안정을 지켰지만, 이제는 그게 불가능한 상황에서 어떻게 사회를 안정시키고 평화와 민주주의를 유지할 수 있을지, 정말로 지혜로운 정치가 기능을 하지 않으면 안될 엄중한 상황입니다. 그게 안되면, 파시즘이 창궐할 가능성이 높아질 것은 틀림없습니다.

오늘 제가 말씀드린 것은 별로 새로울 것도 없는 얘기입니다. 이미 다른 나라에서는 이런 논의가 꽤 진전되고 있는 느낌입니다. 최근에 제가 읽은 일본 책이 하나 있는데, 그 책의 제목이《성장 없는 시대의 국가를 구상한다》(2010)라고 되어 있습니다. 이 책은 여러 사람들의 공동 저술인데, 편집자는 지금 일본에서 환태평양경제동반자협정(TPP) 가입 문제를 둘러싸고 가장 열렬히 반대 논리를 펴고 있는 나가노 다케시(中野剛志)라는 경제학자입니다. 현재 교토대학 교수로 있는 이 나가노라는 사람은 원래 일본의 경제산업성에서 일하던 관료였습니다. 일본의 경제산업성이라면 우리나라의 재정경제부와 지식경제부를 합친 곳이라고 할 만합니다. 요컨대 경제성장을 주도하는 정부의 핵심 부서인 거죠. 그런데 이 사람이 아직 정부에서 일하던 수년 전에 몇몇 학자들과 경제산업성 간부들을 규합해서 연구회를 하나 만들었습니다. 일본은 벌써 1990년대 초 버블경제가 붕괴하면서 계속 저성장 내지 마이너스 성장 상태지만 여전히 국가정책은 성장 기조의 회복을 겨냥하고 있습니다. 그런데 이들은 성장경제는 사실상 끝났다고 보고, 그 대신 성장이 중단된 시대를 어떻게 대처해나갈지를 궁리하는 게 절박하다는 문제의식 밑에서 모였다고 합니다. 그래서 1년 동안 열 번 정도 세미나를 개최하여 활발한 토론을 거쳐서 세상에 공개한 것이《성장 없는 시대의 국가를 구상한다》라는 책입니다. 제가 놀란 것은 이 책의 내용보다도 정부의 경제정책을 다루는 현직 고위 관료들이 그 세미나에 활발히 참여해왔다는 사실입니다. 우리나라에서 과연 이런 일이 있을 수 있을지 생각하면, 일본은 우리가 짐작하는 것보다 그리 만만한 사회가 아니라는 생각이 듭니다. 후쿠시마 원자력발전소 사고에 대처하는 일본 정부나 지도층의 무능하거나 무책임한 자세를 보면 한심한 생각이 들다가도, 이런 책을 보면 또 다른 일본이 있다는 생각이 듭니다.

그런데 일본에는 이미 중요한 선각자가 있었습니다. 지금은 고인이지만, 원래 고위 관료를 지내다가 1960년대 전반 일본의 고도성장을 뒷받침하는 이론을 체계화했다고 알려진 시모무라 오사무(下村治)라는 경제학자가 있습니다. 이케다(池田) 내각 때의 국민소득배증론이라는 것이 바로 시모무라의 아이디어였다고 합니다. 말하자면 고도 경제성장 국가의 핵심적 경제이론가였죠. 그런 사람임에도 불구하고, 1970년대 1차 석유위기를 겪고 난 뒤에는 완전히 자세를 바꿔서 성장의 시대가 끝났다고 선언했습니다. 그러면서 일본 경제는 더이상 가능하지도 않은 성장을 계속 추구하는 어리석음을 중지하고, 이제는 '축소 균형'의 길로 가야 한다는 논리를 설파했습니다. 그래서 식량과 에너지 자립도를 높이고, 농업을 장려하는 것이 중요하다고 말했습니다. 결국 이런 선각자가 존재했기 때문에 지금 일본의 경제학자들과 현역 경제관료들이 비록 일부지만 '성장 없는 시대'를 위한 대안적 비전에 대해서 이야기할 수 있게 된 게 아닌가 싶습니다. 아무것도 없는 데서 불쑥 새로운 이야기가 나올 수는 없는 법이니까요.

'진보'와 농업

그런 것을 생각하면 한국의 경우는 참 답답하고 한심합니다. 요즘 진보진영에 속한 몇몇 경제학자들 사이에 공개적인 논쟁이 진행되고 있어서 몇 꼭지 읽어봤는데 제가 무식한 탓인지 너무 시시하다는 생각이 듭니다. 재벌을 해체해야 하느냐, 경제민주화를 어떻게 할 것인가, 그런 논의도 필요하겠지요. 그러나 제가 보기에 이 논쟁이 근본적으로 허망하게 느껴지는 것은 그런 논의들 속에 성장이 불가능한 시대가 닥쳤다는 데에 대한 인식이나 관심은 조금도 없다는 점 때문입니다. 일본에서는 관료들마저 성장 없는 시대를 얘기하고 있는데 말이죠.

그리고 아직도 농업이 중요하다는 인식이 매우 약해요. 보수, 진보를 막론하고 그렇습니다. 아니 진보를 지향한다는 사람들일수록 농업문제에 대한 관심은 더 희박한 게 아닌가 합니다. 아마도 아직도 그들은 진보라면 도시문명, 기술문명을 생각하는 습관을 벗어나지 못하고 있는지도 모르겠습니다.

1930년대에 활동하다가 나치스를 피해서 피레네산맥을 넘다가 자살한 발터 벤야민이라는 뛰어난 철학자이자 문예비평가가 있습니다. 제가 좋아하는 사람인데, 이 벤야민이 역사에 관한 성찰적 에세이 속에서 "맑스에게 있어서 혁명이란 진보를 추동하는 기관차였다. 그러나 내 생각에 지금 인류에게 필요한 혁명은 진보에 제동을 거는 일이다"라고 말했습니다. 굉장히 중요한 발언이죠. 이미 1930년대라는 시대에 그 자신 맑스주의 철학자이기도 했지만, 벤야민은 근대 과학기술 문명으로 표상되는 '진보'가 내포한 근원적인 파괴성을 예리하게 관찰했던 것이죠. 대단한 선각자였습니다.

따지고 보면, 이제는 농업 중심의 순환경제를 지향하는 것이야말로 진정한 의미의 진보적 자세라고 할 수 있을지 모릅니다. 아까 말씀드린 《거대한 변경》의 저자는 450년간에 걸친 서구의 번영이 '변경'의 소멸로 종식을 고할 때, 세계는 전례 없는 래디컬한 변화를 경험할 것이라고 말했습니다. 그리고 그는 그간의 근대문명이라는 것은 장구한 인간 역사의 맥락에서 볼 때 매우 '비정상적(abnormal)'인 시기였다는 것을 강조하고 있습니다. 그러므로 그러한 근대문명을 뒷받침해왔던 '성장'시대가 끝났다는 것은 비관적으로 받아들여야 할 사태가 결코 아니라는 겁니다. 오히려 그것은 환영해야 할 사태입니다. 왜냐하면 '성장시대의 종언'이라는 것은 이제 비로소 인류사회가 '정상적'인 상태를 회복할 수 있는 길로 들어서게 됐음을 알려주는 희망의 신호로 해석할 수 있기 때문입니다. 이 희망의 신호를 어떻게 구체적인 현실로 만들 것인가는 말할 것도 없이 우리들 자신에게 달려 있습니다. 월터 프레스콧 웨브라는 역사가도 '성장'시대가 종식됨에 따라 자립적인 농업과 농촌생활이 보다 중요한 의미를 갖게 될 것이라는 점을 지적하는 것을 빠뜨리지 않았습니다.

민주주의가 유일한 대안이다

기후변화와 자본주의

나오미 클라인의 《이것이 모든 것을 바꾼다》(2014)는 기후변화에 대한 중요한 저술로서 근년에 세계적인 주목을 받아온 책이다. 그 책의 한국어 번역본이 최근 발간되어 나왔기에 조금 들여다보다가 다음 구절에서 시선이 멈췄다.

약 7년 전, 나는 우리 사회가 끔찍한 생태계 파괴를 향해 치달아 간다는 절망감 때문에 자연 속에서 즐거운 시간을 보내는 내 능력마저 점점 쇠퇴하고 있음을 깨달았다. 사랑을 하면 언젠가는 이별의 아픔을 겪게 되리라는 불안감 때문에 마음껏 사랑하지 못하는 사람처럼, 나는 자연 속에서 아름답고 멋진 경험을 하면 할수록 이 아름다운 경험의 상실을 피할 수 없다는 생각에 비탄에 잠기곤 했다.

---

* 《녹색평론》 제149호(2016년 7-8월) 권두 에세이.

책을 읽다가 여기서 멈춘 것은 다른 까닭이 있어서가 아니다. 이것은 지난 수십 년간 줄곧 내 자신이 품어온 '비탄'의 감정을 그대로 묘사하고 있는 대목으로 읽혔기 때문이다. 적어도 이 점에서 나는 누구보다도 이 책의 저자가 느끼는 절박한 심정에 완전히 공감하는 독자라고 할 수 있다. 실제로 이 책에는 나와 같은 독자의 심금을 건드리는 대목이 많다. 예를 들어, 소위 생태관광이라는 이름으로 오늘날 세계 전역에서 벌어지고 있는 '여행 열풍'을 언급할 때에도 "요즘엔 많은 사람들이 마지막 작별을 고하려는 듯이 허무주의적 태도로 야생의 자연을 소비하고" 있다, 라고 저자는 매우 신랄한 어조로 말하고 있다. 여기에서 우리는 오늘의 절망적인 세계 현실에 진정으로 슬퍼하고 고통스러워하는 인간의 목소리를 들을 수 있다.

그러나 동시에 나는 이 책에 대해서, 사소하게 보일 수 있지만 나로서는 중요한 불만을 토로하고 싶은 충동을 느낀다. 그것은 우선 이 책의 분량 때문이다. 저자는 기후변화라는 심각한 위기상황을 진단하고 그 원인을 분석하고 대책을 제시하는 데에 근 800페이지(한국어 역본)에 달하는 지면을 소모하고 있다. 이미 세상에는 기후변화에 관한 수많은 자료와 문헌이 넘치고 넘치는데 왜 이토록 방대한 지면이 새삼 필요했을까? 이렇게 말하는 것은 가급적 종이와 나무를 아끼고, 소중한 자연자원을 최대한 아껴야 한다는 생각 때문만이 아니다. 오늘날 고등교육을 받은 사람들, 특히 미국식 대학원 교육을 받은 지식인·학자들 중에는 어떠한 이슈, 어떠한 논제에 관한 저술에 있어서든 시시콜콜 관련된 온갖 이야기를 끌어다가 늘어놓는 것을 대단한 지적 작업이라고 생각하는 습관에 젖은 사람들이 적지 않다. 그것은 어떻게 해서든 '대작'을 집필하여 두각을 드러내지 않으면 살아남을 수 없는 경쟁적 연구환경에서 길러진 습관일 가능성이 높다. 그런 의미에서 그 습관은 본질적으로 뿌리 깊은 자본주의적 욕망에 의식·무의식적으로 연결돼 있다고 할 수 있다.

나오미 클라인은 기후변화의 원인은 '탄소'에 있지 않고, '자본주의'에 있다고 강조한다. 요컨대 기후변화를 막으려면 인류사회가 화석연료 사용을 대폭 줄여야 하지만, 여기서 중요한 것은 석탄, 석유 따위 화석연료 그 자체가 아니라 그 화석연료의 대규모 채취, 가공, 유통, 소비를 강요하는 구조, 즉 자본주의 경제시스템을 극복하지 않으면 안된다는 것이다. 이것은 너무나 지당한 논리이다. 그리고 환경기술의 개발이나 새로운 테크놀로지의 혁신으로 환경위기와 기후변화가 극복될 것이라고 생각하는 게 근본적으로 얼마나 무지하고 무책임한 자세인가를 깨우쳐주기 위해서도 그것은 우리가 되풀이해서 강조해야 할 논리이기도 하다.

그런데 오늘날 많은 사회변혁운동가·환경운동가들이 보여주는 흔한 행동양태이지만, 나오미 클라인 역시 '자본주의'가 주범임을 세상에 널리 알리기 위해서 책만 쓰는 게 아니라 이 대륙에서 저 대륙으로, 이 도시에서 저 도시로 바쁘게 돌아다닌다. 불가피하게 그들은 그 과정에서 대기를 더럽히고 지구온난화 유발 가스를 끊임없이 내뿜는 비행기를 포함한 온갖 반환경적 교통수단에 의존하지 않을 수 없다. 이 근본적인 자기모순은 당분간은 용인할 수밖에 없는 딜레마인지도 모른다. 하지만 이러한 딜레마 자체에 대해서 별다른 자기성찰 혹은 적어도 불편한 '자의식'을 드러내는 표현이 없다는 것은 무엇을 뜻하는 것일까? 타락한 세상에서 구원에 이르자면, 어차피 우리에게는 타락한 수단에 의지하는 길밖에 없는지 모른다. 그게 현실 속에서 살아가는 인간으로서는 회피할 수 없는 숙명일 것이기 때문이다. 하지만 그렇다고 해서 그것이 당연한 것으로 여겨져도 좋은 것일까? 오히려 그것은 우리가 끊임없이 묻고 또 물어야 할 난제 중의 난제, 즉 우리가 긴장된 정신으로 항시 주시하고 있어야 할 '문젯거리'가 아닐까?

그럼에도 불구하고 나오미 클라인의 이 책은 많은 미덕을 가진 역작이다. 그중 가장 값진 것은 기후변화라는 엄중한 위기에 적절히 대응함으로써 인류사회가 이 위기를 도리어 축복으로 바꾸어 놓을 가능성이 있다는 저자의 메시지이다. 클라인은 기후변화에 적극적으로 대처한다면, 그것은 단지 기후변화라는 위기상황을 극복하는 데에 그치지 않고 지금 세계가 안고 있는 정치·경제·사회·문화적인 난제들을 거의 모두 합리적으로 해결할 수 있을 뿐만 아니라 인간사회가 질적으로 보다 높은 단계로 비약하는 계기가 될 수 있다는 희망적인 믿음을 표명한다. 요컨대 저주를 축복으로, 번뇌(煩惱)를 보리(菩提)로 바꿔 놓을 가능성을 기후변화라는 절체절명의 위기상황에서 발견하는 것이다.

이것을 근거 없는 순전한 원망(願望)의 표출이라고 폄하하는 것은 온당치 못하다. 기후변화라는 것이 본질적으로 자본주의의 문제라면, 기후변화를 극복하려는 세계의 모든 개인적·집단적 노력들은 자본주의시스템 그 자체의 극복을 겨냥하는 것이 되지 않으면 안된다. 따라서 오늘날 기본적으로 자본주의시스템이 낳은 부작용이라고 할 수 있는 온갖 정치·경제·사회·문화적 난제들이 그 과정에서 동시에 해결될 수 있으리라고 전망하는 것은 자연스러운 논리적 귀결이다. 그러니까 핵심적인 문제는 결국 자본주의시스템을 어떻게 극복하느냐 하는 것이다.

실제로 클라인 자신도 다양한 방법, 대안들을 열거하고 있다. 물론 그것은 그의 독창적인 아이디어가 아니라, 이미 세계의 많은 지역들에서 새로운 세계관으로 무장한 다수 풀뿌리 활동가, 시민, 지식인들에 의해서 시도되어온 온갖 다양한 사회실험들과 숱한 정치적 저항의 사례들이다. 여기서 무엇보다 저자가 강조하는 것은 "갈수록 패권을 강화하는 억압적인 자유시장 이데올로기"에서 벗어나는 것의 중요성이다. 그 점에서 클라인이 기대하는 것은 정치의 역할이다. 동시에 그는 오늘날 많은 사람들이 무력감에 빠져 있는 현상을 지적하고, 지금은 어느 때보다도 능동적인 정치참여와 사회적 혁신을 위한 투쟁에 나서야 할 때라는 것을 역설한다. 그리하여 저자는 '시민의식' 혹은 '공민의식'의 회복이 시급하다는 원칙론을 되풀이한다.

다시 말해서, 오늘날 정치·사회 변혁의 필요성이나 환경문제를 거론하는 거의 모든 저술이 흔히 그렇듯이, 이 책도 기후변화라는 위기적 사태를 진단하고 그 원인을 분석하는 데에는 매우 치밀하고 뛰어난 능력을 보여주지만, 문제 해결의 구체적인 방법을 제시하는 데에는 그다지 큰 설득력을 발휘하는 것으로 보이지는 않는다. 그런 의미에서 특히 아쉬운 것은, 이 책 속에 '기본소득'을 비롯한 실질적인 해법들에 대한 깊고 자상한 관심이 표명돼 있지 않다는 사실이다.

기본소득이라는 해법

거두절미하고 말한다면, 나는 '기본소득'은 비단 경제적 측면뿐만 아니라 온갖 사회적·실존적 측면에서 우리가 현재의 위기적 상황을 타개하고 새로운 질서를 추구하려 할 때 가장 쓸모 있는 방안이 될 수 있다고 생각한다. 이렇게 말하는 것은, 기본소득이라는 것이 매우 간단한 방식으로 확실한 결과를 가져다줄 수 있는 아이디어라고 확신하기 때문이다.

흔히 기본소득은 종래의 사회복지 프로그램들과 비교되어 그 장단점이 거론되고 있지만, 조금 더 깊이 생각해보면 기본소득의 의미는 그 정도 차원에 머무는 게 아니라는 것을 알 수 있다. 물론 수급자의 자격을 엄격한 심사를 거쳐 정하는 일반적인 복지프로그램과 달리 아무 조건을 따지지 않고 일률적으로 사회 구성원 전원에게 일정액의 생계비 내지 생활보조금을 지급한다는 아이디어는 기존의 상식으로는 사실 받아들이기 쉽지 않다. 무엇보다 뭔가 '생산적인' 일을 하지 않았는데 그저 돈을 받는다는 게 합당하냐는 강한 의구심이 들 수 있다. 이런 의구심은 비단 자본주의 시대를 통과하는 동안 굳어진 우리의 일반적인 상식뿐만 아니라 그보다 훨씬 더 오래된 "일하지 않는 자, 먹지도 말라"라는, 종교적(특히 기독교) 윤리의식에 뿌리를 둔 것이기 때문에 간단히 무시하기 어려운 게 사실이다(2016년 6월 5일 기본소득 도입 여부를 둘러싼 스위스의 국민투표에서도 독일어 사용 지역에서 반대표가 상대적으로 더 많이 나왔음이 확인되었다. 이것은 그 지역들이 프로테스탄트 '노동윤리'를 중시하는 주민들이 다수 거주하는 곳이라는 점과 관계되어 있을 가능성이 크다).

그러나 모처럼 기본소득이라는 개념이 부상한 것을 계기로, 이제 우리는 '일'이라는 게 과연 무엇인지, 아니 우리가 무엇을 '일'이라고 불러왔는지 차분히 따져봐야 할 필요가 있다. 주목해야 할 것은, 종래에 우리가 '일'이라고 불러왔던 것은 모두 금전적인 대가를 지불받는 일이었음에 반해서 인생에서 가장 중요한 일이면서도 돈으로 그 대가를 받지 못하는 일(예컨대 아기와 노인, 환자나 장애자를 돌보는 일, 가사노동 혹은 '그림자 노동'으로 불리는 모든 일, 비상업적인 다양한 문예활동 등등)은 '일'의 범주에서 제외되어왔다는 사실이다. 만약에 기본소득이 도입된다면, 이처럼 공식적으로 인정을 받지 못했던 중요한 일들이 떳떳한 지위를 획득하게 될 것이다. 그렇게 되면 종전과는 달리 사회적 약자와 공동체의 건강, 자연을 돌보고 보살피는 노력들이 적극적으로 장려되고, 그 결과 우리의 삶은 보다 풍요로워지고, 우리가 사는 사회는 보다 인간적인 사회로 바뀌게 될 것임은 쉽게 예상할 수 있다.

'노동윤리'의 허구성

여기서 짚고 넘어가야 할 게 있다. 그것은 이른바 '노동윤리'라는 게 과연 만고불변의 진리인가 하는 것이다. 이 점을 생각하는 데 가장 좋은 길잡이는 철학자 버트런드 러셀이 쓴 〈게으름의 찬양〉(1932)이라는 기념비적인 에세이이다. 러셀은 이 글에서 '노동윤리'라는 게 원래 이데올로기적인 개념이라는 사실을 명쾌하게 지적한다. 즉, 고대 이래 전통적으로 사회의 지배계급 혹은 귀족계층이 누려온 '여가'는 기본적으로 그들의 억압적인 지배하에 있었던 하층민의 노동이 만들어낸 산물이었다. 이 기본적인 사실을 은폐하고자 지배세력이 꾸며낸 허구적인 아이디어가 '노동의 신성함' 혹은 '노동의 존엄성'이었고, 그것을 기초로 '노동윤리'가 형성되었던 것이다.

물론 모든 노동이 고역스럽기만 한 것도 아니고, 괴로운 노동에도 즐거움이 수반되는 경우가 없는 것은 아니다. 하지만 근대 이전의 하층민, 특히 농민들에게는 부역과 공납이라는 엄중한 의무가 부과돼 있었고, 따라서 아무리 근면하게 일을 하더라도 궁핍을 면할 수가 없었다. 그러니까 노동의 신성함이나 존엄성을 강조하는 노동윤리는 하층민들이 자신들에게 주어진 현실의 삶의 테두리를 넘어 대안적인 삶을 내다보는 것을 원천적으로 차단하는 이념적 장치로 기능해왔던 셈이다. 그런 의미에서, 러셀은 서구 세계에서 수천 년간 강조되어온 '노동윤리'란 결국 '노예의 윤리'에 불과한 것이라고 단언한다.

말할 것도 없이, 근대 이후라고 해도 본질적으로 달라진 것은 아무것도 없다. 오히려 산업혁명 이후는 괄목할 만한 기술의 발달로 엄청나게 생산력이 증가하고, 그 결과 잉여 노동자가 넘쳐나는 상황이 되었음에도 불구하고, 노동자들의 노동시간은 줄어들기는커녕 더 늘었고, 반면에 많은 하층민은 일자리를 구하지 못한 결과로 굶어 죽거나 비인간적인 구빈(救貧)제도 속에서 갖가지 모욕을 당하면서 겨우 목숨을 이어가지 않을 수 없게 되었다. 왜 이렇게 되었을까? 러셀은 해묵은 노동윤리가 끈질기게 지속되고 있는 데 그 원인이 있다고 설명한다. 실제로 예나 지금이나 지배계급이 가장 달가워하지 않을 뿐만 아니라 가장 이해하지 못하는 게 바로 '가난한 자들도 여가를 누려야 한다'는 아이디어이다. 그것은 그들에게는 언제나 '충격적'인 생각이라고 러셀은 말한다. 그러나 오늘날 우리는 '여가'라는 것이 더이상 부유층의 전유물이 될 수 없는 새로운 상황을 맞게 되었다. 여기서 새로운 상황이란, 경악할 정도로 빠른 속도로 자동화, 로봇, 인공지능 기술이 발달함으로써 전통적으로 인간이 수행해왔던 수많은 일이 급격히 기계로 대체되고 있는 상황을 말한다. 이미 수십 년 전부터 이것을 예견해왔던 사람들이 '노동의 종말'이라고 부르는 바로 그 상황이 지금 우리 눈앞에서 현실로 드러나고 있는 것이다.

인공지능과 '노동의 종말'

일부 전문가·지식인들은 산업혁명기의 경험을 예로 들면서 로봇이나 인공지능 등 신기술의 도입으로 사라지는 일자리만큼 새로운 일자리가 생겨날 것이라고 '낙관적인' 전망을 피력하고 있지만, 그들이 간과하고 있는 중요한 사실이 있다. 즉, 종래의 혁신적 기술은 어떤 것이든 인간을 돕는 보조적인 기술이었음에 반해 로봇이나 인공지능 등은 아예 인간 존재 자체를 대체해버리는 초(超)기술이라는 점이다. 지난 2016년 3월 서울에서 인간 기사(棋士)와 바둑 두는 기계 '알파고' 사이에 벌어진 바둑대결 소동을 통해서 우리는 비단 바둑뿐만 아니라, 신문기사나 영화 시나리오의 작성도, 의료행위도, 외국 문헌을 번역하는 일도 기계가 대신할 날이 빠른 속도로 다가오고 있다는 것을 전율을 느끼며 확인한 바 있다. 그러니까 이제 우리는 현실적으로 다가온 '노동의 종말' 현상을 회피할 수 없게 된 것이다. 따라서 우리가 우리의 삶을 지키고 사회의 존속을 바란다면, 이 전대미문의 상황에 대비하여 시급히 특단의 대책을 강구해야 한다는 것이 분명해졌다.

실제로, 2016년 정초에 열린 다보스 회의에서 다루어진 주 의제가 바로 이 문제였다는 것은 우연이 아니다. 또, 최근에는 미국 상하원 합동 경제위원회가 '로봇, 인공지능과 일자리의 미래'라는 제목으로 청문회를 개최했다는 사실도 주목할 만하다. 이런 사실은 이제 이 문제가 소수 지식인들의 관심사를 넘어서서 주류 사회의 긴급한 현안이 되고 있다는 점을 분명히 알려주고 있다.

이 상황에서 시대착오적인 '노동윤리'를 계속 고집하는 것은 매우 어리석다고 하지 않을 수 없다. 무엇보다 우리는 전통적인 노동윤리의 근저에는 '돈이 생기는 일'이 곧 '좋은 일'이며, '돈이 생기지 않는 일'은 '나쁜 일'이라는 고정관념이 도사리고 있다는 사실을 똑똑히 볼 필요가 있다. 개인적인 삶이나 사회적 삶에서 인간에게 가장 필요하고 중요한 일들이 늘 홀대를 당하고 그 가치가 제대로 평가되지 못했던 근본 이유는 바로 이러한 고정관념 때문이라고 할 수 있다.

그런데 경제적 논리로 볼 때도 실은 이 고정관념은 허점투성이라고 할 수 있다. 즉, 돈이 생기는 일이 좋은 것이고, 돈이 생기지 않으면 나쁜 일이라고 보는 것은 결국 '생산' 측면을 일방적으로 중시하면서, '소비' 측면은 경시하는 관점이라고 할 수 있는데, 이것은 경제가 순조롭게 돌아가자면 생산과 소비가 균형을 이루어야 한다는 기초적인 사실을 망각한 관점이라고 하지 않을 수 없다.

우리는 흔히 자본가가 새로운 투자를 함으로써 일자리가 만들어진다고 생각하지만, 엄밀히 따져보면 진실은 그 반대이다. 즉, 일자리를 창출하는 것은 소비자들의 소비행위이다. 사회의 다수를 구성하는 노동자, 가난한 시민들이 물건과 서비스를 '소비'하지 않거나 못한다면, 자본가나 기업가들이 계속적으로 생산시설을 확장하기는커녕 기존 생산시설의 유지조차 어려워지는 것은 불문가지이다.

건강한 경제가 유지되자면 몇 가지 필수적인 조건들이 갖춰져야 하지만, 그중에서 가장 중요한 것은 생산력의 크기나 경제규모나 1인당 국민소득 따위가 아니라, 생산과 소비의 균형이다. 그리하여 생산-유통-소비 과정이 사이클을 그리면서 원활하게 돌아갈 때 경제는 안정성을 유지하고 사회는 평화로워질 수 있다.

여기서 우리는 경제생활에 있어서 중요한 것은 돈을 버는 것보다 돈을 쓰는 것이라는 사실을 다시 확인할 필요가 있다. 그리고, 말할 필요도 없지만, 돈을 쓰자면 수중에 돈이 있어야 하고, 또한 돈을 쓸 시간(여가)이 있어야 한다. 이 두 가지 조건을 동시적으로 충족해주는 가장 간단하고 확실한 방법―그것이 바로 기본소득이라고 할 수 있다.

오늘날 기계화·자동화가 이미 깊숙이 생산 현장 속에 들어와 있는 상황에서 노동자들이 예전처럼 장시간 노동에 얽매여 있어야 할 합리적인 이유는 전혀 없다. 그런데도 자본과 국가는 '노동시간 단축'이라는 아이디어에 대해서 진지하게 숙고해볼 생각은 전혀 하지 않고, 오히려 구조조정이라는 이름으로 노동자 수를 줄이거나 정규직 사원들의 비정규직화를 고집스럽게 밀어붙이고 있다. 그리고 아직 일터에서 쫓겨나지 않은 노동자들은 예전보다 더 긴 노동시간, 더 힘든 노동조건을 감내하지 않으면 안되는 처지에 내몰려 있다.

기본소득의 재원 — 나누면 된다

지금 세계경제는 기본적으로 생산과잉, 과소소비로 인한 심각한 디플레이션 상황(즉, 경제공황)으로 빠르게 들어가고 있다는 경고가 여기저기서 나오고 있다. 기후변화도 큰 문제이지만, 경제상황이 이렇다는 것은 실로 불길한 조짐이다. 이대로 간다면 전쟁 혹은 상상하기 어려운 큰 파국에 직면할 가능성이 높기 때문이다. 1920~30년대의 대공황은 전쟁을 거쳐서 (막대한 희생을 치르고) 안정을 되찾았다고 하지만, 이제는 전쟁을 해 봤자 잿더미가 된 땅에서 다시 경제가 살아날 가능성은 제로라고 하지 않을 수 없다. 왜냐하면 그때는 경제를 뒷받침할 자연자원이 거의 고갈돼버렸거나 지구 자체가 이미 생태적으로 거의 완전히 죽어 있을 것이기 때문이다.

그러나 지금이라도 '사고의 전환'만 이루어진다면, 이 절망적인 상황은 금세 종식될 수 있다. 즉, 노동시간의 대폭적인 단축을 통해서 가급적 많은 사람들이 생산노동을 분담하면서 보다 많은 여가를 누릴 수 있게 하고, 동시에 기본소득의 도입을 진지하게 검토하여 그것을 (궁극적으로는 전면적으로, 초기에는 부분적, 점진적으로) 실현하는 것에 대해서 사회적 합의를 이룬다면, 우리의 삶이 저주에서 축복으로 바뀌는 것은 시간문제일 것이다.

노동시간 단축과 기본소득의 도입은 경제를 살리는 가장 효과적인 처방으로만 중요한 게 아니다. 생산력이 매우 낮았던 시대라면 모를까, 지금은 과학기술 덕분에 오히려 생산력의 지나친 증대를 우려해야 할 시대이다. 실제로 지금은 온갖 생활 물자가 — 오염되거나 날림으로 만들어진 것이기는 하지만 — 남아돌고 있어서 골머리를 앓고 있는 시대이다. 이런 시대에 인간이 더는 괴로운 노역에 시달리고 있어야 할 이유도, 수많은 민중이 '풍요 속의 가난'을 견뎌야 할 이유도 없다. 하물며 예전과 본질적으로 다르지 않은 노예생활을 감내해야 할 이유는 더더욱 없다. 다수의 가난한 사람, 노동자들의 생계를 보장하는 것은 물론, 그들이 인간으로서 응당 누려야 할 '여가'를 향유할 수 있도록 보장해주는 것이 이 시대가 반드시 해결해야 할 '윤리적인 책임'이라는 것을 우리는 강조할 필요가 있다.

그러면, 노동시간 단축이나 기본소득 보장과 같은 획기적인 프로그램을 도입하는 데 필요한 비용은 어떻게 마련할 것인가, 하는 질문이 있을 수 있다. 하지만 잘 생각해보면, 이것보다 우둔한 질문은 없다. 왜냐하면, 알래스카영구기금(1982년 이후 알래스카의 석유자원에서 얻어진 이익을 알래스카 주민 전체에게 배당금 형태로 매년 분배하는 시스템)에 대해서 집중적인 연구를 수행한 바 있는 정치철학자 와이더퀴스트(카타르대학 교수)가 명료하게 말했듯이, 사회 구성원들끼리 고르게 나눌 수 있는 재화가 없는, 그 정도로 빈곤한 사회는 지구상에 어디에도 존재하지 않기 때문이다. 그러니까 관건은, 우리 사회가 고르게 나눌 의사가 있느냐, 그리고 고르게 나눈다는 생각에 대해서 우리가 정치적인 합의를 볼 수 있느냐 없느냐 하는 것이다.

그런 의미에서, 가장 중요한 것은 역시 '정치'라는 결론을 여기서 다시 내리지 않을 수 없다. 자본주의의 어리석은 탐욕에 맞서고, 기후변화가 파국으로 치닫는 것을 막고, 다수 민중의 삶을 보호하고, 자연세계를 보존하는 데 필수적인 것은 '합리적인 정치'이다. 그리고 현 단계에서 합리적인 정치란 온전한 의미의 민주정치뿐이다. 민주주의야말로 유일한 대안이다.

돈과 자유 — '배당경제학'에 대하여

향린교회의 특강시간에 초대해주셔서 영광입니다. 지금 이 자리에는 평소에 제가 존경하는 분들이 많이 계신데, 제가 귀중한 시간을 헛되이 뺏는 것은 아닌지 두렵습니다. 그러나 제 실력 이상으로 좋은 얘기를 드릴 수는 없기 때문에 비록 시시한 얘기가 되더라도 이해해주시기 바랍니다.

오늘 얘기는 돈에 관한 것입니다. 이 자리에도 저희 독자들이 계시겠지만, 요즘 부쩍 《녹색평론》에서 돈에 관한 이야기를 많이 하고 있는데, 평소에 가난하게 더불어서 행복하게 살자고 해온 잡지가 뜬금없이 왜 돈 이야기를 열심히 하는지 궁금하시겠죠. 실제로 작년 가을부터 거의 매호 거르지 않고 돈에 관한 글을 게재하고 있으니까요. 아직까지는 번역된 외국 자료를 별 설명 없이 실어왔기 때문에, 자세히 들여다보지 않으면 이해가 잘 안될지 모릅니다. 그런 점을 해명도 할 겸 오늘은 시간이 걸리더라도 돈, 즉 화폐문제에 우리가 왜 관심을 가질 필요가 있는지 조금 자

* 이 글은 2010년 6월 6일, 서울 '향린교회'에서 행한 강연기록을 정리, 보완한 것이다. 《녹색평론》 제115호(2010년 11~12월)에 게재.

세히 말씀드려보고 싶습니다.

사실 1996년에 제가 우리나라에서는 처음으로 지역화폐라는 개념을 소개한 이래 이 화폐라는 게 중요하다는 생각은 늘 갖고 있었어요. 지역화폐에 관해서는 그동안 《녹색평론》에 간헐적으로나마 꾸준히 글을 게재하면서 독자들의 관심을 촉구해왔습니다. 그와 동시에 세계의 일반적인 상황과는 달리 왜 우리나라에서는 지역화폐운동이 활기를 띠지 못하는지, 늘 아쉽고, 또 그 이유가 궁금했습니다. 그러다가 최근에 세계적인 금융위기 상황에서 금융문제의 파장이 넓고 깊은 것에 새삼스럽게 전율을 느꼈습니다. 사실 IMF 파동 때 우리가 다 실감한 일이지만, 그때는 제가 아직 준비가 안돼서인지 금융문제의 근원을 봐야겠다는 생각을 하지는 못했습니다. 그런데 몇 가지 우연이 겹쳐서 최근에 와서 이 문제를 조금 들여다볼 기회가 생겼어요. 그러다가 돈이 무엇인지 좀더 철저히 알지 않으면 아무것도 안된다는 결론에 이르렀어요. 아무리 좋은 뜻을 가진 사회운동이라도 돈 문제를 우회하거나 부차적인 것으로 다루어서는 결국 변죽만 울리는 헛된 노력일 뿐이라는 생각이 확실해졌습니다.

따지고 보면, 지금 돈보다 더 중요한 게 없습니다. 여기 교회에서도 그렇다고 할 수 있어요. 교회에서는 늘 서로 사랑하며 살아야 된다고 가르치죠. 우리가 사람답게 살려면 당연히 이웃을 사랑하고, 만물을 사랑하고 살아야 합니다. 그러나 과연 어디까지 사랑할 수 있는지 한번 냉정히 생각해볼 필요가 있어요. 물론 내 식구를 사랑하고, 내 친구를 사랑하고, 가까운 이웃까지는 사랑할 수 있습니다. 그렇지만 그 경계를 넘어 만인을 사랑하고 만물을 사랑한다는 것은 불가능합니다. 성인군자라면 모르죠. 보통 사람은 불가능합니다.

그런데 왜 안될까요. 모든 사람이 타인을 경쟁자로 보고 있기 때문이죠. 우리가 생존을 하고, 생활을 한다는 것은 기본적으로 한정된 물자와 서비스를 경쟁적으로 차지하려는 투쟁이 되어버렸기 때문입니다. 요컨대 자본주의사회라는 얘기죠. 그런데 잘 생각해보면, 사람들끼리 피나는 경쟁을 해야 할 정도로 정말 우리가 사는 세상에 물자와 서비스가 절대적으로 모자란가 하는 의문이 듭니다. 가만히 보면, 오히려 지금은 적어도 산업사회라고 일컫는 사회라면 물건과 서비스가 넘쳐나고 있어요. 밤낮 없이 쏟아지는 광고를 보세요. 실제로 사람들의 필요보다 더 많이 생산되고 있기 때문에 인위적인 수요창출을 위해서 광고가 온 세상을 도배하는 거 아니겠어요? 이런 상황인데도 서민들은 늘 곤궁하고, 생활에 허덕입니다. 이른바 풍요 속의 빈곤이죠. 왜 이렇게 되어 있을까요. 간단히 말해서 구매력, 즉 돈이 넉넉지 않기 때문입니다.

결국 문제는 늘 돈이에요.(웃음) 물자와 서비스는 넘쳐나는데, 그것을 실제로 획득하는 데 필요한 돈이 없거나 고르게 분포돼 있지 않다는 게 문제죠. 우리가 생활을 하자면 돈이 있어야 합니다. 그런데 지금 시스템에서는 그 돈을 마련하기 위해서는 다른 사람들과 치열한 경쟁을 해야 하고, 내가 그 경쟁에서 이기기 위해서는 그 누군가를 핍박하지 않을 수 없습니다. 그러니 우리가 세상 사람들을 사랑한다는 게 가능한 일이 아니죠. 진정으로 사랑한다면 내 생활을 포기하거나 희생해야 합니다. 이런 자기희생을 무릅쓰고 남들을 사랑할 수 있는 인간이 지구상에 과연 얼마나 있겠어요?

제가 《녹색평론》을 발간하기 시작해서 이제 20년 가까이 됩니다만, 그동안 고민이 많았습니다. 지금과 같은 지속이 불가능한 방식으로 생활이 계속되어서는 조만간 파국에 봉착하리라는 것은 우리 모두가 이제는 다 알고 있습니다. 지속이 불가능한 방식을 지속이 가능한 방식으로 전환하자면 무엇보다도 경제성장 논리를 극복해야 합니다. 그런데 이게 쉽지 않아요. 아무리 경제성장이 중지돼야 한다고 말해 봤자 실현 가능한 방법을 찾지 못하면 헛소리에 불과해요.

예를 들어, 우리 모두가 좀더 검소하게 살고 공생의 도리를 익혀야 한다는 것 자체는 틀린 말이 아니에요. 저도 그런 얘기 많이 해왔고, 요새는 그런 말 하는 사람 아주 흔해졌어요. 요즘 가령 4대강 관련 집회에 가면 세상 참 많이 달라졌다는 기분이 들어요. 그런 집회니까 그렇기는 하겠지만, 생명에 대한 외경을 말하고, 욕심을 버리고, 천지만물은 하나라는 인식을 갖고 살아야 한다는 등, 그런 얘기를 흔히 듣게 됩니다. 실은 너무 자주 흔하게 듣게 되니까 좀 지겨워요. 전에는 그런 얘기를 하면 완전히 미친 놈 취급을 하던 분위기가 어느새 이렇게 되었습니다. 격세지감이 느껴져요. 물론 이런 생명옹호 사상이 보편적인 상식이 되면 좋은 일이죠. 그래서 그게 우리 사회 전체를 관류하는 기본 교양이 되어서 정치하는 사람들이나 기업인, 관료, 언론인들이 개발이나 성장에 대해 좀더 조심스럽게 접근할 수 있게 된다면 더 바랄 것이 없죠.

그러나, 어림도 없어요. 역시 돈 문제가 해결돼야 합니다. 아무리 주관적으로 마음을 다스리고, 생명사상을 익힌다 하더라도 그러한 것은 먹고 살기 위해서 사회적 약자나 자연을 희생시켜도 어쩔 수 없다는 현실논리 앞에서는 간단히 무너질 수밖에 없어요. 끊임없는 경제성장을 강요하는 시스템, 약육강식을 구조적인 원리로 하고 있는 시스템을 그대로 방치하고 아무리 윤리적인 덕목을 강조하고, 정신적인 재무장을 말해 봤자 소용없는 일입니다. 기업에 대해서도 마찬가집니다. 원래 기업이란 물건이나 서비스를 생산하여 소비자에게 팔아서 최대한 이윤을 남기기 위해서 존재하는 조직입니다. 그런 조직에 대해서 이윤 욕심을 내지 말고 사회적 책임의식을 가져야 한다고 요구하는 것은 부질없는 일입니다. 기업은 윤리적 덕목을 실천하기 위해서 존재하는 게 아닙니다.

문제는 국가가 제 기능을 하느냐 하는 것이죠. 국가는 기업이 공익을 해치지 않도록 일정하게 규제하고 통제할 권한과 의무가 있습니다. 그런데 그것은 원칙이 그렇다는 것이지 현실의 국가는 기업, 특히 재벌의 이익을 위해서 기꺼이 하인 노릇을 합니다. 오늘날 의회민주주의라는 것은 금권독재정치를 합법적인 것으로 분식해주는 장치에 불과하다는 건 길게 말할 것도 없죠. 정치인이나 관료들의 부패도 문제지만, 좀더 본질적인 차원에서 국가와 자본은 늘 결합하게 돼 있습니다. 게다가 근대국가는 경제력과 군사력을 맹목적으로 추구하는 경향에 깊숙이 빠져 있기 때문에 경제성장 논리를 벗어난다는 것은 거의 불가능합니다. 게다가 경제성장은 사활적인 문제로 오랫동안 인식되다 보니까 이제는 일반 시민들도 경제성장이 안되면 다들 죽는 줄로 알고 있어요.

비록 국가가 양심적인 정치가, 관료들에 의해 운영되는 날이 온다고 하더라도, 경제성장을 포기할 수는 아마 없을 거예요. 그것은 물론 자본주의시스템 때문이죠. 그런데 다들 자본주의체제를 지목하고 있지만, 과연 구체적으로 자본주의의 어떤 메커니즘이 계속적인 성장을 강제하는지, 거기에 대한 명확한 해명은 사실 찾아보기 어려운 것 같아요. 이 문제를 오늘 좀 생각하고 싶습니다.

무상급식과 농사

여러분 점심 다 드셨죠? 제가 안심하고 좀 천천히 말씀드리겠습니다. 여기 앉아 계신 분들에게는 대체로 좀 생소하게 들릴지도 모를 얘기를 하지 않을 수 없어서요. 먼저 이번 지방선거(2010년 6월) 얘기를 조금 해야겠군요. 이번에는 과거의 지방선거와는 상당히 다른 결과가 나왔지요? 물론 만족스러운 수준은 아니지만. 과거에 지방선거라면 영남에는 완전히 한나라당, 호남에는 민주당이 싹쓸이하는 식으로 돼서 결과적으로 지방자치라는 게 사실상 무의미했는데, 이번에는 진일보한 측면이 분명히 있어요. 아마 이명박의 공로인지도 모르겠다는 생각이 듭니다. 하도 엉터리로 하니까 이렇게 놔둬서는 안되겠다고 사람들이 생각하고 있었던 게 아닌가 싶어요. 그동안 선거에 관심 없던 사람들도 이번에는 선거라는 제도를 통해서도 미약하나마 사회변혁이 가능하다는 생각을 하고 있는지 모르겠습니다. 아무튼 민주주의를 위해서 이번 선거결과는 꽤 고무적인 데가 있어요.

그중에서도 저는 이번 선거의 가장 큰 의의는 '무상급식'이라고 생각합니다. 선거 동안에 제일 인상적인 공약이 무상급식 전면 실시라는 것이었죠. 친환경 무상급식이라는 얘기도 나왔죠? 무상급식 문제가 이렇게 주요 선거 이슈가 되고, 그게 유권자들에게 먹혀들었다는 거, 불과 얼마 전까지만 해도 생각하기 어려웠던 현상입니다. 소위 진보진영의 후보들이 대개 이 무상급식 공약 때문에 당선됐다고 해도 과언이 아닌데, 이게 참 중요해요. 아마 한나라당도 앞으로 선거에서 이와 비슷한 프로그램을 제시하지 않으면 망하겠구나 하는 생각을 하고 있을 겁니다. 앞으로는 복지정책을 둘러싸고 여야가 서로 경쟁하지 않을 수 없는 상황이 될 것 같아요. 좋은 현상이죠.

그런데 무상급식이 활성화되면 무엇보다 농촌이 살아날 가능성이 있을 것 같아요. 저는 이게 제일 반가워요. 어쩌다 이렇게 돼버렸는지 모르지만, 농촌이나 농민을 이렇게 경시하는 나라가 지구상에 또 있는지 모르겠습니다. 정치인이나 기업, 관료, 주류 언론, 학자는 말할 것도 없고, 소위 진보진영도 마찬가지였어요. 겨우 생각한다는 게 식량생산 기지로서의 농촌이지 그 이상은 아니었고, 아마 지금도 그럴 겁니다. 제가 보기에는 지금 노동운동이 저렇게 힘이 빠져버린 것도 결국은 농촌이 죽어버렸기 때문이에요. 도시의 노동자들이 돌아갈 수 있는 마지막 자립의 근거지로서 농촌이 살아 있어야 노동운동이 강건해질 수 있다는 것은 조금만 생각해봐도 알 수 있는 이치거든요.

4대강만 하더라도, 우리 사회에 농사의 중요성에 대한 건강한 상식이 살아 있었다면 저런 무모한 공사가 처음부터 계획되지도, 실행되지도 않았을 겁니다. 지금 4대강 문제로 걱정되는 게 하나둘이 아니지만, 그중에서 농경지가 대규모로 사라지는 것도 참 기가 막힌 일입니다. 옥토 중의 옥토인 강변 둔치들이 마구잡이로 파헤쳐지고 있는 것도 문제지만, 강바닥을 파헤친 소위 준설토를 처리할 데가 없으니까 인근의 멀쩡한 농경지를 적치장으로 만들어, 준설토를 쌓아 놓고는 휴경을 시키고 있잖아요. 몇 년이나 지나야 다시 농사를 지을 수 있을지 모르는 일이에요. 게다가 그동안 강바닥 깊숙이 숨어 있던 독성물질들이 노출되어 어떤 부작용을 끼칠지 모릅니다. 과연 지금 준설토를 쌓아 놓은 경작지가 다시 온전한 농토 구실을 할 수 있을지 의문입니다. 이런 것 보면 소위 4대강 공사를 시작하기 전에 제반 관련 문제에 대해서 면밀한 검토가 없었던 게 너무나 분명해요. 덮어놓고 서둘러 공사를 시작해 놓고 보니까 미처 생각지 못했던 문제들이 불거져 나오는데, 그것을 정직하게 인정할 맘은 없으니까, 예를 들어, 농경지 리모델링 운운하며 가당치도 않은 단어를 급조해 가며 국민들을 속이는 거죠.

아무튼 농사라든지 농민이나 농촌이 중요하다는 데 대한 최소한의 인식이 있다면 이런 짓은 할 수가 없지요. 지율 스님의 조사에 의하면, 4대강 공사로 사라지는 농토는 가령 상주시 같은 데서는 전체 농지의 3분의 1이나 된다고 합니다. 정부의 한심함은 말할 것도 없지만, 이런 문제를 지적해줘야 할 언론은 뭘 하는지 모르겠어요. 도대체 인간의 생존방식에 대해 생각이 있는 사람들이 모여 사는 나라인지 모르겠어요. 안 그래도 세계적으로 식량위기가 닥치게 돼 있는 현실이잖아요. 저는 이대로 간다면 앞으로 10년 안에 1990년대에 이북이 겪었던 대량 기아 사태 못지않은 처참한 상황이 남한에서도 되풀이될 가능성이 크다고 봅니다. 이북은 그래도 식량자급률이 65퍼센트 이상이에요. 우리는 석유공급에 이상이 생기면 그날로 망합니다. 지금 남한은 식량자급률 겨우 25퍼센트 정도밖에 안되면서도 그것도 대부분 석유로 짓는 농사입니다. 게다가 수출해서 팔아먹는 공산품도 전부 석유제품이잖아요. 이 나라에 석유 이후 시대를 위한 대비가 있는지 모르겠지만, 어떤 대비를 하건 농사를 보호하고 육성하는 것보다 더 중요한 게 없다는 것은 확실합니다. 이런 상황에서 무상급식이라는 아이디어가 나오고, 그게 선거에서 효과를 발휘하는 것을 보니 반갑지 않을 수 없죠. 정말로 이런 프로그램이 잘 작동해서 농민들이 지금보다 안정적으로 농사를 지을 환경이 조성되면 좋겠어요.

무상급식과 기본소득

그리고 또 하나, 무상급식이라는 아이디어가 이제 큰 저항 없이 받아들여지게 됐다는 사실 자체가 큰 의미가 있어요. 그동안 무상급식을 둘러쌘 논의가 꽤 있었지만 실은 아직도 이 프로그램을 완전히 이해하고 있는 사람은 그리 많지 않을 거예요. 지금 한나라당 쪽 사람들만 그런 게 아니라 정치적 입장과 관계없이 일반 사람들이 제일 이상하게 생각하는 게 뭐냐면 부잣집 아이들까지 왜 국가가 점심을 먹여줘야 하는가 하는 거죠. 이건희 손자들한테까지 왜 국가가 밥을 먹여줘야 하느냐, 이해가 잘 안되죠. 그런데 무상급식을 주장하는 사람들은 뭐라고 하느냐 하면, 집이 가난해서 점심을 못 가지고 오는 아이들에게 국가가 밥을 먹여줘야 하되, 자기들만 공짜로 먹는다고 생각하면 아이들이 소외감을 느끼고 심리적으로 상처를 받는다, 그러니까 선별을 하지 말고 무조건 차별 없이 무상급식을 해야 한다는 거죠. 물론 이것은 교육적으로 중요한 논리죠. 아이들의 마음을 섬세하게 배려해야 한다는 것은 중요한 얘기예요. 그러나 이런 논리도 결국은 약자에 대한 보살핌 혹은 시혜라는 인도주의적 관점에 서 있는 게 문제예요.

무상급식을 약자에 대한 특별한 혜택이라고 봐서는 안됩니다. 그것은 국가의 의무입니다. 모든 아이는 점심을 굶지 않을 권리가 있습니다. 그냥 이 나라에서 자라고 있다는 자격 하나만으로 그럴 권리가 있는 거예요. 이런 기본 전제를 사회 전체가 군말 없이 승인하느냐 마느냐가 결국 좋은 사회를 실현하는 관건입니다.

모두 잘 아시겠지만, 신약성서의 비유 중에 포도원 주인이 일꾼들에게 품삯 주는 얘기 한번 생각해보세요. 아침부터 와서 일한 사람이든 점심 때 온 사람이든 해 지기 전에 와서 잠시 일을 했을 뿐인 사람이든 가리지 않고 모두 똑같은 품삯 1데나리온을 받잖아요. 그러니까 아침부터 와서 일한 사람은 불공평하다는 생각이 들겠죠. 사실 우리도 그래요. 일을 많이 한 사람과 조금밖에 못한 사람이 동일한 임금을 받는다는 것은 특히 오랫동안 자본주의적 관행에 길들어온 사람들의 상식으로는 납득이 잘 안 가죠. 그러나 이게 바로 하느님 나라의 계산법이라는 거예요. 저는 이 비유에 대한 신학자들의 해석을 조금 유심히 들여다봤는데, 제 마음에 드는 해석이 별로 없더군요.(웃음) 여기서 하느님 나라의 계산법이라는 게 과연 무엇일까요. 제 생각에는 요즘 우리나라에서도 얘기되기 시작한 '기본소득' 개념과 유사한 게 아닌가 싶어요.

들어보셨겠지만, 이 기본소득이라는 것은 생계수단이나 소득수준을 일절 묻지 않고, 또 직업이 있는지 없는지도 따지지 않고 모든 시민에게 무조건 일정한 소득을 정기적으로 국가가 주는 제도를 말합니다.

그런데 지금 기본소득 도입을 주장하는 사람들의 일차적인 관심사는 인도주의적·복지적 관점입니다. 갈수록 고용상황이 악화되는 현실에서 일종의 보편적 복지시스템의 하나로서 기본소득을 생각하는 거죠. 그러나 여기서도 이게 그냥 가난한 사람에 대한 구제책이라면 왜 국민 모두에게 무차별로 기본소득을 제공해야 하는지 설명이 잘 안됩니다. 가난한 사람, 소득이 없는 사람만 선별해서 따로 혜택을 주면 되잖아요. 사실 그런 것은 이미 저소득층이나 노령층에 대한 지원이라는 형태로 시행되고 있죠.

이런 복지프로그램을 교육이나 의료를 포함한 기초적 생활영역 전반으로 확대한다는 게 지금 대체로 진보진영 사람들이 생각하는 방향인데요. 이 방향에서 보면 기본소득은 좀 의외의 논리라고 할 수 있어요. 기왕의 복지서비스라는 게 거의 예외 없이 사회적 약자들을 위한 것인데, 이 기본소득이란 것은 빈부 차이, 지위 고하를 전혀 고려하지 않고 일률적으로 기초생활비를 지급한다는 아이디어란 말이에요. 부잣집 아이 가난한 집 아이 가리지 않고 밥을 준다는 무상급식 프로그램과 기본적으로 발상이 같은 거죠. 그러니까 이것은 단순히 복지프로그램의 하나로만 이해할 수 없는 거예요.

사실 이 기본소득이라는 아이디어는 역사가 꽤 오래됐습니다. 이미 18세기에 영국에서는 토마스 페인이라는 급진주의 정치사상가가 기본소득과 유사한 정책을 제창하였고, 가까이는 미국 인권운동가 마틴 루터 킹 목사가 기본소득의 필요성을 역설한 바 있습니다. 그리고 우리나라에서도 한때 많이 읽혔던 에리히 프롬의 책 《존재인가 소유인가》(1976)에도 기본생활보장비에 대한 언급이 나와 있어요. 이 책뿐만 아니라 다른 저서들에서도 에리히 프롬은 이 문제를 언급하고 있는데, 그걸 보면 기본소득에 관해 꽤 지속적인 관심을 갖고 있었던 것 같아요. 그런데 제가 제일 흥미 있게 본 것은 1920~30년대 영국을 중심으로 활동했던 클리퍼드 더글러스라는 사람이 제창한 기본소득론입니다. 더글러스는 원래 엔지니어 출신으로, 항공기 제조 공장에서의 회계사 근무 경험을 토대로 거의 독학으로 경제학을 연구하여 '사회신용론(社會信用論)'이라는 독특한 이론을 수립한 인물입니다.

사회신용론이란, 간단히 말하면, 종래 민간은행에 의한 신용창출제도를 폐기하고 국가나 지자체 같은 공공기관이 화폐를 발행해야 한다, 즉 신용의 사회화 혹은 공공화를 통해서 기본소득을 실시해야 한다는 이론입니다. 이 이론은 과월호 《녹색평론》에 자세히 소개돼 있습니다. 그런데 이 더글러스의 지론에 의하면, 기본소득은 결코 복지혜택이 아니라 국가가 국민들 개개인에게 의무적으로 주어야 하는 일종의 '배당금'입니다. 마치 기업이 결산을 한 뒤에 주주들에게 배당을 주는 것처럼 말이죠. 왜 배당금이냐 하면, 더글러스에 의하면, 한 나라의 부는 일차적으로는 기업과 개인들의 창의적인 노력의 총화지만, 그런 부가 창출될 수 있는 근원적인 바탕은 그 나라 혹은 공동체 전체의 문화적 공통유산이고, 따라서 그 문화의 상속자인 구성원 전원에게는 공동체의 부를 나누어 가질 당연한 권리가 있기 때문이라는 것입니다.

사실 이것은 극히 타당한 논리라고 할 수 있습니다. 생각해보면, 기업이나 개인이 물건이나 서비스를 만들어내어 장사를 하고 이익을 낼 수 있는 것은 기본적으로 그 사회에서 오랜 세월 동안 사람들 사이의 상호작용을 통해서 꾸준히 전승되거나 쌓여온 지식과 기술, 철학, 교양 등등, 문화적으로 공통한 토대 때문이거든요. 이것은 부정할 수 없는 진실이에요. 이런 발상에서 더글러스는 기본소득을 '국민배당'이라고 불렀습니다. 저도 더글러스의 입장에 공감해서 기본소득이라는 용어보다는 배당이 더 낫다고 생각합니다. 다만 저는 국민배당이라는 말 대신에 '시민배당'이라고 부르고 싶습니다.

'시민배당'으로서의 기본소득

그런데 기본소득이든 시민배당이든 이 개념이 아직 보통 사람들에게
는 생소한 게 사실입니다. 복지 차원에서 특별히 국가의 지원을 받아야
할 약자에 대한 배려가 아니라 모든 시민에게 무조건 일률적으로 돈을
준다는 방식이 쉽게 이해되지 못하는 것은 당연합니다. 그동안 우리가
살아온 방식에서는 소득이란 아이들이나 노인들이 가족들에게서 받는 용
돈 같은 것을 제외하고는 당연히 무엇이든 일을 한 데 대한 대가였으니
까요. 그러나 그런 상식을 뒤집는 사례들이 지금 세계 여러 곳에 이미 존
재하고 있습니다. 아시는지 모르지만, 미국 알래스카주(州)에서는 이미
수십 년째 모든 주민에게 매년 일정한 돈을 지급하고 있습니다. 최근의
기록을 보니까 한국 돈으로 계산해서 연간 1,000만 원 가까운 금액이더
군요. 그 돈을 알래스카에 상주하고 있는 미국 시민이면 무조건 주는 거
예요. 알래스카에서 나오는 석유에서 얻는 수입이 그 재원(財源)이라고
합니다.

그러나 물론 재원도 중요하지만, 더 중요한 것은 개별적인 심사 없이
무조건 시민들에게 생활비를 준다는 발상 자체입니다. 브라질에서도 부
분적이지만 금년부터 기본소득제도를 도입한다는 얘기가 있습니다. 그리
고 규모는 작지만 아프리카 나미비아의 한 시골에서는 벌써 몇 년째 주
민 전부에게 기초생활보장비를 지급한 결과, 거의 절망적인 상황에 있던
마을에 활기가 생기고, 장래에 대해 사람들이 희망을 갖고 의욕적인 생
활을 시작하게 됐다고 해요. 나미비아에 대해서는 세계의 많은 시민운동
가들이 관심을 갖고 지켜보고 있는데, 최근에는 독일의 시사주간지 〈슈
피겔〉에서도 현지 취재를 하고 그 결과를 자세히 보도했어요. 아무 희망
도 없이 인간 이하의 삶을 살던 사람들이 누군가의 아이디어 하나로 기
본적인 생활이 해결되면서 다시 새로운 희망을 갖게 된다는 것은 감동적
인 이야기예요. 물론 이 프로그램이 언제까지 계속될 수 있을지는 모릅
니다. 현재까지는 유럽 시민운동단체의 지원으로 기금을 마련해서 운영

돼왔다고 하는데, 이 기금이 곧 고갈된다고 합니다. 무슨 대책이 있어야 되겠지요. 사실, 간단한 방법이 있는데, 거기에 대해서는 조금 뒤에 말씀 드리죠.

하여튼 우리가 생각하는 것보다는 빠른 속도로 기본소득이 지금 세계 전역에서 새로운 상식이 되어가고 있는 게 아닌가 합니다. 유럽에서는 이미 여러 나라의 정치가들 사이에서 진지하게 이 프로그램의 도입에 대한 논의가 시작된 모양입니다. 앞으로는 계속 실업자가 양산될 것이 틀림없는데, 그에 대한 대책으로 기본소득제를 생각하는 사람들이 늘어난다는 얘기죠. 독일 연방의회에서는 벌써 여러 해째 기본소득 도입 문제를 놓고 치열한 토론이 벌어지고 있다는 얘기도 들립니다. 우리나라에서도 아직은 극소수지만 수년 전부터 몇몇 연구자들이 관련 논문을 발표하고 있고, 정당 차원에서는 사회당이 강령으로 기본소득 전면 실시를 걸어 놓고 있어요. 워낙 작은 정당이라서 아직 언론의 주목을 못 받고 있지만, 저는 시간문제라고 보고 있습니다. 보편적인 복지시스템의 구축이라는 것도 중요하지만, 그보다 경제위기를 포함한 사회적·생태적 위기상황 전체를 고려할 때, 이 방법밖에 출구가 없다는 점에 동의하는 사람들이 많아질 거라고 생각하기 때문입니다.

고용과 소득의 분리

다른 나라에서도 그렇지만, 우리나라에서도 기본소득에 관련해서 가장 문제되는 게 재원 확보 방법입니다. 그러나 저는 그보다 더 중요한 게 있다고 봅니다. 그것은 기본소득이라는 생소한 개념에 대해 보통 사람들이 느끼는 위화감을 어떻게 극복할 것인가 하는 겁니다.

기본소득 혹은 시민배당에 대해서 보통 사람들의 이해를 방해하는 것은 어떻게 일을 하지도 않았는데 돈을 받느냐 하는 생각입니다. 앞으로 언젠가 우리 사회에서 기본소득에 대한 본격적인 토론이 벌어지게 되면,

기득권층에서 반발이 심할 것입니다. 그러나 무상급식에 대한 오해처럼 그 반발도 기본적으로 오해에 근거한 것일 겁니다. 실업자가 줄어들고, 서민들의 생계가 안정되고, 전체적으로 경제가 제대로 돌아가야 기득권의 이익도 장기적으로 보장될 수 있다는 것을 모르기 때문에 반발하겠지만, 결국은 상황이 더 나빠지면, 이해하게 될 것입니다. 종래와 같은 경제성장을 고집하다가는 모두가 공멸하게 된다는 것을 깨닫게 될 날이 조만간 닥치게 돼 있으니까요.

아무튼 제일 큰 걸림돌은 사람들의 고정관념, 즉 소득은 노동의 대가라는 생각일 것입니다. 일도 하지 않았는데 돈을 준다는 말인가? 가난한 사람들이 더 저항감을 느낄 가능성이 큽니다. 왜냐하면 자본주의시스템 속에서 오랜 세월 가난한 사람들은 대개 괴로운 일을 하면서 살아왔고, 그래서 소득이란 그 괴로움에 대한 대가라는 생각에 깊이 젖어왔으니까요. 사실, 소득과 관계없이 즐겁게 자발적으로 하는 일에 대한 경험이 부족한 게 서민들의 생활이죠. 기본소득은 무엇보다도 고용과 소득을 분리하는 데서 성립하는 개념인데, 그런 생각에 익숙하지 못한 사람들의 감각으로는 이해하기 어려운 거 당연하죠.

그래서 기본소득이라는 아이디어를 처음 접한 사람들이 대개 나타내는 반응이 뭐냐면 가난한 사람에게 도움이 된다는 것은 이해되지만 기본소득을 받게 되면 그럼 일은 누가 하겠느냐는 반문입니다. 지금 인터넷에서 볼 수 있는데, 독일 사람들이 만든 다큐멘터리 비디오가 하나 있습니다. 제목이 〈문화적 충동으로서의 기본소득〉이라고 돼 있습니다. 아주 유익한 비디오예요.

거기 보면 재미있는 대목이 있어요. 지나가는 행인들에게 간단히 기본소득에 관해 설명을 하고 소감을 물어봅니다. 그러면 열 명 중에 여덟 명 정도는 그거 좋은 제도라고 찬성을 하면서도 꼭 토를 달아요. 취지가 좋기는 하지만 그런 제도가 실제로 실현되면 일을 하려고 하는 사람이 없을 것 같다고요. 그러면 당신도 일을 하지 않을 것 같으냐 하고 계속해서 질문을 하면, 자기는 일을 계속할 거라는 거예요. 다만, 다른 사람들은 일을 하지 않으려 할 것 같다는 거죠. 재미있죠? 사람들이 대개 이렇습니다. 남들을 믿지 않는 거죠.

그런데 기본소득이라고 해 봐야 그것만으로는 충분히 넉넉한 생활이 되는 것은 아니에요. 어디까지나 기초생활보장비이기 때문에 보통 사람이라면 기왕에 해오던 일자리를 쉽게 포기하지 않을 겁니다. 또 기왕에 일자리가 없던 사람이라면 새로운 일자리를 찾는 일도 중단하지 않을 거고요. 다만, 지금처럼 쫓기지는 않겠지요. 그래서 다급한 마음에 노예노동에 가까운 일을 감수하거나 하는 일은 없어지겠죠. 실은 이게 가장 중요한 것이 아니겠어요? 사회에서 노예노동이 사라질 수 있다는 것 말이에요.

에리히 프롬도 바로 그런 얘기를 했어요. 기초생활보장 소득제가 실현되면 사람들이 일을 하지 않을 거라고 생각하기 쉬운데 실은 그렇지 않다고요. 원래 사람은 일 없이는 살지 못해요. 기본소득 때문에 사람들이 일을 안하고, 그 결과로 사회가 돌아가지 않을 거라고 생각하는 것은 단견입니다. 돈이 있다고 한평생 생산적인 일 없이 빈둥거리며 지낼 사람은 별로 없어요. 우리가 일을 하는 것은 반드시 금전적인 소득을 얻기 위해서만은 아니거든요. 일을 통해서 인간의 정신은 고양되고, 의식이 확장되고, 인간관계가 풍요롭게 됩니다.

그래서 기초생활이 보장된다면 그때부터 개인들은 각자 진정으로 하고 싶은 일에 몰두하게 될 공산이 커져요. 그러면 그 일은 재미로 하는 일, 유희 같은 게 되는 거죠. 꿈같은 얘기죠? 실제로 지금도 그런 식으로 살고 있는 사람들이 있어요. 예술가들 말이에요. 예술가는 원래 돈 때문에 일을 하는 게 아니라 자신의 일이 좋아서 몰두하면서 살아가는 사람입니다. 그러니까 진짜 예술가라면 가난하게 사는 것 별로 문제가 아니죠. 자신이 온몸을 바쳐서 하는 일이 늘 있으니까 행복하잖아요. 그렇다고 해서 굶어 죽는 일은 없어야 하니까 그런 예술가를 위해서라도 기본소득이 실시되면 좋지요. 그렇게 되면 우리나라 예술의 질이 크게 향상될지도 몰라요.

노예와 예술가의 일

그러니까 기본소득은 단지 실업자 구제책이 아니라 궁극적으로 모든 사회 구성원이 다소간 예술가처럼 자유롭게 살 수 있는 최소한의 조건을 마련해준다는 점에 가장 큰 의의가 있다고 할 수 있어요. 예술가만이 아니라 모든 사람이 다 자기 나름의 보람 있는 일을 가지고 행복한 인생을 살 권리가 있잖아요. 그러자면 노예노동을 강요당하지 않고 어느 정도 자유로운 선택에 의해서 자신의 일을 가져야 하는데, 그게 기본소득으로 가능해진단 말이죠. 그렇게 생각하면, 이 기본소득이란 게 굉장한 혁명적 잠재력을 갖고 있는 프로그램이라는 것을 알 수 있습니다.

노예노동 얘기를 했지만, 만약 기본소득이 도입된다면 아마 제일 먼저 기업들이 긴장하겠죠. 지금처럼 돈 몇 푼 때문에 열악한 작업환경에서 생명의 위험을 느끼며 일을 하지 않을 수 없는 노동자들이 웬만하면 그런 회사에는 들어가지 않으려 할 테니 말이죠. 그러면 기업도 살아남기 위해서는 작업 현장을 개선하지 않을 수 없고, 비인간적인 노동을 종업원들에게 더이상 강요하지 못합니다. 그러니까 지금 발암물질에 노출되어 종업원들이 죽어나가도 나 몰라라 하는 대기업들의 횡포에 맞서서 싸우는 것보다 더 중요한 것은 기본소득 실현을 서두르는 것입니다. 기업의 비윤리성을 규탄하는 것은 부질없는 일이에요. 그냥 기업이 자기의 이익을 위해서 인간적인 노동조건과 환경을 유지하지 않으면 안되도록 시스템을 고치는 게 더 중요한 거죠.

교육지옥으로부터의 해방

그리고 저는 기본소득으로 교육문제도 근본적인 해결이 가능하다고 생각합니다. 우리나라에서 지금 제일 심각한 문제가 교육문제인데, 수십 년 동안 온갖 방책이 나왔지만 갈수록 이해관계가 난마처럼 얽혀서 이제는 어디서부터 어떻게 손을 대야 할지 아무도 모르게 됐어요. 그러는 사이에 아이들은 한 번밖에 없는 성장기를 교육지옥 속에 갇혀서 어이없이 망가지고 있단 말이에요. 도대체 지금 우리나라처럼 이렇게 아이들을 망가뜨려 놓고 있는 사회가 지구상에 또 있는지 모르겠습니다. 교육문제 하나만 보더라도 이 사회는 미래가 없는 사회예요.

그런데 지금 우리나라 교육의 근본 문제는 대학을 나와야 사람대접을 받을 수 있다는 풍토에 있거든요. 그것도 가급적 일류 대학을 나와야 한다는 거죠. 실제로는 이제 소위 일류 대학을 나와도 장래가 불투명하기는 마찬가지가 되었는데도, 아직 대부분의 사람들은 그렇게 믿고 있습니다. 그래서 온갖 희생을 무릅쓰고라도 다들 좋은 대학 가려고 미쳐 있고, 이런 분위기를 이용해서 이익을 취하려는 사람들이 사회 전체에 널려 있어요. 대학들도 돈을 벌려고 확장해 있고요. 요컨대 모든 사람들이 이 교육문제에 관련해서 제정신들이 아니에요. 어떤 사람들은 서울대학을 없애야 한다고 주장하는데, 그런 식으로 해서 우리나라 교육문제가 해결될 수 있다면 당장에 없애야죠. 우리 아이들이 정상적으로 건강하게 자라는 게 서울대의 존속보다도 훨씬 더 중요한 일이니까요. 그러나 서울대를 없앤다고 될 일이 아니잖아요. 서울대를 없애면 또 다른 서울대가 나오게 마련입니다. 문제의 근원은 특정 학교의 존재가 아니니까요.

중요한 것은 왜 모두들 대학에 가려고 하느냐는 겁니다. 실제로는 지금은 대학 나와 봤자 정규직 일자리 얻는 게 점점 힘들어지고, 취직이 되어도 대부분 40대 중반에 정년이에요. 장기적으로 볼 때, 이런 현상은 앞으로 완화될 가능성이 거의 없어요. 그런데도 부모들이나 아이들은 자기만은 예외가 될지 모른다는 환상을 갖고 이 격심한 입시경쟁의 소용돌이에서 벗어나지 못합니다. 더욱이, 설령 대기업에 취직을 해 봤자 어차피 노예 신세를 면치 못하는 현실인데도 그래요. 여러분도 김용철 변호사가 쓴 《삼성을 생각한다》라는 책 보셨지요? 대기업의 사장들이 그룹 총수와 회의를 하는 자리에서 몇 시간이고 오줌도 누러 가지 못한다는 얘기, 그 책에 나오잖아요. 완전히 노예예요. 일류 대학 출신의 엘리트 사원들이 하는 주요 업무가 비자금 현금 꾸러미를 나르는 일이라잖아요.

아무리 급료를 많이 받아도 노예는 노예입니다. 그러나 대부분의 보통 사람은 생계수단이 어느 정도 확보된다면 노예생활은 하고 싶지 않을 겁니다. 그게 인간의 자연스런 욕구입니다. 그래서 기본소득이 중요하다는 거죠. 가령 한 달에 100만 원이든 얼마든 일정한 돈이 규칙적으로, 그것도 죽을 때까지 지급된다면, 결국 노예생활에 귀착하는 취직에 연연할 필요도 없고, 그런 취직을 하겠다고 소중한 성장기를 희생하면서 지옥 같은 입시전쟁에 뛰어들 이유가 없어질 게 분명합니다. 간단하죠?

사실, 지금 진짜 학자나 연구자가 되겠다는 생각으로 대학 가는 학생들 별로 없잖아요. 다들 취직하기 위해서 가는 거죠. 그러면 그 아이들을 불필요하게 괴롭힐 거 없잖아요. 노래를 하거나 그림을 그리면서 살고 싶은 아이들이 지금은 수학을 못하면 음대도 미대도 들어갈 수 없어요. 수학 공부에 흥미를 못 느끼는 아이들에게 그걸 강요해 봤자 사회 전체의 문화수준이 높아지는 것도 아니고, 아이들만 상처받을 뿐이에요. 대학이 뭐길래 이 나라의 수많은 아이들이 이렇게 괴로움 속에서 아까운 성장기, 사춘기를 보내야 하는지 정말 알다가도 모르겠습니다.

얼마 전에 인천에서 열린 어떤 백일장에 불려가서 고등학생들의 산문을 읽어본 적이 있어요. 다른 심사위원들도 그렇게 느꼈겠지만, 제가 그날 100편이 넘는 산문을 읽었는데 참 기가 막히더군요. 고등학생들의 글이 아니라 대여섯 살짜리 유아들의 글이 아닐까 하는 생각이 들 정도로 문장에 나타나 있는 정신적 성숙도라는 게 말할 수 없이 낮았어요. 제가 요즘 그 또래의 아이들을 가까이서 접촉할 일이 없기 때문에 더 놀랐는지 모르겠어요. 고등학생이라면 사회문제에 대한 최소한의 관심이 나타나 있어야 하잖아요. 그래서 그날 백일장 제목이 '집'이었으니까 가령 용산에서 집을 강제로 철거당하고 불에 타 죽은 사람들에 관한 언급이 조금은 있을 법도 한데, 하나도 없어요. 그 대신 자기 주변 가족이나 친구들에 국한된 별 의미도 없는 얘기를 피상적으로 늘어놓은 게 거의 전부였어요. 그래서 이런 생각이 들더군요. 아, 이건 아이들이 우리한테 복수

하는 거다. "그래 당신들이 우리들을 이렇게 바보가 되도록 키웠으니까 우리가 바보가 될게." 그런 메시지가 학생들의 산문에서 읽혔어요.(웃음)

물론 모든 문제를 기본소득으로 다 해결할 수는 없겠지만, 어떻든 지금처럼 대학 안 가면 안된다는 광적인 집착에서 많은 사람들이 해방될 것은 틀림없어요. 그러면 아이들 생활도 저절로 밝아지고 건강하게 되겠지요. 그러면 되는 거죠.

작은 정부의 실현

교육문제뿐만 아닙니다. 기본소득을 가지고 중요한 사회정책을 위한 수단으로 쓸 수도 있어요. 예를 들어, 말썽 많은 세종시 문제만 해도 그래요. 원래 노무현 정부가 세종시를 들고 나온 것은 수도권 인구 과밀 현상을 해소하고 이른바 국토 균형발전을 위해서라는 거잖아요. 그래서 원래는 수도 자체를 옮긴다는 계획이었는데, 그게 헌법재판소에 의해서 제동이 걸리니까 중앙행정기관들을 옮기는 쪽으로 변경한 것 아니에요? 그런데 청와대와 국회까지 다 같이 옮긴다면 모를까 핵심 부분은 빼고 중앙관서들을 옮겨 가면, 문제가 많을 것은 당연하죠. 그걸 부정하는 것은 억지예요. 세종시 계획의 원안을 반대하면 국토의 균형발전을 반대하는 사람으로 몰아붙이는 것은 합리적인 태도가 아니죠. 세종시를 행정도시로 개발한다면 그냥 수도권만 확장하는 결과가 될 가능성이 농후해요.

그런데 수도권 과밀 인구를 해소하는 아주 간단하고도 확실한 방법이 있습니다. 그것은 전국적으로 기본소득을 시행하면서 수도권 주민들에게는 5년이나 10년 정도 기본소득 지급을 보류하는 정책을 실시하면 돼요. 그러면 수도권 사람들이 대규모로 지방으로 내려갈 게 틀림없어요. 얼마나 간단해요? 지금 사람들이 수도권에 몰려와서 사는 것은 여기가 좋아서가 아니잖아요. 고향에서는 생계를 유지할 수 있는 방법이 없으니까 모두들 서울 쪽으로 몰려온 거란 말이에요. 지금 귀농을 하고 싶어 하는 젊은이들이 많은데, 선뜻 결행을 하지 못하는 결정적인 이유가 가족들의 생계문제와 아이들 교육문제예요. 그런 사람들이 기본소득이 실시되면 아마 제일 기뻐할 것 같아요.

기본소득제도가 도입되면 국가의 기능이 지나치게 강화될 것이라고 우려하는 사람들도 있는 모양이에요. 그런데 잘 생각해보면 오히려 그 반대 현상이 일어날 가능성이 큽니다. 왜냐하면 이 제도가 실시된다면 기왕의 복지서비스들 중 상당수가 불필요한 것이 될 게 확실하니까요. 예를 들어, 지금 생활보호대상자에게 주는 생계보조금 제도 같은 게 그런 것이죠. 기본소득이 실시되면 생활보호대상자를 정하기 위한 까다로운 선별작업이 전혀 필요 없게 됩니다. 그러면 공무원도 그만큼 줄어들게 되겠죠. 지금처럼 개인의 자존심을 다쳐가면서 가족관계나 수입 상태를 일일이 조사하는 번거로운 일이 없어지니까 결과적으로 국가행정사무가 간편해지고, 관료기구가 축소될 수밖에 없는 거죠. 궁극적으로는 보건복지부가 필요 없어질지 모릅니다. 아니, 그 정도가 아니라 교육문제도 사실상 해결된다고 보면, 교육부도 폐지될지도 모르죠. 이런 식으로 생각하면, 중앙행정 부서 대부분이 없어져도 돼요. 그냥 국민들의 통장에 매달 일정한 기본소득을 입금해주는 공무원 몇 사람만 있으면 충분해요. 기본소득으로 국민들의 경제생활이 간단명료해질 것이기 때문에 지금과 같은 복잡한 관료조직이 있을 이유가 없는 거죠. 그렇게 되면 진짜로 작은 정부가 실현되는 거예요. 보수파들이 늘 주장하는 게 작은 정부인데, 기본소득제야말로 그걸 래디컬하게 실현할 수 있는 가장 효과적인 방책인 거죠.

재원?

농담처럼 들리죠? 너무나 간단하니까요. 너무나 간단한데 왜 이걸 못할까요? 생각하면 기가 차죠. 사람들이 잘못된 시스템을 만들어 놓고 그 속에서 불필요하게 고생하면서 산다고 생각하면 더 기가 찹니다. 굳이 혁명을 일으킬 것도 없고, 그냥 기왕의 시스템에 약간의 변경만 가하면 모든 게 순조롭게 잘 돌아갈 텐데 말이에요. 기본소득제가 실현만 된다면 사회가 안정되고 평화로워질 것은 말할 것도 없고 우리들 개개인의 삶에도 엄청난 긍정적인 변화가 일어날 게 확실합니다.

자, 그러면 기본소득 실시에 필요한 재원은 어떻게 마련할 것인가 하는 문제가 당연히 제기되겠죠. 기본소득을 거론하는 사람들이 보통 생각하는 것이 증세(增稅)입니다. 이른바 부유세를 거둬서 재원을 확보한다는 생각을 하는 논자들도 있는 것 같아요. 아까 말씀드린 독일의 기본소득 운동가들은 새로운 세금을 만들 필요가 없고, 기왕의 세금구조를 합리적으로 조정하면 얼마든지 재원을 마련할 수 있다는 계산을 하고 있습니다. 저도 이 관점에 상당히 공감하는 편입니다. 가령 소비세 같은 것은 과세 형평성의 원칙에도 맞지 않는 것인데, 그것을 지금 철회하기는 어려우니까, 소비세로 거둬들인 세금을 기본소득이라는 형태로 시민들에게 돌려주는 방법도 고려해볼 수 있죠. 그리고 또 정부가 세금을 얼마나 합리적으로 집행하는가도 굉장히 중요합니다. 정치가나 관료들의 부패도 큰 문제지만, 예를 들어, 국책사업이라는 이름으로 4대강 공사에 퍼붓는 막대한 세금은 나중에라도 반드시 따져서 책임을 물어야 합니다. 사실 그런 규모의 돈이면 기본소득을 시작하는 데 충분한 금액이고, 기본소득은 당연히 일반 서민들의 구매력 증대에 기여하고, 그로 인한 국민경제 전체의 안정화 효과는 4대강 토목공사 따위와는 비교가 안될 것입니다.

그러나 기본소득의 재원을 세금에서 찾는 것보다 더 간단하고 확실한 방법이 있습니다. 대체로 국가가 돈을 마련하는 방법은 세 가지로 나눌 수 있는데요. 세금을 거둬들이는 것과 국채를 발행하는 것, 그리고 마지막으로 국가가 화폐를 직접 발행하는 것입니다. 물론 국유재산을 매각하는 방법도 있고, 수수료 따위에서 생기는 국가수입도 있지만, 여기서는 일단 논외로 하죠. 크게 보아 이 세 가지가 국가의 수입원이라고 할 수 있는데, 그중에서 세금은 길게 얘기할 필요가 없죠. 근대국가는 조세국가라고 할 만큼 국가가 세금을 거둬들이는 것은 당연하게 생각돼왔으니까요. 실제로 또 근대국가의 존립명분이라고 할 수 있는 재분배 기능도 주로 세금이라는 수단을 통해서 할 수밖에 없는 것도 사실이죠.

그다음에 국채인데, 이건 좀 따져볼 필요가 있어요. 우리는 흔히 국가가 국채를 남발하면 결국 그 이자부담이 국민에게 지워지기 때문에 신중해야 한다는 얘기를 듣습니다. 국채란 결국 빚이라는 뜻이죠. 그 빚은 물론 국채를 사들인 은행 혹은 투자자들에게 진 빚이죠. 투자자들 입장에서는 국채란 국가가 망하지 않는 한 가장 안전하고, 경우에 따라서는 가장 수익성이 높은 투자상품이겠죠. 그런데 여기서 우리가 물어봐야 할 것은 국가가 돈이 필요하면 그냥 화폐를 발행하면 될 것이지 굳이 왜 국채라는 것을 발행해서 번거로운 절차를 거쳐서, 그것도 이자를 물어야 하는 돈을 마련하느냐는 겁니다.

이렇게 말하면 의아하게 생각하실지 모르겠습니다. 우리가 사용하는 돈이 국가가 발행한 것이지 누가 발행한 것이냐고 반문하실지 모르겠어요. 그러나 실은 지금 우리가 사용하고 있는 돈의 대부분은 국가가 발행한 게 아니고, 은행이 만들어낸 것입니다. 이것은 굉장히 중요한 문제라서 조금 자세히 말씀드리죠.

돈은 어떻게 만들어지는가

여러분, 실제로 돈이 어떻게 만들어지는지 아십니까? 물론 우리가 일상적으로 사용하는 지폐와 동전은 한국은행에서 찍어내죠. 그런데 이 지폐와 동전이 전체 통화량 중에서 얼마나 비중을 차지한다고 보세요? 요즘 우리가 직장에서 봉급을 현금으로 받는 일은 거의 없죠. 상인이나 기업들이 결제를 할 때도 현금을 주고받지 않습니다. 개인들도 그래요. 요즘은 밥 한 끼, 차 한잔 사 먹고도 대개 신용카드로 결제를 하잖아요. 그러니까 지금 돈이라고 하는 건 대부분 우리가 만져서 실감할 수 있는 게 아니고, 그냥 종이 위에 찍힌 숫자에 불과해요. 일반적으로 산업국가에서 이런 식으로 통용되는 돈이 전체 통화량의 97퍼센트 이상이라고 합니다. 우리나라의 통계는 제가 못 봐서 모르겠습니다만, 별로 다르지 않을 거예요. 그런데 이게 전부 은행에서 만들어진 신용화폐라는 게 중요합니다.

신용화폐란 은행이 고객의 대출 신청을 받아서 일정한 담보물을 근거로 언제까지 상환하겠다는 서약을 받고 돈을 빌려줌으로써 창조되는 돈입니다. 이게 은행의 신용창조 기능이라는 거고, 지금까지 존재하지 않았던 돈이 이 과정에서 새로 생겨나는 거죠. 왜냐하면 이때 은행이 빌려주는 돈은 우리가 보통 생각하는 것처럼 은행이 보관하고 있는 돈 중에서 일부를 꺼내어 대출하는 게 아니에요. 실제로 은행이 갖고 있지도 않으면서 그냥 대출받는 사람의 통장에 일정한 액수를 적어 넣어줄 뿐이죠. 그러면 그게 돈으로 통용되기 시작하는 거죠. 그러니까 오늘날 화폐는 거의 전부 은행에서 대부받은 돈, 즉 빚입니다. 게다가 이자까지 붙는 빚이죠.

사실, 이런 얘기 대개 처음 들으실 거예요. 캐나다에서 누가 조사를 해봤는데, 돈이 어떻게 만들어지는지 알고 있는 시민은, 경제학자까지 포함해서, 거의 없더랍니다. 99퍼센트가 실상을 모르고 있더라는 거예요. 조셉 슘페터라는 경제학자에 의하면, 1920년대까지 화폐시스템에 관해 정확한 지식을 갖고 있는 경제학자들이 거의 없었다고 해요. 요즘 경제학 교과서에는 오늘날의 화폐가 은행에서 만들어진 부채라고 쓰여 있기는 하지만, 그렇게 언급하고는 대부분 그냥 간단히 넘어가버려요. 그런 화폐 시스템을 당연하고 자연스러운 것으로 받아들이기 때문이죠. 그러나 과연 그게 자연스러운 것일까, 생각해볼 필요가 있어요.

현대의 은행들이 이익을 취하는 주된 방법은 우리가 보통 생각하는 것과는 다릅니다. 우리는 대개 예금자의 돈을 보관하고 있다가 그 돈을 다른 사람에게 대출해주는 금전 중개업이 은행의 주된 업무인 줄 알고 있죠. 그래서 예금금리와 대출금리의 차액으로 생긴 수익이 은행의 수입원이라고 생각하죠. 그러나 그렇지 않습니다. 은행은 신용창조라는 이름으로 사실상의 화폐를 발행하고, 화폐 발행에 따른 막대한 이익을 챙기고 있습니다. 국가의 중앙은행이 발행하는 '한국은행권'이라는 지폐와 동전만이 화폐가 아닙니다. 그보다는 비교할 수 없이 많은 화폐가 민간은행들에 의해서 끊임없이 만들어지고 있는 게 오늘날의 화폐시스템입니다.

이렇게 민간은행이 화폐를 발행할 수 있는 것은 '부분지급준비제도'라는 것 때문입니다. 부분준비제도라는 것은 고객이 맡긴 돈의 일부만을 은행이 보관해두고 나머지는 대출이 가능하도록 된 규칙입니다. 그러니까 결과적으로 은행은 실제로 갖고 있지도 않은 돈을 대출할 수 있는 셈이죠. 그래서 케인스도 부분준비제도란 "무(無)에서 돈을 만들어낼 수 있는 메커니즘"이라고 말했던 것입니다.

오늘날 일반적으로 민간은행들은 대개 3~10퍼센트 정도의 지급준비금을 중앙은행에 예치해 놓고 고객들에게 대출하도록 규칙이 정해져 있다고 합니다. 준비금의 비율은 예금 종류에 따라 다르지만, 일단 10퍼센트라고 가정하고 이 부분준비제도가 어떻게 작동하는지 잠시 보죠. A가 은행에 100만 원을 예금합니다. 그 은행은 중앙은행에 준비금으로 10만 원을 예치해 놓습니다. 그러면 은행에 남아 있는 돈 90만 원은 대출이 가능합니다. 은행은 B에게 그 90만 원을 융자해주고, B는 자신의 거래 상대자인 C에게 상품 대금으로 그 돈을 지불합니다. 그러면 C의 계좌에 90만 원이 입금되고, 그 은행은 중앙은행에 준비금으로 10퍼센트에 해당하는 9만 원을 예치합니다. 은행은 나머지 81만 원을 또 다른 사람에게 대출할 수 있습니다.

물론 여기서 고객들이 전부 동일한 은행을 이용하는 것은 아니지만, 은행이라는 닫힌 회로 속에서 연쇄적으로 예금, 준비금, 대출, 예금, 준비금, 대출 과정이 반복되면서, 은행 전체로 볼 때 원래의 예금 100만 원으로 900만 원까지 새 돈을 만들어내는 게 가능합니다. 이렇게 거의 무(無)에서부터 많은 새로운 돈을 만들어내는 메커니즘을 전문용어로 통화승수(通貨乘數)라고 부르는 모양이에요. 그런데 이처럼 은행이 손도 안 대고 코 푸는 식으로 만들어낸 돈이지만, 그것을 빌린 사람은 부채를 이자까지 붙여서 갚아야 합니다. 은행의 입장에서는 대출을 많이 할수록 이자 수입이 많아져서 좋고, 만약 채무자가 돈을 갚지 못하면 담보로 잡은 토지나 주택이나 주식을 헐값으로 차지할 수 있게 되니까 아무 손해 볼 게 없죠. 꿩 먹고 알 먹기죠. 게다가 최근 월스트리트 금융사고에서 보는 것처럼 은행이 크게 사고를 치면 구제금융이라는 이름으로 정부가 나서서 세금으로 손실을 메워줍니다.

"그건 사기처럼 들리는데요!"

그런데 이 부분준비제도에 의한 대출에 관련해서 매우 흥미로운 사건이 하나 있어요. 1969년에 미국 미네소타의 한 법정에서 다루어진 소송 사건인데요. '몽고메리 제1은행 대(對) 댈리' 사건이라고 알려진 이 재판은 제롬 댈리라는 변호사가 은행에서 빌린 돈을 갚지 않아 담보물이 몰수 처분을 받은 것에 항의하여 소송을 제기했던 것인데, 그의 주장은 원래 은행이 대출을 했을 때 자기에게 아무것도 빌려준 게 없다는 것이었습니다. 무슨 말이냐 하면, 우리가 다른 사람에게 뭔가를 빌려준다고 할 때는 빌려주는 물건을 미리 내가 가지고 있어야 합니다. 그런데 은행은 이 돈을 실제로 갖고 있지 않았다는 거죠. 다만 1만 몇천 달러라는 숫자 표기만을 했을 뿐이라는 거죠. 처음에 판사들은 이 변호사의 논리가 괴이하다고만 생각했다고 합니다. 그런데 증인석에 나온 그 은행의 행장이 "은행은 통상 대출금을 허공에서 만들어내는데, 그것이 표준적인 은행업무"라고 말하는 바람에 모두 놀랐다는 거예요. 그래서 재판장은 격앙된 어조로 "그건 사기처럼 들리는데요!"라고 소리쳤다고 합니다. 결국 재판은 댈리의 승리로 끝나고 법정은 은행의 담보물 몰수 요구를 받아들이지 않았다고 합니다. 그런데 이 재판의 결과가 상급법원에서도 인정되면 어떻게 되겠어요? 은행들이 갖고 있는 모든 담보물, 채권, 채무관계가 전부무효가 되고, 은행에서 대출받은 모든 사람은 돈을 갚을 필요가 없어지고, 부채로부터 완전히 해방되겠죠. 다시 말해서 현행 금융시스템이 완전히 뒤집어지는 거죠. 우연인지 모르지만, 그 판결을 내린 판사는 그 후 6개월 만에 의문의 사고를 당해서 사망했다고 합니다.

부채로서의 돈과 그 압력

민간은행이 부분준비제도에 근거해서 이렇게 별 제약 없이 돈을 만들어내어 끊임없이 이자수입을 챙기면 은행업자들에게는 더할 나위 없이 좋겠지만, 사회 전체적으로는 엄청난 폐해를 끼칩니다. 은행 돈은 기본적으로 부채인 데다가 이자가 붙는 돈이에요. 그러니까 대출을 받은 사람은 원금에다가 이자를 붙여서 상환하지 않으면 안되죠. 그런데 은행이 대출을 해줄 때 그 대출금 속에는 원금만 있지 이자는 포함돼 있지 않습니다. 무슨 말이냐 하면, 사회 속에 유통되고 있는 거의 대부분의 통화는 원래 은행에서 대출받은 돈으로만 구성돼 있지 이자분에 해당하는 돈은 없다는 얘기죠. 그러니까 이자를 물기 위해서는 다시 은행에서 대출을 받을 도리밖에 없어요. 그러면 필연적으로 부채는 점점 증가하게 마련입니다. 그렇게 해서 사회 전체가 빚에 허덕이게 되는 거죠.

빚에서 헤어나기 위해서 개인은 개인대로 기업은 기업대로 악전고투할 수밖에 없습니다. 이자를 갚기 위해서 은행에서 다시 대출을 받는다 하더라도 거기에는 역시 다음에 갚을 때 필요한 이자는 포함돼 있지 않습니다. 그러니까 결국 빚을 청산하려면 다른 사람이 가지고 있는 돈을 뺏는 수밖에 없어요. 마치 의자는 다섯 개밖에 없는데 열 명의 아이들이 의자를 하나씩 차지하려면 서로 뺏고 뺏기는 전쟁을 하지 않을 수 없는 것과 같은 상황이 벌어지는 거죠. 그렇게 해서 세상은 자연히 약육강식의 치열한 경쟁의 장으로 변할 수밖에 없어요. 그런 상황에서 기업은 최대한 상품 가격을 올리고 종업원을 줄이는 따위 소위 경영합리화와 구조조정에 몰두하고, 개인은 소득 향상을 위한 피나는 투쟁을 전개하게 마련입니다. 내 자신이 개인적으로 은행 돈을 대출받은 적이 없다고 해서 여기서 예외가 되는 건 아닙니다. 우리 모두가 생활을 위해서 사용하는 모든 물건과 서비스에 이미 은행 돈이 가하는 압력이 반영돼 있으니까요. 어떤 통계를 보니까 오늘날 산업국가에서 물가의 약 30퍼센트가 이자분(利子分)이라고 합니다. 이자란 게 이렇게 무서운 거예요.

그러니까 이 압력 때문에 계속적인 경제성장을 하지 않을 수 없는 거죠. 돈이 많아지는 만큼 빚이 많아지고, 그것은 결국 경제규모가 커진다는 뜻이지만, 이 경제가 계속 유지되기 위해서는 자꾸만 더 확대되고 팽창할 수밖에 없는 거죠. 한정된 경제규모 안에서는 사회적 약자를 착취함으로써 은행 빚을 갚을 수 있겠지만, 일정한 한도를 넘으면 흔히 다음 세대의 몫까지 미리 끌어당겨서 쓰는 방법을 택하게 됩니다. 그게 바로 환경오염과 환경파괴를 수반하는 경제개발이죠. 그렇게 생각하면 경제개발이란, 간단히 말해서, 미래세대에 대한 착취라고 할 수 있는 거죠.

그러나 은행 돈 상환압력은 사회적 약자나 자연을 착취하는 것으로도 벗어나기 힘든 것입니다. 그래서 다시 수출경쟁을 하지 않을 수 없습니다. 그런데 또 수출을 통해서 획득하는 외화는 따지고 보면 다른 나라 사람들의 은행 빚이라고 할 수 있습니다. 그러니까 무역 흑자라는 것도 결국은 다른 나라의 사회적 약자와 자연에 대한 간접적인 착취의 결과인 셈이죠.

그러다가 이것도 저것도 순조롭게 되지 않으면 마침내 전쟁입니다. 알고 보면, 근대 이후 거의 모든 전쟁은 근본적으로 금융시스템의 구조적 결함에서 비롯되었다고 할 수 있습니다. 앞에서 말씀드린 클리퍼드 더글러스가 쓴 글 중에 〈전쟁의 원인〉이라는 글이 있는데, 거기에서도 바로 그 점이 명확히 지적돼 있어요.

더글러스의 이런 관점은 예외가 아닙니다. 전쟁의 원인이 화폐시스템 혹은 금융제도의 구조적 결함에 있다고 본 사람은 그동안 많이 있었고, 현재도 많이 있습니다. 다만 그들은 주류 경제학에 의해서 늘 외면당하고, 무시당해왔을 뿐이죠.

특히 1920~30년대에 그런 비주류 경제사상가들이 많이 출현했던 것 같아요. 그때가 대공황 시기였으니까 어쩌면 당연한 현상이죠. 대공황은 주류 고전파 경제학들에 의해서는 해명이 불가능한 미스터리였거든요. 대공황 직전 경기는 대호황이었습니다. 이른바 광란의 20년대라고 부르는 시기였죠. 미국의 중앙은행인 연방준비은행이 저금리 정책을 썼기 때문에 돈이 넘쳐났고, 싼 돈을 빌려서 사람들은 부동산, 주식 따위에 투자함으로써 일확천금을 노리던 시대였죠. 실제로 벼락부자들도 많이 생겼어요. 피츠제럴드의 소설《위대한 개츠비》의 배경이 바로 이 시기였으니까요.

또, 피라미드 판매 방식의 원조라고 할 수 있는 '폰지 방식'이라는 게 이 시대의 산물입니다. 그것은 원래 찰스 폰지라는 이태리계 미국인이 당시 통용되던 '국제우편 반신 쿠폰'의 허점을 이용하면 쉽게 돈을 벌 수 있다는 계산을 한 뒤에 투기꾼들을 대대적으로 모집해 놓고는 결국은 사기를 친 사건입니다. 폰지는 단시일에 엄청난 수익을 올릴 수 있다는 과장 광고를 냈고, 이것을 본 투기꾼들이 끊임없이 몰려들자 원래 계획했던 쿠폰사업은 제쳐두고 그냥 신참 가입자의 돈으로 앞선 가입자에게 이익금을 분배하는 식으로 사기행각을 계속하다가 결국은 발각되어 쇠고랑을 찼습니다. 이 사건은 폰지라는 개인보다도 그 시대를 잘 드러내는 사건이죠. 투기열풍으로 사람들이 제정신이 아닌 시대였습니다. 주식시장의 활황도 근본적으로는 폰지와 똑같은 방식의 사기 수법으로 부풀려진 거품이었습니다. 이런 거품을 조장한 근본적인 책임은 결국 은행에 있었다고 할 수밖에 없어요. 대출조건을 완화하고 이자율을 낮춰서 사람들이 뭐든 저당 잡히고 투기에 열중하도록 만든 거죠.

그러다가 어느 날 갑자기 연방준비은행이 국채를 공개시장에서 팔기 시작하고, 대출 준비금을 줄임으로써 통화량을 줄이기 시작했습니다. 그러면 금리가 올라가고, 대출이 어려워지고, 돈이 귀해지는 건 당연하죠. 주식시장이 가라앉고 투자자들은 조금이라도 건지겠다고 너도나도 주식 투매에 나서면서 하룻밤에 주식시장이 붕괴된 거죠. 그게 공황의 시작이었습니다. 사람들은 은행에서 저금을 빼내오고, 은행은 은행대로 대출금 회수에 나서면서 통화량이 대폭 감소되었습니다. 그리하여 1929년에서 1933년 동안 통화량이 3분의 1로 줄었다고 합니다. 돈이 고갈되니 상품이 팔리지 않고, 기업은 생산을 중단하거나 축소할 수밖에 없고, 일자리를 잃게 된 노동자는 소득이 없고, 소득이 없으니 구매력이 없고, 그래서 다시 상품이 팔리지 않고 재고만 쌓이는, 이런 악순환이 계속되는 거죠.

공황이라고 해서 농사가 안되고, 공장의 생산능력 자체가 없는 것은 아닙니다. 농사가 잘되었는데도 판로가 없어서 농민들은 수확물을 썩어가도록 버려두어야 하고, 공장에서는 상품이 팔리지 않으니까 멀쩡한 기계들이 녹스는 것을 보고만 있을 수밖에 없는 거죠. 풍성한 수확물이 있고, 생산능력이 있는데도, 사람들이 일자리를 잃고, 굶주림의 고통을 겪어야 하는 상황이 공황입니다. 이 상황을 타개하기 위해서 당시로서는 거의 혁명적인 참신한 논리를 제공한 사람이 바로 케인스였죠. 내핍으로 재정균형을 맞추려 할 것이 아니라, 정부가 돈을 풀어서 유효수요를 창출하면 공황을 물리칠 수 있다는 게 그 이론이죠. 그 이후 케인스의 이론은 루스벨트의 뉴딜정책으로 구현되었고요. 흔히 뉴딜정책이 아니라 2차대전을 통해서 비로소 공황 탈출이 가능했다고 말하지만, 그것도 따져보면 케인스 이론의 타당성을 입증하는 전형적인 사례라고 할 수 있습니다. 군사적 목적이기는 하지만, 하여튼 공공지출에 의한 대대적인 수요창출이었으니까요.

그런데 여기서 주목해야 할 것은 그 케인스도 정부의 재정지출을 위하여 돈을 빌려오면 된다, 즉 적자재정을 하면 된다고 생각했다는 점입니다. 정부가 바로 돈을 발행하면 된다고 주장하지는 않았습니다. 그러니까 은행에서 대출한 부채로서의 화폐라는 기왕의 금융시스템 자체를 건드리지는 않았다는 것이죠. 오늘날 화폐시스템의 발본적인 개혁을 주장하는 사람들은 이 점을 케인스의 결정적인 한계로 보고 있습니다. 왜냐하면 케인스의 이론으로는 궁극적으로 전쟁을 방지할 수도, 파멸적인 경제성장을 막을 수도 없기 때문입니다.

화폐주권과 민주주의

화폐 발행의 주체는 원래 국가 혹은 주권자입니다. 서양 말로 화폐 발행으로 인한 이익을 '시뇨리지(seigniorage)'라고 하는데, 그 말의 어원은 군주(君主)라는 뜻입니다. 실제로 옛날에는 동양이든 서양이든 그 나라의 최고 통치권자가 금속화폐를 주조하거나 지폐를 찍어내어 자신의 통치권이 미치는 영역 내에서 유통시켰습니다. 지폐는 중국에서 처음 시작됐다고 하죠. 송나라 때 황제가 지폐에 자신의 옥쇄를 찍어서 돌린 게 지폐의 시작이라고 합니다. 그 후 몽고의 쿠빌라이도 지폐를 대량으로 발행하여썼습니다. 중국의 황제나 몽고의 지배자들은 지폐를 발행하는 데 아무제약을 느끼지 않았고, 그 지폐는 훌륭한 교환수단으로 통용됐습니다. 서양에서도 중세까지는 화폐 발행은 군주의 소관이었습니다. 가령 영국의엘리자베스 1세 여왕 시대는 안정과 번영을 누리면서 영국이 유럽의 선진국으로 도약하던 시기였는데, 그 안정과 번영의 토대는 기본적으로 국왕이 화폐발행권을 장악하고 통제할 수 있었기 때문이라는 유력한 해석이 있습니다. 국왕이 직접 발행하는 화폐이기 때문에 그것은 국가의 부채가 아니고, 이자를 물 필요도 없이, 필요하면 얼마든지 만들어 쓰면 되는 거죠. 그 전에는 화폐 발행은 금장(金匠) 혹은 환전상들의 손에 맡겨져 있었고 국가는 그들에게 이자를 물고 돈을 빌려다 썼다고 합니다.

그러다가 1694년에 최초의 근대식 은행인 '잉글랜드은행'이 설립되면서 국가의 화폐 발행 권리가 민간 금융업자의 손으로 넘어가버립니다. 당시 영국의 왕이었던 윌리엄 3세가 프랑스 왕과 전쟁을 하면서 전비를 마련키 위해서 금융업자들에게 돈을 빌리려고 했습니다. 엘리자베스 여왕 시대의 훌륭한 선례가 있었는데도, 정치가들의 어리석음 때문에 17세기의 영국 사회에서 화폐에 대한 주도권은 민간 금융업자들에게 도로 넘어가 있었기 때문입니다. 그때 런던의 금융업자들은 국왕에게 돈을 빌려주는 대신에 부분준비제에 의한 화폐발행권을 국왕이 정식으로 인가해줄것을 요청했고, 그 요청이 수락됐습니다. 이게 근대식 은행의 출발입니다. 그 이후 국가는 돈이 필요할 때는 국채를 발행하거나 하여 은행으로부터 돈을 빌려 쓰는 관행이 제도적으로 구축된 거죠.

민간 금융업자들의 사익추구 기관이면서도 '잉글랜드은행'이라는 그럴 듯한 이름을 붙인 것도 다분히 계산된 작명이라고 할 수 있죠. 마치 국가 기관인 것으로 착각하기 쉽게 하기 위해서죠. 우여곡절 끝에 1913년에 설립된 미국의 연방준비제도이사회(FRB, 연준)도 마찬가집니다. 누구라도 명칭만 들으면 국가기관으로 생각하기 쉽지만, 엄밀히 말해서 미국의 이 중앙은행은 민간은행입니다. 그것도 아주 대외적으로 공개되지 않은 부분이 너무 많은 민간 조직입니다. 비록 의장을 대통령이 임명하지만 그 것은 형식일 뿐이죠.

잉글랜드은행은 1946년에 국립은행이 되었습니다. 그러나 미국의 연준은 여전히 민간은행입니다. 하여튼 이 두 선구적인 근대식 은행은 그 후 세계 전역의 각국 중앙은행의 모델이 되었고, 부분준비제에 의한 은행의 신용창조 방식은 별로 큰 저항에 부닥치지 않고 금융의 기본적인 관행으로 굳어져왔습니다. 그러나 그것은 어디까지나 관행일 뿐이지, 반드시 그렇게 돼야 할 내적 필연성이 있는 게 아닙니다. 이건 중요한 사실이에요.

물론 지금과 같이 민간은행에 의한 신용화폐 발행이 국가가 직접 화폐를 발행하는 방법보다 시장의 자율성을 존중한다는 점에서 더 바람직하다고 보는 논리가 있을 수 있겠죠. 그러나 이런 경우에는 역사적 선례를 돌아보는 게 중요합니다.

예를 들어, 미국의 역사를 한번 보죠. 어떤 의미에서, 미국의 역사는 두 개의 대조적인 세계관이 건국 시초부터 지금까지 계속해서 대립하고, 경쟁하며 싸워온 역사라고 할 수 있습니다. 한쪽은 초대 정부의 재무장관이었던 알렉산더 해밀턴이 대변하는 흐름이고, 다른 한쪽은 초대 국무장관이자 3대 대통령을 지낸 토머스 제퍼슨이 대변하는 흐름이죠. 해밀턴은 원래 성공한 상인 출신으로, 독립전쟁 당시는 조지 워싱턴의 보좌관이었습니다. 그는 미국을 대토지 소유자, 상공인, 금융가들이 주도하는 강력한 중앙집권적 산업국으로 발전시킬 복안을 가지고, 금융제도도 영국의 선례를 따를 것을 주장했습니다. 그리하여 '제1합중국은행'이라는 실질적인 중앙은행 설립을 주도했죠. 그러나 제퍼슨은 기본적으로 독립 자영농민과 소상공인, 서민들을 기반으로 하는 지역분권, 민주주의의 신봉자였습니다. 그리고 그는 무엇보다도 근대식 금융제도가 기득권층의 이익에 봉사하는 반민주적 제도임을 꿰뚫어 보고, 그 제도를 통해서 화폐발행권이 민간 금융업자들에게 넘어가면 사실상 나라의 주권이 뺏긴다고 주장했습니다.

공공화폐 혹은 정부지폐의 경험

제퍼슨이 그렇게 근대식 은행에 대해 완강히 반대한 것은 독립전쟁 이전 식민지 시대의 경험 때문이기도 했습니다. 즉, 식민지에서는 영국 돈이 아니라 식민지에서만 통용되는 지폐, 즉 독자적인 지역화폐를 만들어 썼습니다. 벤저민 프랭클린의 회고록에 이 이야기가 나옵니다. 영국 여행 중에 프랭클린은 당시 본국이 경제적인 어려움에 처해 있는 것과는 대조적으로 식민지의 경제가 안정되어 있는 이유가 무엇이냐는 영국인들의 질문에 대하여, 그것은 식민지의 독자 통화 덕분이라고 말했다는 거죠. 그럴 수밖에 없는 것이 그 식민지의 지역화폐는 은행업자들에게 빚진 돈이 아니기 때문이죠. 프랭클린의 이 발언을 접한 잉글랜드은행 측은 국왕과 의회를 설득하여 식민지에서의 독자적 통화 발행과 사용을 금지하는 조치를 내렸습니다. 그 결과, 단시일 내에 식민지의 경제상황은 다시 음울해지고 실업자가 거리에 넘쳐나기 시작했습니다. 프랭클린은 미국 독립전쟁의 진정한 원인은 바로 이 화폐 문제에 있다고 말했습니다.

남북전쟁 당시 링컨이 발행한 '그린백'이라는 화폐도 주목할 만합니다. 링컨이 전쟁 수행을 위해서 국제 금융가들에게 돈을 빌리려고 하자 그들은 연리 30퍼센트 이상으로 돈을 빌려주겠다고 했습니다. 전쟁을 하지 않을 수 없는 링컨의 약점을 노리고 큰 이익을 노린 거죠. 너무 비싼 대부조건 때문에 고민 중이던 링컨에게 그의 친구 한 사람이 그러지 말고 정부가 직접 화폐를 발행할 것을 권했다고 합니다. 간단하죠? 아무도 그것을 미처 생각 못했다는 게 이상한 일이죠. 그래서 미국 정부가 직접 만든 화폐가 '그린백'입니다. 뒷면을 녹색으로 처리했기 때문에 그린백(green back)이라고 해요. 이 그린백 지폐로 군수물자를 구입하고, 군인들과 공무원들의 봉급도 지급하면서 링컨은 남북전쟁을 훌륭히 극복할 수 있었습니다. 그러나 링컨은 대통령에 재선된 지 얼마 안되어 암살을 당하고 맙니다. 아직까지 그 암살의 배후는 완전히 밝혀지지 않았지만, 아마도 그린백을 발행한 것과 링컨의 죽음 사이에 연관이 있었을 거라고 추측하는 것은 어렵지 않습니다. 왜냐하면 그린백 지폐 발행 당시 영국 신문 〈런던타임스〉(1865)에 이런 논평기사가 실렸기 때문입니다.

> 북아메리카에 기원을 둔 이 악질적인 금융정책이 만약 관행으로 굳어진다면, 그 정부는 자신의 돈을 아무 비용 없이 공급하게 것이다. 그리하여 부채를 청산하고, 이제부터는 부채 없이 지낼 것이다. 앞으로 그들은 상거래에 필요한 돈을 충분히 갖게 될 것이고, 세계 역사상 전례 없는 번영을 누리게 될 것이다. 세계 각처에서 두뇌와 부가 북아메리카로 모여들게 될 것이다. 이 나라는 파괴되어야 한다. 그렇지 않으면 지구상의 모든 군주국이 파괴될 것이다.

이 기사가 재미있는 것은 금융업자들이 정부화폐의 가치를 누구보다 잘 알고 높이 평가하고 있다는 점입니다. 정부화폐가 번영을 가져다준다는 사실 때문에 정부화폐를 좌절시켜야 한다는 논리죠. 정부화폐를 허용하면 금융업자 자신들과 기득권세력이 망한다는 것을 솔직하게 고백한 셈이죠.

그린백 지폐는 링컨의 죽음과 동시에 더이상의 발행이 금지되었지만, 그 전에 발행된 지폐는 상당히 오랫동안 유효하게 사용되어 20세기 전반까지 일부에서 통용되었다고 합니다. 그리고 링컨 사후에도 이 그린백

화폐를 부활시키고자 하는 움직임은 풀뿌리 민주주의 사회운동가들 사이에서 끈질기게 계속되어, 한때는 '그린백당'이라는 이름으로 꽤 정치세력화까지 된 적이 있습니다. 지금도 화폐제도의 개혁을 주장하는 사람들이 생각하는 정부화폐의 전범은 이 그린백이 아닌가 생각됩니다.

중요한 것은 이론보다 실천적 경험이에요. 미국의 식민지 시대나 남북전쟁 때의 경험을 보면, 공동체나 정부가 직접 발행하는 화폐시스템에 어떠한 내재적인 결함도 없다는 것을 알 수 있어요. 두 경우 모두 외부적인 압력이나 공작에 의해서 좌절된 것일 뿐이죠. 화폐발행권이 정부의 손으로 넘어가면 무책임한 정치가들에 의해서 화폐 발행이 남발되고, 그 결과로 심한 인플레 상황이 될지 모른다는 우려도 있을 수 있겠죠. 그러나 지금처럼 시민들에 의한 아무런 감시도 통제도 받지 않고 어디까지나 금융업자들의 이해관계가 우선적일 수밖에 없는 통화시스템에 비하면, 정부화폐 발행은 적어도 원칙적으로는 늘 민주적인 감시와 통제를 받게 되어 있습니다.

그뿐만 아니라, 정부화폐를 발행하는 시스템으로 전환하면 부분준비제도에 근거한 민간은행의 신용화폐 발행은 당연히 사라지게 됩니다. 법으로 금지할 필요도 없죠. 정부화폐를 발행하여 무이자로 유통시키면 민간은행에서 이자가 붙는 돈을 빌리고자 하는 사람이 있을 수 없죠. 그러면 통화량이 막대하게 줄어들겠죠. 그러나 국가의 기간사업이나 교육, 의료, 문화, 예술분야에 공공기금으로 정부화폐가 투입되면 전체적으로 통화량은 넉넉해질 게 틀림없습니다. 게다가 정부화폐로써 국민 각자에게 기본소득을 정기적으로 지급하면 통화량 부족은 완전히 해소됩니다. 그렇다고 인플레를 걱정할 필요는 없습니다. 더글러스는 '국가신용국'의 설립을 통하여 통화량에 대한 모니터링을 계속할 것을 제안하고 있지만, 그것은 중앙은행이 할 수 있는 일이기 때문에 별도로 새 기구를 만들 필요도 없죠. 그래서 만약 통화량이 너무 많다 싶으면 정부가 세금 혹은 다른 정책으로 넘쳐나는 돈을 거둬들이면 되는 일이고요.

사실, 지금까지 제가 말씀드린 것은 허황하게 들릴 수도 있겠지만, 기본소득이나 화폐시스템 개혁의 문제는 더이상 미뤄둘 수 있는 문제가 아니라고 생각됩니다. 무엇보다도 계속적인 경제성장 없이 안정적인 생활을 보장할 수 있는 것은 지금까지 제안된 방책 중에서는 이 방법이 가장 합리적이라고 생각되기 때문입니다. 적어도 저는 그렇게 생각합니다.

앞으로 고용상황은 악화되었으면 되었지 나아질 가망은 없습니다. 정치가들은 일자리 만들기를 늘 공약으로 내세우고 있지만 전혀 믿을 게 못 됩니다. 이미 세계 전체적으로 만성화된 과잉생산 문제는 산업발전에 따른 구조적 현상이기 때문에 새로운 고용의 기회는 줄어들 수밖에 없습니다. 기계화, 자동화로 인한 '노동의 종말'을 예견한 제러미 리프킨의 미래는 먼 미래가 아니라 지금 당장의 현실입니다. 조만간 인류의 4분의 1의 노동력으로 인류 전체에 필요한 물자와 서비스의 생산은 가능하다는 연구도 나와 있습니다. 그러니까 우리 모두는 잠재적인 실업자인 셈이죠. 그러므로 노동 혹은 고용을 통한 소득이라는 낡은 관념에 매달려 있다가는 전면적인 파탄에 봉착할 가능성이 농후하다고 할 수 있습니다. 이 위기상황에 대한 출구로서 가장 합리적인 게 기본소득 혹은 시민배당이라는 것은 틀림없어 보입니다. 물론 그것은 정부화폐 혹은 지자체에 의한 공공화폐 발행을 통한 배당이라야 할 것입니다. 왜냐하면 가령 세금이라든지 국채 발행이라든지 하는 방법으로는 계속적인 경제성장을 불가피하게 강요하는 결과가 될 것이니까요.

선거와 지역화폐

오늘 별로 아는 것도 없이 장황하게 얘기를 늘어놓은 것 같습니다. 그러나 요지는 간단합니다. 결국 통화제도의 발본적인 개혁과 기본소득 지급에 의한 '배당경제학'의 실현이라는 아이디어입니다. 그러나 마지막으로 드리고 싶은 얘기가 있습니다. 여러분도 그렇게 생각하시겠지만, 제가 지금까지 말씀드린 방책이, 설령 많은 시민들의 공감을 얻는다 하더라도,

현실적으로 가까운 시일 안에 실현되기는 매우 어렵다고 생각합니다. 기득권 구조가 워낙 강고하기 때문이죠. 그러나 그렇다고 해서 우리가 포기할 수는 없죠. 무슨 방도를 찾아야죠.

그래서 다시 선거 얘기로 돌아갑니다. 사실 저는 예전에는 투표는 빠짐없이 하지만 선거결과에 대해서 별로 기대를 한 적이 없는데, 이번에 지방선거를 보면서는 조금 생각이 달라졌어요. 아, 선거라는 것을 잘 활용만 한다면 뭐가 되겠구나 하는 생각이 들었어요. 특히 지방선거가 중요하다는 생각을 했습니다. 제가 말씀드린 '배당경제학'의 실현은 먼저 지역 차원에서 시도해볼 필요가 있고, 그것을 위해서는 선거를 활용하는 방법이 좋지 않을까 하는 것입니다. 이 문제를 국가 차원에서 단번에 해결하는 것은 가능하지도 않고, 어쩌면 바람직하지도 않습니다. 중요한 것은 지역이라는 토대를 먼저 견고히 하는 노력이죠. 또, 그 방법만이 오늘날의 국가·자본권력의 압력에 대항하여 자립과 독립성을 확보하는 유일한 길일지도 모릅니다.

그래서 제가 생각하는 것은 앞으로 풀뿌리 차원에서 많은 사람들이 열심히 공부하고, 함께 학습을 하여, 다음 지방선거에서는 이 배당경제학을 주요 선거 이슈로 부각시킨다는 것입니다. 마치 이번에 무상급식에 대해서 시민들의 공감을 얻어낸 것처럼 말이죠. 그렇게 하면, 지자체의 시장이나 의회에 진출하는 후보들이 지역화폐 발행과 기본소득 지급을 경쟁적으로 공약하고 실천하는 상황이 전개될지도 모르니까요. 어떻습니까?

결국 지역화폐로 시작하는 수밖에 없을 것 같아요. 지금의 화폐와 병존하는 지역화폐를 각 지역의 사정에 맞게 만들어 그 지역 내에서만 통용되게 하자는 거죠. 물론 지금도 세계 각처에서도, 그리고 소수지만 우리나라에서도 지역화폐를 열심히 실행하고 있는 지역이 있습니다. 그런데 대부분 레츠(LETS, local exchange trading system) 형태입니다. '레츠'는 물론 공동체적 친밀성을 장려한다는 점에서 좋은 시스템입니다. 그러나 참가자의 규모가 작을뿐더러 물건을 구매하거나 서비스를 제공받을 때마다 일일이 사무소에 보고를 하거나 기록을 해야 하는 번거로움 등으로 아무래도 협소성을 면할 수가 없어요. 그런 점 때문에 확산되기가 쉽지 않고, 또 경제생활 전체에서 '레츠'가 차지하는 비중이 커지는 게 어려운 게 아닌가 싶어요.

지역화폐운동도 다양하기 때문에 여러 모델을 참고로 할 수 있지만, 아까 말씀드린 정부화폐와 기본적으로 같은 성질을 가진 지역화폐로서 대표적인 게 1932년에 오스트리아의 소도시 뵈르글에서 시행됐던 지역화폐입니다. 그 무렵 대공황의 여파로 이 소도시에도 경제상황이 말할 수 없이 저조했다고 합니다. 인구 5,000명 정도의 도시에 1,500명 이상이 실업자였다고 하니 심각한 상황이었죠. 그런데 그 도시의 시장이 미하엘 운터구겐베르거라는 사람이었는데, 이분이 현명한 사람이었어요. 오스트리아 중앙은행이 발행한 돈이 없다고 해서 우리가 기죽을 필요가 없다고 생각한 거죠. 그래서 그는 시의회의 승인을 얻어서 '노동증명서'라는 이름의 그 지역에 국한해서 통용될 수 있는 지폐를 만들었습니다. 시장과 시의회가 보증하고, 그것으로 공무원의 봉급도 지불하고, 그것으로 세금 납부도 가능하게 되니까 당연히 그 증서는 당당한 화폐기능을 하게 된 거죠. 화폐란 별게 아니거든요. 하찮은 나무토막, 조개껍질이라도 그것을 공동체에서 화폐로 인정하면 화폐기능을 하게 되는 거죠. 화폐 본연의 기능, 즉 교환수단으로서는 전혀 문제가 없는 거예요. 그런데 이런 교환수단으로서의 화폐를 떠나 그것을 축적수단으로 삼을 때 온갖 비극과 재난이 일어나는 거죠. 뵈르글의 시장이 고안한 것은 철저히 교환수단으로서만 기능을 하는 화폐였습니다. 그것도 가급적 빨리 순환하게 하는 화폐였습니다.

무슨 말이냐 하면, 뵈르글의 이 노동증서는 매달 초에 액면가의 1퍼센트에 해당되는 인지를 증서의 뒷면에 첨부하지 않으면 무효가 되게 고안해 놓았던 거죠. 재미있는 아이디어죠? 그러니까 증서를 오래 갖고 있으면 있을수록 손해가 되게 되니까 사람들은 서둘러 이 증서를 사용했고, 그 결과 기존의 은행권보다도 다섯 배 이상의 속도로 빠르게 순환되었다는 거예요. 교환수단으로서 화폐가 제 기능을 하자면 화폐량도 중요하지만 그에 못지않게 순환하는 속도도 중요합니다. 장롱 안에 돈을 넣어두고 쓰지 않으면 아무 소용이 없는 게 아니라 경제를 죽여버리죠. 아무튼 그래서 단기간에 뵈르글의 경제는 활기를 띠고, 실업자가 사라지고, 붕괴된 다리와 도로와 공공건물이 말끔히 수리되고, 전체적으로 도시가 밝은 기운을 되찾게 되었다는 거예요. 소문이 나자 수십 개의 인근 도시들도 이 방식을 모방하려는 시도를 하고, 심지어 프랑스 수상까지 와서 견학을 했다고 합니다. 그러나 이 상황을 보고 있던 오스트리아 중앙은행이 개입을 해서는 화폐 발행은 중앙은행의 독점적 권리라고 주장하면서 국가의 명령으로 금지했어요. 그 바람에 1년 넘게 성공적으로 계속된 뵈르글의 이 창조적인 실험이 중지돼버렸어요.

뵈르글의 경우에도 이 지역의 독자적인 공공화폐가 내적인 결함이 있어서가 아니라 외부의 힘에 의해서 좌절돼버렸습니다. 자주적인 정부화폐나 공공화폐가 늘 이렇게 외부의 기득권세력의 개입에 의해서 좌절된다고 해서 이러한 시도 자체를 포기할 수는 없죠. 끊임없이 기득권세력이 개입을 해야겠다고 생각하는 것은, 그만큼 이 운동이 세계 전체의 민초들의 이익을 위해서 절대적으로 중요한 것이기 때문이죠. 저는 이 지역화폐 혹은 공공화폐 운동의 성공 여부는 경제적 민주주의의 실현에 결정적인 의미를 갖는다고 생각합니다. 경제적 민주주의가 실현되지 않은 상황에서 정치적 민주주의는 껍데기 민주주의이기 쉽습니다.

교환시스템, 문명생활의 기초

오늘 돈 이야기를 너무 많이 한 것 같군요. 그러나 돈 문제는 결코 회피할 수 없는 문제입니다. 좋은 사회를 꿈꾸는 사람들 사이에 퍼져 있는 환상이 하나 있는데, 뭐냐면 돈 없이 사는 삶입니다. 그래서 그런 사람들은 증여경제라든가 품앗이라든가 그런 것에 관해서 말하기를 좋아합니다. 저도 한때 그랬어요. 그러나 화폐가 없이 문명사회가 성립하는 것은 불가능합니다.

제가 찾아보니까 문명생활을 했던 사회로서 화폐가 없었던 사회가 유일하게 하나 있는데, 잉카제국이에요. 여러분, 토머스 모어의 《유토피아》 아시죠? 거기 보면 이 이야기가 나와요.

《유토피아》가 나온 게 1516년이니까 이미 그 무렵에는 신대륙 아메리카를 여행하고 돌아온 유럽인들이 쓴 기행문들이 많이 출판돼 있었어요. 토머스 모어는 그런 여행기들을 읽다가 《유토피아》를 구상한 것입니다. 흔히 《유토피아》를 일종의 가상 공산사회를 그린 것으로 알고 있지만, 엄연히 살아 있는 모델이 있었고, 그게 바로 잉카였습니다.

잉카제국에는 화폐가 없었다고 해요. 그러나 그 대신, 다른 사회라면 화폐가 수행했을 역할을 한 게 따로 있었어요. 그게 잉카의 도시마다 마을마다 있는 공동 물품저장고였습니다. 주민들은 농사면 농사, 수공업이면 수공업에 종사하면서 자기가 생산한 물건을 공동 저장고로 가지고 가서 거기에 쌓아 놓습니다. 그러고는 생활하면서 필요한 물건이 있으면 그 저장고로 가서 자기가 쓸 만큼 자유로이 가져다 씁니다. 늘 있는 공동 재산이니까 필요한 것 이상으로 가져올 이유도 없습니다. 그런 식으로 불안 없이 잉카 사람들은 살았습니다. 그런 삶을 보장한 공동 물품저장고는 근본적으로 다른 문명사회에서 시장과 화폐가 하는 기능을 수행한 셈이죠. 화폐를 쓰지 않는 문명생활을 하려면 적어도 이러한 공동 저장고가 필수적이라고 할 수 있습니다. 일대일의 물물교환 수준으로는 문명생활이 성립 가능하지 않습니다.

화폐는 우리 생활에 절대적인 중요성을 갖고 있습니다. 왜냐하면 우리는 혼자 고립해서 살 수 없고, 인간다운 생활을 위해서는 끊임없는 교환시스템 속에 있어야 하기 때문입니다. 다만, 그 교환시스템이 과연 지속가능한 것이며, 자유로운 삶을 보장하는 것이냐가 중요한 것입니다. 그런 의미에서 현재의 불합리하고, 부조리한 화폐시스템은 꼭 극복되어야 합니다.

탈성장시대, 기본소득, 은행의 공유화

오늘 이야기는 대여섯 시간이 걸려도 부족할 것 같습니다. 분위기를 보니 제가 좀 마음 놓고 얘기를 해도 되지 않겠나 싶습니다. 단도직입적으로 드리는 질문입니다만, 여러분은 지금 그냥 이런 식으로 가면 우리에게 미래가 있을 거라고 생각하세요? 이런 식으로 가서는 우리들에게 미래는 없습니다. 지금 우리가 하는 짓, 정말로 어리석은 것이에요. 우리는 지금 스스로 삶의 토대를 파괴함으로써 하루하루 연명하고 있을 뿐입니다. 인류 역사상 이런 때가 없었습니다. 지금 유엔 같은 공식적인 국제기구도 다급한 목소리를 내기 시작했습니다. 보수적인 인물인 유엔 사무총장도 기후변화에 대한 심각한 우려를 성명서로 발표하고 있습니다. 독립적인 과학자·활동가들은 지금 대부분 절망적인 판단을 하고 있습니다. 저는 이런 비관적인 얘기를 하고 싶지 않아서, 자료들은 늘 보고 있지만 밖에 나와서 발언은 잘 안합니다. 그러나 우리가 일반적으로 생각

---

* 이 글은 2014년 4월 25일 계간지 《말과활》이 주최한 독자모임에서 행한 이야기를 녹취, 정리한 것이다.

하는 것보다 상황이 더 심각하게 돌아간다는 것은 좀 알아둘 필요가 있습니다.

그러니까 이제는 쓸데없는 짓 제발 그만두고, 허황한 욕망들을 가라앉히고 속도를 늦춰야 합니다. 그래 놓고 우리가 진정으로 어떻게 살아야 할지 잘 생각해봐야 합니다. 지금은 생각을 할 여유고 뭐고 없이 그냥 무조건 폭주를 하고 있잖아요. 한국 사회가 특히 그렇다는 것은 한국이 소위 압축적인 성장을 해왔기 때문입니다. 이런 상황을 타개하는 데 제일 방해가 되는 게 뭐냐 하면 불과 얼마 전까지 너무나 가난하게 살았다고 생각하는 사람들이 다수를 이루고 있다는 사실입니다. 우리가 정말로 가난하게 살았다고만 할 수 있는지, 아니 가난이란 게 과연 무엇인지 좀 객관적으로 따져보지도 않고, 무조건 그 가난한 시절로는 절대로 돌아가기 싫다고 생각하는 사람이 너무 많아요. 끔찍합니다. 교육수준이 높은 사람, 심지어 이 나라의 최고 지성들이라는 사람들까지 그런 생각에서 벗어나지 못하고 있습니다.

이런 분위기이기 때문에, '생각을 깊게 좀 해봅시다'라는 얘기를 하기가 참 힘듭니다. 그럼에도 어쨌든 우리는 속도를 줄여야 합니다. 그런 뒤에 이 방향이 맞는지, 맞지 않다면 어느 방향으로 갈 것인지 시민적 양식을 총결집하여 치열한 토론을 해야 합니다. 좌우 이데올로기 이런 것 이제 필요 없습니다. 이 나라가 왜 필요 이상으로 끊임없이 좌우 대립으로 불모의 나날을 보내고 있는지 기가 막힙니다. 제가 보기에는 우파도 문제가 많지만, 좌파의 문제의식도 사태의 핵심에서 벗어나서 겉돌고 있습니다.

왜 겉돌고 있느냐 하면 경제성장 시대가 끝났다는 사실을 냉정하게 보지 않기 때문입니다. 지금까지의 좌우의 논리는, 모두 성장시대를 근거로 한 것입니다. 그러니까 성장시대가 끝난다면 좌파의 것이든 우파의 것이든 그것들은 더이상 효력을 가질 수 없는 시대착오적인 논리일 뿐인 것이죠. 경제성장 시대가 끝난다는 것은 다른 말로 하면 자본주의 근대문명이 끝난다는 뜻입니다. 왜? 결론부터 말씀드리겠습니다. 화석연료 때문입니다. 이제는 화석연료를 더 써서도 안되고, 쓸 수도 없는 상황이 되었기 때문입니다.

자본주의 근대문명이라는 것은 한마디로 화석연료에 기반을 둔 문명입니다. 이 점에 대해서는 대부분의 사회이론가, 정치사상가들이 별로 주목을 하지 않았습니다. 지금도 그렇습니다. 그러나 이것은 아주 기초적인 사실입니다. 문명이라는 것은 에너지 없이는 유지되지 않습니다. 그런데 산업혁명 이후에 자본주의 문명은 거의 전적으로 석탄·석유 에너지에 의존해왔습니다. 그중에서도 특히 중요한 것은 석유입니다. 석유는 에너지뿐만 아니라 산업활동 전반에 걸쳐서 불가결한 요소입니다. 이것은 잠깐만 생각해보면 누구라도 쉽게 이해할 수 있습니다. 그런데 그 석유를 산업적으로 대규모로 채굴해서 사용하기 시작한 것은 1860년부터였습니다. 그 후 지금까지 인류가 소비해온 석유의 총량은 대략 2조 배럴이 된다고 합니다. 여기서 매우 중요한 사실이 있습니다. 즉, 지금까지 소비해온 2조 배럴 중 첫 1조 배럴을 쓰는 데 걸린 시간이 대략 130년이라는 것입니다. 다시 말해서 1990년까지 그랬다는 거죠. 그러면 나머지 1조 배럴을 쓰는 데 걸린 시간은? 1990년부터 2010년까지, 즉 20년이 걸렸습니다. 그리고 지금 채굴 가능한 석유는 1조 배럴 정도 남아 있다고 합니다. 이런 식으로 기하급수적으로 석유를 사용한다면 앞으로 10년도 못 쓴다는 말입니다. 지금 인도하고 중국하고 무시무시한 속도로 석유 쓰기 시작했잖아요? 중국 인구만 하더라도 서유럽 인구를 다 보탠 것보다 훨씬 많습니다. 인도도 마찬가집니다. 물론 중국이나 인도의 전체 인구가 다 중산층이 되는 건 아니죠. 그렇지만 어쨌든 지금과 같은 속도로 계속 나가면 세계의 석유수명이 곧 끝날 것은 자명합니다.

지금 미국에서 셰일석유와 셰일가스 붐이 일어나고, 우리나라에서도 심심치 않게 그 이야기가 나오고 있는 것은 바로 그런 이유 때문입니다. 그런데 이 셰일석유도 얼마 가지 못합니다. 정신 나간 사람들이 마치 이 셰일석유 때문에 앞으로 100년 동안은 석유문명이 더 계속될 것이라고 생각하고 있지만, 보수적인 기관인 국제에너지기구(IEA)조차도 셰일석유도 2017~18년경에 생산 정점에 오를 것이라고 예측을 하고 있습니다. 놀라운 것은 우리나라의 진보파 매체라고 하는 〈한겨레〉나 〈시사IN〉과 같은 곳에서 이 셰일석유에 대해서 상당한 기대를 걸고 있는 듯한 보도가 나온다는 사실입니다. 셰일석유는 경제성도 경제성이지만, 엄청난 환경파괴를 일으킵니다. 셰일석유는 지하 2,000미터, 3,000미터 심층에 자리잡고 있는 혈암층에 엄청난 수압을 가해서 파쇄하는 방법으로 채굴합니다. 그 과정에서 막대한 물의 낭비, 독성물질에 의한 대규모 지하수 오염, 진동, 소음, 먼지 등등 이루 말로 다할 수 없이 생태계 파괴를 자행하는 공법을 동원하지 않으면 안됩니다. 최근에 빈발하는 지진도 셰일석유 채굴과 관계가 있지 않은가 하고 생각하는 전문가들도 있습니다. 그래서 지금 미국 전역에서 셰일석유나 셰일가스를 개발하는 지역에서는 주민들로부터 굉장히 큰 저항에 부딪치고 있다고 합니다. 앞으로 몇 년 안 가서 결국 셰일석유도 파국을 맞을 것입니다.

요컨대 문제는 가망 없는 짓들을 하면서 석유문명을 지속시키려고 하는 자세입니다. 어쨌든 셰일석유 같은 비전통적인 석유자원을 개발한다고 해서 석유문명이 계속될 리는 없지요. 더욱이 기후변화 문제를 생각하면, 절대로 화석연료는 더이상 대규모로 써서는 안됩니다.

아까 이야기로 돌아가자면, 어쨌든 이제 석유가 예전처럼 값싸게 풍부하게 공급되는 시절은 끝났습니다. 사실 1970년대에 오일쇼크가 두 번 있었죠. 그때 인간사회는 깨달았어야 합니다. 석유문명이 계속되지 않는 날이 곧 닥칠 것이라는 것을 깨닫고 준비를 했어야 합니다. 예를 들어, 우리나라만 하더라도 군사독재 시대에 고도의 경제성장이 가능했던 결정적인 이유는 석유가 워낙 싸게 공급되었기 때문이죠. 그 밖의 요인은 부차적인 것이었습니다. 2차대전 이후 1970년대까지 세계적으로 전반적인 경제부흥이 가능했던 것도 마찬가지죠. 그때는 석유 1배럴이 5달러, 비싸더라도 10달러를 넘지 않았습니다. 그러다가 2006년 석유생산 정점을 지나면서 이제는 아무리 내려가도 100달러 이상입니다. 2008년 뉴욕 금융파산 사태와 지금도 계속되는 유로권 경제위기, 세계적인 준공황 상태도 근원적으로는 이런 석유 상황에 관계되어 있다고 할 수 있습니다. 이 문제는 조금 뒤에 다시 말씀드리죠.

이러나저러나 석유문명은 끝나가고 있습니다. 이것은 확실합니다. 그러면 석유에 대해 뭔가 대체할 만한 게 있느냐? 없습니다. 흔히 사람들은 쉽게 상투적으로 생각하죠 ─ 신기술이 개발될 거다. 그런데 그거 믿고 있다가 세상 끝나버리면 어떻게 하죠? 그리고 신기술이 개발되어도 큰일이라고 저는 생각합니다. 아니, 개발되면 더 큰 재앙일 것입니다.

자연질서, 순환의 질서

제가 이런 강연을 하고 난 뒤에 종종 듣는 반론이 있습니다. 제 이야기가 과학기술의 힘을 너무 과소평가하고 있다는 거죠. 가령, 상온에서의 핵융합 기술이 성공한다면 다 해결이 될 건데 왜 그런 걱정을 하십니까, 그렇게 말하는 사람이 있어요. 그러나 제가 믿는 구석이 있어서 하는 말이지만, 절대로 그런 기술은 나오지 않을 겁니다.(웃음) 하느님이 인간의 장난을 봐주는 데도 한계가 있지 그건 안 봐줄 겁니다. 왜 제가 그렇게 믿느냐 하면, 만약에 핵융합 기술 같은 것이 상용화된다면, 그날로 인간사회는 끝장날 것이기 때문입니다. 과학자들 중에는 만약 핵융합 기술로 전기를 생산하게 된다면 거의 무한정 에너지를 사용할 수 있게 되고 그 결과로 지구는 극심한 열오염으로 생태계가 걷잡을 수 없이 붕괴될 것이라고 생각하는 사람들도 있습니다. 그러나 저는 그런 점도 중요하지만, 우선 에너지를 아무 제약 없이 사용하게 된다면, 인간다운 사회의 근본토대를 구성하는 정신적·도덕적 기율이 완전히 무너질 것이라고 봅니다. 지금 아무리 엉터리 사회라고 하지만, 이 정도라도 우리가 사회를 유지하고 있는 것은 물자와 에너지를 아껴야 한다는 생각이 어느 정도는 살아 있기 때문입니다. 그런 절제에 대한 감각 혹은 의식은 인간사회가 자기를 규율하는 데 불가결한 요소입니다. 그런 자제력을 완전히 잃게 되면 인간사회가 어떻게 될지 한번 상상해보세요.

지금은 아무리 생각 없이 낭비를 일삼는 사람일지라도 최소한 절제를 지킵니다. 왜 지킵니까? 첫째는 전깃값이라는 대가를 치러야 한다는 것을 알기 때문이죠. 전기에 값을 치러야 한다는 것은 그만큼 비용이 들기 때문입니다. 비용에는 경제적인 비용도 있지만 환경적인 비용, 사회적 약자를 희생양으로 삼는 비용도 있습니다. 밀양 사태를 보면 금방 알 수 있잖아요. 그러니까 우리가 도시생활을 하면서 좀 풍요로운 삶을 구가하기 위해서는 자연이 훼손되고, 어느 곳에서 사람들이 억울하게 희생당한다는 어렴풋한 의식이라도 있기 때문에, 즉 풍요로운 생활을 가능하게 하는 시스템 속에는 어떤 근본적인 결함이 있다는 사실 때문에 아무리 둔한 사람이라도 전기에 대해서 100퍼센트 마음이 편할 수는 없단 말이에요. 그나마 이것이 그래도 우리가 인간다운 삶, 인간다운 윤리와 도덕심을 유지하는 마지막 버팀목이 되고 있는 거예요. 그런데 만일 핵융합 기술이 실제로 생활에 도입된다면 그야말로 전기를 무한대로 쓸 수 있을 텐데, 그렇게 되면 어떻게 되겠어요? 절약이라든지 뭘 아낀다든지 그런 개념이 인간생활에서 사라지겠죠. 그러고도 사람다운 삶이 가능할까요?

저는 황우석이란 사람이 연구한다는 것을, 논문 조작이 문제되기 훨씬 이전부터 굉장히 경멸했습니다. 배아줄기세포를 가지고 뭘 어떻게 한다는 겁니까? 의술인지 의료공학인지 계속 이런 식으로 발달해간다면 궁극적으로 인간의 삶이 어떻게 될지 좀 생각을 해봐야 할 것 아닙니까? 나이 들어서 간이 망가졌다. 그럼 줄기세포인가 뭔가 하는 기술을 이용하여 새로이 간세포를 만들어내면 되겠죠. 그러면 또 아무 절제 없이 술을 퍼먹고 흥청망청 멋대로 놀 수 있겠네요.(웃음) 그런 세상이 되면 나이 칠십, 팔십 된 노인들도 이십 대 삼십 대 청년처럼 왕성하게 활동하며 지내겠죠. 그러나 건강하게 지내는 것은 좋지만, 노인들이 청년처럼 행동하면서 지낸다는 게 말이 됩니까? 결국 그런 세상이 되면 모두 철딱서니 없는 인간이 될 것입니다.

이렇게 싱그러운 신록의 계절이 되면, 우리가 꽃을 보고, 나무를 보고

숲을 보고 있으면 저절로 기분이 아주 좋아집니다. 아름다움에 그냥 다 취하잖아요. 까닭 모르게 생명감이 느껴지고 생에의 의욕이 생기죠. 왜 그럴까요? 우리가 이 세상에서 죽지 않고 무한히 살게 된다면, 그게 가능할까요? 저 나무와 꽃들을 보고 형언할 수 없는 고양감이 솟아날 수 있을까요? 세상의 아름다움에 대한 우리의 느낌, 이 절실한 느낌은 결국 언젠가는 내가 이 세상을 하직할 것임을 알기 때문에 일어나는 느낌입니다. 그러니까 죽음 혹은 죽음에 대한 우리의 의식이 세상을 아름답게 만든다고 할 수 있죠. 그러니까 죽음이라는 것은 결코 결함이 아닙니다. 죽음이 있어서 비로소 세상이 온전한 것이 된 거죠. 이 점에서 서양의 지적 전통에는 천박한 데가 있다고 할 수 있어요. 그들은 죽음을 치유해야 할 결손이라고 생각하는 경향이 있거든요. 예를 들어, 《참을 수 없는 존재의 가벼움》인가 하는 소설을 쓴 사람, 밀란 쿤데라 아시죠? 그 사람이 무슨 소리를 했는지 아세요? 자기는 하느님을 믿지 않는데, 그 이유는 이 세상에 결함이 많기 때문이라는 거죠. 하느님이 전지전능하다면 왜 인간이 매일같이 똥을 싸야 되느냐고요. 이게 말이 됩니까? 존 버저라는 작가 들어보셨죠? 젊었을 적부터 팔순이 넘은 지금까지 알프스 계곡에서 농사일을 하면서 자본주의 문명에 대해 매우 깊이 있는 비판적인 발언을 꾸준히 하면서 작품활동을 해온 영국 출신 작가인데요, 그 양반이 어느 에세이에서 밀란 쿤데라의 이런 태도를 대단히 경멸적으로 언급하고 있습니다. 존 버저는 스스로 육체노동을 하고 손수 인분을 삭혀서 거름을 만드는 일도 하는 사람입니다. 그런 점에서 예외적인 지식인이죠. 똥이란 것은, 죽음과 마찬가지로, 결코 쓸모없는 골칫거리가 아닙니다. 똥이 없으면 농사도 밥도 아무것도 안됩니다.

똥이나 죽음을 그냥 단순한 결함으로 보는 서양 사람들의 인식구조는 우리가 이해하기 정말 어렵습니다. 괴물들이 아닌가 싶어요. 어떻게 그렇게 생각할 수 있죠? 기독교의 영향이라고 할 수 있는 건가요? 잘 모르겠습니다. 그렇지만 하느님이 만든 세상이 완전한 것은 죽음이 있고, 똥이 있기 때문이 아닌가요? 자연 속에서 생명이 영구히 지속하기 위해서는 직선이 아니라 순환적인 패턴을 그리며 돌아가야 합니다. 즉 생장소멸(生長消滅)의 사이클 말이죠. 남의 똥이 내 밥이 되고, 내 똥이 또 남의 밥이 되는 이런 구조, 이런 패턴, 이런 사이클이 계속되면서 지구상의 생명이 진화를 해왔거든요. 인간도 이 지상에서 대부분의 시간은 이런 식으로 순환적인 삶의 패턴으로 지내왔습니다. 그런데 이 순환적인 패턴에 균열을 만들고 그 대신 직선적인 진보라는 패턴을 만들어낸 것이 자본주의 근대문명입니다. 그리고 기본적으로 그게 가능했던 것은 지하에 묻혀 있던 광물자원, 특히 석탄과 석유라는 재생 불가능한 자원을 분별없이 캐내어 대규모로 쓰기 시작했기 때문입니다.

산업혁명으로부터 계산해봐도 벌써 250년 정도 되었습니다. 우리는 본격적으로 산업화 사회가 된 지 몇십 년밖에 안되었지만, 출발점까지 거슬러 올라가면 100년은 된다고 볼 수 있죠. 일제에 의한 식민통치가 시작되기 이전에 대한제국 시절부터 화석연료문명이 시작되었다고 할 수 있으니까요. 도쿄보다 한성에 전차가 먼저 생긴 거 여러분 아시는지요? 고종이 황제라고 호칭을 바꾸고, 대한제국이라고 국호를 바꿔서 한번 해보겠다고, 몇 년 동안은 상당히 열을 올려 근대화를 추진했습니다. 근대화라는 건 물론 공업화죠. 철도도 만들고 발전소도 만들고요. 그런데 우리 근대사를 되돌아볼 때 가장 우스꽝스러운 대목이 뭐냐면, 망하기 직전에 나라 이름이 거창해진다는 점입니다. 명색이 제국이라면 그래도 한두 개 식민지가 있어야 되잖아요.(웃음) 아무튼 고종 황제 때부터 초보적이나마 근대화가 시작되었다면, 그때부터 우리도 순환적 삶의 패턴을 포기하기 시작했다는 얘기가 됩니다.

일본에는 메이지유신 이전 도쿠가와(德川)막부 말기부터 서양 사람들의 왕래가 잦았습니다. 어느 해 영국 선박이 들어와 있었는데, 그때는 아직 석탄으로 배가 움직일 때라 충분한 석탄연료가 공급될 때까지 떠나지 못하고 한참을 기다려야 했습니다. 그래서 갑갑해 하던 영국 사람이 당시 일본인 관헌에게 이럴 게 아니라 석탄을 채굴하는 근대적 기술을 영국이 제공해줄 테니까 좀 능률적으로 석탄을 생산해보자고 제안을 했다고 합니다. 그러니까 막부 관리가 하는 말이, 우리는 그런 거 원치 않는다, 일본에 있는 석탄은 우리 세대만 쓸 게 아니라 자손만대로 써야 할 것이니 아껴야 한다고 대답했다고 해요.

그런데 이런 식의 사고방식은 전통사회에서는 어디서나 공통한 사고방식이었습니다. 아껴야 한다는 생각 말입니다. 왜냐하면 재생 불가능한 자원이니까, 그것을 함부로 일시적인 욕심을 채우는 데 써서는 안된다는 것은 거의 체질화된 상식이었던 거죠.

그런데 산업화가 본격화되고, 자본주의 근대문명이 확산되면서 그런 사고습관이 사라져버렸습니다. 아무 생각도 없이 마치 자원이 무한한 것처럼 전제하고, 생각하고 행동하는 습관이 새로 형성되고, 마침내 고질로 굳어져버린 것이죠. 그러다가 지금까지 왔고, 이제 벼랑 끝으로 내몰렸습니다.

경제학자들은 아직도 그 버릇을 못 버리고 있습니다. 경제성장이 무한히 될 것이라고 믿는 사람들에는 두 부류가 있다고 하잖아요. 하나는 미친 놈, 다른 하나는 경제학자.(웃음) 그래도 우리나라에서는 좋은 경제학자라고 알려져 있는 케임브리지대학의 장하준 교수가 몇 년 전에 어느 교사들의 모임에서 강연을 했는데, 강연 후 질문시간에 누군가가 장 교수에게 환경문제에 대해서 어떻게 생각하는지 물어봤다고 해요. 장하준 교수의 대답은, 쓸데없는 걱정 하지 말라는 것이었다고 합니다. 장 교수는, "저희들이 어렸을 때부터 환경문제가 심각하다는 얘기를 들어왔지만 지금 지구가 망했습니까" 그렇게 답변했다는 거예요. 그 얘기를 간접적으로 전해 듣고 저는 별로 놀라지 않았습니다. 왜냐하면 장하준 교수도 결국은 경제학자니까요.(웃음)

지금 이 나라의 경제·사회 정책에 대해서 발언권을 갖고 개입하고 있는 사람들은 거의 전부 성장론자이고, 경제성장이 명백한 벽에 부딪쳤다는 사실을 인정하지 않습니다. 그래서 어떻든 앞으로도 정책만 잘 만들면 얼마든지 경제가 회복되고 성장도 지속될 것이라고 믿고 있습니다. 며칠 전에 제가 본 자료에 의하면, 지금 미국의 경제학자 중에는 조만간 미국 경제가 붕괴할 것이라고 예견하는 사람도 있는 모양입니다. 그런데 한국에서는 지금 미국 경제, 일본 경제가 이제 회복기에 접어들었다고 헛소리들만 계속 하고 있잖아요. 그래서 주식시장도 곧 활기를 띨 것이라는 둥, 온갖 장밋빛 예측들을 하고, 투자에 대한 전망을 쏟아내고 있죠. 물론 일시적인 경기 부침 정도는 되풀이될 것이지만, 장기적으로 경제가 회복된다는 것은 있을 수 없는 일입니다.

자본주의의 지속불가능성

석유문제로 경제성장의 시대는 끝나가고 있습니다. 2008년의 월스트리트 금융파산 사태도 따지고 보면 그 원인은 석유문제입니다. 석유가 100달러를 넘어가는 상황에서는 세계경제가 제대로 돌아갈 수가 없어요. 은행에서 돈을 대부 받으면 어떻게 하든 이익을 남겨 이자를 붙여서 은행에 되갚아야 하는 게 근대적 금융시스템인데, 경제가 제대로 돌아가지 않으면 이 시스템에 고장이 생깁니다. 그러면 그 여파로 경제에 돈이 잘 돌지 않기 때문에 상황은 더 나빠지고, 그 결과로 또 악순환이 계속됩니다. 석유의 원활한 공급에 문제가 생겨 실물경제가 잘 돌아가지 않으니까, 그 상황을 돌파할 수 있는 출구로 자본가들이 고안해낸 것이 소위 경제의 금융화, 즉 돈이 돈을 버는 카지노경제, 즉 도박경제입니다. 땀을 흘려서 정당한 노동을 한 대가도 아니고, 자본을 투입해서 생활물자를 만들어 팔아서 이익을 남기는 경제도 아닌 순전히 돈으로 돈을 버는 불로소득의 부도덕한 경제 말입니다. 증권이니 채권이니 금융파생품이니 하는 것들을 사고팔고 하는 가운데 막대한 차익을 챙기는 메커니즘이 지난 20~30년 동안에 엄청나게 발달해왔고, 그 허구적인 구조 드러나자 거품이 터져버린 게 2008년의 금융파산 사태였습니다.

혹시 조반니 아리기라는 학자의 이름 들어보셨어요? 이탈리아 출신의 저명한 역사사회학자인데, 그가 쓴 책에 《장기 20세기》(1994)라는 게 있어요. 말 그대로 거시적인 안목에서 자본주의 역사를 조감하고 있는 책입니다. 이 책에서 그는 근대 자본주의가 어떤 사이클로 전개돼왔는가를 설명하고 있는데, 자본주의의 역사에서 되풀이되는 사이클은 간단히 말하면 헤게모니 국가가 번갈아 교체된다는 것입니다. 즉, 세계 자본주의를 주도하는 국가가 경제력이 약해짐에 따라 그 패권적 지위가 다른 국가로 이동한다는 것입니다. 즉, 중세 말기 이탈리아 도시국가에서 처음 발흥했던 자본주의경제의 패권이 그다음에 스페인으로 갔다가, 스페인 경제가 쇠퇴하자 네덜란드로 갔다가 다시 영국으로 갔고, 2차대전 이후에 미국으로 주도권이 이동했다는 그런 얘기입니다. 그런데 흥미로운 것은, 자본주의 헤게모니 경제가 잘나가다가 쇠퇴할 무렵에는 반드시 그것이 금융화된다고 아리기는 지적합니다. 카지노경제, 즉 화폐의 상품화가 극성을 부린다는 것입니다. 이게 어떤 법칙처럼 자본주의 쇠퇴기에 반드시 등장한다는 거죠.

그러니까 지난 20~30년간 미국이 주도하는 세계경제가 카지노경제로 돌아가고 있었다는 것은, 아리기의 논리로 말하면, 미국이라는 헤게모니 국가가 쇠퇴기에 있다는 뜻이 되는 거죠. 사실 미국의 패권적 지위가 지금 빠르게 소멸되고 있다는 것은 그동안 많은 사람들이 지적해왔습니다. 아리기는 다음 단계의 헤게모니 국가는 중국이라고 생각한 모양입니다. 죽기 직전에 《베이징의 애덤 스미스》(2007)라는 책을 썼는데 거기에 그런 생각이 개진돼 있는 것 같습니다. 저는 그 책은 읽어보지 않고 리뷰는 몇 개 읽어봤는데, 그러나 그가 예견한 것처럼은 되지 않을 것입니다. 왜냐하면 중국이 지금 승승장구하고 있는 것처럼 보이고, 그래서 다음 차례 세계경제의 주도권은 중국이 쥘 것 같아 보이지만, 실태는 그렇게 단순하지 않거든요.

하기는 지금은 미국도 중국을 함부로 대하지 못합니다. 중국을 봉쇄한다면서도 실제로 실행으로 옮기지는 못하는 것, 늘 우리가 보고 있습니다. 왜냐하면 아직은 중국의 싼 노동력 없이는 미국의 산업이 돌아갈 수도 없고, 중국에서 만들어진 싼 상품이 없으면 미국의 저소득계층 소비자들이 살아갈 수가 없으니까요. 그러나 중국도 마냥 저임노동력만 가지고는 계속 갈 수 없는 형편입니다. 그대로 갔다가는 폭동이 일어나고 정권이 무너집니다. 더욱이 중국의 환경문제는 너무 심각해서 이대로 방치해서는 세계가 망하기 전에 중국 자신이 망하게 돼 있습니다. 아리기 같은 사람은 중국이 다음 차례 헤게모니 국가가 될 가능성이 높다고 생각했는지 모르지만, 중국도 인도도 이제는 더이상 세계경제가 착취할 값싼 노동력을 제공할 여건이 되지 않는다는 점을 생각하면, 자본주의는 이제 종말 단계에 이르렀다고 봐야 합니다.

원래 자본주의는 외부가 있어야 계속 성장하고 확대될 수 있습니다. 즉, 자본주의경제 시스템이 내포한 모순과 부작용을 흡수하고 처리해줄 수 있는 외부 말입니다. 자본주의 역사라는 것은 그러한 외부를 확보하기 위해 끊임없이 침략하고, 수탈하는 역사였다고도 할 수 있죠. 유럽에서 막히니까 신대륙을 찾았고, 신대륙에서 막히니까 라틴아메리카, 아시아, 아프리카로 쳐들어갔습니다. 그 와중에서 우리나라도 식민지가 돼버렸죠. 물론 우리는 일본제국주의의 침략을 받았지만, 그때 일본이라는 것은 서구를 대신한 제국주의였던 것입니다. 하여튼 지난 몇십 년 동안은 중국과 인도가 그나마 자본주의의 마지막 외부 노릇을 해왔는데, 이제 그것도 효력이 없어지고 있습니다. 요즘 중국 지식인들이 쓴 글들을 보면 굉장히 골치 아파하는 게 엿보입니다. 그동안 엄청난 경제성장을 실현할 수 있게 해주었던 조건들이 사라지고 있는 상황에서 이제부터는 전혀 다른 대안적인 발전방식을 생각해내야 하는데, 그게 말처럼 쉽지 않기 때문이죠.

영국에서 19세기 동안에 폭력혁명이 일어나지 않은 건 기적이라고 말하는 사람이 많지만, 식민지를 대거 확보하지 못했더라면 당연히 국내에서 프롤레타리아혁명이 일어났겠죠. 식민지를 확보했기 때문에 그것을 통해서 시장도 노동력도 원료도 확보하고, 거기서 오는 이익을 가지고 노동자들에게 나눠 줬단 말이에요. 그리고 그러한 경제성장이 계속적으로 가능했기 때문에 거기서 나오는 부스러기를 어느 정도 나눠 주면서 노동자와 빈민들을 달랠 수가 있었습니다. 그런데 경제성장을 계속하고 식민지를 경영하는 데 있어서도, 핵심적인 요인은 바로 화석연료 에너지였습니다. 그런데 이 화석연료가 이제 바닥이 보이는 상황에서는 아무리 인구가 많아도 중국이 바통을 이어받아 자본주의의 새로운 헤게모니 국가가 된다는 것은 가능하지 않습니다.

문제는 그런데도 중국이 야심을 버리지 않는다는 점입니다. 중국은 지난 몇십 년간 라틴아메리카나 아프리카에 일정하게 원조를 하고 그걸 미끼로 해서 해외의 토지와 자원을 대량으로 확보하는 일을 계속해왔습니다. 그런데 그게 지속 가능한 방법이냐 하는 게 결정적인 문제입니다. 그것은 미국도, 유럽 국가들도 마찬가지입니다. 지금 우크라이나 사태나 이라크, 아프가니스탄에서 미국이 군사행동을 계속하고 있는 것도 결국 자원확보 때문이죠. 그러나 모든 국가가 이런 식으로 가면 결국 귀결은 전쟁입니다. 2차대전 후에는 석유가 풍부했기 때문에 경제부흥이라는 게 가능했지만, 앞으로는 그것도 불가능할 것입니다. 그저 지구에는 불모의 잿더미밖에 남아 있지 않을 것입니다.

"게으를 권리"

사람은 습관의 동물이기 때문에 개인도 그렇지만 사회시스템도 타성의 힘에서 벗어나기가 힘듭니다. 먼저 각성한 인간들이 열심히 얘기를 해도 워낙 수십, 수백 년 동안 굳어져 있는 시스템이기 때문에 익숙한 관행에서 탈피해서 새로운 길을 모색한다는 것은 정말 어려운 일입니다. 그러나 결국 이런 식으로 가면 전면적 전쟁이 터질 게 확실하고, 그 결과는 세계의 멸망일 것입니다. 그야말로 종말이죠. 다음 기회란 있을 수 없습니다. 그렇기 때문에 적어도 전쟁을 막기 위해서라도 지금 인류사회, 특히 경제협력개발기구(OECD)에 속한 산업국가의 시민들은 대대적인 각성을 해야 됩니다. 실제로 전쟁이 먼저 터질지 기후변화가 먼저 들이닥칠지는 모르겠어요. 어느 것이 먼저 오든 끔찍한 일이죠.

각성이라고 했지만, 결국은 경제성장이 더이상 안된다는 것을 냉정히 인정하는 게 급선무입니다. 그러므로 이제는 경제성장이 없는 사회에서 우리가 어떻게 인간답게 살 것인가를 열심히 생각해야 됩니다. 그러니까 자꾸만 물자를 늘리고 재생 불가능한 자원을 마구 소비하는 경제가 아니라 순환적인 생활패턴이 가능한 경제시스템을 재창조하려고 해야 하는 거죠. 그러자면 먼저 경제라는 개념을 근원적으로 재검토할 필요가 있습니다. 아리스토텔레스가 말했던 경제, 즉 일상적인 살림살이를 유지해주는 기술로서의 경제 말입니다. 자본주의시스템에서는 무엇이든 상품으로 만들어 이윤을 얻는 활동이 경제입니다. 그러다 보니 끊임없이 팔기 위해서 쓸데없는 물건을 너무나 많이 만들어냅니다. 지금 여러분이 슈퍼마켓이나 백화점에 가서 과연 자신에게 정말 필요한 물건이 몇 가지나 되는지 한번 조사해보세요. 정말 몇 가지 안될 겁니다. 저도 어쩌다가 슈퍼마켓에 갈 일이 있으면 쭉 한번 훑어보는데, 꼭 필요하다 싶은 거 거의 없어요. 소비욕망을 부추겨 팔아먹기 위한 물건들이지 인간생활에 꼭 필요한 물건은 극히 드물어요. 경제성장이라는 것도 결국은 상품교환을 통해 경제규모를 확대하는 것이라고 한다면, 이 과정에서 당연히 자연이 파괴되고 인생도 파괴되는 거예요. 이제는 그렇게 가서도 안되고 또 실제로 갈 수도 없는 상황이 됐으니까 이걸 명확히 하자는 겁니다. 더이상 머뭇거리지도 말고요. 그렇다면 문제는 분명해집니다. 즉, 경제성장이 안되는 세상에서 우리가 어떻게 생계를 유지하고 사람답게 살아갈 수 있을 것인가 하는 것입니다.

세월호 사건도 결국은 전 국가적인 규제완화 분위기 속에서 일어난 참사입니다. 그런데 국가가 이처럼 날이면 날마다 규제완화라는 주문을 외는 것은 기업이 자유롭게 활동하는 것을 돕겠다는 것이지만, 그 명분은 고용문제를 해결하기 위해서라는 거죠. 그러나 벌써 오래전부터 우리는 고용 없는 성장이라는 것에 대해서 많이 들어왔습니다. 왜 그렇게 되었을까요? 기계화-자동화 때문입니다. 지금 우리 생활 깊숙이 들어와 있는 컴퓨터 이거 이제는 없앨 수 없습니다. 저는 딱 없었으면 좋겠는데.(웃음) 지나간 역사지만, 생각해보면 근대사에서 가장 생각이 옳았던 존재는 러다이트였습니다.(웃음) 교과서에서는 비웃고 있지만, 러다이트들의 논리가 가장 정당했던 것 같아요. 시대를 앞질러서 봤던 사람들이죠. 만약에 러다이트운동이 성공했더라면 우리가 지금 이런 걱정할 필요가 없었겠죠. 아마 인구도 적당한 선을 유지하면서 안정된 상황을 유지하고 있었을 겁니다.

지금 이렇게 많은 인구가 화석연료 없이 어떻게 살까, 사실 저 자신도 잘 모르겠습니다. 원자력발전소도 석유 없이는 한순간도 버틸 수 없는 것이니까 기본적으로 화석연료 에너지시스템이라고 할 수 있습니다. 어쨌든 화석연료에 의존하다 보니 인구가 이렇게 폭발적으로 늘은 거예요. 지구 생태계의 수용능력이 어느 정도인지 모르지만, 이렇게 많은 인구로는 장기적 생존이 불가능할 게 확실하죠. 지금 평균수명이 갈수록 높아지고, 팔십, 구십이 넘은 노인들도 허다해지는데 이거 옳지 않습니다. 예전에는 칠십을 고희라 했습니다. 공자님도 칠십까지만 이야기했지 그 이상에 대해서는 말씀이 없잖아요.

여하튼 인구의 고령화 현상도 그렇고, 무엇보다 기계화·자동화 때문에 일자리는 갈수록 줄어들 것입니다. 석유를 포함한 자원들이 고갈되어가는 문제를 제외하고서도 앞으로 일자리 문제는 굉장히 심각해질 것입니다. 지난호(2014년 3-4월) 《녹색평론》에도 나온 얘기지만, 미국 뉴욕시내 법률사무소에서는 서류 작성을 로봇이 하고 있습니다. 이렇게 간다면 앞으로 법정에서 변호사 노릇도 로봇이 할지 모릅니다. 지금 세계에서 가장 큰 유통서비스 기업이라는 월마트도 곧 무인시스템을 도입한다고 합니다. 계산원도 필요 없다는 얘기죠. 일본에서는 요양원의 보모 역할을 하는 로봇도 실용화 단계에 왔다고 합니다. 미국의 극우파 방송인 '폭스 네트워크'에서는 스포츠 기사를 지금 컴퓨터가 쓰고 있다고 하고요.

이런 상황은 점점 더 심화될 것입니다. 그러니까 지금 기본소득에 대한 관심이 전 세계적으로 고조되는 게 아닌가 합니다. 지금 철학적으로 우리가 왜 기본소득을 해야 되는가 하는 것도 활발히 논해야 되겠지만, 현실적으로 일자리 찾기가 어려워지니까 기본소득을 생각하지 않을 수 없게 된 거죠. 기본소득을 도입하지 않으면 안될 만큼 시대가 완전히 달라졌다는 이야기입니다. 그동안 우리는 습관적으로 어딘가에 소속해서 일을 하고 그 대가로 소득을 얻어 생계를 꾸려간다는 공식 속에서 살아왔습니다. 이제 이런 고용-임금-생활이라는 구조가 더이상 성립이 안되게 된 거죠. 지금 우리는 실제로 잠재적으로 모두 실업자예요. 그러니까 앞으로 얼마 안 가서 정규직 노동, 정규 소득을 전제로 하는 연금제도 같은 것도 죄다 붕괴될 게 분명합니다. 지금 좌파, 우파를 막론하고 인구감소 현상을 크게 걱정한 나머지 어떻게든 출산율을 높여야 한다고, 보조금이라도 줘야 한다는 입장이지만, 생각해보세요. 인구를 자꾸 늘려서 어떻게 한단 말입니까? 세계 인구는 지구 생태계가 수용할 수 있는 한계를 벌써 넘어섰다고 하는데, 연금제도니 복지제도를 유지하고, 생산-소비 인구를 유지하겠다고 자꾸 인구를 증가시키는 쪽으로 간다면 어떻게 되겠어요? 뭔가 근본적인 전환을 생각해야지 고식적인 방법을 계속하겠다는 어리석은 생각은 그만둬야 합니다. 더욱이 지금도 젊은이들에게 일자리를 마련해주지도 못하는 형편에 아이들을 많이 낳아달라는 것은 말도 안되는 모순이죠.

그런데 방향전환을 하는 데 큰 걸림돌이 뭐냐 하면 그동안 우리가 당연지사로 받아들여왔던 생각, 즉 일하지 않는 자는 먹지 말라는 생각입니다. 우리는 너나없이 소득은 노동의 대가라는 생각에 너무나 깊이 길들어 있습니다. 그런데 이 생각은 이제 낡은 것이라고 냉정히 볼 필요가 있습니다. 노동신성(勞動神聖)이라는 관념은 생산성이 낮았던 시대의 유물입니다. 그때는 그 생각은 누구나 당연한 것으로 받아들였지만, 이제는 그런 시대가 아닙니다. 지금은 오히려 지나치게 높은 생산력이 큰 문제이고, 실제로 소득의 불평등, 빈부격차, 그로 인한 풍요 속의 빈곤이라는 현상이 매우 골치 아픈 문제가 된 시대입니다. 그러므로 이제는 지나친 노동, 지나친 근면은 도리어 극복해야 할 문제라는 생각을 할 필요가 있어요. 여러분, 맑스라는 사람 잘 알죠?(웃음) 그 맑스의 사위가 폴 라파르 그라는 사람인데, 라파르그가 쓴 책으로 《게으를 권리》(1883)라는 게 있습니다. 철학자 버트런드 러셀도 〈게으름의 찬양〉이란 중요한 에세이를 썼죠. 이제는 사람들이 다 같이 좀 게으르게 살아야 평화롭게 살 수 있는 시대가 되었습니다. 그렇지 않아도 현재의 생산 기술력은 엄청난데, 사람들이 부지런히 그 생산력을 높이기 위해서 열심히 매진한다면, 과잉생산과 넘쳐나는 물자로 세상은 오히려 지옥이 될 것입니다. 그러니까 생산과 소비, 노동과 소득에 관해서 우리가 갖고 있던 종래의 고정관념들을 뿌리에서부터 다시 재고하지 않으면 안됩니다.

앞으로는 사람은 일을 해야 소득을 얻을 수 있다는 생각에서 벗어나서 이 세상에 태어나서 존재한다는 사실만으로도 충분히 자유롭게 생을 영위할 권리와 자격이 있다는 생각을 할 줄 알아야 합니다. 그것이 새로운 세상이 요구하는 사상입니다. 그런 점에서 기본소득이라는 아이디어는 대단히 중요합니다.

'공유지'의 재생

기본소득은 여러분이 잘 아시다시피 사회 구성원 모두에게 무조건 일정한 기초생활비를 정기적으로 지급하자는 아이디어입니다. 이 기본소득을 도입하는 데 또 하나 큰 걸림돌로 작용하는 것은 왜 부자에게도 줘야 하는가라는 생각입니다. 가난한 사람들의 생활을 돕는다는 것은 쉽게 이해되지만, 재벌에게도 기본소득을 지급한다는 것은 종래의 인습적 사고에 젖은 사람들에게 설득하기가 사실 어렵습니다. 실제로 빈부 가리지 않고 모든 학생에게 무조건 밥을 주자는 무상급식 논리도 아직까지 흔쾌히 받아들이지 못하는 사람들이 많습니다.

일을 하지 않고, 일을 할 의사도 없는 사람한테까지 왜 기본소득을 주며, 부자들에게도 왜 기본소득을 줘야 하는가라는 의문은 설령 기본소득제가 시행된다 하더라도 끈질기게 계속될 질문입니다. 물론 그러한 질문에 대한 합리적인 답변이 없는 것은 아니죠. 예를 들어, 선별을 한다면 수급자의 자격 여부 심사에 과다한 행정비용이 듭니다. 또한 자격심사 과정에서 많은 사람들이 인간으로서의 존엄성에 심각한 상처를 입을 가능성이 있습니다. 이른바 낙인효과라는 것이죠. 그리고 소득원이 없는 사람들에게 기초생계비를 지급하는 현행의 국가 복지프로그램에서는 소위 '복지의 덫'이라는 현상이 늘 있게 마련입니다. 즉, 새로운 일자리가 생겼을지라도 급료가 적으면 사람들은 그 일자리를 포기하고 국가가 주는 기초생계비에 의존해서 살려고 합니다. 그건 비난할 수 없는 인지상정입니다. 그러나 기본소득제가 실시되면, 그런 일은 있을 수 없죠. 일이 마음에 들기만 하면 비록 급료가 적더라도 누구나 기꺼이 취직을 하거나 자신의 일을 만들려고 할 테니까요.

그러나 이런 '합리적인' 설명들로써도 기본소득의 '무조건성'에 대한 의구심을 완전히 잠재울 수는 없을 겁니다. 오랜 세월에 걸쳐 형성된 고정관념이 집요하게 남아 있을 것이기 때문입니다. 그런데 제가 생각하기에 이런 걸림돌, 의구심을 한꺼번에 넘어설 수 있는 정말로 합리적인 논리가 있습니다. 그것은 기본소득을 단지 새로운 형태의 복지프로그램으로 간주할 게 아니라 사회 구성원 전원이 당연히 가져야 할 '권리'로 간주하는 논리입니다. 즉, 기본소득을 '시민배당금'으로 정의하는 거죠. '배당금'이라고 하면, 수급자를 선별한다는 것은 처음부터 있을 수 없습니다. 예를 들어, 주식회사의 주주들에게 배당금을 줄 때 누구는 주고, 누구는 배제한다는 식의 분배는 있을 수 없는 것과 마찬가지입니다. 배당금은 모든 주주의 권리이기 때문에 지급하는 것이니까요. 그런 식으로 기본소득도 한 사회, 한 공동체에 거주하는 모든 사람을 '주주'로 간주하는 토대위에서 시행하는 것이 가능하고, 그게 논리적으로 더 타당하다고 생각할수 있습니다.

실제로 지금 그렇게 시행하고 있는 곳이 있습니다. 알래스카에서 지난 30년 동안 해온 방식이 바로 그렇습니다. 알래스카에는 '알래스카영구기금'이라는 게 있습니다. 그 기금을 이용해서 매년 알래스카 주민 전체에게 일정한 액수의 현금을 지급하고 있습니다. 이 영구기금은 대부분 알래스카에 있는 유전에서 나오는 석유 생산 및 판매에 의한 수입금입니다. 그때그때의 수입에 따라 연간 3,000달러 혹은 어떤 때는 1,000달러 내외의 현금을 알래스카 주민들에게 배당하고 있는 것입니다. 알래스카는 미국에서도 변경지대이고 전체적으로 보수적인 성향의 주민들이 많이 살고 있는데, 대략 5인 가족이 주류라고 합니다. 그러면 가족 전체로 보면 꽤 상당한 액수가 됩니다.

그런데 알래스카의 경우에 가장 중요한 점은 석유라는 자원을 알래스카 주민 전체의 공유자원으로 인식하고, 거기서 나오는 수입을 구성원 전원에게 배당금으로 고르게 배분해야 한다는 발상 그 자체라고 할 수 있습니다. 우리는 알래스카가 30년 넘게 꾸준히 이 제도를 운영하고 있는 것은 석유 덕분이라고 생각하기 쉽죠. 물론 그 점을 부정할 수는 없습니다. 그러나 석유자원이 있는 지역, 국가라고 해서 다 알래스카처럼 하지 않는다는 것은 우리가 잘 압니다. 대개는 유전을 개발하고 석유를 생산할 자본과 기술이 있는 거대 석유회사에게 맡겨서, 그 결과 상층부 지배층과 자본가들이 이익을 독점하는 체제를 만들어온 게 현대사에서 우리가 흔히 보아왔던 관행입니다. 그러나 알래스카는 그렇게 하지 않고, 공유자산이라는 인식을 철저히 한 바탕 위에서 고르게 나누는 길을 택한 것이죠. 이것은 알래스카의 정치가 합리적으로 돌아가고 있었다는 얘깁니다. 주지사, 주의회, 주민들 전체가 이것에 합의를 봤다는 사실 자체가 알래스카의 가장 자랑스러운 점이고, 그것이 우리가 본받아야 할 점이죠.

이 알래스카식 기본소득 모델을 집중적으로 연구해온 경제학자로 칼 와이더퀴스트라는 사람이 있는데, 이 학자의 논리가 바로 그렇습니다. 그는 '알래스카영구기금'에서 제일 중요한 포인트는 석유자원(재원)의 유무가 아니라 정치적 의지라고 봅니다. 그에 의하면, 세상의 어떤 가난한 나라라 할지라도 기본소득제를 시행하지 못할 나라는 없다는 것입니다. 문제는 정치적 의지라는 거죠. 사실 어떤 나라든지 부(富)의 크기는 다르겠지만, 어차피 사람들은 살기 위해서 노동을 하고 생산에 종사하면서 일정한 부를 창조해냅니다. 그런데 그 부라는 것은 따지고 보면 공동체가 있기 때문에 형성 가능한 것이라고 할 수 있죠. 공동체 구성원 전체가 공동으로 상속받은 토지, 자연자원, 문화, 전통, 역사 등등 그러한 것이 근본적인 토대가 되어 그 위에서 부가 만들어졌다고 할 수 있으니까요. 그러면 부를 생산하는 데 끼친 특정 개인이나 그룹의 공로는 일정하게 인정하되 전체 부의 상당 부분은 공동자산으로 간주해야 한다는 논리입니다. 그러면 그것을 모든 사람이 나누어 갖는 기본소득의 재원으로 삼으면 된다는 것이죠.

여기서 주목해야 할 것이 있습니다. 즉, 기본소득을 시민들의 당연한 권리로서의 '배당금'이라고 간주할 때, 그 배당금이란 결국 공동체의 공유자산이 만들어낸 이익에 대한 배당이라는 뜻입니다. 자, 그러면 이쯤에서 공유자산이라는 것에 대해 좀더 생각해봅시다. 아까 제가 자본주의는 끊임없이 외부를 찾아 그것을 통해서 착취와 수탈을 계속하는 체제라고 말했습니다. 그런데 그 외부라는 게 무엇인가요? 국내든 국외든 결국은 미개발의 자연과 환경, 사회적 약자들의 노동력 그리고 그들의 삶의 터전을 말합니다. 맑스는 자본주의체제가 성립하던 초기에 상당한 자본축적 과정이 필요했다고 설명하고, 그것을 '원시적 축적' 단계라고 불렀습니다. 웬만큼 자본이 쌓여야 그것을 밑천으로 해서 큰 장사를 하든지 공장을 지어 물건을 생산·판매할 수 있을 테니까 말이죠. 그런데 자본주의 초기 단계에 있었던 이 '원시적 축적'의 전형적인 형태는 우리가 잘 알고 있듯이 소위 인클로저라는 것이죠. 오랜 세월 동안 민중이 자유롭게 이용하면서 생계를 도모하던 공유지, 즉 그 누구의 소유도 아닌 공동체의 공유자산을 권력자들이나 대지주들이 자기들의 사유재산으로 만들기 위해서 폭력적으로 민중을 쫓아내며 구획을 짓는 행동 말입니다. 맑스가 '원시적 축적'이라고 말했을 때, 그 말에는 '초기' 단계의 일이라는 뜻도 들어 있지만, 매우 난폭하고 야만적인 방법이었다는 의미도 들어 있다고 할 수 있습니다.

물론 인클로저는 어느 날 갑자기 힘센 자들이 몽둥이를 들고 와서 가난한 농민들을 쫓아낸 게 아니라 어디까지나 법이라는 이름 밑에서 집행했죠. 그러나 예전이나 지금이나 법이라는 것은 권력자들이 자신들의 전횡을 감추기 위한 그럴듯한 포장일 경우가 대부분입니다. 무력을 배경으로 한 국가권력으로 민중의 삶을 짓밟으면서 그것을 법 집행이라고 한 거죠. 그러니까 지금까지 개방된 들이나 숲이나 목초지를 이용하여 농사를 짓고 가축을 먹이며 살아온 농민들을 하루아침에 법을 내세워 몰아내고 거기에 울타리를 친 다음에 양들을 키워서 당시에 발흥하고 있던 양모산업과 연계하여 떼돈을 버는 게 그 무렵 영국의 귀족과 권력자들의 치부 방식이었습니다. 16세기 초에 토머스 모어가 《유토피아》를 쓴 기본 동기도 이 상황을 비판하기 위해서였습니다. 물론 모어 자신도 지배층에 속해 있었지만, 그는 마음속으로는 자기 시대의 엄청난 불의에 대해서 큰 분노를 느끼고 있었습니다. 재미있는 것은 자기가 법관이면서도 모어는 작품 속에서 법관이라는 존재에 대해서 굉장히 냉소적인 태도를 취합니다. 자신이 꿈꾸는 이상적인 사회, 즉 유토피아에서는 법관이라는 존재는 설 자리가 없도록 설정합니다. 그건 이유가 있죠. 즉, 인클로저에 의해서 삶터를 뺏긴 시골 사람들이 도시로, 런던으로 몰려와서 빈민굴을 형성하고, 달리 연명해나갈 방도가 없으니까 도둑질, 소매치기, 매춘 등등 범죄를 저지르게 되는데, 당시 법관들은 이들에게 굉장히 가혹한 형벌을 내리고, 심지어는 좀도둑질에 대해서 사형을 선고하는 일도 비일비재했습니다. 모어는 범죄의 배경과 뿌리는 묻지 않고 사람들을 이토록 가혹하게 다루는 국가의 법질서, 그리고 무비판적으로 그 앞잡이 노릇을 하는 법관들을 심히 못마땅하게 생각하고 있었던 것입니다.

생각해보면, 근대 유토피아문학의 대표작이라고 할 수 있는 토머스 모어의 이 작품이 기본적으로 인클로저에 대한 비판으로서 집필되었다는 것은 매우 시사적입니다. 즉, 근대세계의 출현과 함께 민중의 삶이 나락으로 떨어진 것은 무엇보다도 바로 '공유지'의 상실로 말미암은 것이라는 얘기가 되니까요. 자본주의 근대문명은 한마디로 민중의 삶의 터전인

공유지를 해체·파괴하는 역사였다고 해도 과언이 아닙니다. 맑스는 자본주의 초기 단계에서 발생했던 현상으로서 '원시적 축적'을 언급하고 있지만, 실은 그 '원시적 축적'은 바로 오늘날까지 자본주의 전체 역사를 통해서 끊임없이 계속돼온 현상입니다. 이 점을 정확히 지적한 사람은 로자 룩셈부르크라는 유명한 맑스주의 사상가·활동가였습니다. 룩셈부르크는 "자본은 그 창세기에서뿐만 아니라 오늘에 이르기까지 역사적 과정 속에서 유일하고도 항상적인 방법, 즉 폭력 이외에는 어떠한 문제 해결 방법도 알지 못한다"라고 말했습니다. 요컨대 자본주의란 '폭력' 없이는 존립할 수 없는 체제라는 뜻입니다.

지금 밀양에서 일어나는 일을 보세요. 비록 가난한 삶일망정 오랫동안 이웃과 더불어 오순도순 조용하게 농사를 지으며 살아온 시골 사람들에게 어느 날 느닷없이 송전탑 공사라는 '폭력'이 가해졌잖아요. 물론 전기는 국가적으로 필요하다고 하지만, 잘 따져보면 이것도 '인클로저'의 일종입니다. 왜냐하면 지금 우리나라의 전력체계는 대기업에 일방적 이익을 안겨주도록 교묘히 짜여 있기 때문입니다. 지금 우리나라 산업체계는 수출 중심, 대기업 중심이죠. 그런데 그 대기업들이 정당한 경영을 통해서 막대한 이익을 번다기보다는 국가로부터 음성적인 수출보조금을 엄청나게 받고 있습니다. 법인세 감세도 그렇지만, 또 하나 결정적인 것은 굉장히 싸게 전력을 이용하고 있다는 사실입니다. 지금 우리나라 전기요금 체계를 보면, 산업용은 국제 평균보다도 훨씬 싸고, 가정용보다도 훨씬 저렴합니다. 그러면서 늘 한전은 적자라고 합니다. 그러면 결국 대기업들한테 싼 전기를 제공하기 위해서 국민들이 희생하고 있다는 뜻이 됩니다. 우리나라 대기업들이 과연 그런 혜택을 받을 만한 자격이 있는가? 대기업들의 주주 상황을 한번 들여다보세요. 거의 다 외국인 주주들입니다. 국내 주주들이라고 해도 다 투기꾼 세력들입니다. 국민경제와 별 관계가 없어요. 그러니까 이들에게 싼 전기를 공급하기 위해서 시골 사람들의 삶터를 짓밟는다는 것은 말이 안되는 얘깁니다. 그런데도 버젓이 공권력의 힘으로 시골 사람들의 삶터와 생활을 박살 내고 있습니다.

맑스주의 경제학에서는 자본은 잉여노동을 착취해서 확대재생산을 계속한다고 하는 착취론을 주로 말하고 있지만, 근본은 역시 '공유지'의 사유화, 민중공동체의 해체라고 할 수 있습니다. 몇 세기에 걸친 이 사유화 및 해체로 인해 민중은 스스로 자립하고 자치할 수 있는 공간과 능력을 잃어버렸습니다. 그런데 그동안 어떻든 자본주의경제가 성장을 계속하는 동안은 알량한 임금이나마 받아서 많은 사람들은 그럭저럭 생계를 꾸려올 수 있었고, 그 때문에 체제에 대한 근원적인 물음은 늘 뒤로 미루어져 왔습니다. 그러나 이제 상황은 근본적으로 달라졌습니다. 더이상 경제성장도 안되는 상황에서 이제 사람들은 자신과 자신의 조상들이 무엇을 잃고 빼앗겨왔는지 되돌아보지 않으면 안될 처지가 된 거죠.

최근 들어서 유럽, 미국을 포함하여 세계 각처에서 공유지 혹은 공유자산에 대한 관심이 고조되고 있는 것은 우연한 현상이 아니라고 저는 생각합니다. 사실 '공유지'라고 하면 쉽게 토지나 목초지를 떠올리지만, 반드시 그런 것만은 아닙니다. 예를 들어, 일본의 경제학자 우자와 히로후미(宇澤弘文)가 말하는 '사회적 공통자본'도 결국은 '공유지'라고 할 수 있습니다. 그러니까 공동체의 경제·사회적 생활을 원활히 하기 위한 인프라들도 알고 보면 전부 공유지 혹은 공유자산에 속하는 것이죠. 철도, 도로, 항만, 공항, 가스, 전기, 통신, 의료 및 교육시설 등등이 모두 그렇다고 할 수 있습니다. 그런데 지금은 국가 혹은 공공기관이 공적 자금을 들여서 도로를 만들어 놓으면 가장 큰 재미를 보는 쪽은 자동차 기업의 경영자와 주주들입니다. 자동차 기업이 자기 돈으로 도로를 만들어 자동차를 팔아먹으라고 하면 다 망하겠죠. 그러니까 제 얘기는 자동차 기업에 대하여 도로라는 공공 인프라를 통해서 자기들이 획득하는 이익의 일부라도 공공기금으로 내놓도록 설득하거나 요구해야 한다는 것입니다. 그래서 '알래스카영구기금' 같은 것을 만들어 기본소득 재원으로 하자는 겁니다. 도로뿐만 아니라 그 외의 공공 인프라, 공적 기관이 내는 이익을 모두 이런 식으로 활용함으로써, 민중이 잃어버린 '공유지'를 조금이라도 되찾는 게 가능해집니다.

은행의 공유화

그런데 공공자산 중에서도 가장 중요한 게 있습니다. 바로 화폐금융제
도입니다. 화폐라는 것은 본래 공동체의 경제생활을 원활하기 위해서 만
들어진 교환수단입니다. 그런데 이것이 근대 자본주의의 발달과 함께 이
상하게 돼버렸어요. 한마디로 사적 이익을 취득하는 수단이 돼버렸습니
다. 그렇게 된 것은 일차적으로 이자, 그것도 복리 이자 때문입니다. 이
문제를 평생 연구해오다가 최근에 작고한 마르그리트 케네디라는 독일의
여성 학자가 있습니다. 이분의 책을 보면, 독일의 경우에 보통 물가의
30~40퍼센트가 이자분에 해당된다고 합니다. 생산업자는 은행에서 대부
를 받아 설비도 마련하고 원료도 확보하고 노동자들을 구해서 물건을 생
산합니다. 그렇게 생산된 물건은 유통업자를 통해서 도매점이나 소매점
으로 옮겨집니다. 이 과정에 관계하는 모든 사업가는 자신이 직접 대부
를 받았건 안 받았건 기본적으로 은행 대출금으로 돌아가는 이 경제활동
의 연쇄 속에서 당연히 은행에 상환해야 할 이자에 해당하는 돈을 각 단
계에서 가격에 추가합니다. 그렇게 하여 최종적으로 소비자가 사는 물건
의 가격에는 이 누적된 이자들의 합계가 반영되어 있게 마련인데, 그 총
이자분이 평균적으로 물가의 3분의 1 이상이 된다는 것이죠. 이것은 독
일의 경우지만, 산업국가의 일반적인 현상이라고 봐도 무방합니다.

그런데 이게 왜 중요한가 하면, 그런 이자로 인해 소수의 부유층을 제
외하고 대다수 시민, 소비자들이 자기들도 모르게 끊임없이 부를 강탈당
하기 때문입니다. 이자제도를 통해서 돈을 버는 사람은 어차피 부유층입
니다. 그들은 가만히 앉아서 막대한 부를 끊임없이 쌓을 수 있는데, 그것
은 근본적으로 그렇게 설계된 금융제도 때문입니다. 마르그리트 케네디
의 계산에 의하면, 이 금융 메커니즘을 통해서 독일에서 하위 80퍼센트
에 속한 소득자들이 10퍼센트의 상위 소득자한테 (직접적이든 간접적이
든) 지불하는 '이자'가 하루에 10억 유로라고 합니다. 1년이면 3,650억 유
로입니다. 상상을 초월한 막대한 돈이 이렇게 저소득층의 주머니로부터

부유층에게 흘러 들어가고 있는 것입니다. 이것은 물론 개인 대 개인의 부채관계 때문에 일어나는 현상이 아니죠. 구조적으로, 제도적으로, 그렇게 돼 있다는 얘깁니다.

그런데 여기서 주목할 것은, 오늘날 우리가 쓰는 대부분의 돈은 은행에서 대출받은 돈이라는 사실입니다. 우리는 흔히 중앙은행이 발행하는 지폐와 동전이 화폐의 전부라고 생각하지만, 그것은 대단한 착각입니다. 사회에서 통용되는 대부분의 통화는 실은 은행이 대출해준 돈으로 구성돼 있습니다. 그러니까 지금 통화의 대부분은 '부채'라는 얘기죠. 그것도 때가 되면 이자를 붙여서 상환해야 하는 부채입니다.

여기서 잠깐 '부분준비제도'라는 것에 대해 생각해볼 필요가 있어요. 부분준비제도란 은행이 대부를 해줄 때 금고에 그만 한 돈이 있을 필요가 없이, 아주 일부분만 준비해두면 된다는 뜻이에요. 예를 들어, 100만 원이 있으면 1,000만 원 혹은 그 이상 대출할 수 있다는 뜻이죠. 그게 '신용창조'라는 겁니다. 즉, 실물의 현금을 미리 갖고 있어서 그중 일부를 빌려주는 게 아니라는 거죠. 이것은 현대 금융시스템이 돈을 만들어내는 통상적인 방식입니다.

그런데 문제는 이 신용창조 행위, 즉 사실상 거의 대부분의 돈을 만들어내는 행위가 국가기관에 의해서 이루어지지 않고, 사립 민간은행에 의해서 이루어진다는 사실입니다. 이것은 정말 중요한 문제입니다. 민간은행은 근본 관심이 사회의 공익에 있지 않습니다. 모든 사기업이 그렇듯이 자신의 사적 이익을 극대화하는 데 관심이 있을 뿐입니다. 사실상 대부분의 화폐를 대출이라는 형태로 만들어냄으로써 거기서 생기는 모든 이익을 사적 영리기관이 다 차지한다는 것, 이게 여러분은 이해되시는지요? 저는 여러 해 동안 화폐문제에 관한 자료를 들여다봤습니다만, 이것을 전혀 이해할 수 없습니다.

이해하기 어려운 것은 또 있습니다. 그것은 국채라는 겁니다. 국가가 돈을 마련하는 방법은 몇 가지 있죠. 세금, 국유재산 매각, 각종 수수료 수입 등인데, 그중에서 현대 국가들이 가장 흔히 쓰는 방법은 국채를 발행하는 것입니다. 그런데 잠깐 좀 생각해봅시다. 국가가 돈이 필요하면 그냥 화폐를 발행하면 될 텐데, 왜 국채를 발행하는가? 실제로 예전에는 어디서든 국가가 화폐를 주조하거나 찍어서 보급했습니다. 상평통보 같은 것 생각해보면 알 수 있죠. 지폐 발행은 중국 송나라 황제가 처음 시작했다고 합니다. 황제의 권능으로 이게 돈이라고 증서를 만들어 도장을 찍어 돌리면 그게 화폐로서 효력을 갖고 중화권에서 통용되었습니다. 화폐란 게 별것 아니거든요. 공동체가 공인하면 되는 것입니다. 지금도 일본의 동전은 중앙은행인 일본은행이 아니라 일본 정부가 만들어냅니다. 동전에 '일본국'이라고 발행 주체가 명기돼 있어요. 홍콩에서는 여러 종류의 지폐가 통용되고 있는데, 민간은행이 발행한 지폐도 있지만, 홍콩 정부가 직접 찍어낸 지폐도 있습니다. 그러니까 예전이나 지금이나 실제로 국가가 직접 화폐를 발행한다는 것은 논리적으로나 현실적으로 아무 문제가 없다는 얘깁니다. 아니, 그게 더 자연스럽고 정상적인 것이죠. 그런데도 왜 굳이 국채를 만들어서 이자를 물고, 그 부담을 국민들에게 고스란히 안기면서 (국채를 매입, 보유할 경제적 여유를 누리는) 소수의 부유층만 갈수록 더 부자가 되도록 하는 것일까요? 저는 그 이유를 정말 모르겠습니다. 1694년에 잉글랜드은행이 그런 방식으로 국왕으로부터 국채를 인수하면서 설립 인가를 받았다는 것, 그리고 그 관행이 지금까지 쭉 계속돼 왔다는 것 말고는 이유가 없습니다. 아무런 논리적인 이유가 없어요.

만약에 지금처럼 돈을 민간 사립은행이 영리 목적으로 찍어내지 않고 정부나 공공기관이 직접 발행하는 관행이 확립된다면, 어찌 될까요? 그렇게 되면 우선 이자를 비롯해서 화폐 발행으로 얻는 이득(그것을 '시뇨리지'라고 합니다만)은 전부 공익을 위해서 쓸 수 있게 됩니다. 그리고 국채라는 것도 없어지고 국가는 복지, 교육, 의료 등등에 필요한 경비를 무상으로 마련할 수 있습니다. 그뿐만 아니라 지금처럼 부채에 짓눌려 원금과 이자를 상환하기 위해서 미친 듯이 수단 방법을 가리지 않고 돈을 벌지 않으면 안되는 상황이 종식될 수 있습니다.

실제로 제가 현대 금융제도에 대해서 특별히 관심을 갖고 있는 것은, 이 제도가 강박적으로 경제성장을 사회 전체에 강제하고 있기 때문입니다. 무슨 말이냐 하면, 지금의 금융·화폐 시스템에서는 이 시스템이 돌아가기 위해서는 끊임없이 대출을 해야 하고, 대출금에 대해서 이자를 붙여서 상환이 순조롭게 이루어지는 과정이 반복되고 확대돼야 합니다. 이 과정이 순조롭지 않으면 시스템이 정지되고, 시스템이 작동불능 상태에 빠지면 사회에 필요한 돈이 말라버립니다. 그러면 경제는 파탄입니다. 그러니까 오늘날과 같이 영리를 목적으로 하는 민간은행이 화폐 발행 주체가 돼 있는 상황에서는 공동체의 삶이니 환경이니 하는 것은 전혀 고려사항이 될 수 없고, 오로지 경제성장이 지고의 목표가 됩니다. 그러니까 현행의 금융시스템을 그대로 두고는 세상의 평화와 생태계 회복은 요원하다는 얘기가 됩니다. 아까 셰일석유 이야기도 했지만, 그런 막대한 환경파괴를 초래하는 광태의 배경에는 이러한 금융시스템이 있는 것입니다. 이 점을 우리는 똑똑히 봐야 합니다.

결국 해법은 금융시스템의 공공화 내지는 은행의 공유화입니다. 원래 금융제도와 화폐는 공공재이니 새삼스러울 것도 없는 이야기이죠. 그러나 그동안 이 부조리한 금융시스템으로 부당하게 이익을 챙겨온 기득권세력이 완강히 버티고 있는 게 문제입니다. 그러나 어떻게 해서든 돌파구를 열어야 합니다. 그렇게 하지 않으면 우리에게 미래는 없습니다. 2008년에 월스트리트 금융회사들의 사기 행각이 드러난 뒤에 미국에서는 공립은행 설립 운동이 시민운동 차원에서 지금 활발히 전개되고 있습니다. 실제로 미국에서도 예전에는 공공은행이 많았고, 지금도 노스다코타주립은행은 공공은행입니다. 그 결과로 노스다코타주는 현재 미국에서 재정이 가장 견실하고 실업률도 가장 낮다고 합니다. 원래 농민들의 신용협동조합으로 출발한 이 주립은행이 그 운영으로 인한 모든 수입을 노스다코타주의 공공 프로젝트와 복지에 사용하고 있기 때문입니다.

금융제도와 화폐라는 공공재를 다시 민중의 것, 주민의 것으로 돌리는 게 이렇게 중요한 것입니다. 저는 경제전문가가 아니라서 구체적인 계산을 할 수는 없지만, 아마도 우리 사회가 치열한 정치적 논쟁을 거쳐 현재의 민간 사립은행을 다시 국민 전체의 공유재산으로 만들어 공립화하는 데 성공한다면, 기본소득에 필요한 재원은 아무 걱정할 게 없을 거라고 확신합니다.

아무튼 기본소득이라는 것을 도입하기로 합의만 한다면, 재원 마련은 결코 어렵지 않다는 게 저나 기본소득운동을 하는 사람들의 공통된 생각입니다. 기본소득은 현실적으로 조만간 시행하지 않을 수 없을 것입니다. 기본소득제가 실시되어야 우리 사회의 어리석은 물질숭배와 경쟁과 효율 본위의 가치관도 좀 바뀌고, 사회적 관계도 많이 부드러워질 것입니다. 그리고 제 생각에 기본소득이 주어지면 제일 좋은 게 뭐냐면 노예노동이 종식되거나 완화될 수 있다는 점입니다. 지금 노동하는 사람들 대부분이 정말 좋아서 일을 하는 경우는 별로 없잖아요. 이러고서야 인간의 자유롭고 존엄한 삶이란 건 공염불일 뿐이죠.

기본소득제가 시행된다면 아마 여러분 대부분은 일생을 프리랜서로 살아가고 싶어질 것입니다. 저는 그게 정상적인 삶이 아닌가 생각합니다. 그리고 개인들의 자유롭고 여유 있는 생활이 보장돼야 민주주의도 제대로 돌아갈 수 있고, 그 결과로 우리가 정말로 품위 있는 생을 누릴 수 있습니다. 어쨌든 당장에 실현되지는 않더라도, 강제가 아니라 자발적인 선택에 의해 각자가 자신의 개성을 살리면서 일생을 살아갈 수 있는 세상은 상상하는 것만으로도 즐겁습니다. 우리가 다 같이 그런 상상을 거듭하다 보면, 우리 사회에도 기본소득제가 도입되는 것은 시간문제일 것입니다. 긴 시간 들어주셔서 고맙습니다.

희망을 위한 보이콧

"이 묘석 아래 에우포리온의 자식이요, 밀밭도 풍성한 시칠리아 땅에서 사라진 아테네인 아이스킬로스가 잠들다. 마라톤의 숲이 그의 용맹을 말해줄 것이며, 긴 머리를 한 페르시아인들이 이를 증명해줄 것이다."

위의 구절은 희랍비극의 아버지라고 하는 아이스킬로스(B.C. 525-B.C. 456)가 직접 쓴 자신의 묘비명이다. 그는 생애 마지막에 시칠리아섬을 여행하는 도중에 죽은 것으로 전해지고 있다. 이 묘비명에서 무엇보다 눈에 뜨이는 것은 그가 자신이 후세 사람들에 의해 비극작가로 기억되기를 전혀 바라지 않고 있었다는 점이다. 아니, 이 묘비명의 어조로 보건대, 그에게 한 사람의 저명한 비극작가로서의 자기인식이 있었는지조차 의심스러울 지경이다. 그는 자신이 누군가의 아들이며, 자기 나라를 위해서 용감하게 싸운 애국자였다는 사실이 특히 자랑스럽고, 길이 기억될 만한 가치가 있는 일이라고 생각했던 것임이 분명하다.

한 위대한 시인이 자신의 생애를 돌아보며, 그 생애에서 가장 중요하

---

* 《녹색평론》 제104호(2009년 1-2월) 권두 에세이.

고 자랑스러운 업적이 나라를 지키기 위해서 싸운 일이었다고 아무런 거리낌 없이 떳떳하게 말할 수 있다는 것—이것은 아이스킬로스라는 한 개인의 특별한 자질보다는 (적어도 어떤 시기 동안의) 옛 그리스 사회의 근본적인 건강성을 말해준다고 할 수 있다.

아이스킬로스는 소포클레스나 에우리피데스보다 훨씬 먼저 태어나 활동한 최초의 비극작가로서, 고전 그리스 비극의 초석을 놓았던 천재였다. 그런 그가 죽음의 자리에서 가장 중요하게 회고한 것이 극작가로서의 자신의 성공이 아니라, 자신이 속한 공동체를 위해서 침략군에 맞서 싸운 참전 경험이었던 것이다. 아이스킬로스의 생전에 아테네는 두 차례에 걸쳐 페르시아로부터의 침략에 맞섰는데, 그때마다 그는 전사(戰士)로서 참전하였다. 그중 마라톤에서 벌어진 첫 번째 싸움은 아테네가 병력의 절대적인 열세에도 불구하고 대승을 거둔 전쟁이었다. 그 때문에 그것은 아테네인들에게 두고두고 기억할 만한 사건이 되었다.

실제로 아이스킬로스의 연극 속에서도 주요 테마는 대개 이 페르시아와의 전쟁에 관련된 것이었다. 그는 전쟁의 의미를 정의와 불의, 선과 악, 자유와 예속 사이의 투쟁으로 보았고, 결국은 인간의 교만을 응징하는 신(神)의 섭리가 관철되는 과정으로 해석하였다. 여기서 주목할 것은 그가 애국자이긴 하지만, 그의 애국심은 덮어놓고 전쟁의 승리에 환호하는 자기도취나 자기만족으로 표현되지는 않았다는 점이다. 이것은 특히 페르시아와의 두 번째 전쟁을 묘사한 비극 〈페르시아인들〉에서 현저하게 드러난다.

마라톤 전쟁 10년 후, 다시 페르시아가 침략해 들어왔을 때, 그리스인들은 이번에도 용감하게 싸워 이겼고, 그 결과 페르시아군은 무자비하게 참패를 당하고, 학살되었다. 그런데 전쟁이 끝나고 7년 뒤에 상연된 〈페르시아인들〉은 전쟁에서 승리한 희랍인들이 아니라, 전쟁에서 궤멸됨으로써 페르시아 사회가 겪는 대재앙을 묘사하는 데 초점이 맞춰져 있다. 작가는 자신의 동포들에게 지금은 승리에 도취해 있을 때가 아니라, 패배한 상대방의 비참한 상황이 어떠한지를 상상해보는 게 필요한 시간이라고 말하고 싶었던 것이다.

그리스비극은 단지 관중을 즐겁게 하려는 것이 아니었다. 그것은 공동체의 안전과 건강을 지속하는 데 필요한 끊임없는 자기교육의 수단이기도 했다. 아이스킬로스의 연극은 전쟁에서의 승리 때문에 자만심에 빠진다면, 페르시아인들의 비참한 운명은 언제든 그리스인 자신들의 것이 될 수 있음을 경고하고 있는 셈이었다. 이처럼 인간사를 일시적인 성공과 실패를 넘어서, 좀더 광대한 시각, 즉 모든 인간은 허약한 운명을 공유하고 있으며, 그렇기 때문에 누구라도 자만심에 빠지면 액운을 면치 못한다는 관점에서 파악함으로써 아이스킬로스는 자신과 자신이 속한 공동체를 상대화할 수 있었다. 그렇게 함으로써 그는 아마도 인생에 있어서 가장 필요한 덕목, 즉 겸손 혹은 자기억제의 미덕이 갖는 중요성을 동포들에게 설득하려고 했는지 모른다.

옛 그리스는 물론 이상적인 사회가 아니었다. 노예제도가 있었고, 여성에 대한 차별이 있었던 사회이다. 그뿐만 아니라 그리스라고 해서 늘 한결같지도 않았다. 독재도 있었고, 문화적 퇴폐의 시기도 있었다. 게다가 그리스인들 자신이 제국주의자가 되어 침략을 일삼기도 하던 때가 있었다. 그럼에도 불구하고, 그리스 문화는 기념비적인 사상적·예술적 업적을 풍부하게 산출하였고, 무엇보다도 인간다운 삶에 있어서 민주주의와 정치가 갖는 중요성을 선구적으로 증명해 보여주었다.

그런데 여기서 잊지 말아야 할 것이 있다. 그것은, 막스 베버가 지적했듯이, 이러한 창조적인 업적은 모두 그리스인들이 매우 '질박한' 생활을 영위하던 시기 동안에 달성된 것이었다는 점이다. 최성기(最盛期) 그리스 문화와 예술은 결코 물질적으로 풍요롭고 세련된 지반 위에서 산출된 것이 아니었다. 그 문화와 예술은 당대 그리스인들의 극히 검소한 삶의 방식과 생활감정을 반영하는 것이었다. '질박한' 삶이란 겸손한 마음 혹은 자기절제 없이는 성립하지 않는다. 어떤 의미에서, 아이스킬로스를 포함한 일급의 예술가·사상가들의 사회적 공헌은 기본적으로 이 '질박한' 삶을 껴안는 정신적 토양을 배양하고, 강화하는 데 있었다고 할 수 있다.

그리하여 이러한 정신적 토양 속에서 '교만'을 경계하는 끊임없는 자계(自戒)의 습관이 형성되었고, 그 토대 위에서 최고의 정치와 사상과 예술이 꽃피어났던 것이다.

'자유'를 훼손하는 '자유주의경제'

수십 년간 인류사회를 짓누르던 먹구름이 드디어 걷히는 것일까. 이미 여러 해 전부터 예견되어왔던 일이지만, 이른바 미국발 금융위기에서 시작된 전 세계적인 경기침체는 좋은 의미든 나쁜 의미든 이제 세계가 근본적인 변화를 맞고 있음을 보여주는 신호라고 볼 수 있을 것이다. 이 변화의 과정이 수많은 무고한 사람들을 심각한 고통에 빠뜨릴 것을 생각하면, 심히 마음이 아프지만, 어쨌든 종래와 같이 '신자유주의' 논리의 절대적인 지배 밑에서 전개되어온 미국식 자본주의경제는 망할 수밖에 없는 것이었고, 마땅히 망해야 하는 것이었다. 말이 좋아서 자유주의경제이지, 이것은 노골적인 약육강식을 합리화하는 극히 야만적이고 폭력적인 논리였다. 나치즘에 의해 희생당한 독일의 문예비평가 발터 벤야민의 말을 빌리면, 인류에게 있어서 가장 큰 재앙은 이 상황이 계속된다는 사실 그 자체였다.

생각하면, 문화와 지역의 차이를 완전히 무시하고, 온갖 곳에서 끊임없이 규제철폐, 민영화, 부유세 삭감, 자유무역을 완강하게 주장하며, 기업이 잘되면 모든 것이 잘된다는 논리로 약자들의 처지를 한 번도 진지하게 고려하지 않았던 이 경제논리가 어떻게 이토록 오랫동안 세계를 지배해올 수 있었는지 불가사의한 일이다. 빈부격차가 심화되고, 고용안정성이 붕괴되고, 비정규직 노동자가 급증하고, 인권과 환경이 끝없이 훼손되는 상황에서도 권력엘리트들은 계속해서 "미국식 생활방식은 협상 불가능한 것"이라면서, 온갖 사회적 모순과 생태적 위기에 대해서 무감각·무책임한 태도로 일관해왔던 것이다.

그런데 대체 '미국식 생활방식'이란 무엇인가. 이미 1948년에 당시 국무성 고위 관리였던 조지 캐넌이 말했듯이, 그것은 세계 인구의 6.3퍼센트를 차지하는 사회가 전 세계 부(富)의 50퍼센트를 소모하는 생활방식을 뜻하는 것이었다. 그러나 조지 캐넌의 견해로는, 이것은 변경되어야 할 현실이 아니었다. 그는 어떤 일이 있어도 '미국식 생활방식'이 유지되어야 한다는 입장이었던 것이다. "미국이 세계에 대해 이타주의적인 정책을 실시하거나 윤리적인 행동을 하려는 생각은 매우 순진하고 감상적인 생각이다. 그렇게 하면 지금과 같은 미국식 생활은 불가능하다. 그렇기 때문에 미국은 경우에 따라 다른 나라를 침략할 각오가 되어 있어야 한다." 캐넌의 이 발언에 색다른 게 있다면, 그것은 미국이 윤리적으로 행동하거나 평화를 존중하는 나라가 된다면 미국식 생활방식은 유지 불가능하다는 사실을 숨기지 않고 솔직히 공언하고 있다는 점일 것이다.

그러니까 레이건 정부 이래 본격화된 신자유주의 정책은 별로 새로운 것도 아니었다. 그것은 본질적으로 제2차 세계대전 이래 일관되게 추진되어온 미국식 방법의 심화·확대판이라고 할 수 있다. 그래서 이번에는 종래에 대외적인 관계 속에서 추진해왔던 공격적인 자세를 미국 내의 약자들에 대해서도 노골적으로 적용한 것이다. 그리하여 칠레에서 아옌데의 민주정부를 처참하게 파괴하고, 피노체트의 무자비한 철권통치를 전폭적으로 지원해왔던 것과 같은 방식으로 그들은 미국 내의 노동운동을 분쇄하고, 체계적으로 사회적 약자들을 희생시키는 경제전쟁을 벌이기 시작했던 것이다.

그 결과, 지난 30년간 미국 노동자의 실질임금은 사실상 전혀 인상되지 않은 반면에 상위 1퍼센트의 소득은 다섯 배 이상 상승하였다. 더욱이, 세계 최강의 경제·군사 대국이라는 나라에서 건강보험 혜택을 받지 못하고 있는 시민이 5,000만 명에 이르며, 지금도 300만 명은 정부에서 주는 식권(食券)으로 겨우 목숨을 이어가고 있다. 이런 상황에서 미국의―그리고 미국의 압도적인 영향력 아래에 있는 세계 전역의―민주주의와 인권과 환경이 계속해서 악화되는 것은 필연적이었다.

월스트리트의 몰락을 가져온 이번의 금융문제만 해도 그렇다. 그동안 월스트리트 투자금융회사들은 세계에서 가장 선진적인 금융기술을 구사하여 막대한 부를 창출해낸다고 해서 많은 사람들의 선망과 경탄의 대상이 되어왔다. 그러한 그들이 고안했다는 금융파생상품이란 극히 복잡한 수학적 계산을 요하는 고도의 금융기술로 알려져왔다. 그런데 그처럼 잘 나가던 금융회사들이 파산 지경에 이르러 마침내 그 선진적인 금융기술이라는 것의 정체가 분명하게 드러났다. 그것은 간단히 말해서 고도의 사기술(詐欺術)이었던 것이다.

〈뉴욕타임스〉 논설위원 토머스 프리드먼은 그동안 신자유주의경제의 '세계화'를 지지하고, 옹호하는 대표적인 논객으로 활동해왔다. 그런 그가 이번의 미국 금융파산 사태에 대한 논평에서, 미국 자본주의의 '비윤리성'을 강하게 지적하고 나섰다. 그가 보기에도 고삐 풀린 자본주의의 폭주는 도를 지나쳤던 것이다.

> 금융회사들은 소득이 연간 1만 4,000달러밖에 안되는 노동자들에게 75만 달러짜리 주택을 살 수 있는 대출(모기지)을 해주고, 이런 모기지들을 묶어서 증권을 만들면, '무디스'니 '스탠더드앤드푸어스' 같은 신용평가 기관들이 여기에 최상의 등급을 매겨주었다. 이런 증권들을 전 세계 은행들과 연기금에 팔아먹었다. 이것은 피라미드식 사기가 아니고 무엇인가 … 미국 자본주의는 공산주의에 대해서 더이상 경계할 필요가 없게 되자 미쳐버린 것 같다. 투자은행과 헤지펀드들은 미친 듯 막대한 자금을 빌리고, 미친 듯 보수를 챙겨가고, 특히 최초의 채무자와 최종 대출자를 철저히 분리시킨 금융상품을 고안하여 책임 소재를 불분명하게 했다.
>
> —〈인터내셔널헤럴드트리뷴〉, 2008년 12월 17일

따라서 지금 필요한 것은 "금융구제"뿐만 아니라, "도덕의 구제"이며, 그리하여 "시장과 윤리와 규제 사이에 균형추를 다시 세우는" 일이 무엇

보다 시급한 일이라고 프리드먼은 말하고 있다.

자본주의 주류 시스템의 핵심 부분에서 이런 비판이 나오는 형편이니, 이 체제를 변호한다는 것은 더이상 불가능한 일이 되었다. 이제는 프리드먼과 같은 주류 논객도 인정하듯이, 자본주의경제란 '동물적 탐욕'에 의해 추동되는 체제이지만, 그 '동물적 탐욕'에 적절한 제약이 가해지지 않을 때, 그것은 도리어 그 체제 자체를 잡아먹는 괴물로 둔갑해버린다는 것이 명확히 입증된 셈이다. 사실, 초기 자본주의 경제사상가들이 생각했던 것은 이처럼 완전히 고삐 풀린 탐욕의 질주가 아니었다. 애덤 스미스는 자본주의경제를 움직이는 근원적인 힘이 인간의 이기적인 욕망에서 나온다고 보았지만, 이 욕망은 동시에 동정심이라는 도덕적 감정에 의해 제어될 필요가 있다고 생각했다. 그러니까 그는 자본주의경제란 이기심과 동정심이라는 두 개의 바퀴로 굴러갈 때만 제대로 기능을 한다고 보았던 것이다.

그런데 문제는, 애덤 스미스가 말한 것과 같은 "도덕적 감정"이 철저히 결여된 경제논리가 지난 수십 년간 미국이 주도해온 세계경제의 지도이념으로 군림해왔고, 그 근본적인 허구성과 비윤리성이 드러난 지금에도, 여전히 잔명을 누리고 있다는 점이다. 원래 애덤 스미스가 생각했던 '자유주의경제'에서 자유란, 자연인으로서 인간 개개인이 누려야 할 기본권리인 '자유'를 말하는 것이었다. 그러니까 전통적인 '자유주의'에서 중요한 것은 어디까지나 개인의 자유였다. 《예종(隸從)으로 가는 길》(1944)을 쓴 정치사상가 하이에크가 옹호하고자 했던 것도 기본적으로는 개인의 자유였다. 하이에크가 파시즘과 스탈린주의는 물론, 케인스주의에 대해서도 적대적인 태도를 취해온 것은 복지국가도 개인의 자율성을 훼손하는 전체주의적 체제라고 보았기 때문이다. 그는 개인이 자신의 인생에 대한 선택권을 자유롭게 행사할 수 있어야 하며, 그 권리가 국가에 의해서 간섭받거나 훼손되지 말아야 한다는 신념에 철저한 나머지, 국가에 예속되지도, 의존적이지도 않은 자기책임에 근거한 삶의 영위를 강조했던 것이다.

그러나 개인의 자유를 옹호하는 것은 좋고, 옳은 일이지만, 여기서 간과해서는 안될 것은 19세기 후반부터 자본주의경제를 주도하는 생산주체가 개인에서 법인, 즉 기업으로 전환되었다는 점이다. 그렇다면 필요한 것은 적어도 개인의 자유와 기업의 자유를 분간하는 일일 것이다. 그러나 신자유주의자들은 이것을 무시하고, 개인의 자유를 옹호하는 듯한 발언을 되풀이하면서 실은 기업의 자유를 위한 규제철폐를 끊임없이 요구해왔다. 그리고 이러한 규제철폐 혹은 규제완화 요구는 결국 막대한 자금력을 가진 기업이나 자본가가 돈벌이를 위해서 무슨 일을 어떻게 하든지 내버려두어야 한다는 뜻이었다. 그 결과는 지금 보는 것과 같은 금융몰락과 세계경제 전체의 파국이다. 문제는 이렇게 되는 과정에서 이 세계의 보통 사람들의 개인적인 자유가 심각하게 손상당해왔고, 앞으로도 오랫동안 그 상처로 고통을 받게 될 것이라는 사실이다.

작은 정부를 지향한다고?

사실, 신자유주의자들의 가장 큰 죄악은 늘 '자유'를 부르짖으면서도 수많은 보통 사람들의 '자유'에 대해서는 한 번도 진지한 고려를 하지 않는다는 데 있다. 그들은 모든 것을 시장 메커니즘에 맡겨둬야 한다는 시장경쟁만능주의를 주장할 뿐, 사회적 불평등이 구조화되어 있는 기본적인 사회 현실, 그리고 경쟁에서 패배한 사람들의 운명에 대해서는 무관심으로 일관해왔다. 나아가서 그들은 비단 경제현상뿐만 아니라 모든 인간사에 대해서도 개인적 선택이나 자기책임론을 적용하여, 예컨대 결혼이나 이혼 같은 문제는 말할 것도 없고, 심지어 범죄나 마약 문제도 편익과 비용을 저울질하여 선택할 문제라고 주장한다. 그들은 인간의 존엄성이라는 것에 대해서는 털끝만 한 관심도 없다는 것을 스스로 노골적으로 드러내온 것이다.

이에 관련해서, 일본의 원로 경제학자 우자와 히로후미(宇澤弘文)가 들려주는 흥미로운 일화가 있다. 우자와 교수는 한때, 신자유주의 경제이론의 거장이라고 불리는 밀턴 프리드먼과 함께 시카고대학에서 교편을 잡은 경험이 있는데, 그때 대학에서 벌어진 한 장면을 오랫동안 기억하고 있다.

1960년대에 한창 인종차별 문제가 미국 사회의 현안이 되어 있던 때, 프리드먼이 대학원에서 강의 도중 이 문제를 언급하였다. 역시 자기책임론이었다. "미국에서 경기가 나빠지면 대개 흑인들이 먼저 해고되는 것은 인종차별의 문제가 아니라, 기업에 필요한 기술과 기능을 흑인들이 가지고 있지 못하기 때문이다. 그리고 흑인들의 이런 사정은 그들이 자랄 때 공부를 하지 않고 놀았기 때문이다. 따라서 공부를 하느냐 마느냐 하는 것은 흑인들 자신의 선택 문제이기 때문에 경제학자는 이 문제에 대해 왈가왈부해서는 안된다." 그러자 이 발언을 듣고 있던 어떤 흑인 학생이 프리드먼에게 질문을 던졌다. "나에게 부모를 선택할 자유가 있었다고 보시는지요?" 이 날카로운 질문 한마디로 매사에 개인책임론을 들먹이던 프리드먼의 논리는 그 허구성이 일시에 폭로되고 말았다고, 우자와 교수는 회상하고 있다(内橋克人 編,《經濟學は誰のためにあるのか — 市場原理至上主義批判》, 岩波書店, 2001, 8쪽).

신자유주의의 허구성은 여기서 끝나는 게 아니다. 흔히 신자유주의는 시장의 자율성을 절대적으로 강조하고, 국가기능의 축소를 지향한다고 하지만, 과연 그게 사실이라고 할 수 있을까? 신자유주의도 자유주의의 한 형태라고 할 수 있으니까, 국가권력으로부터 거리를 취하고 싶어 할 것이라고 생각하기 쉽다. 국가의 역할에 대해서 극히 회의적이었던 자유주의 사상가 하이에크의 입장이 그랬듯이 말이다. 그러나 실제 신자유주의는 그 어떤 경제논리보다도 국가권력에 친화적이고, 심지어 국가주의적이라고 할 수 있는 경향을 끊임없이 드러내었다. 이것은 신자유주의와 국가의 근본 성격을 고려하면 지극히 당연하다고 할 수 있다. 신자유주의는 늘 자유를 강조하지만, 실은 그 자유가 기업과 자본을 위한 무제한적 자유를 의미하는 것이고, 다른 한편 본질적으로 자기확장의 욕망 덩

292

어리라고 할 수 있는 국가권력은 자신의 욕망 충족을 위해서 언제든 자본과 결합할 준비가 되어 있기 때문이다. 특히 정당성이 약한 정부, 국가권력일수록 자본과 손잡고자 하는 욕망은 강할 수밖에 없는 것이다.

그리하여 세계 도처에서 경제성장이라는 이름 밑에서 신자유주의 신봉자들은 자본과 기업의 이익을 위해서라면 민주주의도, 인권도, 복지도, 환경도 간단히 무시해왔다. 경우에 따라서는, 그들은 국가권력이 민중의 이러한 기본적 권리를 억압하도록 부추기고, 심지어 강력히 요구하는 일도 마다하지 않았다. 이렇게 할 때, 그들의 행동은 일찍이 밀턴 프리드먼이 칠레의 독재자 피노체트를 옹호하고, 그의 반민중적 경제정책을 강력히 지지했을 때와 조금도 다르지 않은 논리와 심리를 바탕으로 한 것이었다.

그러니까 작은 정부를 지향한다는 신자유주의는 실제로는 신국가주의적인 이데올로기로 기능해온 셈이다. 신자유주의로 인해 국가는 결코 희미한 존재가 되지 않는다. 오히려 민중에게 있어서 국가는 좀더 사악해지고, 억압적인 권력이 될 뿐이다. 이것은 지난 수십 년간의 역사에서 분명하게 입증된 사실이다.

보이콧을 통한 자율공간의 창조

세계경제의 침체가 점점 심각한 국면으로 빠져들고 있다는 사실 때문에 사람들은 지금 불안과 두려움에 떨고 있다. 하지만, 생각해보면, 이 경제는 마땅히 망해야 하는 경제였다. 무엇보다도 자원과 에너지의 무한소비를 강제하는 경제논리의 지배가 이대로 계속되어서는 인류문명사회 전체의 임박한 붕괴는 필연적이라고 할 수 있다. 그런 점에서, 잠시나마 이 체제에 제동이 걸리고, 그 동력이 약화된다는 것은 인류사회의 장래를 위해서는 절호의 기회인지도 모른다. 어쨌든 불황 속에서 석유소비가 불가피하게 줄어들 수밖에 없다는 사실 하나만으로도 기후변화의 속도를 약간이나마 지연시키는 데 기여할 수 있을 것이기 때문이다. 그리하여 이 유예기간을 적절히 활용한다면 인류사회는 기후변화 자체를 막지는 못하더라도, 최악의 상황만은 모면할 수 있는 방안을 찾아내는 데 성공할 수 있을지 모른다.

결국은 민주주의의 문제로 돌아온다. 그런데 여기서 주의해야 할 것은 오늘날 4년 혹은 5년마다 선거를 하고, 정권을 교체하는 것이 가능하다고 해서 민주주의가 보장되는 것이 아니라는 사실이다. 오늘날의 대의제 민주주의의 현실에서 선거를 통한 개혁은 사실상 불가능한 일이다. 따져보면, 대의제 민주주의란 기득권 지배구조를 항구화하기 위한 정치적 메커니즘이라고 할 수 있다. 이것은 실제로 미국의 헌법을 주도적으로 기초했던 '연방주의자들'이 별로 숨기지도 않고 인정했던 사실이기도 하다. 제임스 매디슨은 미국 헌법이 "재산을 가진 사람들을 보호하기 위해서 고안된" 것임을 공언했던 것이다.

정치사상가 셸던 월린이 쓴 책 《과거의 현존》(1989)에 의하면, 미국의 진정한 민주주의는 정부·의회라는 대표제 형식이 아니라, 헌법체제가 확립되기 이전에 풀뿌리 민중이 향유했던 분권적 자치 공동체들 속에 살아 있었다. 독립전쟁 당시까지도 존재했던 이러한 분권질서는 미국의 건국과 더불어 헌법체제가 확립되면서 위축되기 시작하였고, 남북전쟁을 통하여 중앙집권적 체제는 일단 완성되었다고 월린은 지적한다. 중앙집권 국가를 지향하는 지배 엘리트들에 의한 이 계속적인 압력은, 다시 월린에 의하면, 레이건의 신자유주의 정책에 고스란히 반영되었고, 또 그 정책은 중앙집권적 국가를 강화하는 데 기여해왔다. 월린은 신자유주의식 민영화는 국가의 존재를 "희미하게 하는" 것이 결코 아니며, 오히려 국가기구를 좀더 합리적으로 강화하는 것일 뿐이라고 말한다. 국가와 자본, 정치와 경제의 결합을 실제로 강화하면서 겉으로는 늘 분권을 강조하는 신자유주의는 결국 그와 같은 언술행위로 자신의 진정한 정체를 은폐하고 있는 것이다.

셸던 월린이 지적하고 있는 민주주의의 문제는 물론 미국만의 이야기가 아니다. 진정한 민주주의란 풀뿌리 민중이 자신의 삶에 대한 자기결정권을 행사할 수 있을 때 가능한 것이지, 이 권리를 대표자에게 위임함으로써 실현되는 게 결코 아니다. 더욱이 대의제 민주주의란 것도 국가권력과 자본의 강력한 결합에 의해서 날이 갈수록 텅 빈 껍데기가 되어가고 있는 현실이 아닌가.

그렇다면 길은 하나―결국 풀뿌리 민중 자신이 민주주의를 살리기 위해서 투쟁하는 수밖에 없다. 그 투쟁은 촛불을 들고 거리로 나가는 것으로도 표현되겠지만, 궁극적으로는 국가와 자본의 영향력 바깥에서 자립적으로 살아갈 수 있는 자율공간의 창조로 나아가야 한다. 물론 당장에 이러한 공간을 만들어낸다는 것은 쉬운 일이 아닐 것이다. 하지만 적어도 그러한 방향으로 국가와 자본의 논리에서 벗어나는 길을 모색한다는 게 중요한 것이다. 오늘날 국가를 폐기하는 것은 현실적으로 불가능하지만, 날이 갈수록 사악해지는 국가권력으로부터 민주주의를 건지고, 우리 자신의 인간다운 존엄성을 지켜내기 위해서는 국가에 대한 비판적인 거리를 확보하는 게 무엇보다 필요하다고 할 수 있다. 그리고 그러한 거리의 확보는 우리가 다양한 형태의 소규모 공동체를 만들어, 그 틀 속에서 우애와 상호부조의 원리에 입각한 협동과 자치의 삶으로 전환하는 데서 실현될 수 있을 것이다.

경제 불황에 직면하여 마냥 불안과 두려움 속에 갇혀 있는 것은 어리석은 일이다. 그 두려움은 권력에 의해 오히려 이용당할 가능성이 크다. 권력은 이 불안과 두려움 속으로 침투해 들어와 '경제 살리기'라는 명분을 내세우면서 민중의 자립적 능력과 지혜를 가로막고, 인권과 민주주의를 유린하는 갖가지 술책을 강구할 것이기 때문이다.

일찍이 간디는 억압적인 권력에 맞서는 가장 생산적인 대응으로 '보이콧'이라는 방법을 실천적으로 제시하였다. 간디의 '보이콧'은 물론 인도 민중의 자립적 삶을 위한 영국산 직물 수입 반대운동으로 시작된 것이지만, 간디는 이 운동이 단지 외국산 상품 배척 운동이나 민족경제 회생이라는 각도에서 받아들여지는 것을 원치 않았다. 간디의 '보이콧'은 좀더 근원적으로 식민주의 및 산업주의 체제, 나아가서는 근대국가 그 자체에 대한 거부였다고 할 수 있다. 간디가 인도의 진정한 독립은 영국의 지배로부터 해방되는 게 아니라, 지배와 피지배라는 구조 자체로부터의 해방이어야 한다고 끊임없이 주장한 것은 바로 그런 의미였다. 그리하여 간디는 인도 국가가 세워지더라도 그 국가는 "가능한 한 최소의 군대를" 유지해야 한다고 말했고, 중앙정부는 사실상 조정자의 기능만 해야 하고, 실질적인 통치권력은 인도의 70만 개의 자립적 마을공화국에 귀속되어야 한다고 강조했던 것이다. 이러한 간디의 견해에 의거할 때, '보이콧'은 단순히 불매운동을 넘어서, 상호부조의 자발적 결사체들을 형성하려는 민중의 다양한 노력을 뜻한다고 할 수 있다.

근대국가란 중앙집권적 관료와 상비군과 대규모 산업체들로 뒷받침되어 있는 체제이다. 이 체제는 갈수록 비인간적으로 되고, 민중을 적대하고, 민주주의를 파괴하는 크나큰 위협이 되어왔다. 간디는 이것을 간파하고 있었고, 그래서 거대한 군대와 관료기구와 산업체제를 배제한 마을공동체들 중심의 자치적 분권사회를 꿈꾸었던 것이다. 그의 '보이콧' 운동은 결국 그러한 공동체 속에서 영위되는 겸손하고 소박한 삶의 질서를 실현하기 위한 것이었다. 지금 우리에게도 절실한 것은 간디가 보여준 그와 같은 '보이콧'의 정신과 그 실천이다.

IV. 녹색국가를 향하여

녹색국가의 가능성

경제민주화란?

오늘날 한국 사회에서 긴급한 현안의 하나는 재벌의 전횡을 제어하는 일이다. 이것은 누구도 부정 못할 사실이다. 선출된 권력도 아니면서 경제는 물론이고 정치와 국가기구, 언론과 대학, 교육과 문화예술 등 온갖 영역에 걸쳐 무소불위의 영향력을 행사해온 재벌의 특권적 지위를 이대로 방치하고는 민주주의의 필연적인 붕괴를 막을 길이 없기 때문이다. 그러나 이번 선거(2012년 12월 대통령선거)에서 여야가 공히 내세운 경제민주화 공약은 재벌에 의한 이러한 전방위적 지배구조의 해체를 겨냥한 것은 아니었다. 그것은 단지 대기업 '오너(owner)'가 부당하게 누리고 있는 몇몇 특권에 일정한 제약을 가하는 것을 기본적 정책목표로 삼은 것이었다. 물론 이러한 수준의 '개혁'도 서민경제의 회복에 기여하는 바가 없지는 않을 것이다. 하지만 재벌의 '황제경영' 방식을 문제 삼는 것 정도가 경제민주화로 불린다면, 그것은 터무니없이 왜소화된 경제민주화일 수밖

---

* 《녹색평론》 제128호(2013년 1-2월) 권두 에세이.

에 없다.

원래 경제민주화란 매우 단순한 발상에 기초한 것이다. 즉, 빈부 간의 극심한 격차, 즉 사회 구성원 사이의 과도한 경제적 불평등을 해소하자는 것이다. 하기는 경제적 불평등이란 사유재산 제도 성립 이후의 문명사회 어느 곳에서든 완전히 배제할 수는 없는 현상이라고 할 수 있다. 문제는 과도한 부의 집중과 빈부격차이다. 그것은 사회적 안정성을 근저로부터 위협할 뿐만 아니라 결국은 정치적 민주주의마저 사실상 무의미한 것으로 만들어버린다는 것은 말할 나위가 없다.

근대 국민국가는 본래 여하한 개인이나 집단에게도 사회적 특권을 용납하지 않고, 모든 구성원이 대등한 지위와 권리를 누린다는 기본 전제 위에 성립된 정치체제이다. 그러한 사상·이념이 바로 국민국가의 역사적 선진성과 정당성의 근거이며, 거기서 국민이라는 개념도 나왔다. 따라서 '국민'과 '불평등'은 근본적으로 상용(相容)할 수 없는 개념이라고 할 수 있다. 사회경제적 힘의 격차에 의해서 어떤 국민이 다른 국민 위에 군림하는 것이 가능한 사회는 어디까지나 노예사회이지 원래 의미에서의 국민국가 체제라고 말할 수는 없기 때문이다.

하지만 현실의 국민국가는 한 번도 자신의 이상을 제대로 구현해본 적이 없다. 국민국가는 시초부터 불평등으로 인한 사회적 균열과 모순을 껴안은 채 전개되어왔다. 이것은 물론 근대 국민국가의 물질적 기반이 사회적 불평등 없이는 단 한순간도 존속할 수 없는 시스템, 즉 자본주의 경제에 의존해왔기 때문이다. 자본주의경제에서 사회적 격차는 시스템 자체가 돌아가는 데 불가결한 요건이다. 그러므로 자본주의의 확대·팽창은 곧 격차사회의 심화를 뜻할 수밖에 없다. 하지만 모든 것은 정도 문제이다. 자본주의체제일지라도 어떤 단계까지는 국민국가의 평등주의라는 이상이 언젠가는 현실화될 것이라는 희망 혹은 환상이 완전히 꺼지지 않을 만한 여지가 있었다고 할 수 있다. 그러나 이제 그런 환상이나마 유지할 수 있는 근거는 완전히 소멸되었다. 오늘날 우리의 삶을 지배하고 있는 것은 산업혁명 이후 두 세기 반에 걸친 자본주의 논리의 거침없는 폭주의 필연적 귀결로서의 극단적인 비인간적·반자연적 체제이다. 지금은 국민국가의 틀은 안중에도 없이 자신의 이익을 극대화하기 위해 세계 전역을 거침없이 넘나드는 글로벌 자본의 시대이다. 일찍이 미국 건국의 지도자 토머스 제퍼슨은 "상인에게는 조국이 없다"라고 갈파한 바 있다. 오늘날 글로벌 자본이 국민국가에 대해서 갖는 관계를 이보다 더 간명하게 요약하는 말은 없을 것이다. 글로벌 자본뿐만 아니라, 원래 자본이라는 것에는 애향심이나 애국심이 있을 수 없다. 돈이 된다면 어디로든 옮겨 다니는 게 자본의 근본 성향인 이상, 특별한 애착이나 귀속감을 느끼는 장소나 공동체가 있을 리 만무한 것이다.

지금 한국 사회에서 경제민주화는 대체로 재벌의 막강한 권력 행사를 얼마간 완화하는 수단으로서만 언급되고 있다. 이것은 물론 경제 전체의 균형을 위해서 필요한 대응이다. 그러나 문제는, 이 재벌이라는 존재가 이제는 국민경제의 테두리를 훨씬 벗어난 글로벌 자본이 되었다는 기본적 사실을 흔히 우리들이 잊고 있다는 점이다. 최근 번역되어 나온 책 《누가 한국 경제를 망쳤는가》(미쓰하시 다카아키, 정영태 옮김, 초록물고기, 2012)는 이 점을 명쾌하게 지적하고 있다. 이 책을 쓴 일본인 경제전문가에 의하면, 외국인 투자가의 지분율이 전체 주식의 절반을 넘은 한국의 주요 대기업들은 이미 한국 기업이라고 말하기 어렵게 되었다. 세계시장에서 벌어들인 막대한 이익의 절반 이상이 외국인 투자가들의 손으로 들어가고 있는 상황에서 재벌기업을 '우리 기업' 운운하는 것은 확실히 난센스이다. 지금 재벌기업은 국민경제의 차원에서 논할 대상은 더이상 아니다. 그러니까 대기업이 번성하면 저절로 국민의 경제생활이 좋아진다고 믿는 것은 어리석은 착각임이 분명하다.

글로벌 자본, 희생되는 국민경제

실제로 진상은 그 반대라고 해야 옳다. 즉, 대기업이 국민경제에 이바

지한다기보다는 노동자와 서민들이 대기업의 이익을 위해서 희생하도록 구조화돼 있는 게 오늘날 한국 경제의 현실이라고 할 수 있다. 지금 이 사회가 심각하게 앓고 있는 빈부격차, 비정규직 노동의 급증, 높은 청년 실업률 등은 글로벌 자본의 눈으로 보면, 오히려 반가운 현상이다. 대기업은 국내시장을 바라보지 않는다. 대기업의 성장은 주로 수출에 의존하고 있다. 따라서 그들은 세계시장에서의 경쟁력을 위해서 국내 노동자들의 실질임금 상승을 원치 않는다. 노동자들의 임금이 올라가면 국내 수요가 증가되지만, 국내시장은 대기업으로서는 너무나 협소한 시장이기에 매력이 있을 수 없다. 이 때문에 대기업은 한미FTA를 비롯한 여러 자유무역협정을 강력하게 요구해왔고, 그 타결을 열렬히 환영했다. 자유무역협정에 따른 국가의 경제주권 상실은 대기업과 투자가들이 관심을 가질 하등의 이유가 없는 문제이다.

오늘날 한국 경제에서 노동자 혹은 일반 국민과 수출 대기업 사이의 이해관계 상충은 구조적으로 설계되어 있다고 해도 무방하다. 한국의 대기업이 세계시장에서 경쟁력을 확보해온 이유는 여러 측면에서 설명할 수 있지만, 그중에서 결정적인 요인은 국가에 의해 오랫동안 직접적으로 제공되어온 특혜이다. 결정적인 특혜는 법인세 인하 및 원화가치 절하 정책을 통한 전폭적인 수출 지원이라고 할 수 있다. 감세로 인한 국가예산의 감소는 말할 것도 없이 공공서비스의 축소로 연결되어 일반 국민의 생활에 타격을 가하지만, 원화 약세 정책도 마찬가지이다. 원화가치 약세 정책으로 석유를 비롯한 수입 생필품 가격은 당연히 비정상적으로 높아지고, 그 부담은 소비자에게 전가되게 마련이다. 실질임금은 끊임없이 바닥으로 향하는데 물가가 계속해서 올라가면 서민경제의 파탄은 필연적이다.

일반 국민의 희생 위에 대기업이 번성하는 메커니즘은 이에 그치지 않는다. 전력이라는 핵심적인 산업 인프라에서도 기업은 오랫동안 특혜를 누려왔다. 이것은 기업이 생산비 이하의 싼값으로 전기를 이용하는 대신에 일반 국민은 상대적으로 높은 가정용 전기요금을 지불하지 않으면 안되도록 만들어진 구조 덕분이다. 그러니까 기업이 누리는 특혜 때문에 발생하는 적자(혹은 이윤 감소)를 일반 국민이 메워야 하는 이 구조는 다분히 의도적으로 설계되어 있는 것으로 볼 수밖에 없는 것이다. 세계적으로도 유례가 없는 이 구조는 지금도 별다른 사회적 저항 없이 계속되고 있다.

그러니까 오늘날 한국 경제의 핵심 문제는 대기업의 수출 실적을 위해서 국민경제의 희생을 강요하는 구조 그 자체에 있다고 할 수 있다. 게다가 이처럼 일반 국민의 막대한 희생을 대가로 실현되는 이익의 큰 부분은 외국인 투자가들의 손으로 들어가고 있다. 하기는 내국인 투자가들이라고 해서 착취와 희생의 구조가 본질적으로 달라지는 것도 아니다.

왜냐하면 내국인이든 외국인이든 오늘날 대규모 투자가들은 자신의 자금을 생산적인 데 거의 사용하지 않기 때문이다. 그들의 목적은 단기간에 최대한 금융자산을 불리는 것이다. 그러므로 그들은 수익이 예상된다면, 그 결과가 인간과 사회를 파괴하고 세계의 앞날을 위태롭게 하는 것일지라도 주저 없이 투자한다. 그리고 이들이 투자한 돈으로 움직이는 기업은 투자가들의 자산증식 욕구에 부응하여 온갖 비윤리적·반사회적인 행동도 꺼리지 않는다. 그들에게 최고의 가치는 가능한 한 짧은 시간 내에 주가를 최대치로 끌어올리는 것이다. 기업이 가장 두려워하는 것은 주가 폭락이며, 그로 인한 궁극적인 파산이다. 그리하여 '윤리적 경영' 혹은 '사회적으로 책임 있는 경영'이라는 아이디어는, 기업의 입장에서 보면, 헛소리에 불과하다. 임금 삭감, 정리해고, 비정규직 확대 등은 기업이 주가 상승을 꾀하거나 주가 하락을 막기 위해서 행하는 매우 비인간적인, 그러나 가장 흔한 방법이다. 신(新)기술의 도입, 자동화 기계의 설비 등은 보다 세련된 방법이지만, 그것도 결국은 노동자 감축으로 귀결될 수밖에 없다.

세계는 지금 글로벌 자본의 식민지가 되었다. 한국 사회도 예외가 아니다. 실제로 세계 전역에 걸친 자본의 위세는 너무도 막강해서 국민국가의 공적 권력으로 제어한다는 것은 한계가 있음이 확실하다. 더욱이 대부분의 정치지도자들은 대기업이나 금융투자가들에 대항할 엄두를 내지 못한다. 정경유착이라는 진부한 용어로는 제대로 접근도 못할 만큼 정치에 대한 자본의 지배는 전면적인 것이 되었다. 정치뿐만 아니다. 언론, 대학, 교육, 문화, 과학기술 등등, 여론을 주도하고, 사회를 이끄는 온갖 분야의 '엘리트'들을 지배하고, 그들의 정신을 오염시켜온 것도 자본의 힘이다.

자본의 횡포와 국가의 책무

그러나 한계가 있기는 하나, 국가가 해야 하고 할 수 있는 일이 없는 게 아니다. 어차피 세계정부가 존재하지 않는 이상, 자본의 폭주를 통제할 수 있는 가장 유력한 힘은 국가권력에 있다는 것은 틀림없다. 그리고 따져보면 이것은 국가로서는 회피할 수 없는 책무이기도 하다. 왜냐하면 지금까지 이토록 자본이 막강한 힘으로 성장할 수 있도록 협력했던 장본인이 바로 국가이기 때문이다.

돌이켜보면, 자본주의의 역사는 국가권력으로부터의 도움 없이는 성립도, 존속도, 성장도 할 수 없었던 역사이다. 이른바 시장의 자율성이라는 것은 허구적 관념일 뿐이다. 국가가 온갖 법률과 규제(혹은 규제완화)를 통하여 자본에 유리한 조건과 환경을 끊임없이 제공해왔던 결과로 자본주의경제는 성장과 확대를 계속할 수 있었던 것이다. 칼 폴라니가 명확히 지적했듯이, 순수한 시장경제라는 것은 실제로 역사상 어디에서도 존재한 적이 없다. 시장경제란 어디까지나 '정치적 프로젝트'의 소산이었고, 이 사실은 지금도 변함이 없다.

시장의 자율성이라는 허구적 논리에 매달려 국가가 자신의 책무를 방기하는 것은 어리석다기보다 무책임한 짓이다. 하물며 국가의 주요 공공자산이나 물, 전기, 가스, 철도 등 국민생활에 가장 기초적인 공공서비스 체계를 민영화라는 이름으로 자본가에게 넘겨주기 위해서 시장논리를 들먹이는 것은 용서할 수 없는 범죄행위이다. 지금은 경쟁력 운운하며 시대착오적인 정책을 구상할 때가 아니라 다루기 힘든 괴물이 된 자본의 힘을 어떤 방식으로든 제어해야 할 때이다.

필요한 것은 더 많은 민주주의이지, 더 많은 경제성장이 아니다. 오늘날 세계가 처한 복합적인 위기상황, 즉 기후변화 및 농경지 사막화를 위시한 심각한 환경파괴, 석유를 포함한 각종 지하자원의 급속한 고갈, 인구 불균형, 근대적 금융통화제도의 파탄, 그리고 사회적 격차의 심화 등등은 예외 없이 오로지 단기적 이윤추구에 골몰해온 자본주의적 성장논리의 필연적 결과이다. 그러므로 이 현실에서 더 많은 경제성장을 통해서 해결될 수 있는 것은 이제 아무것도 없다고 할 수 있다. 문제의 원인을 가지고 문제를 해결할 수는 없기 때문이다.

민주정부의 역할, 라틴아메리카의 실험

실제로 국가권력이 정의롭게 행사된다면, 자본의 횡포를 제어하고 민중의 이익을 지키는 게 가능하다는 것을 보여주는 생생한 선례가 존재한다. 그 최신의 모범적인 예는 라틴아메리카 국가들이다. 라틴아메리카 국가들은 오랜 세월 유럽의 식민지로서, 또 독립 후에는 제국주의 자본과 그들의 앞잡이들에 의한 약탈과 착취, 억압 속에서 신음해온 절망의 땅이었다. 그런 사회가 마침내 억압의 구조를 깨고, 지금은 오히려 다양한 혁신적인 사회정책을 과감하게 도입·실험함으로써 자본주의 종말 이후의 세계를 선도적으로 개척하고 있다는 평가를 듣는 정도까지 되었다. 그런데 중요한 것은, 이들 국가에서의 이 엄청난 변화가 예외 없이 선거에 의해서 민주정부를 수립하는 데 성공함으로써 이루어졌다는 사실이다. 그러니까 선거라는 것도 제대로만 된다면 훌륭한 사회개혁의 수단이 될 수 있음을 입증한 것이다.

사실 지금 라틴아메리카 사회가 보여주는 여러 혁신적인 움직임은 오늘날의 지배적인 상식으로 볼 때, 놀라운 것이라고 하지 않을 수 없다. 노동자 출신 룰라가 대통령을 지낸 브라질이나 볼리바르혁명을 제창한 우고 차베스의 베네수엘라의 경우는 비교적 잘 알려져 있기 때문에 굳이 더 언급할 필요가 없겠지만, 군대 없는 나라 코스타리카도 반드시 주목해야 할 나라이고, 최초의 원주민 대통령을 뽑았던 볼리비아도 역시 흥미롭다.

볼리비아라면, 2000년에 대규모 '물 폭동'이 일어났던 도시 코차밤바가 먼저 연상되는 나라이다. 당시 무능하고 부패한 정권에 의해 상수도 사업이 민영화되자 다국적기업은 수원지 확보 공사로 인한 비용부담을 이유로 급작스럽게 수도 사용료를 대폭 올렸고, 이에 따라 코차밤바의 가난한 주민들은 생존에 불가결한 물을 자유롭게 사용할 권리를 완전히 박탈당했다. 심지어는 이 와중에 주민들이 빗물을 받아 쓸 수 있는 권리조차 제한되었다. 이에 견디다 못해 일어난 민중궐기는 다수 사상자가 발생하는 '폭동' 수준으로 확대되어 마침내 정부는 민영화를 취소하고, 외국 기업은 철수하지 않을 수 없었다. 글로벌 자본에 대한 이 민중 항거는 결국 몇 년 후(2006년) 인디오 혈통의 코카 재배 농민 에보 모랄레스가 대통령으로 선출되는 길을 열어 놓았다.

모랄레스는 "오늘날 인류의 최대의 적은 자본주의이다. 이 자본주의의 최신판인 신자유주의는 인간의 기본적 권리를 야만적으로 침해하고 있다. 볼리비아 민중은 체 게바라의 정신을 계승하여 이 횡포에 대항하여 궐기한 것이다"라고 말했다. 그는 오늘날 라틴아메리카의 혁신적 사회개혁운동에서 빼뜨릴 수 없는 존재가 되었다. 그러나 주목할 것은, 그의 개혁사상은 맑스주의적 사회주의 노선에 충실한 것이라기보다는 어디까지나 안데스 토착문화의 세계관·자연관에 뿌리를 두고 있다는 점이다. 그리하여 그는 코펜하겐 기후변화 정상회의가 실패로 돌아간 뒤 2010년 4월에 바로 그 '물 폭동'의 도시 코차밤바에서 '기후변화와 어머니 대지(大地)의 권리에 관한 세계민중회의'를 개최하였다. 그는 그 회의에서 안데스 토착민의 후예답게 '자연의 권리'와 환경보전의 중요성을 역설했다.

그리고 그는 다국적기업의 환경범죄를 처벌하기 위한 국제재판소의 창설을 제안했다.

그러나 보는 각도에 따라 다르기는 하겠지만, 어쩌면 가장 흥미로운 경우는 에콰도르인지도 모른다. 에콰도르의 '사회혁명'은 2006년 경제학자 라파엘 코레아가 대통령에 선출됨으로써 시작되었다. 이전 정권에서 경제장관을 지냈던 코레아는 에콰도르 국가가 직면한 가장 긴박한 과제가 대외부채 문제임을 알고 있었다. 이 외채를 갚기 위해서 국가예산의 거의 절반이 소비되었다. 실제로 풍부한 천연자원이 있지만, 이 무거운 외채상환 문제를 그대로 두고는 에콰도르의 만성적인 빈곤을 극복하는 것은 불가능했다. 선거기간 중 코레아는 국가채무 문제를 집중적으로 거론하며, 자신이 선출되면 이 문제를 가장 우선적으로 해소할 것을 약속했다.

대통령에 취임하자 즉시 그는 자신의 공약대로 '공공채무 심사위원회'를 구성했다. 이 위원회는 지난 30년 동안 독재정권하에서 에콰도르가 빚진 대외채무의 구체적인 내용과 그 성격을 면밀히 검토하기 위해 설치된 것이었다. 심사위원회의 공정성을 확보하기 위해서 해외의 몇몇 전문가들을 초청하여 그들도 위원회에 참석하도록 하였다. 2년 뒤 제출된 심사위원회의 보고서에 의하면, 에콰도르의 외채 중 많은 부분이 '정당성'을 결여한 부채, 다시 말해서 이전 정권들의 "부적절한 통치"와 "정치적 부패"에 관계된 것으로 판명되었다.

코레아 대통령은 국내외로부터의 격렬한 반발을 무릅쓰고 "정당성이 없는 부채"의 상환은 거부한다고 선언했다. 그 결과, 에콰도르의 국채는 국제 채권시장에서 거의 휴지조각처럼 되었고, 수개월 후 코레아 대통령은 은밀히 아무도 돌아보지 않는 이 에콰도르 채권을 헐값으로 사들였다. 그리하여 에콰도르는 외채상환이라는 무거운 짐에서 벗어나게 된 것이다. 이것은 실로 대단한 용기와 지혜 없이는 안되는 거사(擧事)였다고 하지 않을 수 없다. 하지만 에콰도르 정부는 그것을 해냈고, 그 덕분에 에콰도르의 가난한 민중의 삶은 획기적으로 개선될 수 있었다.

에콰도르의 외채 청산, 은행세(稅)와 기본소득

이렇게 해서 여유를 갖게 된 에콰도르 정부는 도로, 병원, 학교 등을 신설·보강하면서 빈곤층의 생활 향상을 위해 집중적으로 예산을 투입해왔다. 그러한 프로그램의 하나로 저소득층에게 매월 35달러를 현금으로 지급하는 '인간발전보너스'라는 시스템이 운영되어왔다. 코레아 대통령은 그 보너스 지급액의 인상을 위해서 2012년에는 새로운 재원 확보 대책을 제시했다. 그것은 에콰도르 국내의 민간은행들을 상대로, 한편으로는 종전까지 은행에 주어졌던 소득세 저(低)부담 혜택을 해제하고, 다른 한편으로는 은행의 소득에 대해 3퍼센트의 신규 과세를 부과하겠다는 것이었다. 당연히 은행가들과 보수파 경제학자들로부터의 격렬한 반발이 있었지만, 2012년 11월 의회에 의해 법안이 가결됨으로써 앞으로 에콰도르의 노인들과 편모들을 포함한 200만 명의 가난한 사람들은 월 50달러의 현금을 정부로부터 지급받는 게 가능해졌다.

보너스라는 이름이 붙어 있지만, 이 현금 급부 시스템은 미흡한 대로 일종의 '기본소득'이라고 할 수 있다. 기본소득이라는 개념에 대해서는 아직 의문을 제기하는 사람들이 많다. 그 주된 논거는 아마도 오래된 고정관념, 즉 소득은 당연히 노동의 대가라는 생각 때문일 것이다. 하지만 이 고정관념의 유효성이 언제까지 계속될 수 있을지 잘 생각해봐야 한다. 왜냐하면 어차피 앞으로의 세상은 이전과 같이 계속적으로 일자리가 증가하는 성장경제 시대는 아닐 것이 분명하기 때문이다. 이미 기계화·자동화에 의해서 세계 전체 노동력의 20퍼센트 미만으로 모든 인류에게 필요한 물자가 생산·공급될 수 있다는 게 오늘날의 상황이다. 그렇다면 이미 대부분의 노동력은 사실상 잉여 인력이라고 할 수 있다. 비단 기계화·자동화의 문제만이 아니다. 화석연료를 비롯한 산업용 자원을 값싸고 풍부하게 사용할 수 있는 시대는 급속히 사라지고 있다는 점도 결코 간과할 수 없는 문제이다. 따라서 이제부터는 어차피 경제규모와 산업활동이 갈수록 축소되어갈 게 확실하다. 실제로 지금도 과잉생산으로 골머리를 앓고 있는 게 세계경제의 현실이다. 모든 정황으로 볼 때, 계속적인 경제성장이 불가능하다는 것을 통감하게 될 날이 곧 다가올 것이다. 그렇게 되면 경제성장을 기본 전제로 해왔던 모든 제도와 관행은 근본적인 재검토를 강요당하지 않을 수 없을 것이다. 물론 고용과 소득의 문제도 예외가 아니다. "고용이 없으면 소득도 없다"라는 관념에 미련스럽게 매달려 있다가는 수많은 사람의 생활은 물론이고, 사회 전체가 평화롭게 장기 지속하기 어려운 상황을 맞이할 가능성이 매우 높다.

　그런 의미에서 에콰도르의 '인간발전보너스'라는 프로그램은 매우 선진적인 사회정책이라고 할 수 있다. 물론 아직은 제한된 사회 구성원을 대상으로 하고 있지만, 그래도 그것은 틀림없는 기본소득 보장 시스템이다. 그리고 현금 급부 방식을 통한 기본소득 보장은 빈곤문제의 해법으로서도 가장 효과적이라는 게 이미 세계의 여러 지역—남아프리카, 브라질, 인도, 몽골 등등—에서 입증되었다. 이것은 여러 경제전문가들도 인정하고 있다. 일찍이 기아(飢餓)와 민주주의가 역비례 관계에 있음을 논증하여 주목을 받은 인도 출신 경제학자 아마르티야 센은 그 대표적인 인물이다. 그는 자신의 연구와 현장 체험에 근거하여 국제기구나 정부들이 흔히 행하는 방식, 즉 현물이나 인프라를 원조·제공하는 방법으로는 '저개발 사회'의 만성적인 빈곤 구조가 해소되기는 매우 어렵다는 점을 강조해왔다.

'좋은 삶'과 '자연의 권리'

　그런데 에콰도르의 개혁 중에서 빠뜨릴 수 없는 것은 2008년에 작성된 새로운 헌법이다. 이 헌법에는 오랫동안 민중을 억압, 소외시켜온 식민주의와 독재체제로부터 벗어나 새로운 삶을 지향하는 나라의 정치적 의지가 강력히 반영돼 있다. 그래서 거기에는 당연히 참여민주주의 가치와 공동체의 중요성이 강조되어 있다. 그러나 무엇보다 인상적인 것은 이 새로운 헌법이 '좋은 삶(buen vivir)'을 강조하고, 지속 가능한 '좋은 삶'을 위해서 '자연의 권리'를 명문화하고 있다는 점이다. 여기서 '좋은 삶'이란 "보다 많은 것을 소유하는" 것을 말하는 게 아니라 어디까지나 "인간과 공동체 그리고 자연 사이의 조화로운 관계"를 말하고 있다. 그러니까 이 것은 물질적 번영 혹은 개인주의적 행복을 중시하는 서구 근대적 의미에서의 '잘사는 삶'과는 전혀 이질적인 차원의 삶이다. 중요한 것은 부의 축적도 성장도 아닌 '균형상태'이다. 그 '균형'을 위해서는 물론 생존의 기본욕구를 충족시키는 데 필요한 영양, 건강, 교육에 대한 권리가 보장되어야 한다. 에콰도르의 신헌법은 이러한 민중의 기본적 생존권을 강조하되 동시에 한 걸음 더 나아가서 "개인과 공동체들이 자연의 다양성을 존중하고 자연과의 조화로운 공존을 위해서 책임을 다해야" 할 것을 명시하고 있는 것이다.

'자연의 권리'를 명문화하고 있다는 의미에서 에콰도르의 신헌법은 아마도 세계사에서 획기적인 의의를 갖는 것일지도 모른다. 전통적으로 '진보파'는 민중의 권리를 강화하는 데는 열성적이면서도, 그 민중의 지속적 생존의 토대인 자연에 대해서는 늘 부차적인 관심밖에 보여주지 않았다. 그리하여 그들 역시 민중의 사회적 권리를 확대하기 위한 전제조건으로서 늘 경제성장을 옹호하고 장려해왔다. 경제성장을 중시하는 한, 인간과 자연 사이의 조화를 고려해야 한다는 생각은 희박해질 수밖에 없다. 코레아 대통령의 측근이자 에콰도르 신헌법제정위원회 위원장이었던 경제학자 알베르토 아코스타에 의하면, 그러한 좌파의 관점은 간단히 말하면 "자폐적 세계관"이다. 실제로 서구 근대문명은 "모든 자연은 원칙적으로 계산을 통해서 정복될 수 있는 대상"이라는 근본 신념 위에서 구축되어왔고, 좌파적 상상력에서도 예외 없이 자연이란 기본적으로 지배하고 착취하고 이용하는 대상물에 지나지 않았다. 그리하여 그러한 자연관의 연장선에서 미개인, 토착민, 하층민에 대한 식민주의적 지배와 억압이 오랫동안 계속되어왔던 것이다.

에콰도르의 새 헌법에서 '좋은 삶' 혹은 '자연의 권리'라는 개념이 명

문화된 것은 결국 이 지역이 서구 세력에 의해 침탈되기 이전의 토착문화의 뿌리로 회귀하고자 하는 의지를 드러낸 것이라고 할 수 있다. 그런 의미에서, '좋은 삶'이란 식민주의에 의해 오랫동안 억압돼왔던 안데스문화와 그 생활양식의 복구, 다시 말해서 탈식민화를 뜻하는 것으로 해석하는 것도 가능하다. 실제로 안데스 문화전통에서는 인간과 자연은 결코 이분법적으로 분리될 수 없는 하나의 몸, 하나의 가족이었다. 오늘날에도 안데스 농민사회에는 '파차마마'(어머니 대지)가 기축(基軸)이 되어 있는 세계에 대한 살아 있는 감각과 의식이 보존되어 있다. 안데스 농민들은 만물을 기르는 '파차마마'를 실제로 '그녀'라고 부르며, '그녀'를 끝없는 공경심으로 돌보는 게 자신들의 임무라고 생각한다. 그러지 않으면 삶 자체가 존속할 수 없다는 것을 잘 알기 때문이다. 이것은 물론 근원적인 삶의 지혜이다. 지금 에콰도르를 비롯하여 라틴아메리카 국민들이 안데스 문화의 뿌리에 관심을 갖는 것은 이 근원적인 지혜를 되살릴 필요를 느끼기 때문일 것이다. 그리고 이와 같은 근원적인 지혜의 복구는 꼭 라틴아메리카에서만 필요한 게 아니라는 것은 말할 필요도 없다.

석유자원의 포기와 자연의 보존

그런데 '자연의 권리'를 명시한 이 선구적인 헌법에 관련된, 매우 흥미로운 이야기가 하나 있다. 그것은 에콰도르가 자신의 영토에서 새로이 발견된 유전을 개발하지 않기로 한 결정이다. 에콰도르는 라틴아메리카의 주요 원유 수출국의 하나로, 국가예산의 40퍼센트가 석유에 의존하고 있다. 현재 그 석유도 이미 매장량의 절반이 채굴된 것으로 추정되고 있다. 그런데 2006년에 국영 석유회사에 의해 열대우림 지대인 '야수니 국립공원' 지역에서 새로운 유전이 발견되었다. 매장량 10억 배럴 정도로 추정되는 이 새로운 유전은 나라 전체 원유 매장량의 20퍼센트에 상당하는 규모이다.

하지만 '야수니 국립공원'은 현재 지구상 어느 곳보다도 풍부한 동식물과 새와 곤충들의 서식지로, 아직 훼손·파괴되지 않고 생태적으로 살아 있는 희소한 장소의 하나이다. 게다가 '문명'에 의해 오염되지 않은 원주민들의 삶터이기도 하다. 이 원시적 '낙원'은 석유개발이 시작된다면 곧 파괴될 것임이 분명했다. 그러나 유전을 개발한다면 에콰도르의 경제에 막대한 도움이 된다는 것도 분명했다. 이 딜레마는 당시 석유장관이기도 했던 알베르토 아코스타가 풀어야 할 최대의 숙제였다. 그는 독일에서 경제학을 공부했고, 정부의 주요 각료일 뿐만 아니라, 무엇보다 '좋은 삶'과 '자연의 권리'를 에콰도르 신헌법에 도입한 주역이다.

그는 그러나 석유개발로 민중생활이 획기적으로 개선되기는커녕 오히려 생활환경이 돌이킬 수 없이 오염되고, 자연은 무참하게 파괴되어온 역사를 돌아보았다. 그는 자신의 경험으로써 현대 석유산업의 본질적인 반민중성을 꿰뚫어 보고 있었다. 에콰도르 민중이 가난한 것은 오히려 석유 때문이라고 그는 생각했다. 그는 그것을 "풍요의 저주"라고 불렀다.

아코스타는 에콰도르를 포함한 세계 민중의 생활이 지속 가능한 것이 되려면 세계경제가 재생 불가능한 자원에 대한 의존도를 획기적으로 줄이고, 자연을 보호하지 않으면 안된다는 자신의 확고한 신념에 충실했다. 그리하여 그는 새 유전 개발을 포기하고, 그 대신 세계를 향해서 '거래'를 제안할 것을 정부에 건의했다. 거래 내용은, '야수니 국립공원'이라는 생태적 보고를 원상대로 보존하고, 잠재적으로 막대한 이산화탄소의 배출을 사전에 차단한 에콰도르의 지구환경 보전 정책에 대하여 세계의 다른 정부나 기관, 개인들로부터 상응하는 대가를 받도록 하자는 것이었다. 그리하여 추정 매장량의 절반에 해당하는 원유 가격, 약 360억 달러를 지원받기로 목표를 세웠다. 코레아 대통령은 고심 끝에 이 제안에 동의했고, 그럼으로써 에콰도르는 역사상 최초로 자신이 보유하고 있는 유전의 개발을 포기하는 결정을 내린 국가가 되었다. 지금까지 유엔환경계획을 비롯하여 칠레, 페루, 스페인, 이탈리아 등 여러 정부, 개인으로는 데스몬드 투투 주교, 미하일 고르바초프, 리고베르타 멘추, 무함마드 유누스 등이 적극적인 지지자로서 이 계획을 돕고 있다.

물론 자본주의와 국익논리가 여전히 압도적으로 세계를 지배하고 있는 현실에서 이 전대미문의 계획이 순탄하게 전개될 리는 만무하다. 누구보다 코레아 대통령 자신이 스스로 승인한 결정을 번복하고 싶은 유혹을 끊임없이 받아왔고, 지금도 그런 것으로 보인다. 알베르토 아코스타는 대통령의 이러한 흔들리는 자세 때문에 국제사회가 이 계획의 신뢰성을 의심하고, 그 결과 계획이 무산될 것을 우려하고 있다. 2013년 4월에 있을 대통령선거에 다시 후보로 나선 코레아는 현실 속의 정치가로서 목전의 이익이 주는 유혹을 물리치기가 쉽지 않을 것이다. 그러므로 에콰도르의 유전 개발 포기 결정이 앞으로 어떻게 될지 사실 장담하기는 힘들다. 그렇지만 이러한 시도는 그 자체로 인류의 장래에 큰 희망을 주는 신호라고 하지 않을 수 없다. 영국 신문 〈가디언〉 기자와의 회견(2011년 8월 14일)에서 이 계획의 입안자 알베르토 아코스타는, "우리는 석유가 지속 불가능하다는 것을 이해하지 않으면 안됩니다. 국가는 지혜로워야 하고, 사태를 장기적인 관점에서 보아야 합니다. … 우리는 자연 없이는 살 수 없지만, 자연은 우리가 없어도 얼마든지 살 수 있습니다"라고 말했다.

토착 농민문화의 힘

오늘날의 세계 현실에서 국가적 차원에서 인간집단이 과연 '지혜로워질' 수 있는지는 큰 숙제이다. 아직까지 우리에게 익숙한 국가는 기본적으로 홉스가 말한 '괴물'—즉 인간을 모조리 이기적인 짐승으로 간주하는 인간관·세계관에 토대를 둔, 합법적 폭력기구로서의 국가이다. 그러나 에콰도르를 비롯한 라틴아메리카 국가들에서의 몇몇 혁신적인 실험들은, 국가의 틀을 통해서도 대안적 활로를 모색하는 게 불가능한 것만은 아니라는 것을 보여준다. 물론 아직 낙관적인 전망을 내놓을 때는 아닌지 모른다. 하지만 그 실험들은 '100퍼센트 녹색국가'라는 것은 실현 불가능한 것일지라도, 지금보다는 훨씬 더 녹색적인 국가에의 길은 열려 있다는 것을 분명히 암시하고 있다.

에콰도르의 신헌법이 명시하는 '좋은 삶'이란, 지금 모든 인류에게 가장 필요한 대안적인 비전이다. 서구 근대문명을 뒷받침해온 사상·가치와 신념체계로는 결코 출구가 열리지 않는다는 것은 더 길게 말할 필요가 없다. 어차피 근대문명을 추동해온 자본주의 성장경제 메커니즘은 곧 전면적인 작동불능 상태로 빠져들 것이다. 축소경제 상황에서 우리가 어떻게 삶을 꾸려갈 것인가. 에콰도르의 새 헌법은 그것에 대한 하나의 답변을 제시하는 것으로 볼 수 있다.

그런데 여기서 잊지 말아야 할 가장 중요한 것이 있다. 그것은 에콰도르의 선구적인 헌법이나 그 헌법정신에 의거한 석유개발 포기라는 경탄할 만한 결정은, 그 사상적 뿌리가 결국은 안데스의 토착 농민문화에 있다는 사실이다. 국익보다 민중의 이익을 생각하는 정치지도자도 중요하고, 알베르토 아코스타라는 인물로 대변되는 양심적이고 지혜로운 엘리트의 존재도 중요하다. 하지만 궁극적으로 가장 중요한 것은 비록 오랜 세월 억압되어왔으나 끝내 죽지 않고 지속돼온 안데스의 오래된 농민문화이다. 그 농민문화 속에 내포된 생태적 지혜와 공생의 기술, 풍요로운 풍속·습관이 없었다면, 국가의 인간화(혹은 녹색화)를 위한 이 모든 혁신적 실험은 존재하지 못했을 것이다. 어떤 국가든지 국가의 성격은 근본적으로 그 사회 저변에서 삶을 꾸려가는 민중 자신의 정신적·문화적 역량과 자질에 달려 있다고 할 수 있다.

세월호 1년, 자본주의국가의 비극

이 나무를 베어 넘기려는 나무꾼은 누구인가
그것을 말리지 않는 우리는 무엇인가

— 신호성(단원고 학생, 세월호 희생자) 군의 시 〈나무〉에서

세월호 참사 1년, 나라 꼴이 참으로 한심하다. 최소한의 상식이 살아 있는 사회라면 절대로 일어날 수 없는 엄청난 비극을 겪었으면서도 1년이 지난 지금도 변한 것이 아무것도 없다. 무엇보다 진상규명을 위한 납득할 만한 조치가 아직도 없다는 것은 불가사의한 일이다. 엎치락뒤치락 끝에 특별조사위원회가 구성되었으나 정부가 입안한 엉뚱한 '시행령' 때문에 출범도 하지 못한 단계에서 공정한 조사활동의 길도 막혀버렸다.

세월호 참사는 들여다보면 볼수록 수수께끼투성이이지만, 한 가지 확

* 《녹색평론》 제142호(2015년 5-6월) 권두 에세이.

실한 것은 국가기관의 직무유기가 핵심적 요인이었다는 점이다. 따라서 참사의 진상규명 과정에서 이 나라 공직자들은 엄중한 심문을 받아야 할 일차적인 대상일 수밖에 없다. 그런데 정부가 작성한 시행령은 바로 그들이 사실상 조사의 주체가 되도록 만들어 놓고 있다. 어떻게든 진상규명을 저지하려는 의도가 아니라면, 이러한 후안무치한 작태가 어떻게 가능하단 말인가?

설상가상으로, 세월호의 피해자, 즉 자식을 잃어버린 부모와 유가족들은 지난 1년간 이 사회 기득권세력에 의해 끊임없는 모욕과 비난과 조롱을 당해왔다. 수학여행길에 나섰던 아이들이 과연 무엇 때문에 어떻게 희생되었는지 그 진실을 알아야겠다는 부모들의 요구를 이 나라 지배층은 한사코 외면하고, 도리어 유가족을 부도덕한 집단으로 몰아가는 분위기를 조성해왔다. 그리하여 (사이비) 언론들이 증폭시킨 이 분위기 속에서 별생각 없이 살아가는 생활인들 중 다수가 "이제 그만하자"라며 유족들에게 짜증스럽게 반응하는 이상한 상황이 만들어졌다.

실제로 세월호의 침몰과 구조 실패(혹은 구조 방기) 그 자체보다도 훨씬 더 통탄스러운 것은 몰상식과 비이성이 활개를 치는 이 나라의 절망적 현실이다. 국가권력은 자식과 가족을 잃은 사람들에게 허심탄회하게 사죄하고, 그들을 위무하고 껴안으려고 하는 대신에 어째서 이토록 괴물 같은 행태밖에 보여주지 못하는가? 국가라는 것은 원래 그런 것인가?

국가란 원래 이런 것인가

돌이켜보면, 세월호 침몰 당시 인근 민간 어선들이 해경의 저지를 받지 않고 구조를 계속할 수 있었다면 보다 많은 인명을 구출할 수 있었을 개연성이 높다. 민간인들이라면 가라앉는 선박의 창을 통해 필사적으로 구원을 요청하는 학생들을 해경처럼 멀뚱히 바라보며 그냥 지나쳐버렸을 리는 만무하기 때문이다. 해난 사고에 대비하여 조직된 국가기관이 어째서 그렇게 행동했을까. 정말 알다가도 모를 일이다. 진실이 무엇이든, 그 것은 명령과 지시에 따라 움직이는 관료조직을 전제하지 않고는 상상 불 가능한 '반자연적'인 행동이라고 하지 않을 수 없다. 어떤 측면에서 보든 지 세월호 사고는 국가라는 조직화된 (무책임의) 체계가 만들어낸 참사였 음이 분명하다. 그런 의미에서 우리가 국가의 존립 의미를 따지고, 국가 란 무엇인가를 되풀이해서 묻게 되는 것은 당연한 일이다.

하기는 국가의 존재 의미가 무엇인지 근본적으로 의심해야 할 사태를 우리가 한두 번 경험한 것은 아니다. 멀리 갈 것도 없이, 4대강의 전면적 파괴를 국가사업이라는 이름으로 밀어붙이는 황당한 꼴을 당할 때, 후쿠 시마라는 세기적 대재앙이 눈앞에 벌어져 있는데도 설계수명이 끝난 원 전의 연장 가동을 막무가내로 밀어붙이는 국가의 자세를 볼 때, 우리는 그때마다 대체 국가라는 게 무엇인가, 쓰라린 질문을 던지지 않을 수 없 었다.

그러면서도 우리는 이 질문을 집요하게 던짐으로써 어떤 뜻있는 변화 를 성취하는 데까지 가지는 못했고, 늘 어정쩡한 수준에서 질문은 멈추 어지곤 했다. 그러다가 세월호 참사와 그 사후처리 과정에서 노골적으로 민얼굴을 드러낸 이 나라 국가권력과 통치시스템에 맞닥뜨렸다. 지금 이 사회에는 국가에 대해 이제 근본적인 질문을 던져야 한다고 느끼는 시민 들이 증가하고 있다. 이것은 많은 사람들이 세월호 참사를 과거의 어떤 사고, 어떤 사건보다도 더 무겁게 받아들이는 것과 직결된 사회현상이라 고 할 수 있다.

생각해보면, 강단과 연구실이 아닌 거리와 생활의 현장에서 보통 사람 들이 국가의 의미를 심각하게 묻게 되었다는 것은 매우 이례적인 현상이 라고 하지 않을 수 없다. 실제로 오랫동안 우리에게는 국가란 자명한 존 재였기 때문에 그것을 질문의 대상으로 삼는다는 것은 쉽게 생각하기 어 려운 일이었다. 예를 들어, 서구에서 말하는 소위 '사회계약'의 발현 형 태로서의 국가 개념은 동아시아인들에게는 원래 생소한 것이었다.

돌이켜볼 때, 어떤 점에서 동아시아는 서구적 의미의 '근대국가'를 서

양보다 훨씬 먼저 성립시켜 놓고 있었다. 즉, 기원전 3세기에 중국을 통일한 진(秦)이 수립한 통치체제는 본질적으로 '근대적인' 국가체제였고, 그 체제는 이후 동아시아의 기본적 통치형태로 지속되었다. 진나라 시황(始皇)은 도량형의 정립과 통일 통화의 발행을 통해서 단일시장을 구축하고, 문자의 통일과 군현제의 실시 등을 통해서 관료제적 통치기반을 확립하고, 한비자의 법가사상에 의거 법치주의를 표방했던 것이다.

그런데 서양에서의 근대국가란, 요약하자면, 분권적 농민공동체들을 기반으로 유지되던 중세적 질서가 무너지고 여러 차례의 시민혁명을 거쳐 형성된 중앙집권적 관료시스템에 의거한 통치체제이다. 중요한 것은, 서구에서의 근대국가는 부르주아지든 하층 민중이든 역사의 새로운 주체 세력들에 의해서 몇 세기에 걸쳐서 거듭된 정치적·사회적 투쟁을 거쳐 형성되었고, 이 때문에 그 통치체제가 인위적 산물이라는 것은 누구의 눈에나 뚜렷했다는 사실이다. 그런 이유로 서구의 정치사상에서 국가 성립을 '사회계약'의 논리로 설명하는 것은 자연스럽다고 할 수 있다.

그러나 동아시아의 경우에는 근대적 형태의 국가 형성 과정이 근본적으로 달랐던 만큼, 국가에 대한 기본적인 관점도 다를 수밖에 없다. 즉, 동아시아인들에게 국가란 '계약'에 의해 성립한 공동체라기보다 오히려 자명한 실체, 즉 우리들 모두가 태어나기 훨씬 전 까마득한 옛날부터 존재해온 '자연적' 현실이었다고 할 수 있다. 따라서 예를 들어, '상상의 공동체' 혹은 '공동 환상'으로서 국가나 국민 혹은 민족을 해석하는 관점은 적어도 동아시아인들에게는 매우 낯선, 부자연스러운 논리로 느껴질 수밖에 없다.

물론 제국주의, 식민지 시대를 거치면서 동아시아인들의 국가 관념이 크게 흔들렸다고 볼 수도 있다. 그러나 또한 그 반대로, 제국주의에 의한 침탈, 식민지 지배를 당하면서 중국인이나 조선인, 혹은 베트남인들에게는 국가의 '자명성'이 오히려 강화된 측면을 부정할 수도 없다. 오늘날처럼 신자유주의 논리가 지배하는 '신제국주의' 밑에서도 마찬가지이다. 오늘날 글로벌 자본은 거침없이 국경을 넘나들며 사실상 국가주권을 무력화하고 있다.

이러한 글로벌 자본의 지배 때문에 국민국가체제의 붕괴나 소멸을 운위하는 사람들도 있지만, 그러나 국경을 자유롭게 가로질러 다니는 게 불가능한 노동자, 하층 민중 그리고 (환경 및 공동체 보호를 위한) 각종 규제가 느슨한 저개발국들이 존재하지 않는다면 글로벌 자본의 계속적인 성장·축적이 불가능하다는 점을 기억하는 것이 중요하다. 그런 점에서 자본의 이익을 위해서든 혹은 그 반대로 민중의 생존·생활을 방어하기 위해서든 '국가'의 역할은 오히려 지금 더 증대하고 있다고 보는 게 더 정확할지도 모른다.

자본주의와 '녹색'국가

세월호 참사는, 간단히 말하면, 기업의 탐욕과 그것에 동조해온 국가의 논리가 결합하여 만들어낸 전형적인 비극이다. 그러므로 우리가 국가의 의미를 묻는다는 것은 국가라는 개념을 놓고 무슨 추상적인 정치철학적 토론을 하자는 게 아니다. 중요한 것은, 온갖 재난 대응시스템을 국민의 세금으로 가동하고 있으면서도 '국민'을 위험상황으로 태연히 방치하고, 그것도 모자라 긴급구조가 필요한 위급상황에서는 '국민'을 버리는 것 말고는 아무것도 하지 않는 국가의 문제이다.

이것을 단지 국가기능의 마비라는 측면으로만 접근하는 것은 별로 의미가 없다. 왜냐하면 이 경우, 국가에 의한 기민(棄民)은 우연한 실수나 실책이 아니라 국가 운영체계, 나아가서는 나라의 정치시스템 자체의 근본적 결함에서 비롯된 것이라고 믿을 만한 이유가 존재하기 때문이다. 단적으로 말하여, 지금 이 국가는 자본과 기업의 이익을 위해서라면 모든 다른 인간적인 소중한 가치는 돌아볼 필요가 없다는 천박한 사고습관에 깊게 빠져 있다. 그리하여 여기에 이의를 제기하는 양심의 목소리들은 흔히 '종북좌파'니 뭐니 하는 더러운 딱지가 붙여져서 근거 없이 조롱과 멸시를 당하고, 탄압을 받고 있는 게 오늘 이 나라의 현실이다.

결국 이렇게 간다면 아무런 희망이 없다. 이런 현실에 깊이 절망을 느끼는 민감한 사람들은 이 역겨운 정치·사회 현실로부터 퇴각하여 '밀실' 속으로, 사적 공간으로 숨어들고자 하는 유혹을 느끼기 쉽다. 그러나 애석하게도 지금은 어디에도 숨을 공간이 남아 있지 않다. 예를 들어, 오랜 세월 갖은 시련을 견디며 피땀 흘려 유기농 생산 공동체를 만들어 봤자 국책이라는 이름으로 국가가 땅을 내놓기를 강요하면 대항할 방법이 없다. 이것은 오늘날 국가체제 속에서 살고 있는 우리의 피할 수 없는 운명이다. 헨리 데이비드 소로는 《월든》에서 자급·자치의 독립적 삶을 훌륭하게 영위하는 모습을 보여주었으나 그것은 이제 까마득한 옛날이야기가 되었다. 그뿐만 아니라 이미 그때에도 《월든》에서의 독립생활은 단기적인, 그리고 개인주의적인 실험이었다는 사실을 기억해야 한다.

국가에의 근원적인 물음이 국가 자체의 부정을 의미하는 것이어야 하는가? 그래서도 안되고, 또 사실 그럴 필요도 없다. 오늘날 자본과 국가의 지배로부터의 해방을 겨냥하는 사람들이 처한 근본 딜레마는, 자신이 전혀 동의할 수 없는 이 비인간적이고 야만적인 체제를 (개인적으로) 완전히 벗어나서는 의미 있는 인간적 삶도, 가장 기본적인 차원의 생존도 도모할 수 없다는 사실이다. 그러면 어떻게 해야 하는가? 결국 국가, 조금 더 정확히 말하면, 정치시스템을 근본적으로 개혁하기 위해서 싸우는 방법밖에 없다. 그리고 이 싸움에서 성공하기 위해서는 국가의 의미를 새롭게 음미해볼 필요가 있다. 즉, 국가는 그 자체 '필요악'으로 규정되어야 할 것인가, 아니면 보다 적극적으로 받아들여야 할, 자유로운 삶을 위한 불가결한 틀인가?

이런 질문은 원론적인 국가론과는 아무 관계가 없다. 위에서 언급했듯이 특히 동아시아인들에게 국가라는 존재는 거의 자명한 것임을 고려할 때, 중요한 것은 지금 우리가 국가의 존재가 필요한지 아닌지를 두고 추상적 논의를 하는 것은 전혀 무익하다는 사실이다. 요컨대 우리는 어차피 국가라는 틀을 벗어날 수가 없다. 이것이 움직일 수 없는 진실이라는 것을 수긍한 다음, 우리는 현재 이 지구상에, 글로벌 자본주의체제 속에서도 완전하다고는 할 수는 없지만 그래도 매우 부러워할 만한 나라가 존재하고 있다는 사실을 주목할 필요가 있다. 즉, 북유럽 복지국가 혹은 '군대 없는 나라' 코스타리카를 비롯한 몇몇 남아메리카 국가들이 보여주는 모범적인 선례 말이다.

덴마크나 스웨덴 등은 더 언급할 필요가 없겠지만, 남아메리카 몇몇 국가들은 오랜 제국주의, 군사독재로 파괴되고 짓눌려온 사회임에도 근년에 이르러 평화국가, 인권국가, 녹색국가로의 전환을 위해 온갖 역경을 무릅쓰고 분투하는 모습을 모범적으로 보여주었고, 지금도 보여주고 있다. 예를 들어, 에콰도르와 볼리비아는 여전히 가난한 나라인데도 '자연의 권리'를 명시한 헌법을 세계 최초로 채택했고, 에콰도르는 지구온난화 방지와 토착민의 삶터를 보호하기 위해 새로이 발견된 유전(油田)을 함부로 채굴하지 않을 것을 국가정책으로 결정하였다. 이것은 종래의 상투적인 '국익' 우선주의의 견지에서 보자면, 얼른 이해하기 어려운 선택이라고 하지 않을 수 없다. 그러나 이 정책들을 관류하는 '공존공생의 사상'은 지금 이 세계에 가장 결핍되어 있으면서 동시에 가장 긴급히 필요한 사상이다. 경탄스러운 것은, 소위 번영하는 '선진국'들이 아니라 남아메리카의 작고 가난한 나라들이 자발적으로 이 공존공생의 사상을 국가운영의 원리로 채택하고 그것을 실천하려 한다는 것이다. 그런 점에서 오늘날 진정한 선진국은 남아메리카 국가들임이 분명하다.

북유럽 복지국가나 남아메리카 몇몇 나라의 예에서 우리가 얻는 교훈은 적어도 지금보다 더 인간적인 나라, 더 녹색적인 국가를 만든다는 것은 결코 불가능한 일이 아니라는 것이다. 물론 자연환경과 역사적 배경과 문화풍토가 다른 지역의 경험을 기계적으로 옮겨다 놓을 수는 없다. 하지만 생각해보면, 오늘날 세계 전역에 걸쳐 (적어도 형식상으로는) 보편적인 정치시스템이 되어 있는 '민주주의'도 원래는 세계의 일부 지역에서 시작된 제도였다. 세계의 역사는, 따져보면, 인간공동체들 사이의 끊임없는 모방의 과정, 즉 '미메시스'의 역사라고 할 수 있다.

문제는 민주주의이다

좋은 사회, 보다 인간적이고 보다 녹색적인 나라를 실현하는 데 핵심적인 것은 결국 민주주의의 실천 여부이다. 여기서 중요한 것은, 민주주의란 정기적으로 선거가 있다고 해서 보장되는 게 아니라는 사실이다. 오히려 오늘날 선거를 통해서 대표자를 뽑아 그들에게 국가 운영을 위임하는 제도는 허다한 경우 특권세력의 과두지배체제를 영속화하는 데 이바지하고 있을 뿐이다. 더욱이 선거를 통한 위임통치는 필연적으로 부정부패를 낳고, 금권정치의 지배를 불가피한 것으로 만든다(최근 이른바 '성완종 리스트'를 통해서 백일하에 폭로된 한국 정치판의 부패 양상, '뒷거래' 관행은 현행의 선거제도 속에서는 절대로 근절될 수 없는 체제적·구조적 범죄이다).

그리스 출신의 저명한 정치철학자 코르넬리우스 카스토리아디스에 의하면, 민주주의 성립의 기본 전제는 자주적 인간의 자율 혹은 자치(auto-nomy)에의 의지이다. 즉, 자신(auto)의 삶은 자신이 만든 법(nomos)에 의하여 규율하겠다는 의지 말이다. 그런데 우리는 오랫동안 오로지 경제성장과 이윤획득이 최고의 가치로 군림하는 풍토에 길들어진 나머지 인간에게 가장 소중한 가치가 '자유인'의 자율적·자치적 삶이라는 것을 망각해왔다. 그리하여 이 사회는 "민주주의가 밥 먹여주느냐"라는 천박한 언술에 의해서 오랫동안 지배되어왔다.

그러나 우리는 이제라도 민주주의가 없으면 밥도 못 먹는다는 사실을 분명히 깨달아야 한다. 지금 온 세상을 약육강식의 전쟁터로 만들고, 극심한 경제적 불평등을 조장하며, 걷잡을 수 없이 환경위기를 심화시키고 있는 자본주의 논리를 이대로 방치한다면 세계와 인간이 영영 구제불능의 나락으로 떨어지는 것은 시간문제이다. 그러나 자본주의의 폭주에 대해서 비난을 하고 욕을 해 봤자 소용없는 일이다. 기업 경영자나 주식·부동산 투기꾼, 경제적 특권층의 관심사는 세계의 지속가능성도, 평화와 인권도, 민주주의도 아니다. 그들의 초미의 관심사는 오로지 더 많은 이윤, 더 많은 금권의 확보이다. 그러므로 윤리적 설득을 통해 자본의 폭주에 제동을 걸 수 있다는 생각은 망상이다.

결국 자본을 통제할 수 있는 가장 유력한 힘은 국가의 공권력이다. 문제는, 오늘날 국가권력은 대부분 경제적 특권세력의 하수인이 되어 있다는 사실이다. 따라서 지금 가장 시급한 것은 국가권력을 바로잡아 세우는 일이라고 할 수 있다. 그리고 그것은 민주주의의 강화를 통해서만 가능한 일이다.

지금 우리의 민주주의가 얼마나 엉터리냐 하는 것은, 예를 들어, 소선거구제 단순 다수 득표로 당선되는 국회의원이 실제로 얻는 표는 대체로 전체 유권자의 과반수 이하, 흔히는 30퍼센트도 안된다는 사실에 단적으로 드러난다. 대통령의 경우도 별반 다르지 않다. 투표율 60퍼센트에 51퍼센트의 지지를 받는다 해도 전체 유권자의 30퍼센트 정도의 지지로써 정권을 장악하게 되는 것이다. 요컨대 지금 한국의 집권당은 기본적으로 '소수파' 정권이지 다수 국민의 지지를 받고 있지 않다. 이게 엄연한 현실인데도 집권당은 마치 점령군처럼 나라 전체를 자기들의 사물(私物)인 양 온갖 요직을 독점하고, 권력의 전횡을 일삼는다. 그 필연적인 결과가 바로 '조직화된 무능과 무책임의 통치체계'임은 여기서 길게 말할 것도 없다.

우리 자신과 아이들이 살아갈 이 나라를 조금이라도 인간적인 나라로 만들려면 민주주의를 하루빨리 정착시켜야 하고, 그러기 위해서는 현재의 이 나라 정치시스템의 근본적 결함이 무엇인지 주의 깊게 검토할 필요가 있다. 그것을 위해서도 필요한 것은 민주주의의 원점, 즉 고대 아테네 민주주의를 되돌아보는 일이다.

무엇보다 우리는 아테네인들의 민주주의가 자유인으로 살고자 하는 열망 이외에 세계와 인간존재, 그리고 공동체의 존재 방식에 대해서 끊임없이 사색하고 질문을 던졌던 그리스인들의 '철학적 습관'과 더불어 탄생했다는 사실을 주목하지 않으면 안된다. 질문할 줄 아는 능력과 습관은 자율과 자치의 삶, 참다운 민주주의의 실현에 필수적인 자질이라고 할 수 있다. 그런 의미에서, 세월호 이후 적지 않은 사람들이 '국가란 무엇인가'라고 질문을 던지게 된 것은 절망적인 현실 속에서나마 하나의 '희망적'인 징조인지도 모른다.

세월호 유가족들이 이구동성으로 하는 말이 있다고 한다. 즉 "전에는 우리가 살고 있는 나라가 이 모양인지 전혀 몰랐다. 나라가 이렇게 되도록 방치한 것은 결국 우리 책임이다. 죽은 아이들에게 너무나 미안하다" 라고.

재임 중 세계적인 존경과 주목을 받았던 우루과이의 호세 무히카 전 대통령은 국가의 성격과 수준은 국민에게 달려 있다는 것을 강조한 바 있다. 그렇다, 이 나라를 마냥 이 꼴로 내버려둘 것이냐, 보다 인간적인 공동체로 만들 것이냐는 결국 우리들—당신과 나의 책임이다.

촛불시위와 '시민권력'

시인 김해자는 근작 시 〈여기가 광화문이다〉에서 "대통령 하나 갈아치우자고 우리는 여기에 모이지 않았다"고 일갈한다. 이것은 지금 주말마다 촛불을 들고 광장으로 나오는 수많은 시민들의 공통적인 심경일 것이다. 우리가 하던 일을 멈추고 "빛이 사방을 덮어 세상 곳곳으로 퍼진다는 광화문"으로 모이는 까닭은 명백하다. 세습권력들과 그들에게 빌붙어 충성해온 직업정치인, 관료, 언론, 각종 전문가들로 구성된 지배체제를 탄핵하기 위해서이다. 그리하여 사람들은 "연민과 분배와 정의가 얼어붙은 사이/농촌은 해체되고 청년들은 미래를 빼앗기고 노동자들의 삶은 망가져버린" 나라를 다시 일으켜 "만인이 만인에게 적이 되고 분노가 되는 세상이 아니라/만인이 만인에게 친구가 되고 위안이 되는 세상을" 열자고 한목소리로 외치고 있다.

경이롭게도, 토요일의 광화문 풍경은 우리가 평소에 안다고 생각했던 그 한국 사회가 아니다. 거기는 사람이 사람을 어떻게 대하고, 배려해야

* 《녹색평론》 제152호(2017년 1-2월) 권두 에세이.

하는지를 아는 사람들로 충만한 공간이다. 물론 같은 목적을 갖고 나왔기 때문에 그곳이 환대의 장소가 되는 것은 자연스럽다고 할 수 있다. 하지만 예를 들어, 엄청난 인파로 발 디딜 틈도 없는 공간 속에서 사람들이 서로의 안전을 배려하여 몹시 조심스럽게 움직이면서 뭐든지 기꺼이 남에게 양보하려는 모습들을 보고 있으면, 여기가 바로 어제까지 모래알처럼 흩어져 각자도생에 열중하던 사람들이 살던 곳이 맞나, 하는 생각이 절로 든다.

그뿐만 아니다. 시위가 열리는 광장에는 개인 돈을 들여 마련한 촛불이나 핫팩 혹은 김밥을 참가자들에게 열심히 나눠 주는 이들이 있고, 자기 장사는 접고 차와 음식과 떡볶이를 무료로 나눠 주는 소상인들도 등장한다. 그런가 하면 젊은 자원봉사자들은 여기저기서 임시 화장실이 어디에 있는지를 알려주는 팻말을 들고 추위 속에서 몇 시간이고 서 있거나 대규모 집회와 시위에 필요한 경비 마련을 위해 모금함들을 들고 끊임없이 사람들 사이를 돌고 있다.

놀라운 이야기는 이 밖에도 많다. 시위가 있는 날은, 가령 청와대 근처의 도로는 경찰차들이 철벽처럼 길을 막아 놓고 있는 탓에 차량 통행이 불가능하다. 그래서 그 동네, 특히 세검정 일대의 주민들은 시위에 참가하려면, 그리고 참가한 뒤 귀가하려면, 걸어갈 수밖에 없는데, 문제는 그 중간에 자하문터널을 통과해야 한다는 것이다. 그런데 언젠가부터 몇몇 인근 주민들이 자신들의 승용차를 가지고 나와서 터널 구간을 무료로 태워주는 일종의 셔틀을 운행하기 시작했다.

자신의 시간과 돈을 아낌없이 내놓고 시위에 참가하고, 참가를 독려하는 이런 시민들의 이야기를 들으면 들을수록 우리가 결코 '이상한' 대통령 하나 때문에 광화문에 모이는 게 아니라는 사실이 참으로 실감 난다. 사람들의 열망은, 말할 것도 없이, 이제는 썩어 문드러진 구체제를 제대로 청산하고 정말로 인간다운 삶이 가능한 세상을 보고 싶다는 것이다.

그 세상은 어렵고 복잡한 말로 묘사할 필요가 없다. 주말의 광장에는 새로운 세상, 새로운 삶에 대한 비전과 지혜가 놀랄 만큼 선명하게, 풍부하게, 강력하게 분출되고 있다. 예를 들어, 무대 위에 오른 어떤 밴드 가수는 "우리에게 필요한 것은 새마을운동이 아니라 옛마을운동"이라고 노래 불렀다. 그 노래의 뜻은 일찍이 박정희 정권이 요란하게 떠들고 유포시킨 '새마을정신'이란 실은 황금 물신주의를 조장하고 (농촌)공동체를 와해시킨 원흉이었다, 따라서 지금은 사람들이 정을 나누며 서로 돕고 살았던 '옛 마을'의 정신을 되살리는 게 훨씬 더 중요하다는 것이다. 그리고 그는 노래를 부르는 중간에, 이 나라 정치인들이 "밥값을 못하고" "서비스 정신"이 몹시 부족하다고 신랄하게 꼬집고, "서비스를 제대로 못하는 업체는 갈아치우는 게 당연하다"고 읊조렸다.

주말의 광화문광장에서 듣는 발언은 감동적인 게 한둘이 아니다. 거기에는 어떠한 정치인, 기성 언론, 지식인들의 발언에서도 느낄 수 없는 생생한 힘이 넘쳐난다. 그것은 풀뿌리 삶의 현장에서 우러나오는 진실한 마음과 생각들이 가식 없이 진술하게 개진되기 때문임은 말할 것도 없다. 자신이 생각하는 좋은 나라를 또박또박 설명하는 어린 학생들, 갑갑해서 강원도 산촌에서 서울로 한달음에 달려왔다는 시골 할머니, 지금 농촌이 어떻게 황폐화되고, 노동자들의 삶이 어떻게 망가지고 있는지를 비통한 어조로 말하는 늙은 농민과 노동자들, 그리고 무엇보다 세월호 희생자 가족들의 슬픔과 고통에 대해 언급하면서 눈물을 흘리는 사람들 등등. 광화문광장에서 지금 표출되고 있는 것은 너무나 수준 높고 품위 있는 언어들이다.

이런 모습을 보면서 우리가 새삼 느끼는 것은 종래의 정당정치, 대의제 민주주의로써 과연 이러한 민중의 민주적 열망과 지혜를 제대로 담아낼 수 있겠는가 하는 것이다. 한 나라의 정치 수준은 그 나라 민중의 지적·정신적 수준을 반영한다고 흔히 말하지만, 그런 기준에서 본다 하더라도 지금 대한민국 정치의 수준은 민중의 수준에도 훨씬 못 미치는 게 아닌가?

주말의 광장에서 울려 나오는 구호 가운데는 쌀값 문제, 노동 탄압, 인권 및 환경 문제 등등 개별적 이슈에 관련된 것들도 있지만, 가장 집중적으로 말해지는 것은 물론 대통령의 퇴진 문제이다. 완전히 무자격자임이 만천하에 드러난 사람이 한순간이라도 더 대통령직에 머무르는 것은 결코 허용할 수 없다, 그러니까 스스로 (헌법재판소의 결정을 기다릴 것 없이) 당장 물러나는 게 옳다는 것이다. 그러나 주목할 것은 대통령의 퇴진 문제 이외에 또 하나 강력하게 울리고 있는 구호가 있다는 점이다. 그것은 재벌문제를 척결하자는 외침이다. 실제로 이번 탄핵 사태에서도 역시 재벌이 문제였다는 것은 단순히 의혹이 아니라 분명한 사실로 드러나고 있다. 즉, 이번에도 재벌과의 부당한 거래에 국가권력이 남용 내지는 요용되었다는 언론 보도와 검찰의 수사 결과가 나왔고, 그 결과 지금 광장에서 재벌 척결을 외치는 구호가 큰 공감을 얻고 있다. 이런 현상은 이제 재벌 문제야말로 한국의 민주주의를 끊임없이 좌절시키고, 한국 사회가 인간다운 공동체로 나아가는 것을 방해하는 원흉이라는 인식이 이 사회에서 광범하게 공유되고 있음을 가리키고 있다.

아닌 게 아니라, 오늘의 한국 사회가 '헬조선'으로 돼버린 것은 무엇보다 소위 정경유착, 즉 정치가 금권에 의해서 유린·농락돼왔기 때문이라고 보는 것은 이제는 우리 사회의 상식이 된 느낌이다. 이른바 정계뿐만 아니라, 나라의 근본 중의 근본인 도덕적·윤리적 기초를 수호해야 할 언론도 학계도 사법부도 얼마나 금권에 의해 오염되고 타락 일로를 걸어왔는지는 지금 대다수 시민들이—아이들까지도—뼛속 깊이 알고 있다. 그리하여 수많은 사람들은 정치권력과 금권의 부정한 결탁에 의해서 우리들의 삶이 끝없이 훼손되고 피폐해지는 상황을 더는 인내할 수 없다는 결의를 다지고 그 의지를 강력하게 표현하기 위해서 겨울 추위를 무릅쓰고 촛불을 들고 전국의 광장과 거리에 모여들고 있는 것이다.

선거민주주의를 넘어서

이 겨울, 우리가 경험하고 있는 것은 1894년 동학농민전쟁 이래 처참한 실패와 좌절을 거듭하면서도 끝끝내 꺾이지 않고 역사의 저류(底流)로 면면히 지속돼온 풀뿌리 저항정신이 다시 전면으로 분출하고 있는 장면 임이 분명하다. 이 역사적인 순간을 지금 우리는 심히 긴장된 흥분 속에 서 하루하루 보내고 있다. 되돌아보면, 불과 두어 달 사이에 엄청난 일들 이 신속히 진행되어왔다.

그런데 여기서 우리가 되새겨볼 가장 중요한 점이 있다. 즉, 지난 몇 년간 공적으로 선출된 권력이 아니라 국민 대부분이 알지도 듣지도 못한 일개 사인(私人)에 의해서 이 나라 국가 운영이 철저히 농단·유린돼왔다 는 황당한 사실이 언론을 통해 폭로된 뒤, 국회에서 대통령에 대한 탄핵 안이 가결되고 헌법재판소의 결정을 기다리는 단계가 된 지금까지, 이 상황을 실질적으로 지배해온 것은 시민들의 대규모 촛불시위였다는 사실 이 그것이다. 정말로 촛불의 위력은 굉장했다. 사태 초기에는 무슨 계산 을 하는지 탄핵을 망설이며 우물쭈물하던 국회가 마침내 야당 의원들은 물론이고 여당 의원들의 일부까지 가세하여 탄핵안을 처리하게 된 것은 전적으로 촛불의 힘 때문이었다. 처음에는 애매모호한 태도를 취하던 검 찰이 결국 적극적인 자세로 전환하여 수사에 돌입하게 된 것도 촛불의 거스를 수 없는 명령 때문이었다. 또한, 법원이 전례 없이 청와대 근접 거리에까지 시위대의 행진을 허용하고, 경찰이 습관처럼 취하던 시위대 에 대한 강경한 자세를 일찌감치 포기한 것도 다름 아닌 촛불의 위력 때 문이었음은 더 말할 필요가 없다. 이 모든 것은 비록 매우 평화적인 시위 라고는 하지만, 촛불을 통해서 발산되고 있는 시민들의 민주적 열망과 요구가 상상 이상으로 뜨겁고 강력한 것을 확인한 지배세력의 입장에서 는 이 상황에서 민중의 뜻을 거역한다는 게 얼마나 위험한 것인지를 알 게 된 결과라고 할 수 있다. 아무리 둔감하고 무책임하다 하더라도 이 엄 청난 민중의 결집된 힘을 무시하고서는 결코 무사할 수 없다는 것을 늦 게나마 그들도 깨달은 것이다.

그런데, 바로 그렇기 때문에 이 상황이 매우 불안한 상황이라는 것을 우리는 직시할 필요가 있다. 아무리 끈질기게 계속한다 하더라도 광장에서의 항거와 싸움은 어차피 영구적 지속이 불가능하다. 우리는 조만간 촛불의 크기는 줄어들고, 마침내 식어버리는 날이 온다는 것을 냉정히 고려해야 한다. 뭔가 이 상황에 '급진적인' 개입이 행해지지 않는다면, 지금과 같이 대규모 촛불시위를 통해 전면으로 부각된 '시민권력'은 조만간 힘을 잃고, 민초들의 목소리는 또다시 억압되고 무시당하는 수모를 겪는 날이 올 것이다.

유감스러운 일이지만, 근대 민주주의의 역사를 돌아보면, 어디에서나 '살아 있는 민주주의의 순간'은 일시적이고 단명한 것이었다. 민중항쟁에 의해 수세에 몰린 지배층은 일시 물러나서 양보를 하지만, 결국은 상황이 역전되고 역사적 반동이 시작되기 일쑤였다. 그렇게 되는 가장 중요한 이유는, 원래 근대 민주주의라는 게 철두철미 유산자들의, 유산자들에 의한, 유산자들을 위한 정치제도로 출발했고, 그 기본적인 틀이 수 세기 동안 조금도 변경되지 않고 지금까지 계속되어온 데 있다고 할 수 있다. 하기는 산업시대를 거치면서 무산계층과 여성들에게까지 선거권과 피선거권이 부여된 것은 사실이다. 그것을 생각하면, 민주주의가 계속 변화·발전해왔다고 보는 견해도 완전히 부정할 수는 없다. 그러나 예외적인 경우가 없는 것은 아니지만, 전체적으로 근대 민주주의는 그 외관상의 발전에도 불구하고 늘 기득권층의 계속적인 지배를 합법화하고 정당화하는 메커니즘으로 기능해왔다고 할 수밖에 없다.

그런데 근대 민주주의가 이렇게 된 데에는 무엇보다 선거라는 제도가 큰 작용을 해왔다는 것을 우리는 주목해야 한다. 선거라는 것은 조금만 깊이 생각해도 알 수 있듯이 본시 그 한계가 명확하다. 즉, 선거판에서는 거의 언제나 명망가나 재산가 혹은 그들의 비호와 지원을 받는 이른바 특권적인 '엘리트'들이 승자가 되기 마련이다. 그러니까 선거란 본질적으로 기득권층이 계속해서 집권하도록 돕는 장치, 다시 말해서 기득권층끼리 돌고 돌면서 권력을 '세습'하는 것을 가능케 하는 매우 편리한 장치라고 할 수 있는 것이다.

이뿐만 아니다. 선거를 통한 정치는 불가피하게 금권에 의해서 오염·

타락하지 않을 수 없다는 점도 빼놓을 수 없는 문제이다. 물론 정치가의 자질에 따라 부패의 정도는 다를 수 있다. 하지만 인간이란 본시 나약한 존재이고 믿을 수 없는 존재이다. 따라서 인간은 누구든지 거의 예외 없이 특정한 상황에 처하면 타락하게 마련이라는 것을 우리는 직시할 필요가 있다.

그러니까 중요한 것은, 인간의 이 본원적인 나약함을 있는 그대로 인정하고, 그 토대 위에서 정치가의 개인적 자질에 관계없이 합리적인 정치가 가능한 제도를 만드는 일이다. 이렇게 볼 때, 고대 그리스인들, 공화정 시대의 로마인들, 혹은 르네상스 시대 이탈리아 자유도시인들은 매우 현명한, 그리고 합리적인 사고의 소유자들이었다고 할 수 있다. 그들이 오랫동안 안정되게 유지했던 민주정이나 공화정 체제는 권력의 세습이나 집중화를 막고, 난폭하고 무책임한 정치가 불가능하도록 미리 구조적으로 설계돼 있었던 것이다. 그리고 그 구조의 핵심적인 기제가 바로 제비뽑기였다.

오늘날 우리는 너나없이 모두 '선거 근본주의자'가 되어버린 결과, 선거만이 공정한 정치제도를 보장한다는 근거 없는 미신에 빠져 있다. 하지만 원래 선거는 고대 이래 귀족 혹은 엘리트들이 지배하는 과두정(寡頭政) 체제가 즐겨 채택해온 제도였다(선거를 통해야 엘리트들이 계속 권력을 장악할 수 있기에). 반면에 민주주의 정신이나 공화주의 정신이 살아 있는 곳에서는 한정된 공직자를 제외하고는 대부분의 공직자는 제비뽑기로 뽑는 게 일반적이었다. 그리고 대개의 경우 제비뽑기로 뽑힌 대표자나 공직자들의 임기는 짧았고, 퇴임 이후에는 재임 중의 직무성과에 대하여 매우 엄격한 평가와 감사(監査)가 실시되곤 했다. 가장 철저했던 예가 고대 아테네인데, 거기서는 심지어 실제로 아무런 과오도 저지른 바 없는 사람인데도 잠재적으로 독재자가 될 소질이 있어 보이는 인물은 시민투표를 통해서 10년간 국외로 추방하는 '도편추방제'라는 특이한 제도까지 운영하고 있었다. 과연 그렇게까지 해야 했을까라고 오늘날의 우리는 생각하기 쉽지만, 그렇게 했기 때문에 아테네가 200년 동안이나 인류사에서 가장 수준 높은 민주주의를 향유할 수 있었다는 점을 잊어서는 안된다. 다시 말하지만, 아테네인들이 현명했던 것은 '권력의 유혹에 저항할 수 있는 인간의 능력'을 믿지 않고, 그 대신 부정·부패를 막는 사전 예방 장치로서 합리적인 제도를 만들어 운영했다는 데 있다고 할 수 있다.

'시민권력'의 제도화

지금 이 순간 우리는 엄청난 역사의 분기점에 서 있다. 이 촛불항쟁은 명백히 "대통령 하나 갈아치우기" 위한 것이 아니다. 앞으로 상황이 어떻게 전개될지 지금으로서는 불명료하지만, 어떻든 우리가 이 상황을 통해서 보다 새롭고 좋은 세상으로 가는 길을 열어야 한다는 것은 분명하다. 그리고 그 길은 보다 밀도 높은 민주주의를 향한 길이라는 것은 말할 것도 없다. 지금 광화문을 비롯해서 전국의 광장과 거리로 나오는 사람들이 하나같이 힘주어 말하는 게 있다. 즉, 나라의 주권은 '우리'에게 있지, 일시적으로 권력을 위임받은 자들에게 있지 않다는 것이다. 이것은 아마도 1987년 6월이나 2008년 광우병 파동 때의 시위 상황에 비해서도 한결 더 진전되고 구체화된 민주주의적 요구의 직설적 표현이라고 할 수 있다. 즉, 이제 한국인들 대다수는 국가의 중대사를 의논하고 결정할 때 그 의논과 결정의 주체는 직업적 정치인들도, 관료들도, 소위 전문가들도 아니고, 평범한 시민들 자신이어야 한다는 사실을 훨씬 명확하게 이해하게 된 것이다.

촛불시위가 계속되는 상황에서, 최근 들어 지식인들 사이에서 '시민의회'나 '시민주권회의' 혹은 그 밖의 이름으로 시민들이 주체가 되는 논의 및 결정 기구를 만들자는 제안이 나오는 것도 우연한 현상이 아니다. 예전의 시위 때에는 없었던 이런 제안이 지금 여기저기서 동시적으로 개진되고 있는 것은 지금은 개별적인 사회문제를 하나하나 제기하기 이전에 무엇보다 보다 합리적인 정치가 가능한 틀, 즉 민주주의의 강화가 가장 중요하다는 생각을 많은 사람들이 하고 있다는 증거라고 할 수 있다. 이점에서 한국의 상황은 세계적으로도 예외적인 선진성을 보여주는 것인지도 모른다. 예를 들어, 오늘날 극심한 사회적 격차 속에서 날로 삶이 피폐해지고 있다고 느끼는 미국의 평민들은 도널드 트럼프라는 파쇼적 기질이 농후한 무교양의 부동산 부호를 대통령으로 선출하는 선택을 했다. 물론 여기에는 선거제도 때문에 선택의 여지가 없었거나 선택의 폭이 극히 협소했다는 이유가 있다. 하지만 미국을 비롯해서 세계 도처에서 사람들이 곤경에서 벗어나는 방법으로 극우 파쇼 세력을 지지하는 경향으로 쉽게 기울고 있는 오늘날 세계의 일반적 현실과는 대조적으로 대다수 한국인들은 보다 강화된 민주주의를 지향하고 있다는 것, 이 점은 분명 특기할 만한 일이다.

그런데 지금 시민들 중 상당수는 '시민의회' 혹은 '시민주권회의' 등의 제안에 대해서 '뜬금없다'는 반응을 보이고 있는 것으로 보인다. 아마도 이런 개념 자체가 생소하고 이질적인 느낌을 주기 때문일지 모른다. "국회가 있는데 왜 별도의 '의회'가 필요하다는 것인가"라는 질문이 나오는 것은 그 때문일 것이다. 그렇지만 우리가 생각해야 할 것은, 현재의 국회와 정당정치가 민주주의를 제대로 실행할 수 있었다면, 지금과 같은 탄핵정국이 발생했겠는가 하는 것이다. 그리고 지금까지 할 수 없었던 일을 앞으로 국회가 할 수 있을지, 근본적으로 의심할 필요가 있다. 이번의 대규모 촛불시위에서 우리의 정치가들이 배운 바가 있을 것이고, 그래서 환골탈태할지 모른다고, 그런 어리석은 생각을 하는 사람이 있을지 모른다. 말할 필요도 없이, 정치가의 선의를 믿는 것보다 어리석은 일은 없다는 사실을 우리는 절대 잊지 말아야 한다.

그렇다면 방법은 하나뿐이다. 즉, 시민들이 상시적으로 권력을 행사할 수 있는 제도적인 틀을 만들어, 기성의 정치가들이 민중의 의사를 정당하게 대변하는 정치를 하도록 강제하는 것이다. 그러기 위한 새로운 제도로 지금까지 나온 아이디어 중 가장 합리적인 것이 '시민의회'(혹은 '시민주권회의')라고 할 수 있다. 무엇보다 시민의회는 전국의 평범한 시민들

중 (제비뽑기에 의해) 무작위로 뽑힌 대표자들이 자유로운 토론과 숙의가 가능한 규모의 회의체(mini-publics)를 구성하여, 거기서 전문가들의 조력을 받아서 국가나 지방의 주요 현안을 의논·결정하여 국회와 정부로 하여금 이 결정을 수용하게 만드는 전형적인 '숙의민주주의'적 제도이다. 그러니까 개헌이든 선거법 개정이든 필요한 개혁에 대한 입안도, 사심이 개입될 수밖에 없는 기성 정치가들에게 맡겨 놓지 말고, 이 시민의회가 주도적으로 만들면 되는 것이다. 실제로 이 방법은 근년에 아이슬란드와 아일랜드가 개헌을 포함하여 주요 정책을 변경할 때 실행했던 방법이다 (2016년 10월, 아일랜드는 낙태 합법화 문제를 비롯하여 몇 가지 현안을 토의하기 위해서 다시 시민의회를 출범시켰다).

시민의회를 잘 활용하면 보다 밀도 높고 건강한 민주주의를 확립하는 것이 얼마든지 가능하다. 예를 들어, 연간 1~2회 정도 시민의회를 소집하여 정부와 국회가 해당 기간 동안 행한 일들을 검토, 평가, 감사하고, 만약 오류와 부정이 있다고 판단될 때 정부와 국회에 주권자의 이름으로 시정명령을 내리는 제도도 충분히 구상해볼 수 있다.

우리가 지금 숙고해야 할 것은, 이런 제도를 고안하지 않는다면 오늘의 이 촛불시위에서 발휘된 '시민권력'이 지속적인 생명력을 유지할 수 없다는 점이다. 물론 '시민의회'는 아직 한국 사회에서는 시도해보지 못한 구상이고 가설이다. 하지만 우리가 염원하는 인간다운 세상은 우리들 자신의 용기 있는 상상력과 집단적 지혜로부터만 열린다는 것은 분명한 사실이다.

한국의 '촛불혁명'에 대하여

    한일 양국은 지리적으로 가장 가깝고, 역사적으로도 싫든 좋든 가장 밀접한 관계를 맺고 살아온 사이이면서도, 유감스럽게도 상호 간 이해가 매우 부족한 것이 오늘날의 실정이 아닌가 생각합니다. 일반 시민들은 물론이고, 이른바 깨어 있는 지성인들의 경우에도 사정은 마찬가지라고 생각합니다.

    비근한 예를 들면, 아시아태평양전쟁 시기에 저질러진 대표적인 인권유린 사례라고 할 수 있는 일본군 위안부 문제가 그렇습니다. 위안부 문제는 비단 인권문제일 뿐만 아니라, 일본이 전쟁과 식민지 지배라는 역사적 과오를 청산하고 평화를 지향하는 국가로서 아시아 이웃 나라들과 좋은 관계를 유지하며 살아가기 위해서는 반드시 짚고 넘어가야 할 중대한 문제입니다. 그런데 일본의 지배층과 수구 언론은 말할 것도 없고, 이

---

* 이 글은 2017년 7월 22일 도쿄에서 열린, 전후 일본의 대표적인 평화운동가 고(故) 오다 마코토(小田實) 선생의 10주기 기념 집회에서 발표된 원고를 보완한 것이다. 《녹색평론》 제156호(2017년 9-10월)에 게재.

른바 리버럴한 입장을 가진 지식인이나 언론들도 이 위안부 문제에 대해서는, 저와 같은 한국인이 보기에는, 매우 안이한 시각을 보여주고 있는 게 아닌가 합니다. 재작년 아베 정부와 한국의 박근혜 정부가 "불가역적으로" 타결되었다면서 발표한 위안부 문제에 대한 합의 처리는 한국인들의 엄청난 분노를 샀습니다. 왜냐하면 양국 정부가 위안부 문제의 당사자인 아직 생존 중인 고령의 할머니들의 의사를 전혀 물어보지 않고 이 문제를 정치적인 셈법만 가지고 타결했기 때문입니다. 실제로 한국 정부는 일본 정부가 내놓기로 한 10억 엔이라는 돈이 '사죄금'인지 혹은 단순한 인도주의적 원조금인지도 명확히 설명하지 못했습니다. 양국 간의 합의가 발표된 직후 일본 정부가 보여준 반응을 보면, 그 돈은 사죄금도 배상금도 아니라는 것이 확실해졌습니다. 일본 정부와 일본의 지배층에게는 위안부 문제에 대한 진심 어린 책임의식도, 사과할 마음도 없다는 것을 그들 자신이 스스로 밝혔던 것입니다. 그들은 위안부를 강제적으로 동원한 증거가 없다는, 역사적 사실에 어긋날 뿐만 아니라 인간적으로도 매우 질 낮은 주장을 오랫동안 해왔고 지금도 고수하고 있습니다. 그런데 놀라운 것은, 일본의 보수 기득권세력은 그렇다 치고, 어째서 일본의 양심세력, 즉 민주주의를 신봉하는 지성인들마저 피해 당사자들을 무시하고 이루어진 이런 식의 위안부 문제 처리에 대해서 근본적인 문제제기를 하지 않고, 대체적으로 수용하는 자세를 취하는가 하는 점입니다. 그 점에서 저는 한일 간의 상호 이해는 아직 요원하다는 느낌을 떨쳐버릴 수 없습니다.

이런 점은 최근에 전개된 한국의 대규모 촛불시위의 경과와 그 성과에 대해서 일본의 언론이 보여준 반응에서도 나타나는 것으로 보입니다. 지금 한국의 다수 시민들은 대체로 작년 10월부터 금년 봄까지 치열하게 행해진 '촛불데모'를 통해서 현직 대통령을 탄핵하고, 새로운 민주적 정부를 세운 데 대해서 상당한 자부심을 느끼고 있습니다. 그러나 한국의 이 '촛불혁명'에 대해서, 일본의 극우 언론은 말할 것도 없고, 보수 혹은 중도적 언론에서도 민주주의 후진국에서 일어난 '혼란사태' 정도로 취급하는 논조가 주류를 이루었습니다. 그것은 제가 보기에 고의든 아니든 상황을 근본적으로 오독한 어처구니없는 관점이었습니다.

우리가 잘 알다시피, 민주주의는 원래 그냥 주어지는 것이 아닙니다. 참으로 험난한 투쟁을 거쳐서야 간신히 맛볼 수 있는 것이 민주주의라는 열매입니다. 민주주의는 피를 먹고 자란다는 이야기는 만고의 진리라고 할 수 있습니다.

한국의 우리들이 볼 때, 근대 이후 지금까지 일본은 아래로부터의 민중항쟁에 의해서 정부를 전복시켜본 적도, 정권을 바꿔본 경험도 없는 나라입니다. 실은 근대 일본의 형성에 결정적인 계기가 된 메이지유신이라는 정치적 대변혁도 엄밀히 보면 지배층 내의 권력교체를 위한 쿠데타였지, 풀뿌리 민중에 의한 반란도 혁명도 아니었습니다. 그 때문에 일본의 민주주의는 늘 그 실체가 매우 공허하고 빈약한 상태를 면치 못하고 있는지도 모릅니다. 전쟁 전이나 전후에 일본에서도 민주주의를 위한 수많은 사람들의 투쟁과 희생이 있었다는 사실을 부정하는 게 아닙니다. 하지만 오늘날 일본의 민주주의가 기본적으로 민중봉기에 의해서가 아니라 패전 후 미군의 점령정책에 의해서 성립·제도화되었고, 그 후 한 번도 시민들의 항거투쟁으로 실제로 정권을 바꿔본 적이 없다는 사실은 매우 중요합니다.

저항운동의 흐름

정기적으로 선거를 하고, 형식적으로 정당정치와 의회제를 유지한다고 해서 저절로 민주주의가 실현되는 것은 아닙니다. 정당정치와 대의제 민주주의라는 형태는 유지하고 있으면서도 그 내용은 사실상 독재체제 혹은 소수 기득권 지배층에 의한 과두지배체제인 경우는 얼마든지 존재합니다. 한국의 역대 군사정권과 수구 정권들도 정기적으로 선거를 치르고 형식적으로나마 의회제를 유지했습니다. 일본을 장기적으로 지배해온 자민당 정권과 지금의 아베 정권도 그랬고, 그리고 이른바 민주주의 모범 국가라고 하는 미국의 정치도 선거를 하고 의회정치를 하고 있지만, 그 민주주의가 실은 껍데기뿐이라는 것은 갈수록 명확해지고 있습니다.

이러한 국가 혹은 정부들의 특징은 민주주의를 표방하면서도 실제로는 평범한 시민들의 욕구를 무시하고, 국가기구를 사익추구 수단으로 전락시키고, 기득권 지배층의 이익만을 충실히 관철시키려 한다는 점입니다.

그러나 민주주의란 원래 민중이 자율적으로 자기들 삶의 문제를 통제하는 정치시스템입니다. 요컨대, 다수 민중이 주권자로서의 권한을 실제로 행사하는 것이 가능할 때만 우리는 그것을 민주주의라고 부를 수 있는 것입니다. 그러나 소위 문명사회라는 것은 거의 언제나 어디서나 부유하고 힘 있는 소수의 강자와 가난하고 힘없는 다수의 약자들로 나누어져 있는 사회를 뜻합니다. 그런 사회에서 부유한 기득권자·권력자들이 자기들의 부와 권력 그리고 특권적인 지위를 자발적으로 내놓고 양보하는 경우는 거의 없습니다. 그렇기 때문에 민주주의를 실현하는 길은 지난한 투쟁의 연속일 수밖에 없습니다. 단지 형식적이고 절차적인 민주적 제도가 시행되고 있다고 해서 잠깐 안도하고 있다가는 부와 권력을 가진 지배층이 언제 독재 내지 권위주의적 체제를 복구하여 다수 민중을 사실상의 노예로 삼을지 알 수 없는 게 냉정한 현실입니다. 그러므로 노동운동, 인권운동, 반전평화운동, 환경운동 등은 말할 것도 없고, 보통의 생활하는 시민들에 의한 자발적인 집회와 시위는 민주주의를 지키고, 혹은 죽어가는 민주주의를 되살리기 위해서는 반드시 있어야 할 필수적인 요소라고 할 수 있습니다.

이 점을 역사적 경험을 통해서 한국인들은 누구보다 잘 알고 있습니다. 평소에는 아무리 불만이 많고 고통스러워도 꾹 참고 있지만, 결정적인 순간에는 주저 없이 저항적 행동에 나서는 게 한국 근대의 민중운동사의 큰 특징이 되어왔습니다. 그렇게 하지 않으면 지배세력은 조금도 양보하지 않고, 노예적인 삶을 강요하는 상황은 조금도 바뀌지 않는다는 것을 한국인들은 장기간에 걸친 왕조시대와 식민지 시대, 그리고 독재

시대를 통해서 뼛속 깊이 터득해왔기 때문입니다. 이승만 독재정권에 맞서 궐기했던 1960년 4월의 경험, 1980년 5월의 광주항쟁, 그리고 군부독재정권을 끝장낸 1987년 6월의 투쟁은, 그러한 저항운동의 큰 줄기를 형성해온 대표적인 사례들입니다. 이번의 촛불혁명도 결국 그 저항운동의 연장선에서 전개된 투쟁이었다는 것은 굳이 설명할 필요가 없습니다.

그런데 이번의 투쟁은 시종일관 오직 촛불을 들었을 뿐, 극히 평화적으로 행해졌다는 게 무엇보다 큰 특징이라고 할 수 있습니다. 그리하여 데모에 참가한 시민들은 그저 한 가지 구호를 열심히 외쳤습니다. 그것은 "대한민국은 민주공화국이다"라는 외침이었습니다. 수많은 사람들이 참가한 집회·시위였기 때문에 각자의 생활상의 다종다양한 고통과 불만을 토로하는 온갖 구호가 나올 법도 했지만, 처음부터 끝까지 시민들은 "대한민국의 주권은 국민에게 있고, 모든 권력은 국민으로부터 나온다"는 헌법 제1조를 끊임없이 외치는 데 집중했던 것입니다.

지난 여러 해 동안 세계경제가 침체되고 성장이 둔화되면서 그 여파는 세계 곳곳에 영향을 미쳐왔습니다. 그중에서도 무역의존도가 매우 높은 한국 경제는 세계 자본주의경제 속에서 심히 취약한 위치에 있다고 할 수 있습니다. 그 결과, 미래가 몹시 불투명해진 청년세대들은 자신들의 운명을 저주하며 오늘의 한국의 상황을 '헬조선'이라고 규정하고 자조해왔습니다. 그러면 당연히 그 청년들이 촛불을 들었을 때 그들은 그들에게 가장 절박한 문제, 즉 학비문제나 고용문제 등등, 자신들의 괴로운 삶의 문제와 앞날의 전망에 관련한 요구를 크게 주장할 법한데도 그렇게 하지 않았습니다. 노동자들도 마찬가지였습니다. 오늘날 한국의 저임금노동의 실태는 매우 비참하고, 비정규직 노동자의 수는 전체 노동자의 거의 절반을 차지하고 있습니다. 그럼에도 불구하고 그들 역시 최저임금 인상을 요구하거나 노동운동의 자유를 외치는 것보다 "대한민국은 민주공화국이다"라는 구호를 열렬히 외치는 데 더욱 치중했습니다. 이 사실은 굉장히 중요합니다.

즉, 청년들이나 노동자들을 포함해서 데모에 참가한 사람들은 모두 자신들이 갖고 있는 개별적이고 구체적인 요구들이 아무리 절박한 것일지라도, 그 모든 것들은 민주정부가 들어서야만 비로소 해결의 실마리를 발견할 수 있다는 것을 잘 알고 있었습니다. 그리하여 그들은 지금 이 순간에는 명실상부한 민주정부를 세우는 것보다 더 긴급한 것이 없다는 것을 인식했고, 그 인식을 "대한민국은 민주공화국"이라는 구호 속에 집중적으로 담았던 것입니다.

생각해보면, 민주정부를 세우기 위한 한국인들의 싸움은 100년도 넘는 전통을 갖고 있습니다. 즉, 그 전통은 1894년의 동학농민전쟁에서부터 시작된 것이라 할 수 있습니다. 조선왕조 말기, 무능하고 부패한 지배층과 외세의 침입에 대항하여 농민들이 중심이 되어 대대적으로 일어난 봉기는 결국 어리석은 지배층과 외국 군대, 특히 일본군에 의해서 처참하게 분쇄·좌절되고 말았습니다. 그러나 그때의 저항정신은 잠복된 형태로 일제강점기, 그리고 해방 후 분단시대의 독재정부 밑에서도 끈질기게 지속돼왔습니다.

지금 한국의 헌법 전문(前文)에는 대한민국은 1919년의 3·1운동의 정신을 계승하고, 또한 3·1운동 직후 독립운동가들이 중국의 상하이에 세웠던 대한민국임시정부의 법통을 이어받는다고 명시하고 있습니다. 그런데 주목할 것은, 1919년 4월에 성립된 이 망명객들에 의한 임시정부는 그 헌법에서 대한민국을 민주공화국으로 규정하고 있었다는 점입니다. 당시에 임시정부에 집결한 독립운동가들은 대부분 높은 수준의 교육을 받은 지식인들이었습니다. 따라서 그들은 어떤 의미에서든 옛 조선의 유학정신이 몸에 밴 사람들로서 직접적이든 간접적이든 조선왕조의 은덕을 입은 양반 출신들이었습니다. 그러나 그들은 옛 왕조체제의 복원을 꿈꾼 것이 아니라 완전히 근대적인 국민주권 국가, 즉 민주주의와 공화주의 원리를 토대로 한 새로운 나라를 구상했던 것입니다. 그것은 3·1운동이라는 것이 외세의 압제로부터 벗어나려는 단순한 독립운동의 차원을 넘어서서 궁극적으로는 전면적인 민중해방을 지향한 투쟁이었기 때문입니다. 그리고 그 점은 또한 3·1운동이 기본적으로 1894년의 동학농민전쟁의 정신을 계승한 운동이었다는 점을 강력히 시사하고 있습니다. 동학농민전쟁을 이끌었던 전봉준 장군은 본래 유생이었다가 동학의 주요 지도자가 된 인물이었는데, 나중에 관헌에 의해 체포되어 심문을 받게 되었을 때의 기록을 보면, 그가 꿈꾼 것은 지방에서는 집강소(執綱所)라는 민중 자치기관을 중심으로 한 자치제의 확립, 그리고 중앙에서는 복수(複數)의 지도자들에 의한 합의제 정부 운영, 즉 일종의 공화주의 정치체제였음이 드러납니다.

민중의 자기통치와 숙의민주주의

지금까지, 여러분의 이해를 돕기 위해서 한국 근대사의 중요한 흐름, 즉 민중저항의 역사를 간단히 말씀드렸습니다만, 이 흐름을 염두에 두지 않으면 지금 한국에서 사람들이 왜 '촛불혁명'이라는 말을 쓰고 있는지 잘 이해가 되지 않을 것입니다. 그동안 식민지배자와 독재자들에 대한 저항운동은 때때로 상당한 성과를 얻기도 했습니다만, 그 과정에서 민중이 참혹한 학살을 당하기도 하고, 그 운동의 후유증으로 오히려 더 강력한 반동적 지배체제가 들어서는 일이 되풀이되었습니다.

그러나 이번의 경우는 상당히 다릅니다. 정확히 말하면, 종전과는 확실히 다르게 전개될 것이라고 믿는 분위기가 압도적입니다. 거기에는 그럴 만한 근거가 물론 있습니다. 한국의 이번 '촛불혁명'은 피 한 방울 흘리지 않고도 현직 대통령을 법률이 정한 엄격한 절차에 따라 탄핵을 하고, 구속까지 시켜 지금은 재판을 진행하고 있을 뿐만 아니라, 또한 동시에 현 상황에서 가장 민주주의적 가치에 충실하다고 평가되는 인물을 대통령으로 선출하는 데 성공한 것입니다.

새 정부의 수반이 된 문재인은 원래 인권변호사로 살아왔고, 제대로 뜻을 펴지는 못했지만 잠깐 동안의 민주정부였던 노무현 정부에서 국가운영을 실제로 경험한 인물이기도 합니다. 그는 5월 10일, 당선 직후 치러진 취임식에서 향후 5년간의 임기 동안 자신이 권력자가 아니라 단지 대통령직을 수행하는 '국민의 일원'이라는 것을 결코 잊지 않을 것이라고 강조했습니다: 다시 말하면, 자신이 이번에 어떻게, 무엇 때문에 대통령으로 뽑혔는지 잘 이해하고 있다는 말입니다. 취임한 지 석 달이 가까워옵니다만, 지금까지의 그의 언행은 국가권력을 사익을 위해 사용해온 전임자들과는 무척 다른 것으로 보입니다. 국가 운영의 책임자에게 가장 중요한 것은 시민들에 대한 설명책임과 시민들과의 격의 없는 커뮤니케이션이라는 것을 잘 알고 있지 않으면 보여줄 수 없는 모습이라고 할 수 있습니다. 그는 이 시점에서 국가에 주어진 첫 번째 과제는 사회적 약자를 우선적으로 돌보는 것임을 잊지 않고 있는 듯합니다. 그리하여 취임 직후 그가 가장 먼저 발표한 정책제안은 비정규직 노동자들의 정규직화, 그리고 젊은이들의 일자리 문제에 관한 것이었습니다. 며칠 전에는 국회 안팎에 아직 광범하고 뿌리 깊게 포진해 있는 기득권세력과 수구 언론들의 완강한 저항과 반대를 무릅쓰고 노동자의 최저임금을 대폭 인상하는 조치를 단행하는 용기를 보여주었습니다.

그러나 이러한 일련의 정책이나 제안들보다 훨씬 더 중요한 의미를 갖는 것은 국가 중대사를 결정하는 방식에 대하여 그가 내놓은 획기적인 제안입니다. 예를 들어, 새 정부는 오랫동안의 골치 아픈 현안이었던 노후화된 고리 원전 1호기를 폐쇄하기로 결단을 내렸을 뿐만 아니라, 현재 건설 중인 새로운 원전 공사—신고리 5, 6호기—를 일시 중단시킨 다음 공사 재개 여부는 시민들의 결정에 맡기겠다고 선언했습니다.

그런데 흥미로운 것은, 시민들의 결정에 맡기겠다면서 밝힌 구체적인 시나리오입니다. 즉, 종래에 국가의 중대사는 거의 예외 없이 권력자와 관료 그리고 이른바 전문가들에 의해서 결정되어왔는데, 이제 그것을 평범한 시민들이 주체가 된 시민배심원단을 구성하여 거기서 충분한 숙의와 토의를 거쳐서 결정하면 정부가 따르겠다고 한 것입니다.

시민배심원단이라는 것은 실질적으로 숙의-토론이 가능한 소규모 회의체를 말합니다. 그리고 그 회의체는 일반 시민들 중에서 무작위 추첨으로 뽑힌 사람들로 구성된다는 것이 특기할 점입니다. 실은, 이 시민배심원단은 지금 세계 곳곳에서 쇠퇴 일로에 있는 기존의 대의제 민주주의의 결함을 보완하여 진정한 민주주의를 재생시키기 위한 가장 믿을 만한 방법으로 고안·실행되고 있는 '숙의민주주의'의 한 형태입니다. 덴마크에서는 1980년대부터 '시민합의회의'라는 명칭으로 과학기술 관련 현안을 이 방식으로 논의·결정해왔고, 아일랜드나 아이슬란드에서는 근년에 헌법 개정을 '시민의회'를 구성하여 의논하는 구조를 만들어 실행해왔습니다. 아주 최근에는 몽골에서도 시민들의 적극 참여를 통한 헌법 개정을 위해서 이 방법을 도입했다는 보도가 나왔습니다. 그러니까 시민의회, 시민합의회의, 시민배심원제는 각기 이름은 다르지만 그 내용은 동일한 것으로, 모두 무작위로 뽑힌 각계각층의 보통 사람들이 주체가 되어 국가나 지방자치체의 중대사를 결정하도록 설계된 제도라는 특징을 갖고 있습니다. 실제로 미국의 형사 법정에서 오랫동안 시행돼온 배심제나 근년에 일본과 한국에서도 도입·실행하고 있는 재판원제도 혹은 국민참여재판제도도 근본적으로는 같은 원리에 입각한 제도입니다.

이렇게 국가의 중대사를 추첨으로 뽑힌 시민대표들의 주체적인 결정에 맡긴다는 것은, 고대 그리스 민주주의의 정신과 원리를 현대의 상황에 맞게 부활시키려는 시도라고 할 수 있습니다. 아시다시피, 고대 아테네에서는 전쟁의 지휘관이나 재정관 등 특수한 능력이나 기술을 필요로 하는 직책을 제외하고는 모든 행정관이나 재판관들을 전부 추첨으로 뽑았습니다. 그 이유는 엘리트에 의한 지배를 방지하기 위해서였습니다. 왜냐하면 선거에서는 아무래도 명망가, 부자 등 사회적 특권층이 당선되기 쉽고, 따라서 선거제도를 계속 유지할 때는 엘리트들이 자기들끼리 권력을 주고받는 시스템으로 굳어지고, 그 결과 평범한 민중의 정치적 발언권은 축소되기 마련이라는 것을 아테네인들은 잘 알고 있었기 때문입니다. 그리고 아테네인들은 권력을 장악하게 되면 인간은 거의 반드시 그 권력을 독점적으로 또 영구적으로 누리고 싶은 유혹을 느끼게 마련이라는 사실을 철저히 파악하고 있었습니다. 그래서 그들은 불가피한 경우가 아니라면, 모든 공직자를 평범한 시민들 중에서 제비뽑기 방식으로 뽑았던 것입니다. 그래서 아리스토텔레스도 선거는 귀족정을 유지하는 제도인 반면에 추첨은 민주정을 유지하는 제도라고 말했던 것입니다.

최근 세계적으로 민주주의가 쇠퇴의 징후를 드러내고, 극우 파시스트들이나 강한 권력욕을 가진 포퓰리스트들이 민중을 선동하여 정치지도자로 등장하는 일이 잦아졌습니다. 이는 기성 엘리트 중심의 정치에 대중이 크게 환멸을 느끼게 된 사실과 선거제도가 본래부터 갖고 있던 한계가 결합되어 나타나는 현상으로 볼 수 있습니다. 그런 의미에서 민주주의를 회생시키려면, 일시에 전면적으로 도입하는 것은 어렵다 하더라도 점진적·부분적으로나마 추첨제를 도입하는 게 필요하다고 할 수 있습니다.

물론 이런 생각은 일찍부터 세계의 많은 학자, 지식인, 사상가들이 해왔고, 그중 대표적인 분으로 우리는 오다 마코토 선생을 꼽지 않을 수 없습니다. 오다 선생은 평화와 민주주의를 위해서 헌신한 자신의 사상의 출발점이 바로 고대 그리스 민주주의라고 생각했습니다. 그 점에서 오다 선생이 생애의 마지막에 남기고 떠나신 저작의 제목이 《오리진(origin)으로부터 생각한다》라고 돼 있는 것은 우연이 아니라고 생각합니다.

민주주의는 복잡한 이론을 필요로 하는 사상이 아닙니다. 민중이 스스로의 운명과 삶을 스스로의 힘으로 결정하는, 즉 자기통치의 원리를 구현하는 것이 민주주의입니다. 오늘날 세계는 정치경제적으로, 환경적으로, 윤리적으로 커다란 위기상황에 처해 있고 핵전쟁의 가능성도 여전히 상존하고 있습니다. 이 위기상황을 타개하려면 강력한 지도자가 필요하다고 파시스트들이나 유사 파시스트들은 주장하지만, 실제로 가장 필요한 것은 진정한 민주주의의 실천이라는 것이 확실합니다. 그 점을 생각하더라도, 지금 한국에서 '촛불혁명'의 성과로 모처럼 민주정부가 들어서서 그동안의 적폐를 청산하고 민주적 가치와 제도를 살리기 위해서 진행하고 있는 여러 실험들은 일본의 여러분들의 주목과 관심을 받을 만한 가치가 있다고 생각합니다.

[추기] 위의 글이 발표되었을 때는 문재인 정부는 아직 사드(THAAD, 고고도미사일방어체계) 배치 문제에 관하여 민주적 원칙을 표명하고 있었다. 즉, 이 국제정치적, 외교적, 군사적으로 복잡하게 얽힌 문제를 처리하는 데 민주적 절차의 중요성을 말하면서 1년 이상의 시간이 걸리는 온전한 환경영향평가를 실시할 것을 결정하였다. 그런데도 정부는 7월 29일 북한이 대륙간탄도미사일을 발사하자, 이 새삼스럽지도 않은 사태에 대응한답시고, 즉시 '사드'의 임시 배치를 결정해버렸고, 그럼으로써 민주적 원칙을 운위한 당초의 입장을 뒤집어버렸다. 어떤 내막이 있는지 우리는 알 수 없지만, 여기서 가장 중요한 것은 '사드' 배치 그 자체보다도 모처럼 민주정부로서 성립한 문재인 정부의 신용이 크게 떨어질 위기에 처했다는 점이다. 이것은 시간이 지남에 따라 문재인 정부가 조금씩 드러내는 어리석거나 서툰 국정 운영 방식과 더불어 우리의 마음을 참으로 무겁게 한다. 정부가 이런 식으로 간다면, 당초에 원전 공사 재개에 대한 결정을 시민들에게 맡기겠다고 한 까닭은 무엇이었던가, 우리는 묻지 않을 수 없다. '사드' 문제도 원전의 경우처럼 시민배심원단 혹은 숙의형 공론조사 형식을 통해 시민들이 결정하는 방식을 채택하지 못할 이유가 무엇일까?

V. 탈핵의 논리와 윤리

핵이라는 괴물을 어떻게 할까

미래로 통하는 문(門)이 닫히는 순간, 우리들의 모든 지식은 파
멸할 것이다.

— 단테, 〈신곡(神曲)〉, 지옥편, 제10곡

결국 일이 터지고 말았다. 2011년 3월 11일, 일본 동북지방을 강타한
대지진과 쓰나미로 수많은 사람들이 목숨을 잃거나 이재민이 되었고, 그
들의 삶터는 괴멸되었다. 1995년의 한신(阪神) 대지진에 대한 기억이 아
직 생생한 상황에서 또다시 일본 사회는 엄청난 자연재해에 직면하였다.
하지만 이것은 어쩔 수 없는 일이다. 물론 지진이나 쓰나미를 예견하고,
늘 대비를 하면서 사는 것은 중요하지만, 거기에는 불가피한 한계가 있
다. 인간은 자연 앞에서 무력한 존재일 수밖에 없는 것이다. 이것은 인간
의 근본적인 운명이다.

---

* 《녹색평론》 제118호(2011년 5-6월) 권두 에세이.

아무리 잘난 척해도 우리는 결국 잔잔한 바다가 언제 폭풍의 바다로 변할지도 모르면서 바닷가에 앉아서 조그만 모래집을 짓는 데 골몰한 철없는 어린아이에 불과하다. 그러므로 파도가 휩쓸고 간 모래집을 다시 짓듯이, 살아남은 사람들은 고통을 견디고 상처를 다독이며 허물어진 삶터를 일구는 일을 다시 시작할 수밖에 없다. 어떤 상황에서도 계속되어야 하는 게 삶이기 때문이다.

그러나 말할 필요도 없지만, 핵발전소 사고는 전혀 다른 차원의 문제이다. 지진과 쓰나미로 파괴된 삶터는 다소 시간이 걸리겠지만 사람들이 원한다면 결국은 복구 가능한 재난이라고 할 수 있다. 하지만 방사능 대량 방출 사태로 인한 환경파괴는, 적어도 인간적으로 의미 있는 시간 속에서는, 복구 불가능하다. 이 점에서 다른 산업재해와는 질적으로 완전히 다른 재난인 것이다.

세계적 재앙

지금 후쿠시마 사태는 사고 발생 한 달 보름을 넘긴 시점에서도 수습 전망이 여전히 안갯속이다. 이미 대기와 해양으로 방출된 방사성물질은 그 양이 체르노빌 수준을 현격히 넘어섰을 것이라는 관측도 나오는 마당에 이 상황이 기약 없이 계속된다면 어떻게 될 것인가. 상상만으로도 심히 두려운 세계적 대재앙이 될 게 틀림없다.

아마도 사고가 난 발전소 주변 근접 지역은 말할 것도 없지만, 어쩌면 일본 국토의 3분의 1이 방사능오염 때문에 인간다운 삶터로서의 적합성을 상실할지도 모른다. 비극적인 사태지만, 현재 이러한 가능성은 갈수록 높아지고 있다. 비록 사석에서였다고는 하지만, 사고 발생 초기에 일본 수상 간 나오토(菅直人)는 "동(東)일본의 붕괴 가능성"을 언급했다고 보도되었다. 이것은, 국가적 대재난이라는 긴박한 상황 속에서 정부의 최고 책임자로서 할 만한 발언인지는 모르지만, 그 자체로서는 사태의 심각성에 대한 정당한 인식을 드러낸 말이었다고 할 수도 있다.

그러나, 말할 것도 없이, 후쿠시마 사태는 일본만의 문제가 아니다. 대기와 바다로 방출된 방사성물질은 국경을 무시하고 거침없이 확산되어 무수한 생물의 서식처를 위협하고, 막대한 인명 손상을 가져올 것이다. 이것은 체르노빌의 경우를 생각하면 명확히 예견할 수 있다. 1986년 4월 체르노빌 핵발전소 폭발로 인한 피해는 인접 지역에만 그치는 게 아니었다. 그 피해는 우크라이나, 벨라루스, 러시아의 인명을 대량 손상하고, 방대한 옥토를 거의 영구적으로 거주 불가능한 불모지로 바꿔 놓았다. 그뿐만 아니라, 체르노빌이 내뿜은 '죽음의 재'로 인해 스웨덴의 순록과 영국의 양들이 집단 매장 처분을 당하고, 유럽 각국의 우유가 폐기 처분되었다. 게다가 북반구 전역에서 10년, 20년 시간의 경과에 따라 갑상선 질환, 백혈병, 각종 암의 발병률과 기형아 출산율이 현저하게 높아졌다는 증거가 나타났고, 이런 현상은 지금도 계속되고 있다.

원자로 1기가 폭발했던 체르노빌의 후유증이 이렇다고 할 때, 지금 원자로 4기가 망가진 후쿠시마 핵발전소는 앞으로 얼마나 큰 피해를 끼칠지 지금으로서는 예측하기도 두렵다. 후쿠시마에서 1,000킬로미터 이상 떨어진 서울에서도 벌써 하늘은 예전처럼 보이지 않고, 개나리도, 진달래도, 벚꽃도, 돋아나는 새싹들도 예사롭게 보이지 않는다. 봄비도 마냥 반가운 마음으로 맞이할 수가 없게 되었다. 고농도 방사능의 대량 방출로 오염되고 있는 해양생태계는 어떻게 될까. 먹이사슬을 통해서 물고기들의 체내에 방사능 농축이 진행되고 있을 것을 생각하면 당장에 바다에서 나오는 먹을거리가 걱정이다. 마시는 물도, 아이들에게 주는 우유도 불안하기는 마찬가지다. 설혹 미량일지라도 대기를 통한 방사능 방출이 계속되는 상황에서 이 나라 농토는 과연 온전할 수 있을까. 혹시 이러다가 먹을 게 하나도 남아 있지 않은 비참한 상황에 직면하는 것은 아닐까.

이런 식으로, 아직 가시적인 피해가 드러나기도 전에 한국의 우리들 자신도 이미 심각한 심리적, 정신적인 손상을 입고 있다. 그런 의미에서 비단 후쿠시마 주민들뿐만 아니라 우리 모두가 사실상 이미 '피폭자'라고 할 수 있다. 일찍이 시인 브레히트가 말했듯이, 이런 상황에서 "아직도 웃고 있는 사람은 지금 무슨 일이 일어나고 있는지 모르고 있기" 때문일 것이다.

무시된 경고의 목소리들

생각하면 통분을 금치 못할 일이다. 벌써 오래전부터 양심적인 과학자, 지식인, 환경운동가들에 의해서 핵발전소의 위험성이 끊임없이 지적되어왔다. 특히 지진이 빈발하는 일본의 경우는 그 위험성을 경고하는 목소리가 근년에 들어 더욱 긴박한 어조를 띠고 있었다. 공개적으로 비판적인 발언을 하는 과학자나 전문가의 존재를 거의 찾아볼 수 없는 한국의 상황과는 대조적으로 일본에서는 적지 않은 전문 연구자들이 이 문제를 오랫동안 집요하게 거론해왔다.

이미 고인이 된 저명한 '시민과학자' 다카기 진자부로(高木仁三郎)와 그의 유지를 이어받은 '원자력자료정보실'의 활동가들을 먼저 주목해야 하겠지만, 그들 이외에 제도권 내의 연구자로서 이 문제에 적극 관여해온 학자들도 빼놓을 수 없다.

대표적인 학자로 《대지동란(大地動亂)의 시대》(1994)를 쓴 세계적인 지진학자 이시바시 가쓰히코(石橋克彦) 고베대학 명예교수를 꼽을 수 있다. 그는 일본열도가 그 가장자리에 위치하고 있는 태평양 플레이트가 1923년 관동대지진 이후 70~80년 동안 지속된 '평온기'를 끝내고 바야흐로 '활동기'로 접어들었음을 암시하는 역사지진학적 증거에 근거하여 지질학적으로 매우 불안정한 장소에 건설되어 가동 중인 핵발전소들의 안전성에 큰 우려를 표명해왔다. 그리하여 그는 일본 사회가 핵에너지 의존에서 하루빨리 탈각할 것을 되풀이하여 역설해왔던 것이다.

그러나 가장 집요하게 핵발전 문제를 파헤쳐온 사람은 아마도 독립 저술가 히로세 다카시(廣瀬隆)일 것이다. 그는 후쿠시마 사고 발생 직후에 가진 민간 텔레비전방송과의 인터뷰에서, 이번 사태가 당국이 인정하는 수준을 훨씬 넘어 체르노빌 이상의 재앙이 될 것임을 예견함으로써 충격을 주었다. 실제로 그는 원자력에 관해서 20년 넘게 다각적인 각도에서 놀랄 만큼 치밀하게 심층적인 조사를 행하고, 그 결과를 꾸준히 발표해왔다. 그 연장선에서 작년 가을에 내놓은 새로운 책 《원자로 시한폭탄》(2010)에서는 조만간 일본 핵발전소 어디에선가 반드시 대사고가 날 것이라는 자신의 "나쁜 예감"에 대해 언급했다. 그리하여 이대로 가면 "당장 내일 일본이 끝나"는 것은 아닐지라도, "10년 후에 일본이라는 나라가 있을 것인가라고 묻는다면 꽤 확률이 높은 이야기로서 일본은 없을지도 모른다"는 말을 하기까지 했다. 불과 몇 달 후 자기의 예언이 적중하리라고는 아마 그 자신도 생각지 못했을 것이다.

그러나 불행하게도 이 절박한 경고의 목소리들에 귀를 기울이는 진지한 자세를 정부와 핵산업 관계자들은 한 번도 보여주지 않았다. 그 결과는 지금 후쿠시마에서 발생한 미증유의 대참사라는 것은 말할 것도 없다.

납득할 수 없는 정신구조

그런데 정부와 핵산업 관계자들 혹은 유력 언론들은 어째서 이 경고의 목소리를 경청하지 않았을까. 핵발전의 안전성에 관한 그들의 과신은 도대체 어디에서 나온 것일까. 사고가 날 경우 이것은 단지 화학공장의 화재 같은 것과는 전혀 차원이 다른 재앙을 초래한다는 것을 그들이라고 해서 모를 리가 없다. 인간은 완전무결한 존재가 아니다. 누구든지 실수를 하고, 누구든지 결함을 갖고 살아간다. 이것은 피할 수 없는 근원적인 인간조건이다. 그러한 인간이 만들고, 그러한 인간의 손으로 운영·관리되는 시설이 언제나 완전무결한 상태를 유지할 수 있을 것이라고 생각하는 사람이 설마 존재할 수 있을까.

몰랐다는 것은 말이 안된다. '상정 외(想定外)'의 사태라고 하는 것도 심히 무책임한 자세라고 하지 않을 수 없다. 사고란 언제나 예상을 벗어나 발생하는 법이다. 그러므로 예상을 초월하는 상황까지 반드시 염두에 두고서 안전문제를 고려하는 게 진정으로 책임 있는 인간의 자세인 것이다. 한번 큰 사고가 나면 광대한 생물권이 거의 영구적인 손상을 입게 될 게 확실한, 극히 불안한 위험시설을 건설하고 운영하고자 할 때에는 다각적인 각도에서의 철저한 검토가 선행돼야 한다. 이것은 기초적인 상식이다. 그런데 핵에너지 산업에 관한 한, 이 기초적인 상식은 일관되게 무시되어왔다. 핵문제를 생각할 때, 가장 곤혹스러운 것은 이 납득할 수 없는 정신구조이다.

핵발전 관계자들 자신이 실은 누구보다도 진실을 잘 알고 있을지도 모른다. 그들은 핵발전소가 전력생산 방법으로는 너무나 엄청난 대가와 희생을 치러야 하는, 심히 부적당한 방식임을 모르지 않을 것이다. 따지고 보면, 원자로라는 것은 터빈을 돌려 전력을 생산하기 위한 하나의 도구에 불과하다. 터빈을 돌리기 위한 수단은 이것 말고도 얼마든지 있을 수 있는데 왜 하필 원자로라는 극히 위험하고 복잡하며 엄청난 비용이 드는 방식을 선택하겠다는 것일까.

실제로, 원자로 노심용융 같은 결정적인 사고는 아니라 하더라도, 핵발전소에서는 평소에도 다양한 형태의 크고 작은 방사능 유출 사태가 끊임없이 발생한다. 그리하여 발전소 주변 지역이 계속해서 오염되고 있다는 것은 이미 알려진 사실이다. 예를 들어, '방사능공중보건프로젝트'라는 미국의 민간 환경문제 연구기관은 2000년 4월의 보고서에서 원자로가 폐쇄됨으로써 그 주변 지역 유아들의 사망률이 현저히 감소했음을 보여주는 연구결과를 발표했다. 1987년에서 1997년까지 폐쇄되었던 미국의 7개 핵발전소를 대상으로 한 이 연구는 반경 80킬로미터 이내에 살고 있던 생후 한 살까지의 유아사망률을 조사한 것이었다. 이 조사에 의하면, 가장 큰 감소율은 1997년에 폐쇄된 미시간주 빅록포인트 발전소 주변이었는데, 54.1퍼센트나 감소했다. 이렇게 사망률이 감소한 것은 암, 백혈병, 이상 출산 등 방사선 피해로 볼 수 있는 질병의 원인이 제거되었기 때문이다.

그러나 정부와 핵산업 관련자들은 언제나 방사능 피해를 축소하고 은 폐한다. 그들은 늘 방사선 허용 기준치를 들먹이며, 저농도 방사능으로는 건강 피해가 없다고 주장한다. 사상 최대 핵사고로 기록될 후쿠시마 사태에서도 꼭 같은 논리가 변함없이 반복되고 있다. 일본에서든 한국에서든 불안을 느끼고 있는 시민들을 향한 당국자의 발언은 놀랄 만큼 닮았다. 그들은 대피지역 바깥에서는 우려할 위해(危害)가 없다고 되풀이하여 말하고 있다. 그러나 처음에는 반경 20킬로였다가 며칠 후 30킬로미터로 변경된 대피지역의 설정도 매우 자의적인 설정일 가능성이 농후하지만, 방사성물질이 대기와 바닷물에서 희석되면 아무 걱정할 것 없다는 설명은 과학적이라기보다 다분히 정치적이라고 할 수 있다.

허용 기준치라는 말장난

허용 기준치라는 것만 해도 그렇다. 주의해야 할 것은, 방사능에 관한 한, 생물학적 이상 증상이 발현될 수 있는 최소 피폭량, 즉 역치라는 것은 존재하지 않는다는 사실이다. 다시 말해서, 아무리 미량일지라도 방사선 피폭은 인체에 유해한 것이다. 이것은 방사선 의학 전문가들의 거의 일치된 견해이다. 그러니까 허용 기준치라는 것은 신뢰할 수 있는 의학적 연구결과가 아니라 어디까지나 핵산업을 보호하려는 목적으로 어용학자들에 의해서 자의적으로 만들어진 수치일 뿐이라고 할 수 있다.

방사능은 생명과 공존할 수 있는 게 결코 아니다. 46억 년 전 지구 탄생 이후 생명체가 출현하기까지에는 10~20억 년 정도가 경과해야 했다. 그것은 원시 지구에 가득 찬 방사능이 제거돼야 했기 때문이다. 지금도 우주로부터 끊임없이 방사선이 들어오지만 오존층이 차단해주기 때문에 지상에서 생물의 생존이 가능한 것이다. 물론 아직 미약하나마 토양과 바위 등에 자연방사능이 남아 있기는 하다. 그러나 그렇다고 해서 인공

방사능이 계속해서 생물권 속으로 유입되는 것이 절대로 정당화될 수는 없다.

방사능은 세포를 손상시키고, 유전자 변형을 일으킨다. 이것은 기초적인 사실이다. 그런 점에서 환경 속에서 측정되는 방사선량 그 자체도 중요하지만, 더 중요한 것은 호흡과 피부 혹은 음식 섭취를 통해서 체내로 흡수, 축적되는 '내부피폭'이다. 대기와 토양과 물이 방사능으로 오염되어 있다면, 호흡과 먹이사슬을 통해서 내부피폭을 당하는 것은 필연적이다. 그러므로 당장에 눈에 띄는 상해가 없더라도, 장기적 피폭에 의한 체내 축적으로 당사자는 물론, 아직 태어나지 않은 자손들에게까지 어떤 가공할 신체적, 정신적 장애가 발생할지 누구도 장담할 수 없는 것이다.

그런데, 문제는 고농도 피폭에 의한 급성 방사능 장해라면 금방 원인을 파악할 수 있지만, 장기간에 걸친 저농도 피폭에 의한 만발성(晚發性) 장해는 그게 쉽지 않다는 점이다. 실제로 악화 일로에 있는 환경위기와 삶의 질적 저하 때문에 도처에서 온갖 괴질과 난치성 질환이 창궐하고 있는 게 오늘날의 현실이다. 따라서 매우 엄격한 조사가 아닌 한, 방사능과 건강장애 사이의 연관관계를 명확히 규명하는 것은 지난한 일이다. 바로 이 때문에 핵산업계가 방사능의 위험성을 끊임없이 축소, 은폐하는 게 가능한 것이다.

단순히 은폐하고 거짓말만 하는 정도가 아니다. 한술 더 떠서, 한국의 집권당 지도부는 방사능 피해를 강조하는 사람들의 배후에 정부 전복 음모가 숨겨져 있다는 기상천외의 논리를 펴면서, 시민들의 자기보호 본능마저 우습게 여기는 발언을 하고 있다. 하기는 비상상황에서 진실이 더 확연히 드러나는 법인지도 모른다. 지금 일본이나 한국의 통치권력이 보여주는 무책임한 행태는 근대국가와 정부의 역할이 결코 생명의 가치를 옹호하는 데 있지 않다는 것을 노골적으로 드러내고 있다.

생각해보면, 권력엘리트들이 원하는 국민은 언제나 얼간이들이지, 자주적인 인간이 아니다. 우리 각자가 진정 자유인으로 살고자 한다면, 어떤 상황에서도 포기할 수 없는 것은 비판적인 사고와 자주적 판단능력이다. 이 능력은 단기적인 사익(私益)을 위하여 지구 생물권을 궁극적으로 불모의 공간으로 변화시켜버릴 게 틀림없는 기득권세력의 폭주에 맞서 싸우는 데 불가결한 자질이라고 할 수 있다.

그런 의미에서, 핵문제에 관한 한, 정부기관이나 업계 쪽에서 내놓는 정보란 거의 언제나 거짓 정보이거나 왜곡된 정보라는 사실을 주의할 필요가 있다. 이것은 일본이나 한국에 국한된 게 아니라, 세계적으로 공통한 현상이라고 할 수 있다. 그것은 핵에너지산업이 본래 거짓말이나 속임수 없이는 성립할 수 없는 시스템으로 구성돼 있기 때문일 것이다.

"원자력의 평화적 이용"

원래 핵발전은 1953년에 미국 대통령 아이젠하워에 의해서 "원자력의 평화적 이용"이 제창되면서 시작되었다. 되돌아보면, 이 시기에 미국이 특별히 평화로운 세계를 원했을 리 없다. 오히려 소련과의 치열한 군비경쟁이 시작되어 핵무기 개발이 가속적으로 진행되고 있던 상황이었다. 미국 정부와 군부가 핵무기 개발의 효율성을 높이고, 천문학적 예산을 확보하는 데에는 무엇보다 국민들의 핵에 관한 이미지가 개선되어야 했다. 1945년 8월 히로시마와 나가사키에서의 처참한 대량 살상 이후, 핵폭탄의 가공할 위력을 알게 된 미국인들은 대체로 핵에 부정적이었기 때문이다. 따라서 핵기술은 전쟁뿐만 아니라 평화와 경제적 번영을 위해서도 불가결한 것이라는 논리로 국민을 설득할 필요가 있었다. 게다가, 미국이 보유하고 있는 핵에너지 기술의 해외 수출에서 얻는 막대한 이익도 매력적인 것이었다. 동시에, '우방국가'들에 원자로 기술을 제공하고—가령 국제원자력기구 등을 통해서—그것을 면밀히 감시하는 체제를 구축함으로써 핵무기 확산을 저지하고자 하는 게 또 다른 미국의 의도였는지 모른다.

하지만 '원자력의 평화적 이용'은 평화를 증진시키기는커녕 세계를 갈수록 위험에 빠뜨리는 결과가 되었다. 이것은 당연한 결과였다. 왜냐하면 원자로란 전력 생산 장치 이전에 기본적으로 핵무기 원료 생산 장치라고 할 수 있기 때문이다. 원자로에서 우라늄 연료봉을 태우면 막대한 에너지가 발생하여 터빈을 돌리기도 하지만, 핵분열의 결과로 생겨난 방사성 물질을 분리, 재처리하면 자연세계에서는 전혀 존재하지 않는 극렬한 맹독성 물질이자 가공할 핵폭탄 원료인 플루토늄을 확보할 수도 있다. 실제로 1974년 인도가 핵무기를 독자적으로 개발하여 실험을 할 수 있었던 것은 미국과의 원자력 협정을 통해서 도입한 발전용 원자로를 이용한 결과였다.

그러니까 핵에 관한 한, 군수용과 민수용을 구별하는 것은 근본적으로 무의미하다. 모든 원자로는 잠재적인 핵무기 제조 공장이라고 할 수 있다. 세계 도처에서 핵발전소 가동이 계속되는 한, 핵무기 감축을 위한 노력은 처음부터 한계가 명확한 것일 수밖에 없다.

크고 작은 핵사고로 인한 재앙에도 불구하고, 많은 국가가 핵발전소를 포기하지 않고, 기를 쓰고 증설하고자 하는 데는 복합적인 동기가 작용해왔을 것이다. 핵무기 보유에 대한 미련을 버릴 수 없는 국가의 군사적 야심도 중요한 동기였을 게 분명하다. 국가의 그런 요구와 핵 관련 산업들의 이해관계가 결합되면 핵에너지를 둘러싼 강고한 기득권체제가 성립하는 것은 시간문제가 된다. 원래 핵의 평화적 이용이란 국제적인 차원에서 전개된 프로젝트였다. 그러므로 이 체제는 필연적으로 국가의 경계를 넘어서 자본가, 정치가, 관료, 과학자, 언론인으로 구성되는 강력한 국제적 기득권 동맹을 형성하게 되는 것이다. 오늘날 이 국제적 기득권익 네트워크를 총괄하는 실무 책임자가 바로 국제원자력기구(IAEA)라고 할 수 있다.

국제원자력기구의 이런 위상을 감안하지 않으면, 우리는 이 기구가 방사능 피해의 정도를 왜 늘 축소하려 하는지 그 이유를 알 수 없게 된다. 전형적인 예는 체르노빌 폭발사고에 대한 최종적인 평가라고 할 수 있다. 국제원자력기구는 방사능의 장기적 오염에 의한 피해상황에 대해서는 철저히 눈을 감고, 오로지 현장에서의 급성 방사능 장해만을 공식적으로 인정하여, 체르노빌 사고로 인한 사망자가 모두 46명이라는 보고서를 2005년에 유엔에 제출했다. 이것은 가령 '뉴욕과학아카데미'에 의해 출판된 좀더 독립적인 연구자들이 작성한 보고서의 조사결과와 너무나 현격한 차이를 드러내는 결론이다. 2009년에 발표된 이 조사결과는 체르노빌로 인해서 20년 동안 사망한 사람은 98만 명에 달한다는 결론을 내렸는데, 이것은 옛 소련의 과학자들을 포함한 연구자들이 슬라브어로 기록된 자료까지 대상으로 해서 조사한 연구결과였다.

원자력 기득권 체제가 방사능의 위험을 늘 과소평가하고, 실제 피해를 축소, 은폐하는 데 급급한 것은 결국 핵산업을 계속적으로 유지, 확대하겠다는 욕망 때문임이 분명하다. 그들이 방사능이나 핵에너지가 생물권과 인류사회에 얼마나 큰 피해를 끼치는 것인지 모르고 있을 리는 만무하다. 이에 관련해서 흥미로운 증언이 하나 있다. 그것은 히로세 다카시의 젊은 시절의 경험담이다. 대학에서 응용화학을 전공했던 히로세는 졸업 후 다니던 회사를 그만두고 한때 프리랜서로 이공계 서적과 자료를 번역하고 있었다. 그런 때에 그는 도쿄전력의 의뢰를 받아 경제협력개발기구(OECD)의 1970년대 보고서를 번역한 일이 있었다. 거기에는 "원자력 발전소의 온배수는 바다로 배출되어도 열이 바닷속으로 바로 확산되지 않고 '핫스폿'이라는 열덩어리가 되어 부유한다. 그 때문에 대륙붕의 생물이 심대한 영향을 받는다. 얕은 데에 있는 어란(魚卵)이나 치어는 2~3도라는 작은 온도변화에도 죽고 말기 때문이다"라는 문장이 있었다. 그는 그것을 정확히 번역해서 제출한 기억을 갖고 있다. 그러니까 이 온배수의 문제를 핵발전소 운영 주체인 도쿄전력이 모른다는 것은 말이 안된다. 핵산업체는 몰라서 환경을 파괴하는 게 아니라 '확신범'으로서 환경을 파괴하고 있는 것이다.

핵발전소에서 끊임없이 흘러나오는 온배수가 대륙붕의 생물들에게 심대한 피해를 줄 수 있다는 것은 중대한 문제이다. 그것은 궁극적으로 해양생태계 전체를 파괴할 가능성을 가지고 있다. 이 중대한 문제를 지적한 보고서의 존재를 인지하면서도, 아랑곳하지 않고 그들은 거침없이 핵 발전을 계속해온 것이다.

'청정에너지'라는 거짓말

기후 온난화에 대응하는 '청정에너지'라는 핵발전의 자기광고가 완전 히 속임수라는 것은 이 맥락에서도 분명히 드러난다. '원자력의 평화적 이용'을 제창했던 시초부터 핵발전 추진 세력은 환경문제에 관심이 있기 는커녕 오히려 환경파괴를 거침없이 자행해왔다. 20세기 말에 와서 범지 구적 위기로 대두된 지구온난화 문제는 스리마일과 체르노빌 핵사고로 궁지에 몰려 있던 핵산업계가 재기하는 데 필요한 빌미를 제공했을 뿐이 다. 추진 세력이 핵발전을 진심으로 '청정에너지' 시스템으로 여긴다면 엄청난 자기기만이라고 할 수밖에 없다.

물론 핵발전 그 자체는 이산화탄소를 내뿜지 않는다. 그러나 핵발전이 성립하려면 최소한도 거대한 발전소를 건설, 운영해야 하고, 우라늄을 채 굴, 운반, 농축해야 하며, 핵폐기물을 처리해야 하고, 최종적으로는 수명 이 다한 원자로를 폐쇄해야 한다. 그 모든 과정에서 소모될 막대한 화석 연료를 고려하면, '청정에너지' 운운하는 것은 완전히 거짓말임이 금방 드러난다.

핵발전이 온갖 면에서 타당성을 결여한 정도가 아니라, 도저히 용납할 수 없는 많은 문제를 내포한 전력생산 방식이라는 사실은 명백하다. 원 자로 노심용해 같은 엄청난 사고가 나지 않는다 하더라도, 일상적인 운 전에 따르는 문제만 해도 그 장기적인 결과는 가공할 만한 것이다.

예를 들어, 위에서도 잠깐 언급한 대로, 핵발전소는 전력생산 시설이 기 이전에 무엇보다 강이나 바닷물을 덥히는 가온장치(加溫裝置)라고 할 수 있다. 세계 전체적으로 약 440기의 원자로에서 막대한 양의 온배수가 매일 쉴 새 없이 바다로 혹은 강으로 흘러 들어간다. 이것은 원자로의 냉각 시스템을 유지하기 위해서는 불가피하다. 그런데 이게 궁극적으로 지구의 수중 혹은 해양생태계를 파괴하지 않는다는 보장이 있을까. 나아가서 이산화탄소 이상으로 지구온난화에 기여하는 바가 없다고 할 수 있을까. 이 점에 대해 명쾌한 해명이 없이 핵발전이 계속되고 있는 것은 정말 문제라고 하지 않을 수 없다.

처치 불가능한 핵폐기물

그리고, 말할 것도 없이, 핵폐기물 처리 문제라는 게 있다. 이것은 난제 중의 난제이다. 지금 세계적으로 핵발전소를 가진 나라들의 가장 긴급한 현안이 이 문제이지만, 고준위 핵폐기물은 말할 것도 없고, 저준위 핵폐기물조차 합리적으로 처리할 수 있는 방법을 찾는 것은 거의 불가능할 정도이다. 왜냐하면 수십만 년이라는, 인간의 시간으로는 거의 영원에 가까운 시간 동안 핵폐기물의 방사능이 소멸할 때까지 안전하게 보관할 방법과 장소가 이 지구상에는 실제로 존재하지 않기 때문이다. 그리하여 현재 대부분의 핵발전소는 저준위 핵폐기물마저 버릴 데를 찾지 못한 채 발전소 부지 내에 엉거주춤 껴안고 살아가야 하는 처지가 된 것이다. 반핵 과학자 다카기 진자부로가 핵발전소를 "화장실 없는 맨션아파트"라고 불렀던 것은 이런 기괴한 정황을 염두에 두었기 때문이다.

저준위 핵폐기물 영구 저장 시설을 찾는 게 지난하다는 것은 원자로를 안전하게, 합리적으로 폐쇄한다는 것도 사실상 불가능한 일임을 알려준다. 왜냐하면 수명이 다하여 폐쇄되는 원자로란 결국 고준위 방사성폐기물 덩어리라고 할 수 있기 때문이다. 그러기에 미국과 같은 광대한 땅을 가진 나라에서도 고준위 핵폐기물 처분장을 마련하는 데 실패를 거듭하고 있는 것이다. 이러한 사실은 결국 핵기술이라는 게 원래 태어나지 말았어야 할 괴물임을 단적으로 말해준다.

아마도 초기에 핵발전을 기획했던 사람들은 원자로를 가동하는 과정에서 조만간 이 문제에 대한 기술적 해결책이 나올 것이라고 생각했는지 모른다. 현대세계에서 새로운 기술을 도입할 때 흔히 그러하듯이 일단 시작부터 해놓고 뒤따르는 부작용은 그때 가서 해결하면 된다는 근본적으로 무책임한 안이한 사고가 여기에도 작용했을 가능성이 크다. 게다가 처음부터 핵발전에 비판적이었던 사람들도 대부분 운전 중의 원자로 안전문제를 가장 큰 관심의 표적으로 삼고, 폐기물 처리 문제는 간과하고 있었는지 모른다.

하지만 자연 속에서 만물은 생성, 성장, 노쇠, 사멸의 과정을 밟게 마련이다. 돌덩어리, 쇳덩어리라고 해서 예외가 아니다. 태어나면 죽게 마련이고, 탄생의 장소가 있으면 죽음의 장소가 있게 마련이다. 그러나 핵분열 생성물이라는 이 기괴한 물질만은 예외적이다. 지구 생태계 속에는 이 인공 방사성물질의 안식처를 제공할 데가 아무 데도 없는 것이다. 이것이 자연의 창조물이 아니라 인간의 교만한 지식이 창조해낸 물질이기 때문이다. 지금 후쿠시마의 재앙은 지구 생물권이 더이상 이런 괴물과 동서(同棲)할 수 없다는 사실을 극명하게 드러내는 사태이다. 생각해보면, 이 재앙은 과학기술의 힘을 터무니없이 믿어온 어리석음의 필연적인 결과이자 근거 없는 자기과신의 당연한 결과임이 분명하다.

대안이 뭐냐고?

그럼에도 불구하고, 지금도 핵발전을 그만두면 대안이 뭐냐고 묻는 사람들이 있다. 핵발전 추진 세력의 논리가 설령 과장되거나 거짓된 데가 많다고 하더라도, 지금 전체 전력의 30퍼센트를 차지하고 있는 핵발전을 중지하는 것은 곤란하다고 생각하는 사람들이 여전히 많다. 후쿠시마 사태 이후 '갤럽'이 최근에 행한 국제적 여론조사에 의하면, 놀랍게도 유럽이나 미국에 비해서 동북아시아에서의 핵발전 지지 비율이 비교가 안될 만큼 현격히 높다. 물론 일본 사람들 다수의 인식은 많이 바뀐 것으로 보인다. 이것은 극히 당연한 현상이지만, 그러나 바로 인근에 있는, 그래서 어떤 다른 지역보다도 후쿠시마 핵사고의 영향을 심각하게 받을 가능성이 큰 중국과 한국에서 핵발전 지지율이 현재 70퍼센트와 64퍼센트라는 세계 최고치를 기록하고 있다는 것은 사실 쉽게 납득이 안되는 현상이다. 아마 이런 현상은 정치경제, 사회문화, 그리고 심리적 측면에서 깊이 연구를 해봐야 할 테마인지도 모른다.

하기는, 한때는 원자력이라면 덮어놓고 환호하던 순진한 시절이 있었다. 뭐가 뭔지도 모르면서도 원자력은 최고의 과학기술이라는 인식이 성행했고, 그것은 무한한 값싼 에너지를 공급해줄 것이라고 기대되었다. 이런 보편화된 인식은 1950년대 말 혁신정당이었던 진보당의 강령에도 반영되어 있었다. 진보당 강령 제5장 〈제2의 산업혁명과 20세기적 사회혁명〉은 "해방된 원자에너지의 동력을 활용한 산업혁명의 조속한 완수"를 통한 번영된 복지사회 건설을 낙관적인 어조로 전망하고 있다. 진보당 강령 속에 핵의 파괴력과 위험성에 대한 인식이 전적으로 배제되어 있는 것은 아니다. 그러나 거기에는 바로 핵의 가공할 파괴력 때문에 오히려 국제사회는 "각성을 하여 새로운 전쟁을 방지하고, 절충과 타협에 의한 문제 해결" 방식을 찾아서 "인류사회의 평화적 변혁"이 가능할 것이라는 믿음이 피력되어 있다. 요컨대 핵은 평화적으로 이용될 것이며, 평화적인 핵에너지는 복지사회 건설에 핵심적 기술이 될 거라는 것이다.

지금 되돌아보면, 세계 전체가 아직 '평화적 원자력'이라는 주술에 걸려 있을 때이긴 했으나 한국에서의 핵기술 신앙은 좀 지나친 데가 있었다고 할 수 있다. 그 중요한 이유 중의 하나는 아마도 서구 근대과학기술에 대한 뿌리 깊은 콤플렉스였을 것이다. 후진사회를 면치 못하는 것은 과학기술의 결핍 때문이며, 따라서 어떻게 하든지 첨단 과학기술을 익혀야 한다는 강박관념이 작용했던 것이다. 핵기술이 위험하다고는 하지만, 어쩌면 다수 한국인들의 머릿속에는 식민지로부터의 해방도 적어도 부분적으로는 핵폭탄 덕분이었다는 잠재적 인식이 들어 있었는지도 모른다. 그러므로 핵기술에 대해서는 처음부터 우호적인 수용 자세가 마련된 사회가 한국 사회였다고 할 수 있다.

그런 사정은 일본도 근본적으로는 마찬가지였을 가능성이 있다. 지금 후쿠시마 사태를 보면서, 다른 나라도 아니고 핵폭탄 피해를 입은 세계 최초이자 유일한 국가인 일본이 어떻게 핵에너지 기술을 큰 저항 없이 받아들여 저토록 방만한 운영을 해왔는지 모르겠다는 사람들도 있지만, 그들은 일본 국민의 심리에 잠복해 있을 수 있는 어떤 논리를 간과하고 있는지도 모른다. 다시 말해서, 태평양전쟁에서의 일본의 처참한 패배는 과학기술력에 있어서의 패배로 받아들였을 가능성이 있는 것이다. 이 경우, 과학기술이란 핵기술이라는 것은 말할 것도 없다. 실제로 오늘날 일본이 어느 때든 마음만 먹으면 고성능 핵무기를 제조할 수 있을 만큼 플루토늄을 다량으로 보유하고 있다는 사실 자체가 일본에서 핵발전소가 단순히 전력생산 수단으로만 존재하는 것은 아니라는 것을 암시한다고 할 수 있다.

국가주의 프로젝트

사실, 이런 국가주의에 토대를 둔 군사적 프로젝트는 비록 암묵적이라 하더라도 대중적 지지 혹은 적어도 묵인 없이는 성립하기 힘들다. 한국에 비해서는 감탄할 정도로 핵기술에 대해 공개적인 비판의 목소리를 내는 학자, 연구자, 지식인이 많기는 하지만, 이들의 노력에도 불구하고 핵기술에 대한 우호적인 분위기가 일본 사회를 지배해온 것은 부인할 수 없다. 이것은 대다수 지식인들과 일반 대중이 그들과는 다르게 생각해왔기 때문일 것이다. 예를 들어, 요시모토 다카아키(吉本隆明)라는 저명한 작가, 시인, 평론가가 있다. 그는 한국에서는 별로 알려지지 않은 인물이지만, 엄청나게 왕성한 저술활동과 그때그때 사회적 현안에 대한 정력적인 발언 때문에 일본에서는 일부에서지만 "전후 최대의 사상가"라고 일컬어온 원로 지식인이다. 그런 그에게 《'반핵' 이론(異論)》(1982)이라는 책이 있는데, 거기서 그는 반핵운동 세력은 과학과 정치를 혼동하고 있다고 비난하면서 "핵의 평화적 이용이 결국은 군사 개발, 무기 생산으로 연결된다"는 논리를 배격한다. 그의 생각으로는 "과학이 핵에너지를 해방시킨다는 것은 즉각 핵에너지에 대한 통제력을 획득한다는 것과 같은 말이고, 또한 물질의 기원인 우주 구조의 해명에 한 걸음 다가간다는 것을 의미한다." 그리하여 그는 원자력발전을 반대하는 것은 "문명사의 도달점에 대한 반동적 이념"이며, "원시적 자연으로의 퇴행"이라고 매도한다.

따지고 보면, 요시모토의 이런 발언은 핵기술에 관한 근본적인 오인(誤認)과 자신의 단순한 희망사항 이외에 아무런 실질적인 근거가 없는 허구적인 주장일 뿐이다. 문제는 이런 발언이 꽤 영향력 있는 발언으로 받아들여져왔다는 데 있다. 그게 받아들여져온 것은 그럴 만한 풍토가 사회 저변에 조성돼 있었기 때문일 것이다.

사실, 핵발전은 전력생산 방식 중에서도 가장 값비싸고, 가장 위험하며, 가장 비효율적인 방식이라는 것은 양식 있는 사람이라면 인정하지 않을 수 없을 것이다. 또, 그동안 핵에너지 생산에 쏟았던 비용과 노력과 정성을 재생 가능한 에너지 개발로 전환한다면, 에너지 문제도 조만간 해결 가능하다는 것도 분명한 사실이다. 그러나 문제는 이러한 합리적인 논리만으로는 핵발전시스템을 극복한다는 게 쉽지 않을 것이라는 점이다. 왜냐하면 무엇보다 핵발전을 통하여 막대한 이익을 취해온 국제적, 국내적 기득권체제가 완강하게 버티고 있고, 또한 '첨단' 과학기술로서의 핵기술에 대한 대중적 환상이라는 게 여전히 남아 있을 가능성도 없지 않기 때문이다.

핵발전과 민주주의

그런 의미에서, 필요한 것은 핵발전 문제란 단순히 에너지 문제가 아니라는 철저한 인식을 가능한 한 널리 공유하는 일이다. 그것은 우선 핵발전의 문제가 그 위험성이나 안전성에만 그치는 게 아니라는 것을 명확히 이해하는 데서 출발할 수 있다. 이 점에서 다카기 진자부로가 쓴 책 《우리, 체르노빌의 포로들》(1987)에 나오는 다음과 같은 발언은 경청할 만하다.

원전(原電)이 갖는 반인간성, 반사회성, 범죄성은 물론 그 위험성에만 있는 것이 아니다. 원전은 생물과는 본래적으로 상용(相容)할 수 없는 방사능을 끊임없이 생산할 뿐만 아니라 지방자치를 침해하고, 민주주의를 철저히 파괴한다. 나아가서는 하청, 재하청 노동자를 무자비하게 쓰고 버리며, 인심을 황폐케 한다.

이것은 일찍이 원자력을 전공한 제도권 과학자로 출발했으나 결국 제도권 바깥의 시민과학자로 전신(轉身)하여 죽을 때까지 오로지 반핵운동에 몸을 바쳤던 한 양심적 지식인, 활동가에게서 나온 명쾌한 증언이다. 요컨대 핵발전소가 건설, 운영되는 사회에서는 민주주의가 살아날 수 없다는 뜻이다. 왜? 핵발전이란 위험성도 위험성이지만, 철저히 파고들면 아무런 합리성도, 타당성도 없기 때문에 정당한 민주적 절차를 밟아서는 절대로 시민들의 자발적인 동의를 얻을 수 없는 프로젝트이기 때문이다. 그 결과, 핵발전 추진 세력은 끊임없이 기만적인 언어로 핵발전을 합리화하려 하고, 경우에 따라서는 국가의 합법적 폭력수단을 통해서 민중의 의사를 노골적으로 억압하려고 한다. 핵발전을 홍보하기 위해서 엄청난 비용을 끊임없이 지출해야 한다는 사실 자체가 거짓 논리와 신화적 환상을 날조하지 않고는 처음부터 성립 자체가 불가능한 게 핵발전임을 반증한다고 할 수 있다.

핵발전소가 언제나 인구과소 지역에 건설된다는 사실도 그렇다. 이것은 핵발전의 위험성을 추진 세력 스스로가 실토하는 것과 조금도 다름이 없다. 따라서 그러한 인구과소 지역 주민들의 동의를 얻는 것도 당연히 쉽지 않다. 그리하여 거의 어김없는 법칙처럼 온갖 속임수, 협박, 회유,

매수공작과 같은 비열한 수단이 동원된다. 이 과정에서 흔히 지금까지 조용하던 지역공동체는 분열되고, 시골 인심이 극도로 황폐화하는 것은 말할 것도 없다. 그리하여 발전소가 막상 들어서면, 지역민들은 늘 불안한 마음으로 살아야 하는 것은 말할 것도 없고, 농토와 어장이라는 오랜 세월 유지되어왔던 자율적 삶의 기반을 잃게 됨으로써 이제부터는 싫든 좋든 발전소에 직접 간접으로 빌붙어 살아야 하는 초라한 신세로 전락해버리는 것이다.

이 맥락에서 간과할 수 없는 또 하나 중요한 문제는 노동자 인권 문제이다. 발전소 인근 지역주민이건 떠돌이 노동자이건 핵발전소의 위험구역 현장에 투입되는 작업자들은 대체로 하청, 재하청 노동자들이다. 그들은 생계를 위해 고농도 방사능 피폭위험이 상존하는 곳에서의 작업을 감내하지 않으면 안되는 매우 불운한 사회적 약자들이다. 그러니까 그들이 하는 일은 일종의 강제된 노동이라고 할 수 있다. 지금 후쿠시마 핵발전소 사고 현장에서 원자로 용해나 연료봉 폭발이라는 최악의 사태를 막기 위한 필사적인 작업에 매달려 있는 현장 작업자들도 예외가 아니다. 그들을 영웅이라고 칭송하는 것은 위선이라기보다 범죄행위이다. 사회적 약자에게 인간으로서 차마 견딜 수 없는 가혹한 노동을 강요해 놓고, 그것을 미화하는 것은 용서할 수 없는 죄악이다. 핵에너지에서 탈피하지 않는 한, 이 구조적인 인권유린은 결코 극복될 수 없을 것이다.

인간다운 사회와 양립 불가능한 핵기술

결론적으로, 핵발전이라는 것은 인간다운 사회의 존립에 불가결한 기초적인 가치를 구조적으로 철저히 유린, 파괴하는 기술이다. 그것은 생명과 환경은 말할 것도 없고, 민주주의와 절대로 양립할 수 없으며, 또한 지속 가능한 기술도 아니다. 실제로 우라늄도 이대로 가면 곧 고갈될 가능성이 높다는 것은 잘 알려진 사실이다. 그러나 그보다 중요한 문제는 지난 몇십 년간 수많은 핵실험·핵사고 등으로 이미 경악할 만큼 지구 생물권이 방사능으로 오염되어 있다는 사실이다. 이런 상황에서 이대로 핵발전이 계속되거나 확대된다면, 이 지구가 인간사회의 존속을 더이상 허락하지 않는 날이 조만간 닥칠지도 모른다.

아메리카 대륙에서 오랫동안 살아온 토착민들은 적어도 지속가능성이라는 면에서 뛰어나게 지혜로운 생활방식을 갖고 있었다. 그들의 삶이 생태계에 미친 영향은, 어떤 문화인류학자의 표현을 빌리면, 하늘의 구름이 땅에 미치는 영향보다 큰 것이 아니었다. 다시 말해서, 그들은 재생 불가능한 자원을 손상시키지 않고 이 지상에서 지속적으로 생존·생활할 수 있는 유일한 방식, 즉 순환적인 삶의 방식에 철저했던 것이다. 그래서 그들은 자신들이 살고 있는 땅을 자손들로부터 잠시 빌려서 쓰는 것이라고 생각했고, 늘 자신들이 선택한 일의 결과가 일곱 세대 이후의 자손들에게 어떤 영향을 줄 것인지 심사숙고한 뒤에 결정했다.

따지고 보면, 이런 장기적인 관점에서의 배려는 근대 이전의 문화에서는 동서양 어디서든 별로 낯선 게 아니었다. 예를 들어, 예전에 영국 옥스퍼드대학의 삼림 관리 대장(臺帳)에는 장차 보수하거나 재건축을 해야 할 주요 건물들에 쓰일 나무들에 대한 기록이 있었다. 무슨 말이냐 하면, 처음 건물을 세웠을 때 건축 책임자들은 거기에 사용된 목재들의 수명을 고려하여, 동종의 어린 나무를 미리 학교의 어느 곳에 심어서 수백 년 이후를 대비해 놓곤 했다는 것이다. 생태인류학자 그레고리 베이트슨은 이 이야기를 어디선가 인용하면서, 이것이야말로 인간다운 진정한 문화가 존재하는 방식이라고 말한 적이 있다.

결국 이러한 의미의 지속 가능한 문화를 근원적으로 되살리지 않고는 우리들에게 미래가 없다고 할 수 있다. 실제로 지구가 거주 불가능한 공간이 되느냐 마느냐가 중요한 게 아니다. 그러한 가능성이 확률적으로 만분의 일이라도 있다면, 우리의 삶은 이미 근저에서부터 붕괴되고 있다고 할 수 있다. 이 세상에 태어나서 자유롭고 건강하게 생을 향유할 후손들의 존재를 상정하는 것이 불가능해진다면, 우리들의 지금 여기서의 삶은 근본적으로 무의미할 뿐만 아니라 우리가 애써 쌓아온 삶에 관계된 온갖 지식·지혜는 쓰레기에 불과할 뿐이다.

전력이 부족해도 인간다운 삶은 얼마든지 계속될 수 있다. 그러나 핵분열에 의한 환경파괴는 삶의 종식을 의미한다. 핵발전소를 없애면 대안이 무엇이냐고 묻는 것은 지나치게 한가로운, 우둔한 물음이다. 대안이 있든 없든 핵발전은 시급히 중지해야 한다.

한국에서 본 후쿠시마

세계적 재앙

후쿠시마 사태가 발생한 지 거의 두 달이 다가오고 있다. 그런데도 아직 사태 수습은 안갯속이다. 방사성물질이 대기 중으로 대량 방출되는 국면은 진정됐는지 모르지만, 원자로 안정화를 위한 작업이 순조롭게 진행되고 있는지는 매우 의심스럽다. 이 상황이 언제까지 계속될 것인지, 과연 폐로작업이 순탄하게 행해질 것인지, 막연하지만 불안한 생각을 억누를 수가 없다. 현장 상황에 대한 정확한 정보가 공개되지 않고 있는 점이 불안을 가중시키고 있지만, 이것을 준엄하게 추궁하는 언론도 있는 것 같지 않다.

생각할수록 기막힌 일이다. 사상 최대 규모의 지진과 쓰나미로 수많은 사람이 목숨을 잃거나 일시에 정든 삶터를 잃어버렸다는 것도 비통한 일인데, 미증유의 원전사고가 발생함으로써 일본이 국토의 상당 부분을 잃어버릴 위기에 처했다는 사실이 믿어지지 않는다.

---

* 이 글은 《季刊ピープルズ・プラン》第54號(2011年 7月 1日)에 게재된 글의 한국어 원문이다.

그러나, 말할 것도 없이, 후쿠시마 원전사고는 일본만의 문제가 아니라 세계적 규모의 대재앙이다. 1986년 체르노빌 사고는 1기의 원자로가 폭발한 사고였지만, 그로 인한 방사능 피해는 북반구 전역에 미쳤고, 그 후유증은 지금도 계속되고 있다. 그렇다고 한다면, 후쿠시마 원전사고로 인한 피해는 어느 정도에 달할지 추측하는 것도 두렵다. 왜냐하면 후쿠시마에서는 지금 냉각시스템이 작동불능에 빠진 원자로가 3기나 될 뿐만 아니라, 4기의 원자로에서는 사용후 핵연료봉의 저장 상태에 심각한 이상(異常)이 발생한 것으로 관측되고 있기 때문이다. 그러니까 지금도 수습 가능성 자체가 심히 의심스러운 엄중한 위기상황이라고 할 수 있다. 이미 대기와 해양으로 방출된 방사성물질도 엄청난 것이지만, 앞으로도 기약 없이 이 상황이 계속될 것을 생각하면 전율을 느끼지 않을 수 없다. 본의는 아니겠지만, 지금 일본은 세계를 향하여 테러를 자행하고 있는 셈이다.

어쩌다 일본이 이렇게 되었을까. 세계 최고 수준의 기술 선진국이면서 옛 장인정신이 아직 많이 살아 있는 나라로 알려진 일본에서 원전관리와 지진에 대한 대비가 어떻게 저 정도로 허술할 수 있었는지 참으로 이해하기 어렵다. 무엇보다도 지진이 빈발하는 나라에 무슨 생각으로 50기가 넘는 원전을 건설하고 운영해왔는지 알다가도 모를 일이다. 게다가, 세계 최초이자 아직까지 유일하게 참혹한 원폭피해를 입었던 나라가 아무리 전력생산이라고는 하지만 엄연한 핵기술을 어떻게 큰 저항 없이 순순히 수용해왔을까. 그뿐만 아니라, 일본은 이미 반세기 전에 '미나마타'라는 비극적 재해를 통해서 근대적 산업주의 문명이 내포하고 있는 근원적인 폭력성을 뼈아프게 성찰할 수 있는 기회가 있었던 나라가 아닌가.

되풀이된 역사

3월 16일 후쿠시마의 위기가 한참 고조되고 있는 와중에서, 아키히토

(明仁)천황은 "이 불행한 시기를 잘 넘길 것을" 국민들에게 당부하는 '말씀'을 텔레비전을 통해 발표했다. 이때는 국가적 대재난임에도 불구하고, 일본의 정치적 리더십은 사실상 실종된 것이나 다름없는 상황이었다. 그 상황에서 비록 실권 없는 상징적 존재일지라도 천황이 나선 것은 그만큼 위기가 심각하다고 느꼈기 때문일 것이다. 천황의 대국민 방송은 1945년 8월 이후 최초의 일이라고 보도되었다. 그런데 역사의 아이러니라고 할 것인가. 66년 전 히로히토(裕仁)천황의 대국민 라디오방송의 배후에 히로시마, 나가사키에 투하된 원폭이 있었던 것처럼, 이번에 천황의 방송을 촉발한 것은 후쿠시마에서의 원전 재앙이었다. 어느 경우이건 재난의 한 가운데에는 핵(核)이 있었다.

이것은 매우 상징적이다. 태평양전쟁에서 참화를 겪은 이후 일본 국가가 지향한 것은 평화와 민주주의를 기조로 한 경제국가의 건설이었다. 그리하여 일본은 우여곡절을 거쳐 적어도 표면적으로는 세계적인 경제대국으로 발전하는 데 성공했다. 그러나 지금 후쿠시마의 원전 재앙은 이 성공이 단지 환상에 지나지 않은 것이었음을 단적으로 말해주고 있다.

원자력발전 시스템이란 생명과 평화와 민주주의 원리를 원천적으로 부정하는, 가장 광포한 폭력의 기술이다. 그것은 자연환경과 사회적 약자와 미래세대를 조금도 고려하지 않고, 자폐적으로 폭주하는 시스템인 것이다. 그 시스템은 단기적 이윤추구 외에 아무것도 돌아보지 않는 자본의 논리와 자기팽창 욕망에 사로잡힌 국가의 논리, 그리고 근대적 과학기술의 결합에 의해 태어난 끔찍한 요괴이다.

이른바 원자력의 평화적 이용이라는 것도 실은 거짓된 슬로건에 불과하다. 원래 1953년에 아이젠하워가 "평화를 위한 원자력"을 제창했을 때, 그것은 미국의 핵무기 양산 체제의 조건을 조성하기 위한 것이었지, 진정으로 세계의 평화를 위한 것이 아니었다. 예를 들어, 히로시마와 나가사키 원폭 투하 이후 핵의 가공할 위력을 알게 된 미국인들은 일반적으로 핵에 대한 극심한 부정적 이미지를 갖고 있었다. 그런 상황에서, 미국 정부와 군부는 핵무기 대량 제조에 요구되는 예산 확보를 위해서 핵기술이 전력생산이라는 평화적 목적으로도 이용될 수 있다는 논리를 펼 필요가 있었던 것이다. 게다가, 핵연료 사이클을 통해서 발전용(發電用) 원자로는 핵무기 재료의 풍부한 공급원이 될 수 있었다.

핵기술에 관한 한, 군사용과 민수용의 구별은 사실상 무의미하다. 원자력발전소는 잠재적인 핵무기 제조 공장이라고 할 수 있기 때문이다. 오늘날 여러 국가들이 원전을 운영·확대하고자 기를 쓰는 것은 결코 전력수요를 충족하려는 목적만을 위해서가 아니다. 그것은 기본적으로 핵무기를 확보하고자 하는 국가주의적·군사적 야망에 기인한다고 할 수 있다.

일본이 협소한 국토 위에 지금 50기가 넘는 상업용 원자로를 운영하고 있는 것도 결국 그와 같은 국가주의적·군사적 논리가 작용하고 있기 때문일 것이다. 전력 부족을 메우기 위해서 원전 건설이 불가피하다는 것은 어느 정부든지 하는 뻔뻔스러운 거짓말이다. 오히려 원전을 증설하기 위해서 정부와 관련 산업계가 전력수요를 인위적으로 만들어내거나 전력수요 예상치를 조작하는 경우가 허다하다고 할 수 있다.

그렇게 볼 때, 일본이라는 국가 역시 이러한 속임수와 거짓말을 계속하면서, 생명과 평화 그리고 민주주의, 그 어느 것과도 양립할 수 없는 원전시스템을 기반으로 하여 평화산업을 이룩해왔다면, 그 평화는 명백히 거짓 평화이고, 그 민주주의는 가짜 민주주의라고 할 수밖에 없다. 실제로, 전후 일본을 실질적으로 지배해온 원리는 '평화헌법'의 정신과는 거리가 먼 것이었다.

물론, 일본의 전후(戰後)체제는 전전(戰前)의 군사주의·침략주의 노선을 포기하는 데서 출발했다고 할 수 있다. 하지만, 그렇다고 해서 전후에 일본이 국내외적으로 평화와 민주주의적 가치를 선양하고, 일본의 정치와 경제가 그 노선에 충실했다고는 절대로 말할 수 없다. 오히려 전후 일본 경제가 부흥하는 데에 발판을 마련해준 것은 무엇보다 한국전쟁과 베트남전쟁에 따른 특수(特需)였다. 이웃 나라가 겪는 불행과 재난이 일본에는 오히려 경제적 도약의 계기가 되었던 것이다.

그러한 발판 위에서 전개된 전후 일본의 경제성장 패턴은, 간략히 말하면, 국내적으로는 식량자급 정책의 방기 위에서 독립 자영농민과 지역경제의 자립성을 무너뜨리고, 대외적으로는 무역과 원자재 확보라는 명분 밑에서 개발도상국의 가난한 민중의 생존·생활 기반을 빼앗거나 손상하는 것으로 일관해왔다. 이것은 글로벌 자본주의체제가 풀뿌리 민중의 자율적 생존능력에 가하는 전면적인 공격과 유린의 일환이기도 했다. 일본이 경제적으로 강력해진다는 것은 글로벌 자본주의체제가 무자비하게 '민중의 평화'를 공격하고 유린하는 메커니즘을 강화한다는 것을 의미했다.

그러니까, 결과적으로 전후 일본의 정치·경제 시스템은 전전(戰前) 일본의 침략주의적 시스템과 본질적으로 궤(軌)를 같이하는 것이었다고 할 수 있다. 다만 전전(戰前)과 다른 것은 노골적인 무력으로 타국의 주권과 영토를 유린하는 게 아니라, 평화산업과 통상무역이라는 형태로 자국과 개발도상국 민중의 삶의 기반을 침식해왔다는 점일 것이다.

결국, 전후 일본이 국가적으로 표방해온 자기 정체성이 무엇이건 간에 일본 주류세력은 늘 자신이 잘살기 위해서는 자연이나 사회적 약자의 운명은 어떻게 되든 상관없다는 자세를 견지해왔다고 할 수 있다. 예를 들어, 실제로 전후 일본이 과거에 아시아 이웃 나라들을 침략하거나 식민지로서 지배해왔던 사실에 대해서 진실로 겸허한 반성을 했다는 증거는 희박하다. 오히려 일본은 끊임없이 야스쿠니신사나 역사교과서 기술 문제 등으로 말썽을 일으키며, 이웃 나라가 안중에도 없는 것처럼 행동해왔다. 물론 이것은 일본의 권력엘리트들과 보수층에 관한 이야기이다. 그러나 상당히 체제비판적인 지식인들의 경우도 이 문제에 있어서는 의외로 둔감한 태도를 드러내온 것도 사실이다. 전후 일본의 양심적 지식인 사이에서 전쟁책임을 묻는 작업은 비교적 활발히 행해져왔다고 할 수 있다. 그러나 일본의 식민지 지배가 아시아의 이웃 나라는 물론이고, 일본 자신에게도 얼마나 큰 해독을 끼쳤고, 치명적인 역사적 후유증을 남겼는가 하는 문제에 대해서 충분히 철저한 인식을 드러낸 지식인이 과연 몇이나 되는지는 분명치 않다.

일본이 전후에도 계속해서 아시아 이웃 나라를 경시해온 것은 결국 아시아의 일원으로서 살아갈 마음이 없기 때문일 것이다. 메이지 초기부터 일본은 아시아의 안에 있으면서도 늘 아시아의 밖에 있는 자신을 몽상해왔다. 후쿠자와 유키치(福澤諭吉)가 제창한 탈아입구(脫亞入歐)의 사상은 아직도 일본인의 정신구조의 근저에서 무의식중에 강력한 영향력을 행사하고 있는 것으로 보인다. 그렇다면, 일본은 태평양전쟁의 패배에서 역사적인 교훈을 학습하지 못했다고 할 수밖에 없다. 어쩌면 그 학습의 결핍이 지금의 후쿠시마 사태라는 미증유의 재앙으로 나타난 것인지 모른다.

'경제성장'으로부터의 탈각

전전(戰前)에 일본이 아시아 이웃 나라들을 침략했을 때, 그것은 흔히 "인구는 많고 자원이 결핍된" 일본으로서 살길을 도모하기 위한 방법이라고 변호되곤 했다. 전후(戰後) 일본 경제가 국내외적으로 자연환경과 풀뿌리 민중의 자립적 생활기반을 파괴해온 것도 마찬가지 논리로 정당화되어왔다. 그러나 이런 논리가 과연 타당한 것이라고 평가될 수 있을까. 후쿠시마 사태로 인해 국토의 상당 부분을 상실할 위기에 처한 지금, 일본이—그리고 선진 산업국가 전부가—정말로 진지하게 묻고 대답해야 할 것은 이 질문이다.

지금도 후쿠시마 사태로 당장에 가장 큰 피해를 입고 가혹한 시련을 겪고 있는 사람들은, 말할 것도 없이, 풀뿌리 민중이다. 높은 사람들이 멀리 떨어진 도쿄에서 "안심해도 된다"고 헛소리를 하고 있는 동안에 사고 현장에는 시급 1,900엔짜리 하청 노동자들이 정상적인 식사도, 수면도 취하지 못한 채 극히 위험한 작업을 목숨을 걸고 수행하고 있다. 그리고 이제 땅을 잃어버리고, 바다를 빼앗겨, 농사도 못 짓고, 고기도 잡을 수 없게 된 후쿠시마 원전 인근 지역의 농민들과 어민들은 비탄과 절망에 빠져 있다. 그들은 도쿄로 나와 연일 시위를 하면서 "우리의 삶을 돌려달라! 우리의 미래를 돌려달라!"고 울부짖고 있다.

원자력발전은 안전성이나 경제성, 환경적인 측면을 포함해서 어하한 측면에서 보더라도 가장 어리석은, 결함투성이의 전력생산 방식이다. 그렇기에 반핵·반원전을 주장하는 비판적 목소리들이 끊임없이 이어져왔던 것이다. 그럼에도 불구하고, 원전 추진 세력은 국책이라는 이름으로 온갖 거짓 논리를 구사하며, 가장 비민주적인 방식으로, 계속적으로 원전 건설과 가동을 강행해왔다. 사회 전체적으로 한 줌밖에 안되는 집단인데도, 그러한 원전 추진 세력의 전횡이 가능했던 것은 그들에게는 막강한 권력과 돈이 있을 뿐만 아니라, 무엇보다도 국민 다수로부터의 지지 혹은 적어도 묵인이 있었기 때문이다.

문제는 국민들이 원전사업을 왜 지지하거나 묵인하느냐 하는 것이다. 그것은 한마디로 경제성장 이데올로기에 깊이 감염되었기 때문이라고 할 수 있다. 오늘날 대부분의 일본인들은(그리고 한국인들도) 국가 전체 차원이든, 개인적인 차원이든, 보다 많은 물자와 에너지의 생산·소비가 계속됨으로써만 자유롭고 풍요로운 선진적인 생활이 가능하다는 미신에 붙들려 살고 있다. 그리하여 위험하다는 인식이 없는 것은 아니지만, 대부분의 사람들은 경제성장을 위해서는 원전도 있어야 할 것이 아닌가 하고 생각해온 것이다.

그런 생각의 귀결점이 바로 후쿠시마 사태이다. 사람들은 삶을 위해서 경제성장 논리를 받아들였고, 그 논리에 따라 원전을 비롯한 반생명적·비인간적·반민중적 산업체제를 용인해왔다. 그러나 그 결과가 삶 자체의 붕괴로 나타난 것이다. 지금 "우리의 삶을 돌려달라!"고 절규하고 있는 후쿠시마의 풀뿌리 농민과 어민들에게 닥친 재앙은 그들에게 국한된 재앙이 아니다. 그것은 원전으로 상징되는 반생명적·비인간적·반민중적 산업체제가 사회를 계속적으로 지배하는 한, 누구에게라도 닥칠 수 있는 재앙이다. 그리고 지금 대부분의 일본인을 포함해서 세계 곳곳에서 예민한 사람들은 후쿠시마 사태로 이미 심각한 심리적·정신적 상해를 입고 있다.

그러니까 이제 정말 필요한 것은 경제성장이 과연 무엇인지 근원적으로 따져보는 일이다. 물론 풍족한 삶을 갈망하는 인간의 욕망 자체는 비난받을 만한 것이 아니다. 문제는 그 욕망의 단기적 충족을 위해서 장기적 생존·생활의 토대를 파괴하는 게 정당화될 수 있는가 하는 것이다. 지금까지와 같은 경제성장 논리가 그대로 통용된다면, 최소한이나마 인간다운 사회의 존속에 필요한 자연적·사회적 토대 자체가 조만간 소멸될 것이 확실하기 때문이다.

오늘날 우리의 일상생활은 근본적으로 지속 불가능한 토대 위에 구축되어 있다. 대다수 사람들은 이 사실을 인식하면서도 깊은 무력감 속에 빠져 있다. 잘못된 길을 걸어왔다는 것은 알지만, 이미 되돌아가기에는 너무 늦었다는 체념이 지배하고 있는 것이다. 우리 시대의 거의 모든 지적, 정신적, 문화적 영위 속에 내포된 근원적 니힐리즘의 주된 원인이 여기에 있다고 할 수 있다. 미나마타(水俣)의 작가 이시무레 미치코(石牟禮道子)의 말처럼, 이 시대는 "인간정신이 극도로 쇠약해진" 시대인지도 모른다.

그러나 인간의 정신력이 완전히 고갈되기까지 기다릴 수는 없다. 그러한 사태를 허용해서는 안될 책임, 즉 '삶에의 궁극적인 책임'이 우리들에게는 있다. 그러므로 이 시점에서 새삼 분명히 기억해야 할 것은 '경제성장 시대'란 장구한 인류사에서 찰나에 지나지 않는다는 사실이다. 원래 인간의 생활에서 물자와 에너지를 풍부하게 소비한다는 것은 정상이 아니라 일탈이었다. 오히려 대부분의 문화에서 늘 장려되어온 것은 간소한 생활양식이었다. 문명비평가 루이스 멈퍼드는 고전 그리스의 문화적 성취를 설명하는 대목에서 "그리스인들과 가난은 쌍둥이"라는 것을 강조하였다. 즉, 옛 그리스인들이 자유와 자치에 입각한 위대한 문화를 창조할 수 있었던 바탕에는 간소한 생활이 있었다는 것이다. 이것은 보편적인 진리라고 할 수 있다. 끊임없는 대량생산, 대량소비, 대량폐기의 악순환을 구조적으로 강요하는 성장경제 시스템은 필연적으로 자연을 파괴하고, 인간의 사회적 관계를 파탄에 빠뜨린다.

인간의 삶에 있어서 정말로 중요한 것은 풍부한 물자와 에너지가 아니라, 풍요로운 인간관계이다. 그리고 이 관계는 현세대와 미래세대와의 관계까지도 당연히 포함한다. 우리는 자유롭고 행복한 삶을 향수할 미래세대의 권리를 빼앗아서는 안된다. 지금 후쿠시마 사태를 통해서 우리들이 이 근본적인 진실을 깨닫는다면, 희망은 아직 남아 있다고 할 수 있다.

그러나 후쿠시마 사태 이후 실시된 여론조사에 의하면, 이 엄청난 재앙을 겪고도 일본을 포함한 동북아시아 지역에서는 아직도 원전 지지율이 높게 나타나고 있다. 성장중독증은 이렇게 무서운 것이다. 하지만 이런 현실 속에서도 다행인 것은, 지금 도쿄에서 원전 중지를 요구하는 데모가 소규모나마 시작됐다는 소식이다. 데모는 건강한 민주주의를 살리는 데에 불가결한 요소이다. 시민들의 자발적·자주적 의사 개진이 없는 사회는 죽은 사회이다. 시민들의 결집된 실천적 행동만이 근본적인 정치·사회 변혁을 가져올 수 있다. 우리는 모든 역량을 바쳐 이 실천적 행동의 활성화에 기여할 필요가 있다.

후쿠시마를 근원적으로 묻는다

방사능 내부피폭의 위험

오늘 이 자리에서는 두 부분으로 나눠서 이야기를 드려볼까 합니다. 전반부에는 우리가 이미 알고 있는 것이라도 좀더 강조한다는 뜻에서 방사능이란 무엇인가를 다시 생각해보고, 그리고 후반부에는 후쿠시마 사태를 어떻게 볼 것인가, 그리고 우리가 할 일은 무엇인가, 그런 얘기를 드려보겠습니다.

그런데 방사능이란 것에 대해서 저도 전에는 나름대로 좀 안다고 생각하고 살아왔는데, 이번에 몇 달 동안 자료를 보면서 느낀 건 나 자신도 정말 아는 게 너무 없었구나 하는 것이었습니다. 방사능이라는 게 말이죠. 보이지도 않고 냄새도 안 나고, 여하튼 오감으로 지각할 수 있는 게 아니죠. 물론 아주 고농도에서는 굉장히 이상하고 기분 나쁜 금속성 맛이 혓바닥에서 감지된답니다. 체르노빌 사고 때 직접 작업장에 투입된

---

* 이 글은 2011년 7월 16일 교육공동체 '오늘의교육' 주최 〈이 시대 교육포럼〉에서 행한 강연을 녹취, 정리한 것이다.

사람들이나 그 이웃 동네 사람들의 증언을 보면 그런 얘기들이 나와요. 그런데 아무리 적은 양이라도 내부피폭이라는 게 굉장히 무서워요. 저는 전에 내부피폭이라는 걸 몰랐습니다. 그런데 이번에 공부를 해보니까 그게 굉장히 무서운 거예요. 호흡이나 음식물을 통해서 몸속으로 들어가는 거죠. 한번 들어간 방사능은 몸 밖으로 배출되지도 않고 몸속에서 축적·농축되면서 끊임없이 방사선을 조사합니다. 그러면 세포가 손상되어 결국 암이 생기고, 백혈병이 생기고, 온갖 질병이 생깁니다. 그러니까 방사능은 아예 몸속으로 들어가지 말아야 하는 거예요. 방사능에 있어서는 허용 기준치라는 것은 원래 있을 수 없습니다.

며칠 전에도 우리나라에 수입된 일본 북해도산 대구에서 세슘이 나왔는데 기준치 이하라서 농림부에서 그런 거 뭐 관심을 가질 필요도 없다고 결정을 내렸다는 보도가 있었죠. 허용 기준치 이하라는 거죠. 농림부가 그런 엉터리 발표를 해도 언론은 그냥 받아 적기만 해요. 그걸 추궁해 들어가는 언론이 없어요. 그렇게 발표하는 공무원에게 아니 당신은 내부피폭이란 개념도 모르느냐, 정부가 국민을 이렇게 속여도 되느냐고 따지고 들어가야 하는데 그냥 불러주는 대로만 옮기고 있어요. 여러분들 지금부터 생선 조심해야 합니다. 어른들은 몰라도 아이들은 절대로 먹어선 안됩니다. 아기를 가진 어머니들도 먹으면 안돼요. 왜냐하면 방사능이란 게 성장기의 아이들에게 특히 피해를 주고, 무엇보다도 유전자를 건드린단 말이에요. 유전적 손상을 일으키니까 지금 당장은 발현이 안되지만 2세, 3세가 어떻게 될지 몰라요.

미국 사람들은 우리보다 좀더 예민한 사람들이고, 우리가 보기엔 호들갑을 떤다고 볼 수도 있지만, 벌써 이런 조사가 나와 있습니다. 미국 서북부 태평양 연안 도시들에서 지난 3개월 동안 유아사망률이 30퍼센트 증가했다고 합니다. 이것이 지금 논쟁거리가 되어 있습니다. 원래 역학조사란 게 어려운 것입니다. 그래서 이 조사에도 어딘가 결함이 있다고 지적하는 사람도 있고, 그렇지 않다고 반론하는 사람도 있긴 한데, 어쨌든 이런 조사가 나오고 발표가 되고 있어요. 게다가 동부 필라델피아 지역의 수돗물에서 세슘과 요오드가 발견되고 유아사망률이 지난 3개월 동안 48퍼센트 증가했다는 보도도 나왔습니다. 이것은 미국의 극우 언론 '폭스 텔레비전'이 보도를 했어요. 미국에선 지금 이런 사실이 실제로 보도가 되고 있습니다. 그런데 일본에서 제일 가까운 나라가 어딥니까? 후쿠시마에서 서울까지는 겨우 1,000킬로미터입니다. 부산은 훨씬 가깝죠. 체르노빌에서 스웨덴까지가 약 1,000킬로미터 정도입니다. 그런데 이 방사능이란 게 반드시 직선거리에 비례해서 피해를 주는 건 아닙니다. 바람의 방향에 따라서, 기상에 따라서 달라요. 그러나 어쨌든 1,000킬로미터 이상 떨어진 스웨덴에서 체르노빌 핵발전소 폭발로 피폭을 당한 지역의 아이들에 대해서 추적조사를 한 게 있어요. 그 아이들의 학업성취도를 여러 해에 걸쳐 조사를 한 거죠. 그랬더니 대조그룹에 비해서 통계적으로 상당한 변화를 보였다는 거예요. 그러니까 피폭을 당하지 않은 아이들에 비해서 피폭그룹이 머리가 나빠졌다는 얘기예요. 이런 이야기를 한국의 부모들한테 빨리 전해줬으면 좋겠어요.(청중 웃음) 한국의 부모들은 아이들이 죽는다고 해도 꿈쩍도 안할 사람들이지만, 자기 아이의 머리가 나빠진다고 하면 못 참습니다. 제일 걱정하는 게 아이큐 문제란 말이에요. 중금속도 그렇지만 방사능이 뇌신경을 결정적으로 건드린다는 것은 어김없는 사실입니다. 그런데 1,000킬로미터 밖에 있던 아이들이 이런 피해를 봤어요. 비올 때 비를 맞았거나 공기 중에 떠다니는 것이 미량이지만 흡입됐거나 아니면 음식물을 통해서 신체 내부에 들어왔다가 그게 인체 속에서 머물면서 계속 방사능을 조사한 거죠. 인간의 수명보다도 더 오래 독성을 내뿜는 것이 대부분이니까, 결국 서서히 피해를 보는 겁니다. 이게 방사능의 내부피폭이라는 것입니다.

지금 독립된 연구자들이라도 좀 있어서 방사능이 얼마만큼 확산되고 있는지 그런 것을 철저히 조사를 해서 시민들에게 알려준다면 사람들이 경각심을 가질 것인데, 그런 연구자도 없어요. 언론도 관심이 없고, 정부는 알아도 발표를 할 리가 없고요. 하기는 그러니까 사람들이 편하긴 편하죠. 아무 걱정 없이 살잖아요? 당장은 좋겠지요. 나 같은 인간만 그냥 만날 자꾸 이 문제를 들여다보면서 끙끙 앓고 있을 뿐입니다.

'체르노빌의 목소리'

최근에 제가 대학 졸업하고 40년 만에 처음으로 몇몇 동창생들을 만났어요. 이런 문제에는 아무 관심 없는 친구들이에요. 그런데 내가 《녹색평론》을 만들어낸다는 것이 화제가 되자 느닷없이 누군가가 한심하다는 투로 하는 말이 "너는 국가, 민족에 대해서 왜 그렇게 관심이 많아?" 그래요. 이상하게 우리나라의 고등교육을 받은 중산층 사람들 사이에는 공적인 문제, 사회적·정치적인 문제에 관심을 갖고 염려하는 사람들을 조롱하는 풍토가 있어요. 그러나 자손들을 생각하는 사람이라면 그런 소리를 해선 안되죠. 늙은 사람들은 방사능이 혼입되어 있는 음식 먹어도 큰 피해는 없어요. 나이 많으면 세포분열이 활발하지 못하니까 방사능이 들어와도 수명을 크게 단축한다거나 하는 일은 없을 겁니다. 하기는 내일 죽는다 하더라도 이미 많이 살았잖아요. 그런데 아이들은 그렇지 않습니다.

《체르노빌의 목소리》(1997)란 책이 있습니다. 저도 최근에 숙독을 했는데 여러분도 관심 있으면 한번 보세요. 체르노빌 사태 때 피해를 가장 많이 입은 지역이 우크라이나가 아니고 벨라루스예요. 원자력발전소가 하나도 없는 나라인데 바람 방향 때문에 벨라루스가 엄청난 피해를 입었습니다. 국토의 3분의 2가 사실상 거주 불능 지역이 됐는데도 갈 데가 없으니까 지금도 눌러앉아 살고 있을 뿐입니다. 실제로는 도망가야 되는 거죠. 건강하게 자식을 낳고 키우고 장래를 내다보고 살려면 포기하고 떠나야 하는 곳인데 서민들이 갈 데가 어디 있습니까. 잘난 놈들은 짐 보따리 싸고 이민 가면 되지만 보통 사람들은 그냥 눌러앉아 사는 거예요. 졸지에, 어느 날, 아무 잘못도 저지르지 않았던 사람들이 이렇게 됐어요.

저자는 벨라루스의 작가이고 언론인이라고 하는데 여성이에요. 이분이 벨라루스에서 방사능 피해를 본 사람 수십 명을 상대로 인터뷰를 하고,

그 인터뷰한 자료를 편집해서 낸 책이 이거예요. 말하자면 일종의 구술사예요. 원래 러시아어로 된 책인데 영어로 번역된 책의 이름이 '체르노빌의 목소리'이고, 부제가 '어떤 핵 재앙의 구술사'라고 돼 있어요. 좋은 책이에요. 피해자들의 생생한 육성을 들을 수 있어요. 그 책에 나온 이야기들이 다 중요한데, 그중에 가장 인상적인 이야기 중 하나가 체르노빌 사고가 터졌을 때 바로 투입된 어느 젊은 소방관과 그의 아내 얘기입니다. 그 소방관은 불이 난 발전소의 진화작업을 마치고 돌아왔지만, 고농도 피폭을 당했으니까 얼마 있지 않아서 죽습니다. 동료들이 먼저 죽고, 가장 나중에 죽어요. 이 고농도 방사능 피폭을 당한 소방관들은 일단 모스크바에 있는 방사능 전문병원으로 이송돼서 치료를 받는데, 말이 치료지 이미 치료는 불가능합니다. 의사들도 다 알고 있어요. 그냥 손 놓고 가만히 앉아 있을 수는 없으니까 병원에 입원시키고 의사와 간호원들이 그냥 왔다 갔다 할 뿐이죠. 영양제 같은 것만 주고.

그런데 그 소방관 부부는 결혼한 지 얼마 안된 신혼부부였어요. 지금 이 책에서 인터뷰를 한 사람은 그 남자의 미망인입니다. 젊은 여성인데 굉장한 열애 끝에 갓 결혼해서 임신 중인 상태였어요. 그런데 남편을 잃게 됐으니까 얼마나 기가 막혔겠습니까. 그래서 모스크바 병원으로 뒤쫓아 가서 출입금지 지역이고 면회금지인데도 불구하고 떼를 쓰고 악을 쓴 끝에 죽어가는 남편을 간호할 수 있게 됐어요. 임신 중이었지만 그 사실을 속였어요. 임신했다는 사실을 알면 절대로 남편 있는 곳에 들여보내 주지 않을 것을 알았기 때문이죠. 그리해서 남편이 죽을 때까지 옆에서 극진하게 간호를 했습니다. 의사들도, 간호사들도 저건 당신 남편도 아니고, 아무것도 아니고, 그냥 고농도 방사능 덩어리로 봐야 한다고 그렇게 일러줬는데도 이 여성은 그런 건 아랑곳하지 않고 남편이 기괴한 모습으로 처참하게 죽을 때까지 줄곧 곁에 붙어 있었어요.

사람이 고농도 방사능 피폭으로 죽을 때는 말할 수 없이 처참하게 죽는 모양입니다. 방사능이 모든 세포를 다 파괴하기 때문에 걷잡을 수 없는 내장 출혈이 생기고, 입과 귀와 코로, 똥구멍으로 피가 막 쏟아져 나온다고 그래요. 얼굴도 면상이 바로 붙어 있지 않고 눈, 코, 입의 위치가 뒤바뀌고, 하여튼 엉망진창이 되어 그런 괴물이 없다고 합니다. 그래서 환자에게 거울을 줄 수 없다고 해요. 그런데 환자는 거울을 보고 싶어서 고래고래 악을 씁니다. 자기 얼굴이 이상해졌다는 걸 느끼겠죠. 그러다 어쩌다 거울을 보고는 기절을 했다고 합니다. 전신에는 진물이 터져서 철철 흐르고요. 말할 수 없는 참상이라 합니다. 그런데도 남편을 너무나 사랑했기 때문에 끌어안고 노상 붙어 지냈대요.

그러나 남편은 결국 죽고 모스크바 근교에 특별히 지정된 묘지에 관에다 납을 씌운 뒤 특수 처리를 해서 묻었다고 해요. 일반 사람들은 일절 출입금지 지역이 되고요. 지금도 그런가 봐요. 소련이 아무리 엉터리였다고 하지만 그런 기록들을 보니까 우리가 잘 아는 어떤 나라보다는 훨씬 합리적으로 일을 처리하고 있다는 생각이 들더라고요. 그런데 이야기는 지금부터예요. 몇 달 뒤에 이 여성이 아기를 낳았어요. 출산을 하면서 걱정을 많이 했어요. 남편 옆에 붙어 있으면서 방사능 피폭을 많이 받았으니까요. 아기가 사산돼서 나오지 않을까 혹은 기형아가 태어나지 않을까 걱정을 많이 했는데, 태어난 아기가 멀쩡해요. 굉장히 다행이라 생각하며 안도하고 있는데 네 시간 만에 아기는 죽었습니다. 그런데 엄마는 멀쩡해요. 엄마는 지금까지 건강하게 살아남았어요. 왜 그렇겠어요? 이게 방사능의 본질이에요. 엄마 몸속에 들어갔던 방사능을 태아가 다 흡수한 거예요. 원래 자궁에는 독성물질이 태아에게 흡수되지 않도록 방어하는 벽이 있습니다. 아기를 보호하려는 자연의 섭리죠. 그런데 방사능은 예외라고 합니다. 태아는 방사능을 좋은 영양분이라고 오인을 한다고 그래요. 그래서 벽으로 차단하지 않고 그걸 빨아들인 거죠. 우리가 중금속이라든지 방사능 오염 같은 거 얘기할 때마다 늘 가장 먼저 예를 드는 게 우유 아니에요? 소젖, 엄마젖. 거기서 세슘이 얼마나 나오나 이런 거 아니에요? 왜 그러냐면 자궁 속의 태아나 갓난아기는 모체로부터 가장 좋은 영양분을 집중적으로 흡수하고자 하는 생리적인 본능이 있단 말이에요. 그러니까 엄마 속에 들어 있는 이 고농도 방사능을 좋은 영양분이라 여기고 아기가 전부 다 흡수한 거예요. 엄마는 깨끗하게 해독이 돼버렸고요. 아기는 죽고 엄마는 살았어요. 엄마가 살아남은 것은 아기가 죽었기 때문이죠. 임신을 안했으면 그 여자는 죽었죠. 벌써 처참하게 죽었죠. 이게 방사능의 본질입니다.

현재를 살리기 위해서 미래를 죽이는 게 방사능이에요. 이게 원자력발전 시스템의 구조적 본질입니다. 현재의 풍부한 전력을 얻어서 풍요로운 삶을 향유하기 위해서 미래세대의 생존과 생활의 토대를 파괴하는 가장 악질적인 시스템이 원자력발전 시스템입니다. 원자력발전소가 사고를 일으키지 않고 정상적으로 가동된다 하더라도 가장 골치 아픈 게 핵폐기물 처리 문제인데 핵폐기물 처리를 합리적으로 할 수 있는 방법이 지금 없어요. 이것은 앞으로도 방법이 없을 것입니다. 방법이 없는 상태로 계속해서 뒷세대의 과제로 미루고 있어요. 우리 자손들이 이걸 어떻게 하란 말이에요? 이렇게 근원적으로 무책임한 비윤리성이 원자력시스템을 움직이는 원리입니다.

자주달개비꽃

미국 캘리포니아대학 교수로 존 호프먼이라는 의료물리학자가 있었어요. 의료물리학자? 궁금하겠지만 그런 전공 분야가 있는 모양이에요. 호프먼은 '맨해튼프로젝트'에 참여해서 아주 중요한 역할을 하기도 했던 과학자였다고 합니다. 미국 정부가 비밀리에 추진한 원자폭탄 제조 프로젝트에 처음부터 참여했으니까 실력을 인정받은 과학자였겠죠. 자기 자신도 새로운 무기를 만드는 계획이라 처음에는 주저했지만 애국심 때문에 참여했다고 했습니다. 히틀러의 세계지배를 막아야 한다는 생각 때문에 자기의 과학적인 지식을 바치기로 결심을 했던 거죠. 그랬는데 그게 미증유의 가공할 폭탄을 만들어내고, 또 나중에 원자력발전 시스템으로 가는 걸 보면서 마음속에 의혹이 생겼어요. 자신이 기본적으로 의학자니까 조사를 해봐야겠다고 생각한 거죠. 그래서 조사한 결과, 정부가 말하는 방사능 허용 한도 내에서 미국에서 매년 수만 명의 암 환자가 발생할 수 있다는 사실을 발견했습니다. 그래서 〈인간의 건강과 방사능〉이라는 논문을 썼어요. 1960년대부터 이 연구결과를 토대로 호프먼은 방사능에 관한 한, 허용치라는 것은 있을 수 없다는 것을 강조했습니다. 극미량의 방사능으로도 심각한 건강 피해가 생긴다는 거죠.

체르노빌 사고 후에도 독립적인 조사를 하여 분석결과를 내놓았습니다. 그러나 이 호프먼과 같은 독립적인 과학자의 연구결과를 정부나 어용학자들은 받아들이지 않습니다. 그러니까 그의 연구성과가 널리 전파되기 어려운 것은 말할 것도 없고, 정부기관에서 나오는 연구비도 다 중단돼버렸습니다. 그럼에도 불구하고 호프먼은 다음 세대들을 위해서라도 진실이 무엇인지를 반드시 알릴 필요가 있기 때문에 자신의 논문이 도서관 서고에 처박혀 있을지라도, 계속해서 연구논문을 쓸 수밖에 없다는 얘기를 만년에 어떤 인터뷰에서 했습니다. 사실 과학자가 독립적인 연구와 발언을 하는 것은 쉬운 일이 아닙니다. 그러나 미국에서는 방사능에 대한 의문을 품고 독자적으로 연구를 하다가 박해를 당하거나 학계에서 소외된 과학자들이 호프먼 이외에도 꽤 있습니다. 우리가 귀를 기울여야 할 것은 이런 과학자들이죠.

지금 정부 측이나 업계나 어용학자들은 늘 자연방사능 얘기를 하고 있죠. 우리 삶의 백그라운드에 이미 천연적으로 방사능이 있다, 거기에 비하면 후쿠시마에서 방출되어 공중을 멀리 날아오는 방사능은 그 농도가 아무것도 아니다. 원자력발전소 사고가 하나 났다고 해서 호들갑 떨 필요 없다, 이런 식의 논리죠. 그런데 자연방사능과 원자력발전소에서 나오는 인공방사능은 성격이 다르다는 것을 주목해야 합니다. 일본의 어떤 유명한 유전과학자는 이렇게 말하고 있어요. 자연방사능 가운데도 유해한 게 당연히 있다, 그런데 대부분의 자연방사능은 인간이라는 종(種)이 이 지구상에 700만 년 동안 살아오면서 진화 과정에서 거기에 적응해왔다, 따라서 오랜 적응의 과정을 통해서 그러한 방사능은 인간의 세포에 큰 영향을 끼치지 않는다, 그런데 인공방사능은 인체로서는 굉장히 낯선 것이다. 그러니까 인공방사능은 진화 과정에서 전혀 경험해보지 못한 것이라는 거죠. 그래서 이 새로운 방사능에 대해서는 인체가 스스로를 방어할 메커니즘이 없다, 속수무책이다, 이런 이론입니다. 꽤 설득력이 있는 이론이라고 생각합니다. 방사능이 무서운 것은 생물체의 유전자를 건드려요. DNA에 영향을 끼친다는 문제죠. 지금 인간의 수명이 의료공학의 발달로 옛날보다 꽤 길어졌죠. 그러나 단지 더 오래 살 뿐이지 건강하게 오래 사는 것은 아니잖아요. 거의 모두가 그래요. 수명이 좀 길어졌다는 사실 하나 때문에 좋은 세상인 것처럼 생각하는 것은 어리석은 생각입니다. 지금은 세계적으로 태어나는 아이들도 옛날처럼 건강하게 태어나지 못하고, 젊은 남성들의 정자가 굉장히 생명력이 약해졌다고 하잖아요. 정자 수도 현저히 줄어들고 있고요. 저는 이게 생활환경에 확산되어 있는 유해 화학물질, 특히 중금속의 영향이라고 그동안 생각해왔는데, 요즘 공부를 해보니까 중금속 더하기 방사능이에요.

세상은 지금 방사능으로 너무 많이 오염되어 있습니다. 히로시마와 나가사키에 원폭이 투하된 이후, 특히 냉전시대 동안 핵실험이 엄청나게 행해졌어요. 미국, 소련, 영국, 프랑스, 중국, 인도, 파키스탄 등등 소위 핵보유국들에 의해서 대기 중 핵실험이 함부로 행해졌잖아요. 미국 혼자만 아마 1,000번도 넘었을 거예요. 굉장히 역설적인 얘기지만, 지금 세계에서 가장 방사능 피해를 많이 입고 있는 국민이 미국 사람들입니다. 네바다 사막 같은 곳에서 대기 중 핵실험을 굉장히 많이 했거든요. 영화배우 존 웨인도 서부영화를 그런 사막에서 자주 찍었기 때문에 그 영향으로 죽었다는 유력한 설이 있습니다. 그리고 미국에 현재 상업용 원자로가 110개가 넘게 있습니다. 제일 많아요. 이 상업용 원자로에서는 평상시에도 끊임없이 방사능이 누출되고 있어요. 이것은 사람들이 잘 모르는 얘기죠. 그러나 명확한 역학조사 결과들이 있습니다. 원전 주변 30마일(약 48킬로미터), 때로는 100마일(약 160킬로미터) 내에 거주하는 주민들에 대한 광범한 역학조사에 의하면 다른 지역 주민들에 비해 현저하게 암이나 백혈병 발병률이 높다는 거죠. 특히 여성들의 유방암, 유아사망률이 다른 지역보다 30~40퍼센트 높다는 게 여러 독립적인 과학자의 조사로 밝혀졌습니다. 이런 조사결과를 당국이나 어용학자들은 늘 부정합니다. 이걸 인정하고 그 사실이 널리 알려지면, 원자력발전소를 가동하는 것이 불가능해집니다. 그래서 끝까지 우기면서 아니라고 하는 거죠.

그런데 아까 말씀드린 일본의 유전생물학자, 이름이 이치카와 사다오 (市川定夫)라는 분인데, 이분이 움직일 수 없는 증거를 찾아냈어요. 혹시 자주달개비꽃이란 식물 아는 분 있습니까? 이치카와 교수가 어떤 식물 이야기를 하는데, 사전을 찾아보니까 우리말로는 자주달개비꽃이라고 하는 식물이에요. 이 자주달개비꽃이 방사능에 민감하게 반응을 하는 식물 이라는 것을 발견했습니다. 아주 미량의 인공방사능에도 유전자가 영향을 받아서 돌연변이를 일으킨다는 사실을 발견한 거죠. 그러니까 눈에도 안 보이고, 냄새도 나지 않는 방사성물질의 존재 여부를 알 수 있게 하는 지표식물이 될 수 있잖아요. 그래서 평상시 아무 문제없이 가동되고 있는 원자력발전소 부근에 이 식물을 심어 놓고 반응을 살폈습니다. 그러자 단기간에 돌연변이를 일으켜 원래는 자주색인 꽃잎이 푸른색으로 변하는 게 관찰되었습니다.

원자력발전소에서 평상시에는 방사능이 나오지 않는다, 설령 나온다 하더라도 생물에는 전혀 해가 없다고 당국에서는 주장해왔습니다. 그런데 반원전 활동가들에게는 심증이 분명히 있단 말이에요. 왜냐면 원전 부근 주민들에게는 다른 지역에 비해서 이상한 질병들이 많은 게 사실이거든요. 민간인들이어서 과학적으로 조사를 해서 객관적인 데이터를 낼 수 없을 뿐이지요. 역학조사라는 게 엄청나게 돈이 들고 복잡한 전문지식을 필요로 합니다. 민간인들이 그걸 해 봤자, 소위 권위 있는 공적 기관에서 인정을 안해줘요. 그런데 그런 시민운동가들을 위해서 이 학자가 자주달개비꽃이라는 지표식물을 발견한 거예요. 그래서 일본 각지의 원전 지역에 심어서 관찰을 해보니까 다 돌연변이를 일으켰습니다. 단시일 안에 확연하게 관찰되었습니다. 얼마나 대단한 업적입니까. 과학도 이런 식으로 하면 왜 과학자를 욕하겠습니까? 그래서 제가 인터넷에서 우연히 이것을 발견하고 경의를 표하는 뜻에서 이분의 책을 하나 주문해서 샀어요.(청중 웃음) 내가 사서 볼 필요도 없는 과학전문서지만, 비싼 돈 주고 샀습니다. 그렇게 해야 되지 않겠어요? 정말 존경하는 마음이라면 마음으로만 하지 말고, 책이라도 하나 사서 실질적으로 응원을 해야죠.

'오염된 유토피아'

이제 방사능 얘기 그만합시다. 원자력발전은 미래세대가 존재할 수 없도록 하는 기술입니다. 용서할 수 없는 난폭한 시스템입니다. 절대로 허용해서는 안됩니다. 제가 지난호(2011년 5-6월)《녹색평론》에서 원자력에 관해 글 쓰면서 단테의 〈신곡〉에 나오는 구절을 인용했죠. "미래로 통하는 문들이 닫히는 순간, 우리의 모든 지식은 파멸할 것이다"라는 구절이죠. 그게 진리예요. 우리가 산다는 게 뭔가요? 그냥 밥 먹고 똥 싸는 게 아니잖아요. 특히 지식인이 산다는 게 뭡니까? 미래세대의 가능성을 늘 생각하면서 사는 거 아닙니까. 우리보다 다음 세대가 좀더 좋은 삶을 살 수 있는 가능성을 조금이라도 열어주기 위해 평생 동안 자기가 할 수 있는 일을 다하는 게 지식인의 삶이잖아요. 지식인이 아니라 평범한 어버이라도 내 자식, 내 손자, 내 후손이, 아니면 자기 자식이 없다 하더라도 동네 아이들, 친척 아이들, 이 사회의 아이들이 미래가 없다고 생각하면 지금 삶이 아무 의미가 없잖아요. 그냥 개돼지의 삶이죠. 아무 의미가 없어요. 지금 우리가 전기를 쓰기 위해서 원자력발전을 허용한다는 것은 결국 우리 자신의 삶 자체를 부정하는 거예요. 저는 조금도 과장되게 이야기를 하고 있다고 생각하지 않습니다.

요즘 신문이나 잡지나 우리나라 언론 매체들을 보면 답답해 죽겠어요. 원자력 문제는 이제 아주 먼 옛날이야기가 돼버린 것 같아요. 언론들이 통 다루지를 않아요. 이건 《세카이(世界)》라는 일본 잡지입니다. 일본을 대표하는 진보적인 잡지입니다. 일본 잡지이기 때문에 당연히 그렇겠지만, 후쿠시마 사고 이후 넉 달째 이번호까지 계속해서 원자력 특집을 하면서 탈원전 논리를 펴고 있어요. 그러나 일본 언론이라고 해서 다 이렇지는 않습니다. 예를 들어, 극우 신문 〈산케이(産經)신문〉이나 대표적인 우익 잡지 《문예춘추(週刊文春)》 같은 데서는 원자력 그만두면 안된다고 주장하거나, 아예 이번 사고에 대해서 별 언급도 없이 다른 이야기들만 하고 있어요. 〈산케이신문〉은 독일이 원전을 폐기한다고 해서 일본 사람들이 속아선 안된다고, 독일이 탈원전을 한다고 해 놓고는 실제로는 프랑스로부터 전기를 수입할 것이라는 둥, 온갖 중상모략을 하고 있어요. 이번에 《세카이》에 독일에 사는 일본 저널리스트가 쓴 글이 실렸는데, 그 필자가 〈산케이신문〉이 지금 완전히 거짓말을 하고 있다고 격렬하게 성토를 하고 있더라고요. 우리나라 〈조선일보〉처럼 〈산케이신문〉 같은 것은 언론이라고 할 수 없는 것이지요. 《녹색평론》은 격월간이니까 이번호까지 두 번 특집을 했는데, 앞으로도 계속해서 원자력 문제를 파고들 작정입니다. 그런데 국내에는 자료도 없고 중요한 이야기를 할 수 있는 필자가 별로 없으니까 계속 외국 자료나 문헌에 의존할 수밖에 없어요. 그런데 《녹색평론》 같은 데서 이런 문제를 집중적으로 다루면 대중매체에서 이걸 받아가지고 어느 정도 독자들에게 알려주고 해야 문제의식이 확산될 텐데 그냥 묵살해버려요.

일본에서 반핵운동을 하는 사람들이 원자력발전소 지역 주민들과 함께 데모도 하고, 발표회도 하고 그러는데, 언젠가 그런 일이 있었다고 합니다. 원전의 위험성에 대해서 누군가가 발표를 했는데 청중 속에서 중학생 여자아이가 질문을 하기를, 원전이 그렇게 나쁜 걸 알면서 지금까지 어른들은 왜 결사적으로 반대를 하지 않았느냐, 우리는 앞으로 어떻게 살아가라고 그러느냐, 우리는 부모님들한테 말은 안했지만 우리끼리 오래전부터 하고 있는 이야기가 있다, 나중에 시집갈 나이가 되어도 이 동네에서 자란 우리는 시집 못 갈 거고, 시집을 가더라도 애기를 낳지는 못한다는 것을 다 알고 있다, 그렇게 말하면서 울더라는 겁니다. 그래서 어른들이 깜짝 놀랐다고 합니다. 평소에는 아무 말도 안하고 있던 아이들이 공개석상에서 저희 부모가 옆에 있는데 갑자기 울음을 터뜨리면서 이런 말을 하니까 완전히 어른들이 충격을 받은 거죠. 그렇게 문제가 심각한 원전을 왜 결사적으로 반대하지 않고 받아들였느냐는 아이들의 항변에 무슨 말을 하겠어요.

지금 이 세상에 오염되지 않은 곳은 아무 데도 없습니다. 아직도 우리에게 유토피아를 건설할 가능성이 조금이라도 남아 있다면 그것은 결국 방사능으로 오염된 유토피아일 것입니다. 그러나 그렇다 하더라도 더이상의 방사능오염은 막아야 합니다. 그게 인간으로서 우리의 가장 큰 책임일 것입니다.

시민과학자 — 체념을 넘어서

다카기 진자부로라고 아주 위대한 정신을 가지고 있던 분이 계셨죠. 인생을 살면서 이렇게 훌륭한 인간의 존재를 알게 되면 그 자체로 사는 보람을 느낄 수 있어요. 이런 좋은 정신의 소유자가 일찍이 이 세상에 존재했구나 생각을 하면 희망과 용기가 생겨요. 결국 우리는 사람이니까, 사람의 살아간 구체적인 이야기를 통해서 마음이 움직이는 법입니다. 다카기 진자부로는 원래 실력 있는 인간인 데다가 학벌도 좋아서 출셋길이 훤히 열려 있었던 사람이에요. 도쿄대학에서 핵화학을 공부한 수재였습니다. 메이지시대 이래 일본은 아직까지 관료독재국가라고 할 수 있는데, 이 관료들을 대거 배출해온 도쿄대는 일본의 국가체제를 뒷받침하는 중추적 교육, 연구 기관입니다. 그러나 다카기 진자부로는 자신의 기득권을 깨끗이 던져버리고 반핵운동가로서 일생을 살았습니다. 대학 졸업 후 인류의 미래가 원자력에 달려 있다고 순진하게 믿고, 원자력 관계 회사에 다니다가 독일 유학도 갔다 오고, 도쿄도립대학에서 교수까지 했어요. 그러던 사람이 원자력의 진실에 눈을 뜨게 되면서 교수직을 박차고 체제

밖으로 나와서 시민과학자가 됐어요. 제도권 안에서 반핵운동을 하는 것은 허용이 잘 안되니까 뛰쳐나왔어요. 생계에 대한 대책이 있는 것도 아니면서 무작정 나와서 '원자력자료정보실'을 만들어 현장으로 뛰어다니면서 치열한 실천적 삶을 살았습니다.

그런데 이 다카기 선생이 새로운 인생을 살게 된 것은 태평양 연안 지역에서 방사능을 측정한 게 중요한 계기가 됐다고 합니다. 원래 원시 지구는 방사능으로 꽉 차 있었습니다. 그러다가 수십억 년이 경과하면서 차차 방사능이 제거되고, 생물이 지구에 서식할 수 있게 되었다고 하잖아요. 그래도 그 태고 때부터의 방사능은 미약하나마 지구상에 아직 남아 있어서 암반이나 지층 깊숙이 숨어 있는데, 이 양반이 방사능 측정을 해보니까 뜻밖에도 오래된 지층의 심부가 아니라, 표층에서 방사능이 눈에 띄게 측정되는 거예요. 이렇게 된 것은 1940년대 이후에 숱하게 계속되었던 핵실험 이외 다른 이유가 있는 게 아니죠. 특히 미국과 프랑스 같은 나라가 태평양에서 얼마나 많이 핵실험을 했어요. 그 결과가 일본의 태평양 연안에 쌓인 방사능 낙진인 거죠. 다카기는 깜짝 놀랐습니다. 그래서 자기의 전공을 방사능을 이렇게 무책임하게 양산하는 체제를 위해서가 아니라 그것을 반대하는 운동을 위해서 쓰기로 결심을 했습니다. 말이 좋아서 그렇지 고액의 연구비가 나오고 사회적으로도 인정을 받는 교수직을 그만두고, 생계도 막막한 시민운동가가 된다는 게 쉬운 일이 아니잖아요.

그렇게 해서 인생이 완전히 달라졌어요. 연구실에서 지내던 사람이 이제 풀뿌리 민중들과 같이 거친 들판에서 살아야 했으니까요. 이 다카기 선생의 책을 보면 문체가 굉장히 평이하고, 명료해요. 반핵운동하면서 밑바닥 주민들과 호흡을 같이하다 보니 그렇게 된 거예요. 시민운동 초기에 사람들 앞에서 한참 원자력의 문제점을 자세히 설명하자 어느 시골 노인이 다가와서 그러더라는 거죠. 당신이 그렇게 어렵게 얘기하는 것을 보면, 내용을 잘 모르고 있다는 얘기가 아니냐. 그렇게 말하더라는 거예요. 확 정신이 깼다고 합니다. 그 후에는 최대한 노력을 해서 이야기를 쉽게 하고, 글을 쉽게 쓰려고 노력했다고 합니다.

그런데 이분의 책을 보면 이런 이야기가 나옵니다. 자기의 옛 동료들도 방사능으로 지구가 심각하게 오염되고 있다는 사실을 모르는 게 아니라는 거죠. 적극적으로 정부나 업계를 위해서 봉사하는 어용학자들을 제외하고는 원자력 관계 전문가들치고 이 사실을 모르는 사람은 없다는 겁니다. 그래서 다 실제로 행동은 못 하지만, 마음들이 불편하다는 거예요. 양심이라는 게 있으니까. 그런데 문제는 대부분이 그것을 알면서도 사회적으로 이슈를 삼는다거나 적극적으로 사태를 바로잡으려는 노력을 하지는 않고 그냥 체념하고 지내고 있다는 겁니다. 너무 멀리 왔기 때문에 돌아가는 것은 이제 불가능하다, 어차피 이 체제 밑에서는 바로잡을 수도 없다, 이대로 가면 결국 망하겠지만 어쩔 수 없다―그런 기분으로 매일 출퇴근을 하면서 주어진 일에 매달려 지낸다는 것입니다. 이게 비단 원자력뿐만 아니라, 극도의 위험성을 내포하고 있는 소위 첨단 과학 분야에 종사하는 연구자들에게 대체로 공통한 태도일지도 모릅니다. 뭔가 마음 밑바닥에서는 이게 아닌데, 아닌데, 하면서도 아무 행동을 하지 못하고 그날그날의 과제에 열중해서 살아가는 모습 말입니다.

과학자는 아니라도 우리 주변에서 흔히 보는 지식인들도 그래요. 인문·사회계 지식인들도 대부분 체념 속에서 살고 있어요. 환경위기라는 것은 깊이 생각하면 너무 골치 아프거든요. 이걸 어디서부터 손을 대야 할지 모르겠고, 이제 뿌리 깊은 관성이 됐는데, 내가 나선다고 될 것 같지도 않고, 어떻게 할지도 모르겠다, 이러면서 그냥 살아가는 거예요. 깊은 허무주의가 깔려 있어요. 그러니 더욱 행동을 할 수가 없죠. 그냥 무력감에 눌려 지냅니다. 한 번도 행동을 해본 적이 없으니까 어떻게 행동을 해야 좋을지 엄두가 안 나죠. 행동을 하기 시작하면 희망이 생긴다는 것도 몰라요. 아까 언론인 얘기를 했지만 언론인, 지식인, 과학자들 책임이 모두 큽니다. 하루하루 살아가는 것도 버거운 서민들이 무엇을 알겠습니까. 생활에 바쁜 사람들이 못 하는 것을 지식인들이 좀 대신해서 공부해서 공론화하라고 학교도 있고, 대학도 있고, 연구소도 있고, 언론기관도 있는 것 아닙니까. 그런데 지식인들의 정신적인 자세가 이래요. 제가 주변에서 늘 느끼는 게 이거였는데, 다카기 선생 책을 보니까 바로 이 얘기가 나오는 거예요. 체념하고 산다는 거죠. 자기 좁은 전공에만 갇혀 있는 무식한 놈은 거론할 필요가 없어요. 그래도 어느 정도 양식이 있고, 세상이 어떻게 돌아가는지도 대강은 알고 있는 사람들이 이렇다는 겁니다. 비관을 하면서도 행동은 안해요. 그런 분위기에서 행동을 시작한 사람이 다카기 선생이었습니다. 이분이 행동에 나섬으로 해서 우리 같은 사람도 핵이 무엇이라는 것을 깨닫게 된 거죠.

핵무기와 원자력발전

우리가 잊지 말아야 할 게 있는데 원전 문제라는 게 기본적으로 핵무기하고 같다는 사실입니다. 전력을 생산하는 기술시스템이 바로 핵무기 생산시스템과 뿌리를 같이한다는 거죠. 1953년에 아이젠하워가 유엔총회에서 '평화를 위한 원자력'이라는 개념을 제안했습니다. 그걸 시발점으로 해서 미국에 의존하거나 미국에 우호적인 나라들에 원자력발전 노하우를 수출합니다. 원자력발전소에는 플루토늄과 무기급 우라늄이 나올 수 있으니까 핵무기가 확산되는 것을 막아야 하잖아요. 그걸 통제하면서 원자력발전 기술을 수출해서 미국이 이익을 누려야 하니까 만들어진 기관이 국제원자력기구(IAEA)라는 거예요. 굉장히 귀에 익숙한 이름이죠? 북한 핵문제 때문에 우리가 늘 들어온 이름이잖아요. IAEA가 영변 핵시설을 사찰한다 어떤다 하는 얘기 많이 들었지 않습니까. 그런데 언필칭 국제원자력기구이지만 이것은 실제로는 미국 정부와 원자력산업계의 하수인이에요. IAEA를 만들어서 끊임없이 감시를 하면서 동시에 원자력발전 시스템을 건설하고 유지·확장하도록 도와주고 원조를 해주고 이런 것이죠. 그런데 미국은 왜 자기들만 갖고 있지 원자력발전이라는 것을 우방국으로 확대하느냐. 그것은 소련이 이미 원자력발전을 시작했기 때문에 그것에 대항하려는 의도가 있었어요. 미국이 가만히 있으면 언젠가 세계 다른 나라들이 소련의 원자력기술에 의존할지 모르니까요. 그러니까 냉전체제가 문제였어요. 냉전체제가 아니었다면 이렇게까지 원자력시스템이 확산되지 않았죠. 거기다가 소련하고 핵무기 경쟁을 해야 하는 데도 상업용 원자로를 많이 가동하는 게 필요했어요. 왜냐하면 원자력발전소를 가동하여 우라늄을 태우면 핵무기 원료가 되는 플루토늄과 핵무기용 우라늄이 나오니까요. 단순히 몇 개 연구용 원자로를 가지고선 소련과 맞서서 핵무기 경쟁을 할 수가 없다고 본 거죠. 양산체제로 들어가야 된다고 본 거죠. 우리가 멀쩡한 정신으로 생각해보면 원자폭탄이란 것은 성능 좋은 것 몇 방만 터뜨려도 세계가 멸망하는데 그걸 뭣 하러 그렇게 많이 갖느냐 싶지만, 군사적 논리란 게 그런 게 아닙니다. 세상에서 가장 이해할 수 없는 게 군사적 멘탈리티예요. 보통 상식적인 사고방식하고는 이상하게 뭔가 달라요. 군대는 인간을 대량 살상하기 위한 목적으로 조직된 단체이기 때문에 그런 것 같아요. 군비경쟁이라는 게 합리적으로 생각하면 전혀 이치에 맞지 않은데도 한번 그 메커니즘에 빠지면 걷잡을 수 없게 되죠. 핵 억지 정책이라는 것도 이상하잖아요. 핵은 실제로 사용하지 않는다고 하면서도 끊임없이 만들어갑니다. 저쪽이 만 개가 될 것이니까 우리도 빨리 만 개 이상 만들어 놓아야 한다는 거죠. 그래서 점점 격렬해지는 자기증식 시스템이 됩니다.

제가 1980년대 초에 세계적으로 반핵운동이 치열했을 때, 핵 관련 책들을 처음 열심히 읽어봤는데 그때 읽으면서 제가 느낀 게 뭐냐면 미국의 군부가 핵무기를 실전에 쓰고 싶어서 환장을 했구나 하는 거였습니다. 지금 실제로 핵무기 쓰고 있잖아요. 열화우라늄탄이라는 것, 사실상 핵무기입니다. 코소보에서 썼고, 이라크에서도 썼어요. 지금 아프가니스탄에서도 쓰고 있고, 리비아에서도 쓰고 있다는 얘기가 있어요. 이라크와 아프가니스탄은 정말 비극의 땅입니다. 미군이 철수해도 장차 열화우라늄탄으로 인한 방사능 피해 때문에 몇 세대에 걸쳐서 저 나라 사람들이 엄청난 수난을 겪을 겁니다. 가마나카 히토미(鎌仲ひとみ)라고 《녹색평

론》2011년 5-6월호에서 소개를 했죠. 일본의 젊은 다큐멘터리 영화감독인데, 이 여성이 언제부턴가 핵문제에 눈을 떠서 열화우라늄탄에 관련된 조사를 시작했습니다. 그래서 이라크에도 가고, 미국에도 가봤습니다. 열화, 즉 우라늄의 품질이 낮은 무기가 열화우라늄탄입니다. 원자력발전소에서 연료로 사용하기 위해서 우라늄을 탄광에서 채굴할 때 거기서 나오는 우라늄이 전부 다 연료로 쓸 수 있는 게 아닙니다. 품질이 좋은 것이라야 농축을 해서 연료로 쓸 수 있어요. 그런데 품질이 좋은 것은 채굴된 우라늄 전체 광석 중에서 아주 약소한 양밖에 안됩니다. 나머지는 버려야 돼요. 그런데 땅 밑에 바위 덩어리 속에 존재하던 우라늄은 환경에 영향을 별로 안 미치지만, 이걸 채굴한답시고 건드려 놓으면 우라늄 입자들이 먼지가 되어 주변 일대를 오염시켜버려요.

지금 미국이나 호주의 우라늄 광산지대는 대개 원주민 주거지역인데, 이 원주민들이 우라늄 먼지 때문에 큰 방사능 피해를 입고 있어요. 호주는 원자력발전소가 하나도 없지만 우라늄을 외국에 수출해서 돈을 벌어왔어요. 이 과정에서 원주민들이 방사능 피해를 굉장히 많이 입고 있습니다. 하여간 이런 식으로 늘 약자들의 희생을 강요하고 있는 게 핵과 원자력입니다. 그런데 어쨌든 광산 주변에 품질 낮은 우라늄을 언제까지나 방치해둘 수는 없잖아요. 갈수록 쌓이니까요. 그래서 생각해낸 게 열화우라늄탄입니다. 게다가 이것을 기존의 폭탄에 적당히 혼입하면 그 폭탄의 성능이 엄청나게 강력해집니다. 강철판이 아무리 두꺼워도 그냥 뚫고 들어갑니다. 아버지 부시 때 벌어진 소위 걸프전쟁 때, 사담 후세인은 쿠웨이트를 침략하면서 자신의 막강한 전차부대만 믿고 미군이 열화우라늄탄을 쓸 것을 계산하지 못했습니다. 그 믿었던 전차부대가 열화우라늄탄 때문에 궤멸돼버렸어요. 한 방 맞으면 전차의 심장부까지 뚫고 들어와서 운전병까지 죽여버립니다. 그래서 속수무책으로 당할 수밖에 없었죠.

그런데 그때 참전했던 미군들이 본국으로 돌아가서 제대를 했는데, 몇 년 지나서부터 백혈병과 기타 암을 포함해서 여러 가지 괴질에 시달리기 시작했습니다. 처음에는 각자가 자기만의 병인 줄 알고 있었는데, 나중에

보훈청에 왔다 갔다 하는 동안에 알고 보니까 참전 군인들에게 공통하게 나타난 질병이에요. 그래서 정부로부터 보상을 받으려고 조직을 만들어 단체활동을 하고 그랬죠. 사실 백혈병 같은 것은 혈기왕성한 청년들이 잘 안 걸리는 병입니다. 원래 암이라는 것은 체세포가 노쇠해서 면역력이 떨어졌을 때 생기는 병입니다. 젊은이들이, 그것도 집단적으로 걸린다는 것은 특별한 요인이 있었다는 증거죠. 그렇지만 정부가 이것을 선선히 인정해줄 리가 없죠. 어느 정부든 그렇습니다. 지금까지도 시원하게 이 문제가 해결되지 않고 있다고 해요. 그런데 단지 참전한 미군들도 이런데, 열화우라늄탄의 피해를 직접 당한 이라크 사람들의 형편은 어떻겠어요? 이게 가마나카 감독이 궁금하게 생각했던 문제입니다.

이라크에는 별의별 괴질로 사람들이 고생을 하고 있는 모양입니다. 특히 아이들이 약도 하나 못 쓰고, 영문도 모르고 죽어가고 있다고 해요. 아직도 열화우라늄탄 잔해들이 거리에 마구 방치돼 있어서 아이들이 그걸 가지고 장난하고 놀고 있다고 합니다. 가마나카 감독은 이라크뿐만 아니라 미국 서북부 핸퍼드라고 원래 핵무기 처음 만들었을 때 원자로를 가동했던 지역에도 가보고 미국 사람들이 방사능 피해를 입고 있는 모습들을 생생하게 목격했습니다. 그래서 가마나카의 결론이 뭐냐 하면 이제 세계 전체가 피폭지대라는 겁니다. 우리 모두가 전부 '히바쿠샤'(피폭자)라는 거예요.

아까 제가 말씀드렸듯이, 실제로 미국 사람들이 뜻밖에도 방사능에 제일 많이 오염돼 있어요. 어이없는 일이죠. 그런데도 미국 사람 자신들도 이 사실을 잘 몰라요. 원자로 주변 주민들 중에는 다년간 의심을 가지고 조사를 해서 이 문제를 꽤 상세히 알고 있는 사람도 있지만, 대부분의 주민들은 잘 모르고, 알려줘도 인정을 잘 안하려고 한답니다. 그런 심리, 이해가 되죠. 정부로부터 보조금을 받아서 사람들이 원자로 주변 황무지를 대규모 농장지대로 만들어 오랫동안 거기서 나오는 농산물과 축산물을 외부에 팔면서 살아왔는데 그 땅이 방사능으로 오염된 땅이었다는 사실을 새삼스럽게 알게 되면 어떻겠어요? 그걸 인정하면 자기들 평생 살아온 게 너무나 허망하게 되잖아요. 자기들이 방사능 피해를 입어서 이상한 병을 앓고 있으면서도 그것을 인정하고 싶어 하지 않아요. 과학자들도 대부분은 정부나 원자력 업계를 위해서 일하는 사람들이기 때문에 정확한 정보를 시민들에게 알려주지 않습니다. 모든 과학자가 다카기 진자부로가 아니란 말이에요.

국제원자력기구(IAEA)는 핵무기 확산을 감시한다는 명분도 있지만, 기본적으로 원자력산업을 세계적으로 확대하고자 하는 추진 세력을 대변하는 기관입니다. 이 IAEA라는 기관이 얼마나 막강한 권력을 갖고 있느냐하면, 그 위세에 눌려서 세계보건기구(WHO)도 독자적으로 방사능 피해에 대한 정확한 조사결과를 발표하지도 못합니다. 믿어지지 않는 일이죠. 그러나 지금 이 세계가 그렇게 돌아가고 있어요. 1959년에 IAEA와 WHO가 맺은 협약이 있어요. 서로 상대방의 전문분야나 이해관계가 걸려 있는 문제를 다룰 때에는 상대방의 동의를 구하지 않고는 그 문제에 대한 조사도, 조사결과도 공개해서는 안된다, 그런 내용입니다.

협약이라고 하지만 결국 IAEA의 압력에 의해서 강요된 규정입니다. 그래서 체르노빌 피해에 대해서도 WHO는 객관적인 발표를 못 하고 있습니다. 체르노빌 사태는 특히 유럽의 여론이 들끓었기 때문에 WHO가 가만히 있을 수 없어서 오스트리아 빈에서 두 차례나 학술대회를 열었어요. 그러나 학술대회까지만 하고 그 자료를 공개적으로 발표를 못 했습니다. 그러면 아무리 열심히 조사를 한 것이라도 공인 자료로 인정을 받을 수 없어요. 영국 신문 〈가디언〉에 몇 년 전에 이 문제를 다룬 기사가났고, 재작년에는 〈르몽드디플로마티크〉에도 이 문제가 다루어진 것을 보았습니다. 여러분도 인터넷 검색해보시면 볼 수 있을 거예요. 사람들은 IAEA도 그렇고, WHO도 상당히 객관성을 가진 전문가 집단인 것처럼 인식하고 있지만, 실상이 이렇습니다. 권력 앞에서는 과학이 이렇게 허약해요.

미국이 원자력발전소를 자기 나라뿐만 아니라 세계적으로도 널리 보급하려 한 것은 냉전체제가 크게 작용했다고 할 수 있는데, 그 외에 또 하나의 요인은 원래 원자폭탄을 개발한 맨해튼프로젝트에서 너무 많은 비용을 썼다는 점이에요. 여러분, 히로시마와 나가사키에 원자폭탄이 투하된 배경에 대해서 어느 정도 들어보셨죠? 여러 가지 설이 있습니다. 그 중에 유력한 것 중의 하나가 비용 문제입니다. 맨해튼프로젝트에서 너무나 엄청난 비용을 썼기 때문에 폭탄을 떨어뜨리지 않고는 나중에 의회에서 설명을 할 수가 없었다는 거죠. 의회도 모르게 이걸 비밀리에 연구를 했거든요. 군부 핵심과 오펜하이머를 비롯한 과학자들, 루스벨트 대통령만 알고 있는 극비 사항이었단 말이에요. 그런데 루스벨트가 병으로 갑자기 죽었잖아요. 루스벨트가 계속 살아 있었으면 히로시마에 원자폭탄이 떨어지지 않았을지도 모릅니다. 그러나 부통령이었던 트루먼이 갑자기 대통령이 됐는데, 트루먼은 부통령 때에 맨해튼프로젝트의 존재를 전혀 모르고 있었습니다. 대통령에 취임한 뒤 안보 참모로부터 이 프로젝트에 관한 얘기를 듣고는 이걸 의회에 어떻게 설명할 건가, 고민이었겠죠. 루스벨트는 카리스마가 있었기 때문에 나중에 국민들에게 대통령 자신이 설명을 하면 되었을 겁니다. 그러나 트루먼은 졸지에 대통령이 된 사람이라 그럴 만한 권위도 없단 말이에요. 무지무지하게 많은 돈이 들어간 프로젝트에 대해서 의회의 승인을 받지 않으면 안되는데, 그것을 쉽게 하기 위한 방법으로 히로시마와 나가사키에 원자폭탄을 떨어뜨릴 필요가 있었다는 얘기죠. 하나의 설입니다.

다른 설도 여러 가지 있습니다. 소련 극동군이 8월 초에 만주 쪽으로 밀고 들어왔잖아요. 그래서 소련의 남하를 막아야 한다고 급히 서둘렀다는 겁니다. 사실상 일본과의 전쟁을 끝내기 위해서라면 그 무렵에는 원자폭탄을 써야 할 이유가 없었거든요. 일본은 전국이 초토화되고, 군수공장도 하나도 남지 않았고, 연합함대도 전부 괴멸되고 말았다는 것을 미국 정찰기들이 다 내려다보고 있었거든요. 교토는 천년의 고도니까 그것은 건드리지 말라는 지시가 있었다고 하죠. 도쿄와 오사카 같은 대도시는 이미 B29 공습으로 새까맣게 타버린 상황이었습니다. 그러니 군이 원폭을 사용할 다른 이유가 없었던 거죠.

히로시마와 후쿠시마, 천황제 국가의 연속성

좀 곁가지로 나갔지만, 이야기가 나온 김에 조금 더 하죠. 저는 미국이 태평양전쟁을 원폭 투하라는 형식으로 종결했기 때문에 전후에 동아시아 역사가 굉장히 뒤틀려버렸다고 생각합니다. 우리가 흔히 독일과 일본을 비교하면서 독일은 유대인 학살이라든지 침략전쟁을 일으킨 데 대해서 상당히 진지한 반성을 했는데, 일본은 왜 그런 반성을 하지 않는가, 그렇게 규탄해왔잖아요. 실제로 독일만큼 일본이 흔쾌히 사죄를 한 적이 한 번도 없거든요. 특히 식민지 지배에 대해서는 거의 전혀 반성할 생각이 없죠. 전쟁책임에 대해서는 더러 이야기를 하더라도, 식민지 지배는 책임을 져야 할 게 전혀 없다는 태도죠. 영국이 인도를 식민지 지배한 것에 대해서 사죄한 적이 있느냐 하는 논리죠. 미국이 필리핀을 지배했다고 사죄한 적이 있는 것도 아니니까. 심지어 전쟁책임 문제에 대해서는 비교적 예리하게 따지는 일본의 꽤 양식 있는 지식인들 가운데도 일본이 태평양전쟁을 일으키지만 않았다면 조선과 만주를 잃지는 않았을 것이라고 생각하는 사람들도 있어요. 국가의 논리란 게 이렇게 무서워요. 하여튼 아시아의 이웃 나라들과 대등하게 좋은 관계를 유지하면서 살아가야 된다는 의식이 희박한 게 분명합니다. 그 원인이 어디에 있다고 보세요? 저는 결정적인 원인의 하나가 히로시마와 나가사키 원폭 투하라고 생각합니다. 인류 역사상 미증유의 가공할 원폭 피해를 입었기 때문에 일본 사람들은 자신들이 피해자라는 심리가 있어요. 유일한 피폭국이라는 자기 이미지를 갖게 된 거죠. 그런 심리가 강한데, 어떻게 아시아 이웃 나라들에 대해서 자신이 큰 잘못을 저질렀다는 생각이 있겠어요?

그리고 또 하나는 전후 일본은 미국에 대해서 굴종적인 외교 노선으로 일관해왔습니다. 한국보다 오히려 더 심했다고 할 수 있어요. 일본 외무성의 위상은 미국 국무성 도쿄 사무실 같은 거죠. 아시아 이웃 나라들에 대해서는 고자세이면서도 미국에 대해서는 언제나 이런 식이었어요. 지금도 그렇습니다. 자민당 장기 독재가 끝나고 민주당이 집권하여 하토야마(鳩山) 총리가 모처럼 자주적 외교노선을 어느 정도 시도해보려다가 쫓겨나버렸어요. 일본의 기성 관료체제와 미국이 용납을 하지 않으니까요. 일본은 기본적으로 관료독재국가입니다. 메이지 초기부터 쭉 그랬습니다. 전쟁 전에는 천황제 관료독재국가였고, 전후에는 천황이 단지 상징적 존재가 되었으니까 그냥 관료독재국가라고 할 수 있겠지만, 사실은 전쟁 전과 전쟁 후의 체제에 그다지 근본적인 변화가 있었다고는 말할 수 없습니다.

지금 일본 동북부는 지진과 쓰나미, 원전사고로 엄청난 피해를 입었는데, 그 피해자들에게 외국에서 들어온 원조 물자가 아직 절반도 전달 안 됐다는 얘기가 있습니다. 굉장히 이상한 나라죠. 수상이 지시를 하더라도, 관료조직이 책임감을 가지고 원활하게 움직여줘야 할 텐데, 만날 매뉴얼만 따지고 절차만 따지니까 시급한 상황에 대응을 못하는 거죠. 수상을 비난하고, 욕을 해 봤자 소용없는 일입니다. 수상도 관료조직의 일개 포로에 불과해요. 그러니까 최종적으로 누가 책임을 지는지 굉장히 애매한 나라가 일본이라는 얘깁니다.

마루야마 마사오라고 전후 일본 최고의 정치사상가라고 알려진 분인데, 기본적으로 자유민주주의자입니다. 그런 분이 오래전 전쟁 직후에 발표한 유명한 논문에서 일본 전체주의국가는 "무책임의 체계"로 움직이는 시스템이었다는 말을 했죠. 예를 들어서 군대에서 사병이 자살을 했다 합시다. 책임을 하사관에게 묻겠죠. 하사관은 자기는 아무 책임이 없다, 상관의 명령으로 몇 대 때렸을 뿐이다. 그러면 그 상관에게는 그 위에 또 상급자가 있습니다. 이런 식으로 계속 올라가다 보면 궁극적으로 천황에게 이르게 됩니다. 그런데 천황한테는 책임을 물을 수 없습니다. 천황은 인간이 아닙니다. 만세일계의 황통을 계승하는 현인신(現人神)이에요. 인간이 아닌 신인데 어떻게 책임을 물어요?

메이지천황은 메이지유신의 원훈(元勳)들이 자기를 신격화하고 있지만, 실제로 그것은 자신을 정치적으로 이용하려는 술수인 줄 잘 알고 있었어요. 메이지유신 이전에 그는 교토의 황궁에서 매일 얼굴에 하얀 분칠을 하고, 궁녀들과 어릿광대 놀이나 하고 지내던 열다섯 살 소년이었습니다. 실질적 정치권력은 에도의 쇼군(將軍)이 가지고 있었고요. 조금 과장해서 말하면, 천황가는 그냥 교토의 명문가 중의 하나였다고 할 수 있어요. 막부정치가 800년 동안 계속되면서 천황은 아무 실권 없는, 그야말로 상징적인 존재에 불과했거든요. 그러다가 메이지유신이 일어나면서 갑작스럽게 상황이 돌변한 거죠. 메이지유신은 기본적으로 하급 무사들이 일으킨 쿠데타입니다. 메이지유신이 에도막부의 쇄국정책을 끝내기 위한 것이었다고 하지만, 실은 에도막부는 서양 국가들과 이미 조약을 맺고 개화와 근대화를 준비하고 있었어요. 그런데도 하급 무사들이 쿠데타를 일으켜서 정권을 침탈했어요. 명분은 천황을 모시고 서양 오랑캐를 내쫓는다는 것이었죠. 나중에는 서양을 적극 추종하게 되지만 하여튼 명분은 그랬습니다. 그래서 천황을 내세워야 할 거 아닙니까. 그래서 세상 물정 모르는 소년을 동경으로 데려다가 놓고 온갖 거룩한 수사를 동원해서 천황을 신격화한 것이죠. 그러고는 모든 정책을 천황의 뜻이라고 밀어붙이는 거죠. 그러니까 메이지천황 자신은 자기가 신이 아니라는 것을 누구보다 잘 알고 있었죠.

그러나 쇼와천황은 달라요. 동경의 황궁에서 태어날 때부터 모두가 자기를 신(神)의 아들이라고 하니까 진짜 그런 줄 착각하고 살았어요. 태평양전쟁 종결 과정도 한번 보세요. 뭔가 좀 이상하잖아요. 이미 패전이 확실한데도 몇 달이나 질질 끌면서 백성들 다 죽이고, 히로시마에 원폭이 터진 뒤에도 항복할 때까지 열흘이나 걸렸단 말이에요. 좀더 일찍 일본이 항복만 했더라도 한반도도 분단되지 않았을 거예요. 소련이 극동전선에 들어오고 남하를 하기 시작하니까 미국이 다급히 삼팔선을 그은 거란 말이에요. 그런 점에서 한반도 분단 책임은 미국이나 소련 못지않게 일본에 있다고 봐야죠. 좀더 구체적으로는 쇼와천황에게 있다고 할 수 있습니다. 왜냐하면 이 쇼와천황에게는 항복을 했을 때 자기가 어떤 대우를 받게 될 것인가 하는 게 제일 큰 관심사여서, 항복을 하기까지 시간을 끌었기 때문이에요. 백성들이 죽고 사는 것보다도 그게 더 큰 문제였어요. 그냥 인간이라면 모르겠는데, 자기가 신이라는 의식이 꽉 박혀 있으니까 혹시 전쟁책임을 추궁당하여 굴욕적인 짓을 당하지나 않을까, 극도로 두려웠던 거죠. 천황의 현인신이라는 착각만 아니었다면, 원폭이 투하되는 일도 없이 전쟁이 끝났을 가능성이 큽니다. 그렇게 생각하면, 일본, 나아가서 동아시아 근대 역사에서 '천황=신'이라는 개념이 얼마나 가공할 영향을 미쳤는가를 알 수 있죠.

전쟁 후에도, 비록 상징천황이라고 하지만, 그것이 여전히 음으로 양으로 깊이 일본 사회에 영향을 미치고 있습니다. 지금 일본이 민주주의 국가라고 하지만, 실질적으로는 관료독재국가인데, 이 관료독재체제가 아직 건재할 수 있는 근원적인 이유가 무엇일까요? 아까도 말했듯이, 궁극적으로 책임지는 사람이 없는 정치와 행정이 지금도 계속된다고 하는 것은 사실상 천황제가 지속되고 있다는 뜻이에요. 물론 현재 주권재민의 원칙을 밝히고 있는 일본국 헌법은 예전의 제국 헌법과는 전혀 다르죠. 그러니까 전쟁 전의 천황제 독재국가체제가 그대로 존속한다고 말할 수는 없죠. 그러나 내면적인 연속성은 존재하고 있는 게 틀림없어요.

예를 들어, 전후에 일본 민주주의를 뒷받침해왔다는 평화헌법을 봅시다. 평화헌법이라고 하는 것은 헌법 9조에서 국가의 대외적 교전권을 부정하고, 군대의 존재를 인정하고 있지 않기 때문이죠. 그런데 이 헌법의 작성은 전쟁 직후 맥아더 점령군 사령부에 의해 주도되었다고 하지만, 어쨌든 일본 사람들이 이 평화헌법에 적극 동조 내지는 찬동함으로써 새로운 헌법으로 성립된 것입니다. 그러므로 그것은 일본이 과거를 반성하고, 이제부터는 평화국가가 되겠다는 각오를 천명한 것이라고 할 수 있습니다. 그런데 냉전체제가 굳어지는 상황에서 미국으로부터의 압력도 있었지만, 날이 갈수록 일본 내에서는 이 평화헌법을 개정해야 한다는 주장이 득세를 합니다. 물론 보수파 우익 세력의 주장이지만, 이 세력이 전후 일본 사회의 중추적인 권력을 쭉 장악해왔거든요.

그리고 군대를 폐기하기로 했으면서도, 엄연한 군대조직인 자위대가 창설, 운영돼 왔습니다. 일본 자위대는 세계 최상급의 막강한 군사력을 보유하고 있습니다. 근년에 와서는 유엔 깃발 아래 국제분쟁 지역에 파견되어 활동하고 있고요. 실질적인 해외파병이죠. 전후 일본은 겉으로는 비무장을 표방하면서 내용적으로는 이렇게 막강한 군사국가가 된 겁니다. 그리고 전후 일본 경제는 가정용 전기제품, 자동차, 텔레비전 등등 평화산업으로 성장했다고 흔히 말하죠. 그러나 알고 보면 이게 모두 군수산업에 직결돼 있어요. 자동차 만드는 시설과 기술이 그대로 군용 트럭과 탱크를 만들 수 있는 시설과 기술이니까요. 게다가 이 평화산업-군수산업은 전부 막대한 전기를 소모합니다. 생산 과정에서도 그렇고 소비 과정에서도 그렇습니다. 그러면 자연히 대규모 발전소를 끊임없이 증설해야 합니다. 그 와중에서 54기나 건설된 게 원자력발전소입니다.

탈원전, 문명 전환의 가능성

아까 독일 얘기를 잠깐 했지만, 이번에 후쿠시마 사태에 제일 이성적인 반응을 보여준 나라가 독일입니다. 이것은 독일이 전후에 전쟁책임에 대해서 반성을 해왔던 것과 관계가 있다고 저는 생각합니다. 여러 가지 면에서 후쿠시마 사태는 인류 역사상 획기적인 전환점이 될 가능성이 있어요. 그러나 그런 전환의 가능성을 실제로 실현하는 것은 물론 사람들의 각성과 역량에 달려 있습니다.

그래서 저는 이번에 독일 사람들이 의식을 했든 안했든 인류의 장래를 위해서 굉장히 중요한 결정을 내렸다고 생각합니다. 그동안 우리가 상식이 많이 늘었는데, 일본에는 원자력 무라(村)라는 게 있고, 우리나라는 원자력 마피아, 그리고 국제적으로는 사실상 원자력 동맹 비슷한 게 있다는 얘기를 들었잖아요. 국제적으로는 IAEA를 정점으로 해서 다 연결이 돼 있어요. 원자력산업이라는 게 어마어마한 산업이에요. 토목, 기계, 전자, 금속, 화학 등등 모든 분야가 다 포함되어 있습니다. 그런데 이게 백년 사업입니다. 건설하는 데 10년에서 20년, 운영하는 데에 20년 내지 40

년—이것을 더 연장하려고 난리들이죠. 미국에서 오바마가 들어서서 원전 가동연한을 60년까지 하기로 했죠. 그런데 염치도 없이 원전업계에서는 이것을 100년까지 연장해달라고 미국 정부에 요구하고 있어요. 중간에 부품만 교환하면 된다면서요. 왜냐하면 가동 기간이 길면 길수록 이익이 천문학적으로 늘어나니까. 그러나 큰 사고 터지면 끝입니다. 그런 것을 개의치 않아요. 사고가 나면 국가와 국민이 결국 비용을 부담할 수밖에 없다는 것을 알고 있으니까요. 이익은 자기들이 독차지하고 손해가 나면 국가에 기대는 구조, 이게 원자력산업입니다. 그리고 원자력발전소는 폐기하는 것도 엄청난 사업입니다. 해체 기간도 건설 기간 못지않고, 원자로 안정시키는 데에 또 몇십 년 걸립니다. 게다가 핵폐기물 영구처분장 공사를 해야죠. 막대한 시간과 비용이 드는 사업이에요. 원자력 마피아라는 이익집단이 강고한 체제를 구축하지 않을 수 없죠.

그러니까 이번에 독일이 원전을 2022년까지 단계적으로 전부 폐기하기로 했다는 것은, 다시 말하면, 국내외적으로 강고한 힘을 가진 원자력 기득권 구조를 깨뜨려버리기로 결정했다는 뜻입니다. 대단한 결정이죠. 그리고 그 결정이 보수파 정권에서 이루어졌다는 것도 특기할 점입니다. 물론 독일에서는 대체로 원자력 문제에 예민한 사회적 풍토가 있어왔어요. 그래서 선거에서 기존의 원전정책을 밀고 나가다가는 패배한다는 게 확실하니까 정부가 정책을 바꾼 점도 분명히 있어요. 그러나 결정 과정을 보면 반드시 선거 때문만은 아니란 생각이 듭니다. 무엇보다도 총리를 비롯해서 독일 정치지도자들이 기본적으로 양식이 있는 사람들인 것 같아요. 메르켈 총리만 하더라도 원래는 물리학 박사학위를 받은 사람이죠. 후쿠시마 발전소가 폭발하는 장면을 보자마자 즉각 그 심각성을 깨달았다고 합니다. 그래서 위원회를 구성해서 원전의 기술적 안전성을 점검했을 뿐만 아니라, 원전에 관련된 철학적·사회적 문제를 검토하도록 했습니다. 그리고 그 위원회에 정치적 중립성을 완전히 보장했습니다. 그렇게 해서 그 위원회는 지진, 홍수, 테러 등등 모든 사고를 예상해서 원전이 과연 안전한지 면밀히 검토를 했고, 예를 들어 대형 항공기의 추락에 대해서 원전이 취약하다는 결론도 내렸어요. 우리나라 원전 당국자는 한국의 원자력발전소는 어떤 항공기 추락에 대해서도 안전하다고 강변하고 있잖아요. 그러나 독일 사람들은 이성적입니다. 이게 참 부러워요. 체르노빌과 후쿠시마를 겪고도 원전의 절대적 안전성을 운위한다는 것은 정신에 이상이 있는 사람들이라고 할 수밖에 없습니다. 독일이 정말 부럽죠. 더 부러운 것은 원전 문제를 단지 안전성 문제만 아니라 윤리적 문제로 보는 자세입니다.

그런데 독일이라고 해서 국회의원들이 원자력 기득권 사업자들과 무관하겠습니까? 그 사람들도 로비를 끊임없이 받고 있었을 거예요. 실제로 독일의 산업계와 보수파 언론들은 총리의 결정에 비판을 많이 했습니다. 이 엄청난 국제 경쟁체제 속에서 원자력을 포기하면 독일이 삼류 국가가 될 가능성도 있다, 정말 신중하게 해야 한다, 말들이 참 많았어요. 그러나 그럼에도 불구하고 결국 보수파 정권이, 다시 말해서 재계의 이익을 대변하는 정당이 원전이라는 마약을 끊은 거예요. 얼마나 대단한 일이에요?

실제로 우리는 원전 폐기 결정 과정에서 녹색당의 역할이 굉장히 컸을 거라 생각하죠. 물론 녹색당이 30여 년 동안 계속해온 반핵운동의 결실이라는 측면도 있죠. 그런데 제가 자료를 좀 뒤적여보니까 그동안 독일 국회에서 가장 극성스럽게 원전 문제를 제기했던 사람들이 뜻밖에 기독교민주당 소속 의원들이더라고요. 농촌 출신의 보수당 의원들이에요. 체르노빌 사고 이후에 독일에서도, 특히 농촌지역이 많은 피해를 입었다고 해요. 가축들도 오염되고, 작물들도 많이 오염되어 농민들이 큰 피해를 봤다고 합니다. 그래서 농민들이 체르노빌 사태를 겪으면서 원전에 대한 반감을 크게 갖게 된 거죠. 지금도 독일 슈바르츠발트(黑林)에서 발견되는 멧돼지들은 방사능으로 많이 오염이 돼 있다고 합니다. 버섯 같은 것도 그렇고요. 그러니까 녹색당의 공로가 물론 크지만, 독일의 기성 정치인들 사이에서는 이미 오래전부터 원전을 벗어나야 한다는 요구나 분위기가 상당히 존재하고 있었던 거예요.

그런 게 참 부럽죠. 우리가 흔히 독일은 문화국가이기 때문에 그렇다, 우리보다 의식 수준이 높아서 그렇지 않겠냐고 생각합니다. 그러나 그렇게 단순히 넘어갈 문제는 아니에요. 프랑스를 보십시오. 프랑스도 문화국가잖아요. 그런데 프랑스와 독일이 왜 저렇게 다른가. 프랑스도 물론 시민운동 차원에선 열심히 반핵운동을 하는 사람들이 있습니다. 그러나 주류는 아니에요. 정치적인 위상을 보면 프랑스 녹색당은 독일 녹색당에 비해서 아무것도 아니고, 독일 사람들에 비해 프랑스 사람들이 가진 녹색 담론도 보잘것없어요. 프랑스 지식인들은 핵문제에 대해서 별로 얘기하지 않습니다. 왜냐하면 프랑스 자신이 남태평양 산호초에서, 원주민들이 피해를 받는 것은 나 몰라라 하면서 핵실험 마구잡이로 했었거든요. 알제리에서도 사막에서 아프리카 사람들에게 피해가 가건 말건 핵실험을 했잖아요. 헬렌 칼디콧이라는 오스트레일리아 출신의 세계적인 반핵운동가가 있습니다. 그 여성이 프랑스 정부에 가서 따졌어요. 그렇게 핵실험이 안전하다고 주장하려면 지중해에서 해라. 그런데 프랑스 환경부 장관이 펄쩍 뛰더라는 거죠. 말도 안되는 소리 하지 마라, 그게 얼마나 위험한 건데, 그러더랍니다.

그럼 프랑스와 독일이 왜 이렇게 차이가 나는가. 이 문제를 가지고도 연구서가 몇 권 나올 만하다고 저는 생각합니다. 나폴레옹 이후에 프랑스에는 쭉 대국주의란 게 있어왔어요. 그런데 핵무기와 원자력발전이라는 것은 쌍둥이입니다. 원자력발전소라는 게 단순히 전력생산 목적만으로 가동되는 게 아니에요. 군사적인 목적이 암암리에 들어가 있습니다. 원자력발전을 통해서 우라늄을 태우면 어느 때든지 핵무기 원료가 생성됩니다. 핵확산방지조약 같은 게 있지만, 여차하면 핵무기를 만들겠다는 야심을 어느 나라든지 다 가지고 있어요. 인도가 실제로 그렇게 했잖아요. 그래서 미국이 늘 감시를 하고 있고요. 그런데 어디서든 '마초'들이 있거든요. 우리나라도 소위 핵주권을 이야기하는 사람들이 적지 않죠. 우익들만 그런 게 아니라 이른바 진보진영 쪽에도 그런 생각을 하는 사람들이 꽤 있잖아요. 핵을 가져야 강국이 되고, 강국이 돼야 살 만하다는 전형적인 국가주의 논리죠. 독일에도 그런 생각을 가진 사람들이 없을 리 없죠. 히틀러 봤잖아요. 그러나 독일이 어느 나라보다도 2차대전에 대한 반성은 비교적 철저하게 한 편이죠. 독일 사람이 쓴《독일에서의 전쟁책임 논쟁》이라는 책이 있어서 봤는데 사실은 독일 내에서도 논쟁이 많더라고요. 심지어 아우슈비츠가 실제로는 존재하지 않았고 누군가 날조한 것이라고 주장하는 인간들도 있는 모양입니다. 그러나 그런 인간은 독일에서는 극소수예요. 그러나 프랑스는 2차대전의 승전국이기도 했으니까 전쟁이나 역사에 대한 반성이랄까 그런 게 분명 모자라다고 할 수 있어요. 이기면 바보가 된다는 이야기 있잖아요. 프랑스의 대국주의 의식은 완강한 뿌리를 가진 게 확실해요.

물론 독일만 원전을 그만두기로 결정한 것은 아니죠. 이탈리아도, 스위스도, 덴마크도 원전 도입을 하지 않기로 했습니다. 스위스는 원래 일본처럼 지진에 취약한 나라이기 때문에 원전을 건설하면 절대로 안되는데도 몇 개 있는데, 이번에 그걸 단계적으로 폐기하기로 결정했죠. 이탈리아도 원전은 안하기로 오래전에 결정을 내린 나라인데, 지금 총리가 새삼스럽게 원전 건설을 추진해왔어요. 베를루스코니라는 이 총리는 돈밖에 모르는 아주 추한 인간으로 소문이 났죠. 이 인간이 정치적 야심을 가지고 원전 도입을 시도하려는 것을 이번에 후쿠시마 사고 직후에 이탈리아 사람들이 국민투표를 통해서 무력화시켜 버렸습니다. 95퍼센트라는 압도적 표로 총리를 꺾었다고 합니다. 덴마크는 1980년대 초에 원전 문제를 놓고 찬반 논쟁이 치열했습니다. 그런데 덴마크에는 온 나라가 시끄러울 정도로 격렬한 논쟁 끝에서 결국 원전 도입을 하지 않는다는 합의를 봤고, 그것을 받아들여서 1985년에 국회에서 원전 도입 포기 결정을 내렸습니다.

그러나 저는 어느 나라보다도 더 어려운 결정을 독일이 했다고 봅니다. 독일이 어쨌든 큰 나라잖아요. 자기 나름의 국가적인 야심도 없지 않을 거란 말이에요. 그런데도 이런 결정을 내렸습니다. 그런데 독일, 이탈리아, 스위스, 덴마크 등, 이런 나라들의 공통점이 무엇인지 한번 볼 필요가 있어요. 가장 눈에 띄는 공통점이 역사적으로 지방분권 전통이 강한 나라라는 점입니다. 이탈리아를 보면 중세 자치도시의 전통 때문인지 지금도 국가 중심의 생활보다 도시 중심의 생활이 활기를 띠고 있는 것 같아요. 예를 들어, 협동조합의 도시라는 볼로냐에 관한 자료를 제가 좀 찾아보니까 우리가 익히 들어온 농민들의 생산협동조합이나 노동자들의 소비협동조합, 혹은 도시 생활인들의 생활협동조합 같은 것 이외에 각종 직인협동조합이 많고, 또 문화협동조합이라는 것도 활발한 것 같아요. 문화협동조합은 우리한테는 좀 생소한 개념이죠? 연극을 하는 사람들, 음악, 미술을 하는 사람들이 혼자서는 엄두를 못 내지만, 서로 결합하고, 연대하여 협동조합을 만들어 창작이나 공연 활동을 하면서 생계도 해결하는 방식입니다. 국가나 지방정부의 지원을 부분적으로 받기는 하지만 기본적으로는 자율적이고 자치적인 문화·생활 조직이라고 할 수 있죠. 그래서 소위 세계화 시대의 경쟁압력을 이런 식으로 극복하고, 전통적인 문화유산을 지키면서 윤택한 시민생활을 유지하고 있다는 겁니다.

저는 국가라는 틀을 통해서는 명백한 한계가 있다고 생각합니다. 앞으로 점점 더 엄혹한 세상이 될 텐데, 냉정하게 숙고해야 할 문제라고 봅니다. 결국 출구는 자율, 자치, 자립 말고는 없습니다. 그러니까 우리도 연합해서 협동조합을 만들든지, 협동적인 생활구조를 서둘러 만들어야 합니다. 여러분이 다른 좋은 의견을 갖고 있다면 제 이야기를 비판해 주시기 바랍니다.

단순한 이론이 아니라 현실적인 사례가 존재한다는 게 중요합니다. 협동적 삶의 틀을 통하면 근본적인 문제가 해결된다는 사례가 있고, 바로 그게 원자력시스템에서 벗어나는 길이기도 하다는 것을 보여주고 있잖아요. 오랜 분권의 역사와 시민자치, 협동조합 전통을 가진 유럽 나라들이 그런 선례죠. 이번에 독일도 아마 앞으로 그런 분권, 자치, 협동적인 생활구조를 확대한다는 전망 없이는 원전 폐기 결정을 못 내렸을 거라고 봅니다. 따져보면 독일도 1871년에 비스마르크가 통일을 하기 전까지는 오랜 세월 동안 분권체제 속에서 살았습니다. 그 역사가 훨씬 더 길어요.

중앙집권적 국가 중심의 생활을 한다면 원자력시스템을 포기한다는 것은 매우 어려운 일입니다.

지금 제가 들고 있는 이 잡지에 이번에 후쿠시마 사고 이후에 각국의 반응이 어땠는지 간략하게 조사한 결과가 나와 있습니다. 그중에서 제일 관심이 가는 게 동아시아 각국의 반응인데, 중국은 기왕의 원전 확대 계획을 수정하겠다는 것은 아니지만 어쨌든 신중한 태도를 보이고 있어요. 후쿠시마 사고 직후에 원자바오(溫家寶) 총리가 원전 안전 상태를 철저히 점검할 것을 지시했고, 신규 원전 건설도 속도를 줄여야 할 필요성을 얘기했죠. 대만에서도 정부나 일반 시민들 모두 조심스러운 자세를 보이고 있습니다. 그런데 유일하게 예외적인 데가 한국입니다. 세계적인 대재앙을 바로 코앞에서 목격하면서도 가장 반동적인 태도를 보이는 게 한국입니다. 무슨 배짱인지, 우리 원전은 절대 안전하다, 우리는 앞으로 원자력을 국가경제의 원동력으로 삼겠다고 합니다. 우리나라에서 반핵운동을 아무리 열심히 해도 이런 분위기가 좀처럼 변할 것 같지 않아서 걱정입니다. 지금처럼 국가 중심의 시스템으로 모든 것을 구상해서는 근본적인 변화는 일어나기 힘들지 않을까 싶어요. 왜냐하면 국가는 늘 크고, 강해지고자 하는 '마초'적인 욕망을 포기하지 못합니다. 그래서 항상 단기적인 이해관계에 골몰합니다. 조금이라도 장기적으로, 포괄적으로, 심층적으로, 유연하게 생각하려고 하지 않습니다. 게다가 우리는 500년 이상을 중앙집권적인 국가체제 속에서 쭉 살아왔잖아요. 이 점에서는 세계에서 국가 중심 의식과 정서가 가장 심한 나라일지도 모릅니다. 원자력발전소가 우리나라만큼 밀집돼 있는 나라도 없습니다. 큰 사고가 나면 그날로 나라 전체가 끝장날 것이 확실합니다. 굉장히 걱정입니다. 어떻게 하시겠습니까? 방법은 하나밖에 없어요. 치열하게 싸우는 수밖에 없습니다. 국가와 자본의 논리에 맞서서 싸우고, 동시에 우리 자신의 자유롭고 행복한 삶을 위한 협동적 공동체를 구축하기 위해 싸워야 합니다.

제가 오늘 이야기를 두서없이 했는데, 결국은 원자력시스템을 폐기한다는 것은 단순히 전력생산 방법을 바꾼다는 것만이 아니라는 것을 말씀드리려고 했습니다. 물론 방사능으로부터 안전하고, 위험이 덜한 세상을 후손들에게 물려주는 것은 중요한 일입니다. 그러나 그보다 더 중요한 것은 탈원전운동이 자본주의의 논리에 갇혀 있는 생활방식을 근본적으로 바꾸는 전환점이 될 수 있고, 반드시 그렇게 돼야 한다는 것입니다. 그런 의미에서, 원자력을 그만두면 무슨 에너지로 대체할 것이냐, 재생 가능한 에너지로 문명생활이 가능하겠느냐 하는 식의 논의는 초점이 빗나간 논의입니다. 오히려 문명이란 게 대체 무엇이냐, 인간이 인간답게 산다는 게 과연 무엇이냐, 그런 근원적인 질문이 필요합니다. 지금과 같이 막대한 전력과 에너지를 소모해야만 성립할 수 있는 문명생활이라면, 그런 문명은 마땅히 폐기해야 한다고 말해야 합니다. 그런 강인한 정신이 필요하다는 것입니다. 이야기가 길어졌습니다. 들어주셔서 고맙습니다.

탈핵의 윤리와 상상력

　오늘 이 '탈핵학교' 7기 첫 강의를 시작하면서 먼저 말씀드리고 싶은 게 있습니다. 다름 아니라 환경론자나 환경운동가들 중에도 원자력을 옹호하는 사람들이 있다는 사실입니다. 그들의 논리는 원자력이 기후변화에 대해 하나의 대응책이 될 수 있다는 것입니다. 이 논리는 그동안 세계적으로 상당히 설득력 있게 받아들여져 왔습니다. 이런 논리를 강력하게 펴온 대표적인 인물은 제임스 러브록입니다. 러브록은 아시다시피 '가이아 가설'을 주창한 과학자이자 세계적인 환경사상가, 생태주의자로 널리 알려진 분입니다. 저도 《녹색평론》 지면을 통해서 러브록의 글을 여러 편 번역해서 소개한 바 있습니다. 그가 누구보다 '과학의 녹색화'를 주장한 사람이기 때문입니다.

　그 러브록이 지금 가장 두려워하는 게 기후변화입니다. 그는 원래 기후학자이기도 해서 그렇겠지만, 벌써 수십 년 전부터 지구온난화 문제에

＊ 이 글은 2014년 1월 14일 명동 가톨릭회관에서 열린 '탈핵학교' 7기 강의의 녹취록을 수정, 보완한 것이다.

대해 큰 우려를 표명해왔습니다. 사실, 온난화에 대응하려면 이른바 힘있는 나라의 정치지도자들이 각성하고 노력해야 함에도 불구하고 다들 아주 편협한 국익논리에만 붙들려 있습니다. 그래서 러브록과 같은 과학자들의 마음이 다급한 거죠. 그들은 기후변화의 주범인 이산화탄소 방출을 대폭 줄이기 위해서는 무엇이든 해야 한다고 생각합니다. 그래서 화석연료 에너지시스템을 최대한 신속히 축소하고, 그 대신 원자력을 더 많이 활용해야 한다고 주장하는 것입니다. 많은 사람들이 재생 가능한 에너지를 이야기하고 있지만, 러브록은 그것만으로는 현실적인 대응책이 될 수 없다고 생각합니다.

러브록의 생각에도 일리가 없다고는 할 수 없습니다. 지금과 같은 문명생활을 계속적으로 유지한다는 것을 전제로 한다면, 재생가능에너지만으로는 솔직히 불가능합니다. 마치 재생 가능한 에너지만 확보하면 모든 것이 해결될 것처럼 보는 것은 매우 순진한 관점입니다. 단순히 재생 가능한 에너지의 개발만으로는 지금처럼 막대한 전력을 소비하는 문명생활을 감당할 수가 없으니까요. 세계 인구 상황만 봐도 그렇습니다. 지금 세계 인구가 70억입니다. 하지만 화석연료 시대, 즉 인류가 석탄과 석유, 천연가스를 본격적으로 사용하기 전에 지구 인구는 최대 10억이었습니다. 화석연료 시대를 지나면서 일곱 배나 늘어난 것입니다. 그리고 생활수준도 엄청나게 높아졌습니다(물론 산업화를 통해서 실제로 혜택을 입은 인구는 세계 전체의 15퍼센트를 넘은 적이 없다고 하는 통계가 있습니다만). 그러니까 화석연료를 기반으로 급격히 증가된 인구와 높아진 생활수준을 재생 가능한 에너지로 모두 대체하는 것은 현실적으로 가능한 일이 아닙니다. 물론 지금은 기술이 크게 발달했기 때문에 태양에너지를 최대한 합리적으로 이용한다면 10억보다 많은 인구가 에너지를 넉넉히 쓰는 생활을 누릴 수는 있을 것입니다. 하지만 70억이나 되는 인구가 지금의 산업선진국과 같은 생활수준을 유지하는 것은 있을 수 없는 일이죠.

얼마 전 《녹색평론》 지면(2013년 9–10월호)에 돈 피츠라는 미국의 사회과학자가 쓴 〈후쿠시마, 대안은 태양에너지가 아니다〉라는 글을 번역하여 실었습니다. 피츠는 인간이 기후변화에도 대응하면서 인간다운 생활을 영위할 수 있는 사회시스템을 유지하자면 에너지 사용량을 약간 축소하는 정도로는 절대로 안된다고 말합니다. 덜 쓰는 정도가 아니라 완전히 생활패턴을 바꿔서 대폭 축소하지 않으면 안된다는 것입니다. 이런 생각은 예외적인 게 아닙니다. 벌써 20년 전에 독일의 '그린피스' 의장을 지낸 볼프강 작스는 《서구의 녹색화》(1998)라는 책에서 독일인들의 생활수준을 기준으로 할 때 서구사회가 에너지 사용량을 현재의 10분의 1, 즉 90퍼센트 정도까지 극단적으로 줄이지 않으면 인류에게 지속 가능한 삶은 존재하지 않을 것이라는 예측을 한 바 있습니다.

이런 점을 생각하면, 원자력을 활용해야 한다는 러브록의 주장은 일면 타당하다고 할 수 있습니다. 그러니까 러브록은 이른바 근대적 삶을 누리고 있는 사회에서 지금과 같은 생활수준을 자발적으로 낮춘다는 것은 상상할 수 없다고 생각하는 것입니다. 사실상 불가능하다고 보는 거죠. 그래서 그가 생각하는 대안이 원자력인 것입니다.

비슷한 생각을 갖고 있는 또 다른 저명한 환경론자가 있습니다. 조지 몬비옷이라고, 영국 〈가디언〉의 환경전문 칼럼니스트입니다. 그는 바로 이런 입장 때문에 후쿠시마 사고가 터지고 난 직후에 얼마 동안 헬렌 칼디콧이라는 세계적인 반핵운동가와 치열한 논쟁을 벌였습니다.

원자력은 기후변화의 대안이 될 수 없다

헬렌 칼디콧은 원래 오스트레일리아의 소아과 의사였습니다. 그런데 1970년대부터 어린아이들이 한창 건강해야 할 나이에 병을 많이 앓고 있다는 사실, 특히 백혈병에 걸린 아이들이 의외로 많다는 사실을 발견하고 매우 의아하게 여겼습니다. 그리고, 이것은 남태평양에서 프랑스가 계속해왔던 대기 중 핵실험 때문일 것이라고 직감했습니다. 그 후 칼디콧은 프랑스로 가서 관계자들을 만나 핵실험 중단을 요구하는 등, 항의운동을 전개하다가 결국 의사생활을 그만두고 세계적인 반핵운동가로 전신합니다.

저는 칼디콧의 책 《핵의 광기》(1978, 개정판 1994)를 1983년에 읽었습니다. 저에게는 핵이나 원자력 문제에 관한 입문서였던 셈이죠. 이 책은 주로 핵무기 문제를 다루고 있지만, 원자력 문제도 동시에 이해할 수 있도록 설명해주고 있습니다. 1983년이라면 미국의 레이건 정부가 서유럽 나토(NATO, 북대서양조약기구) 가맹국에 크루즈미사일이라는 명중률이 높은 정밀한 핵무기를 배치하려는 계획이 알려지면서 유럽과 미국 전역에서 대규모의 치열한 반핵운동이 일어난 때입니다. 당시 미국에 머물고 있던 저는 구체적으로 무엇이 문제인가를 좀 자세히 알기 위해서 몇 권의 책을 읽었는데, 그중에서 헬렌 칼디콧의 책이 가장 큰 도움이 되었습니다. 그때 제가 처음 알게 된 것은, 핵무기라는 것은 정밀하게 발달될수록 위험이 더 크다는 것이었습니다. 왜냐하면 핵무기는 광범위하게 치명적인 피해를 끼치는 그 가공할 파괴력 때문에 실제로 사용할 수는 없다고 보통 생각되고 있지만, 일단 국지적인 목표물을 정밀하게 타격할 수만 있다면 실제로 사용하고자 하는 유혹을 뿌리치기가 어려워지기 때문이라는 것이었습니다. 미국의 군부 엘리트들이 그런 생각을 하고 있다는 근거를 제시하며 설명하고 있는 이 책을 읽으면서 저는 전율을 느꼈습니다. 세계가 우리처럼 순진한 사람들이 생각하고 있는 것보다 훨씬 더 위험한 사고방식을 지닌 자들에 의해 지배되고 있다는 생각 때문에 한동안 심각한 우울과 절망감 속에서 지냈던 기억이 납니다.

칼디콧의 책 덕분에 저는 원자력도 결국은 핵무기와 쌍둥이 시스템이라는 사실을 알게 되었고, 원자력발전소가 전 세계로 확대된 것도 역시 그 출발점은 미국의 정치적·군사적 지배 욕구였다는 점을 알게 되었습니다. 그리고 무엇보다도 핵무기는 물론, 원자력시스템은 그 폐기물을 합리적으로 처리하는 게 불가능한 시스템이라는 것을 명확히 이해할 수 있었습니다. 칼디콧의 책을 읽으며, 저는 생물권과 절대로 양립할 수 없는 방사능을 인간사회가 핵실험과 전력생산 시스템이라는 형태로 끊임없이 생태계로 방출하고 있으면서도 아무 일 없다는 듯이 태연히 지내고 있다는 사실에 굉장히 충격을 받았습니다.

칼디콧은 작년 2013년에 서울시의 초청으로 우리나라에도 다녀갔습니다. 30년 전에 이분을 처음 책을 통해 봤을 때는 아주 젊은 여성이었는데 이제는 할머니가 되어 있더군요. 이 할머니가 아직까지도 열렬히 반핵운동을 하고 있는 모습을 보니 한편으로는 이 세상이 참 한심하다는 생각도 들고, 다른 한편으로는 용기도 얻게 됩디다.

그런데 조지 몬비옷과 헬렌 칼디콧은 왜 싸웠을까요? 몬비옷은 체르노빌과 후쿠시마로 인한 피해를 반핵운동가들이 지나치게 과장한다고 주장합니다. 사실 화력발전소에서 뿜어져 나오는 분진과 미세먼지 속에도 방사능과 유해물질이 만만치 않게 들어 있습니다. 또 자동차의 매연에도 중금속과 독성물질이 많이 포함돼 있습니다. 현재 온 세계에 자동차가 얼마나 많습니까? 이로 인해 희생되는 사람이 해마다 수십 만 명이 넘는데, 체르노빌 사고의 희생자는 세계보건기구(WHO)의 공식적인 통계로 보면 몇천 명밖에 되지 않는다는 겁니다. 물론 이것은 공식적인 통계일 뿐입니다. 실제로 러시아, 우크라이나, 벨라루스 등 직접 피해를 입은 현지의 과학자들과 의료전문가들은 WHO의 공식적 통계와는 비교가 안 될 만큼 막대한 수의 희생자가 발생했고, 지금도 피해가 계속되고 있다고 증언하고 있습니다. 그럼에도 불구하고, 어쨌든 체르노빌이나 후쿠시마 사고 이후 지금까지 방사능으로 희생을 당한 사람의 수는 그리 많지 않다는 게 몬비옷의 주장입니다.

몬비옷이 이런 주장을 하는 이유도 기후변화에 대한 우려 때문입니다. 사실, 기후변화는 참으로 무서운 사태입니다. 이것은 몇백 년 후의 문제가 아니라 지금 바로 당면한 문제입니다. 세계 각지에서 점점 강도 높게 밀어닥치고 있는 태풍, 홍수, 가뭄, 이상 고온 및 저온 현상 등, 기후변화로 인한 피해는 갈수록 걷잡을 수 없게 될 게 틀림없습니다.

하지만 제가 볼 때, 제임스 러브록이나 조지 몬비옷과 같은 사람들은 결국 착각을 하고 있습니다. 방사능 문제는 지금 당장 몇 사람이 죽느냐

하는 문제가 아니기 때문입니다. 중요한 것은, 장기적으로 볼 때 방사능은 생태계를 거주 불가능한 곳으로 만들게 마련이라는 사실입니다. 오늘 〈경향신문〉(2014년 1월 14일)에 실린 대담을 보니, 제러미 리프킨이 이 점을 아주 명쾌히 지적하고 있더군요. 리프킨은 원자력발전으로 기후변화에 대응한다는 것은 말이 안된다고 설명합니다. 그 기사를 인용해보겠습니다.

기후변화에 최소한의 영향력을 미치려면 (원자력발전으로만 세계 전체 에너지의) 20퍼센트를 생산해야 하는데 원자력은 지금 6퍼센트뿐입니다. 그렇다고 20퍼센트를 채우려면 노후된 핵발전소를 다 제거하고 매달 1기씩 40년간 세워야 합니다.

40년 동안 매달 세계 어디선가 원자력발전소를 하나씩 건설해야 기후변화에 대응할 수 있다는 것인데 이게 말이 됩니까? 작고한 일본의 반핵 운동가 다카기 진자부로(高木仁三郎) 선생 등의 연구로는, 지금 전 세계에 있는 240여 개의 원전만으로도 10년 혹은 20년에 한 번 꼴로 중대한 원자력 사고가 나게 되어 있습니다. 이런 상황에서 기후변화에 대응한다는 구실로 매달 원자력발전소가 세계 어딘가에 하나씩 들어선다면 어떻게 되겠습니까? 세계는 전부 방사능에 오염된 지옥이 될 겁니다.

제임스 러브록과 조지 몬비옷은 기후변화에 집중하다 보니 원자력발전이라는 근본적으로 허망한 시스템에 비현실적인 기대를 걸고 있는 것입니다. 헬렌 칼디콧이 몬비옷과 논쟁을 벌인 것은 이 때문입니다.

지금 칼디콧이 가장 우려하는 것은 후쿠시마 근처에서 또다시 일어날지 모르는 큰 지진입니다. 만약 후쿠시마 근처에서 발생한 강진 때문에 지반이 한번 더 요동친다면 지금 간신히 관리되고 있는 원전 내의 사용 후 핵연료봉들은 통제 불능 상태가 됩니다. 칼디콧은 혹시 일본으로부터 그런 뉴스가 들려올까 봐 노심초사하며 지낸다고 합니다. 실제로 그런 상황이 발생하면 지금 미국 보스턴에서 살고 있는 손자들을 즉시 남반구로 보낼 거라고 합니다.

원자력발전의 여러 가지 난제들

사실 원자력발전소는 복합적인 난제들을 안고 있습니다. 우선 현장의 노동자 인권문제가 심각합니다. 당장 후쿠시마만 봐도 알 수 있잖습니까. 현재 후쿠시마에서 들려오는 소문 가운데는 사고 현장에 투입되어 일하는 노동자들의 명부를 제대로 작성하지 않는다는 얘기도 있습니다. 제대로 작성하면 같은 사람을 현장에 재투입할 수가 없기 때문이죠. 법적인 피폭 허용량을 넘은 사람들을 현장에 다시 투입할 수가 없게 되면 노동자들을 충분히 확보할 수 없다는 문제가 있기 때문입니다. 그러니까 아예 명부 작성을 엉터리로 하는 겁니다. 기록이 남아 있지 않으면 누가 얼마나 피폭되었는지 알 수 없으니까요. 그래서 노동자들이 절박한 생계문제로 혹은 어떤 다른 이유로 들어가서 작업을 하겠다고 하면 내버려두는 겁니다. 그리고 또 사고 직후부터 야쿠자들이 노숙자들을 강제로 모집해서 현장에 투입시킨다는 소문도 있습니다. 그런 의미에서 원전사고 현장은 최악의 인권유린 현장이라고 할 수도 있습니다.

그리고 또 중요한 것은, 지금 후쿠시마 원전 피해 지역에 피난도 가지 못한 채 살고 있는 주민들의 생활 문제입니다. 며칠 전에 '한살림' 사무실에 항의전화가 하루 종일 빗발쳤다고 합니다. 후쿠시마에 살고 있는 일본인 몇 분이 초청을 받아 우리나라에 왔는데 그게 문제가 되었습니다.

후쿠시마 사고 지역, 즉 선택적 피난구역에는 지금 사고 수습을 기다리면서 원래의 생활을 되찾으려고 필사적으로 애쓰는 주민들이 있습니다. 국가가 따로 살 데를 마련해주는 것도 아니고 피난을 가서 마땅히 정주할 곳도 없고, 생활의 근거지라곤 고향밖에 없으니까, 어떻게든 살던 곳에서 계속 살아보려고 떠나지 않았거나 일단 피난을 갔다가도 되돌아온 사람들이 꽤 있습니다. 하지만 그 땅은 아무리 제염을 했다고 해도 이제는 안심하고 농사를 지을 수는 없습니다. 먹을 것을 짓는 농사는 아무래도 불안하지요. 그래서 주민들은 고심 끝에 목화를 키우기로 결정했습니다. 그래서 수확한 목화를 가지고 면 티셔츠도 만들고, 인형도 만들어서 일종의 관광상품을 만들었습니다. 그걸 팔아 얻은 수입으로 서로 다독여가며 살아남으려고 애쓰고 있는 것입니다.

이런 이야기를 해외로도 발신하고 싶다고 생각하고 있었는데, 마침 그 사연을 들은 '한살림'을 비롯한 몇몇 생협과 사회운동단체들의 초청을 받아 우리나라에 왔습니다. 그리고 몇몇 단체 사람들과 간담회도 하고 밀양에도 가보기로 계획이 잡혀 있었어요. 그리고 그 행사에 대한 공고가 나갔지요. 그러자 관련된 생협의 조합원들이 왜 방사능으로 오염된 티셔츠와 인형을 한국에서 팔려고 하느냐, 왜 일본의 방사능오염을 한국으로 확대시키려 하느냐며 거세게 항의를 하기 시작한 것입니다.

이 이야기를 듣고 기분이 착잡하더군요. 정답이 무엇인지는 모르겠습니다. 한국이든 일본이든, 반핵이나 탈핵운동이 확대되자면 방사능의 위험을 예리하게 인식하는 사람들이 많아질 필요가 있습니다. 방사능이라고 하면 자다가도 일어나 "나는 방사능이 싫어요"라고 할 사람들이 많아져야죠. 그것은 확실합니다. 그런 점에서 저는 이렇게 항의하는 목소리들 그 자체는 좋다고 생각합니다. 그러나 그렇게 생각하면서도 어딘가 조금 각박하다는 기분이 드는 것도 사실입니다. 여러분들은 어떻게 생각하세요?

그리고 또 복잡한 문제가 뭐냐 하면, 설사 원자력발전시스템을 포기하기로 한다 하더라도 그 과정이 결코 만만치 않습니다. 사실 원자력은 이미 세계적으로 사양산업으로 접어들었습니다. 그런데 사양산업이라는 바로 그 점에 위험요소가 들어 있습니다. 예를 들어, 지금 한국의 원전에서 계속 부품 때문에 문제가 생기고 있는데, 그것은 물론 기본적으로 원전 관리에 책임을 진 사람들의 도덕적 해이, 부정부패, 비리로 인한 결과입니다. 그러나 간과할 수 없는 또 다른 요인도 있습니다. 즉, 30~40년 전에 세운 원전은 시간이 지나면 부품을 교체해야 합니다. 그런데 어떤 산업이든 계속 번창을 해야 그 산업을 유지하는 데 필요한 부품들도 탈 없이 생산이 되는 법입니다. 자동차도 몇십 년 전에 나온 차들은 고장이 나도 부품이 없어서 못 고치기도 하잖아요. 원자력발전이 현재 바로 그런 운명에 처해 있다고 할 수 있습니다. 미국에서 시작은 했지만, 미국에서는 원전 건설이 스리마일섬 사고 이후 전면적으로 중단되었습니다. 그렇기 때문에 세계적으로 원전 관련 부속 기계나 부품들의 원활한 공급에 점점 차질이 생길 가능성이 높아지는 것입니다. 어쨌든 새로 짓지는 않아도, 지금 가동 중인 원전은 절대로 안전하게 유지되어야 한다는 점을 생각하면, 사실 이것은 심각한 문제입니다.

후쿠시마 사고 직후에 미국 시카고대학의 일본학과가 중심이 되어 원자력에 관한 심포지엄이 열린 일이 있습니다. 그때 일본과 미국의 관련 과학자와 지식인들이 행한 발언 기록을 제가 봤는데, 아주 골치 아픈 문제를 지적하는 발언이 있었습니다. 그것은 미국의 저명한 '아르곤연구소'의 소장이라는 어떤 과학자의 발언이었습니다. 그는 "원전을 당장 폐쇄한다는 것은 불가능하고 바람직하지도 않다. 그렇게 되면 원자력을 전공하는 우수한 후속 과학자 세대가 사라질 가능성이 높아진다. 그리하여 후속 전문가들이 양성되지 않으면 앞으로 원자력시스템을 폐쇄하려 해도 전문가들이 없어서 폐쇄할 수도 없게 될 것이다. 원전 폐쇄작업은 결코 아마추어들이 할 수 있는 일이 아니다. 그러니까 적어도 우수한 인재들을 계속 길러내기 위해서라도 원자력시스템은 유지해야 한다"라고 말했습니다.

참 골치 아픈 문제죠. 강경한 환경론자들이 "원전을 당장 폐기하라"고 주장하지만, 그게 현실적으로 불가능한 것은 반드시 정치·경제적인 문제 때문만이 아니라는 겁니다. 제가 원전 문제는 너무나 복잡하고 어려운 문제라고 말하는 이유가 여기에 있습니다. 결국 전문가들이 공부를 계속할 수 있는 여건을 만들어주면서 점진적으로 줄여나가는 방법을 생각해내지 않으면 안된다는 이야기죠.

후쿠시마 사고가 터진 직후 우리 모두는 "생명이 중요하지 전기가 다

뭐냐? 촛불로 살자, 원전을 당장 없애자", 그런 절박한 심정이었지요. 그렇지만 촛불로 살 때는 살더라도 원전을 없애는 과정 자체가 급작스럽게 되지는 않는다는 것을 생각해야 합니다. 그러니까 근본적으로는 원전을 줄이는 방향으로 나아가되, 동시에 현재 가동 중인 원전의 안전성을 위해서 합리적인 방안을 치밀하게 강구하는 게 무엇보다 중요한 과제라고 할 수 있습니다.

방사능으로 오염된 일상 환경

지금 우리는 모두 방사능에 오염된 환경에서 살고 있습니다. 이미 2차 대전 이후, 즉 히로시마와 나가사키 이후에 대기 중 방사능 실험을 수천 회에 걸쳐 실시했기 때문입니다. 미국, 소련, 중국, 프랑스, 영국이 모두 끊임없이 핵실험을 했어요. 그래서 지구 전체가 방사능으로 오염돼버렸습니다.

원래 지구 생태계에는 방사능이 없어야 합니다. 생물권과 방사능은 근본적으로 양립 불가능한 관계입니다. 왜 지구가 탄생한 이후에 생물이 출현하기까지 20억 년이 걸렸을까요? 방사능이 제거될 때를 기다려야 했기 때문입니다. 원시 지구는 방사능으로 가득 차 있었습니다. 그래서 생물이 출현할 수 없었습니다. 방사능이 사라지고 대기권이 형성되고 나서야 생물이 나타났습니다.

저는 우리의 일상적 환경이 방사능으로 오염되었다는 사실을 실제로 경험하고 있습니다. 얼마 전에 휴대용 방사능 측정기를 하나 구해서 한동안 지니고 다녔습니다. 그런데 서울 시내는 물론이고, 전국적으로 제가 가는 곳에 방사능이 다소간 측정되지 않는 데가 없었습니다. 문제는 그 방사능 수준이 얼마나 되는가 하는 것인데, 간단히 말하면 서울의 방사능 수치가 도쿄보다 높습니다. 과학적인 엄밀한 조사가 아니니 함부로 말할 수는 없지만, 서울의 지하철 역사는 말할 것도 없고 길거리, 일반적인 건축물에서 측정되는 방사능 수치가 도쿄 시내의 그것보다 높습니다. 이것은 여러 공식적이거나 비공식적 웹사이트에서도 확인할 수 있습니다. 서울의 방사능이 왜 이렇게 도쿄보다 높은지 그 이유는 정확히 모르겠습니다. 참고로, 환경운동가 최병성 목사님의 설명에 따르면, 우리나라의 건축이나 도로포장에 쓰이는 시멘트와 아스팔트에는 방사능이 섞인 산업쓰레기와 철근들이 무차별로 들어가 있다고 합니다. 이게 한 가지 이유일지도 모릅니다. 어쨌든 우리나라가 이렇게 한심한 나라입니다. 그래서 한동안 제가 휴대용 방사능 측정기를 가지고 다니다가 그만뒀습니다. 방사능이 전국적으로 다 나오니 지니고 다니는 게 의미가 없다는 생각이 들었습니다. 저질 시멘트나 아스팔트 이외에 후쿠시마 사고의 영향을 우리가 받고 있는 것이 아닌지 모르겠습니다.

그러니까 이제 우리는 방사능이 없는 유토피아는 꿈도 꿀 수 없는 상황이 되었습니다. 중요한 것은 이 상태가 더 악화되지 않도록 하는 것입니다. 이미 오염되었다고 해서 조금 더 오염되면 어떠랴 하는 생각은 위험한 생각입니다. 그러다 보면 결국 생물이 전혀 살 수 없는 환경이 되고 맙니다.

이제 정말 우리의 생활환경이 자식들을 안심하고 키울 수 있는 곳인지, 두려움을 느끼지 않을 수 없습니다. 하지만 그런 두려움에만 빠져 있으면 활로를 만들어낼 수가 없습니다. 출구를 열려면 화석연료시스템과 원자력시스템이 갖고 있는 근본적인 문제점들을 좀더 면밀하게 검토하고, 이것을 우리가 과연 인간적으로 받아들일 수 있을지 적극적으로 판단하고 행동해야 합니다. 여기서 윤리문제가 대두됩니다.

"희생의 시스템"

지금 송전탑 건설 문제를 둘러싸고 밀양의 할머니, 할아버지들이 벌써 몇 년 동안이나 말 못할 큰 희생을 치르고 있습니다. 그 모습을 보면서 적지 않은 이들이 마음 아파하고, 원만하게 수습되기를 바라고 있습니다. 그런데 이런 문제를 해결하자면 국민들 사이에서 지역민의 고통을 분담하자는 기운이 일어나야 됩니다. 정부에 대안을 마련하라고 요구하는 목소리가 높아져야 합니다. 하지만 그게 잘 안됩니다. 대부분의 사람들이 밀양 주민들이 겪는 고통을 자신의 일로 생각하지 않기 때문입니다. 가정교육이나 학교교육을 통해서 윤리를 배우지 않아서 그런 걸까요? 그게 아닙니다.

지금 우리가 누리는 현대적인 문명생활 자체가 누군가를 희생시키지 않고는 유지가 안되는 구조입니다. 오늘날의 사회구조는 근본적으로 약자를 희생시키는 구조적인 악행을 하지 않을 수 없도록 만들어져 있습니다. 비단 원자력만의 문제가 아닙니다. 자본주의 근대문명 자체의 본질적 성격이 그렇습니다. 우리는 언론을 통해서 동티모르 사람들의 고난이나 팔레스타인 사람들의 시련에 관해서 들을 때 어느 정도 동정심은 생기지만 진심으로 마음 아파하지는 못합니다. 이것은 인간의 실존적인 한계 때문입니다.

밀양의 할머니, 할아버지들의 고통에 대해서도 마찬가지입니다. 핵문제나 전기, 환경에 관심이 많은 사람들이라면 밀양 사태에 대해서 마음이 아프겠지만, 대부분의 시민들은 별로 관심이 없어요. 사람의 삶이라는 게 결국 그런 것 아니겠느냐, 다수의 행복을 위해서 소수가 희생하는 것은 어쩔 수 없지 않느냐 하는 생각이 구조적으로 만연해 있습니다. 그러니까 우리는 개인적인 감정이나 원한이 없으면서도 늘 약자에게 폭력을 가하면서 살고 있는 셈이죠.

유태인 출신의 세계적인 작가인 프리모 레비가 그런 이야기를 했죠. 그는 아우슈비츠 수용소에서 겪은 자신의 체험을 토대로, 인간이 아무런 개인적 감정 없이도 타인에게 폭력을 가할 수 있는 '놀라운' 사실을 알게 되었다고 말한 바 있습니다. 사람들이 남을 때리고, 학대하고, 괴롭힐 때는 대개 분노나 증오 같은 감정을 느꼈을 때입니다. 아우슈비츠의 독일 병사들은 사실 유태인들에게 아무런 개인적인 원한이 있을 리 없습니다.

그럼에도 불구하고 수시로 아무런 이유도 없이 유태인을 구타하고, 때로는 완전히 발가벗겨 영하 20도나 되는 추위 속에 몇 시간이나 세워 놓곤 했습니다. 어떤 경우에는 자신들의 흙 묻은 손을 수건으로 닦지 않고 유태인이 입고 있는 옷에 마구 닦는 일도 있었습니다. 유태인이 사람으로 보이지 않은 거죠. 그렇게 한다고 해서 자신에게 하등 득이 있는 것도 아닌데 그냥 해코지를 하는 거예요. 레비는 이 상황을 "증오 없는 폭력"이라는 말로 설명합니다. 워낙 예민한 작가라서 이것을 아주 섬세하게 묘사해냈습니다.

그런데 좀더 생각해보면, 이것은 아우슈비츠 수용소에서 끝나는 이야기가 아닙니다. 한국 사회뿐만 아니라 현대의 산업사회가 기본적으로 전부 그런 구조로 되어 있습니다. 우리는 약자들에게 아무런 감정도 원한도 없으면서 구조적으로 악행을 가하고, 당연한 듯이 이들의 삶을 희생시키고 학대하며 살고 있습니다. 가장 대표적인 게 바로 원자력시스템입니다. 일본 도쿄대학의 다카하시 데쓰야(高橋哲哉)라는 철학 교수는 원자력시스템을 한마디로 "희생의 시스템"이라고 규정합니다. 물론 원자력만 희생의 시스템인 것은 아니지만, 원자력은 가장 전형적인 희생의 시스템이라는 것이죠.

핵무기를 보유한 국가들이 그동안 어디서 핵실험을 해왔는지를 보더라도 이 사실은 명백합니다. 미국, 영국, 프랑스는 말할 것도 없지만, 중국의 경우도 핵실험 장소는 꼭 서북 변경의 소수민족 위구르족의 거주지였습니다. 유명한 실크로드 지역입니다. 중국은 한족이 사는 곳에서는 절대로 핵실험을 하지 않습니다.

후쿠시마도 일본에서는 역사적으로 낙후된 지역인 동북 지역에 있습니다. 이 지방은 일본 근대화 과정에서 공업화가 제일 늦은 곳이에요. 그 대신 전통적인 농사형태가 비교적 많이 보존되어 있는 지역입니다. 원래 후쿠시마는 농토가 비옥하고, 그 해안도 풍요로운 어장이었습니다. 그런 곳이 원전사고로 완전히 못쓰게 되었으니 안타까운 일이죠.

우리나라도 한국수력원자력이나 정부의 내부 지침을 보면, 원전을 세우기에 적당한 입지조건으로 교육수준이 낮고, 가난한 사람들이 사는 인구과소 지역이라고 규정하고 있습니다. 시골 사람들을 처음부터 완전히 능멸하고 시작하는 겁니다. 그런 시골 지역은 실제로 방사능 피해가 일어나기 전부터 이미 문자 그대로 내부 식민지로 취급되는 것입니다.

히로시마 조종사가 느낀 양심의 가책

그런데 교육을 많이 받고 높은 문화생활을 하는 서울 사람들이 이런 문제를 왜 충분히 인식하지 못할까요? 어째서 송전탑 문제로 고초를 겪고 있는 시골 사람들의 마음을 이해하지 못할까요? 정보가 부족해서일까요? 지금은 결코 정보가 부족한 시대가 아닙니다. 뜻만 있으면 인터넷 검색만으로도 정보를 수두룩하게 얻을 수 있습니다. 하지만 들여다볼 마음이 없는 거지요.

《불타는 양심》(1961)이라는 책이 있습니다. 이 책은 1945년 8월 6일 히로시마 원폭 투하에 동원된 군인 중의 한 명이었던 공군 소령 클로드 이덜리가 전쟁이 끝나고 제대한 뒤에 귄터 안더스라는 독일 철학자와 주고받은 편지를 모은 것입니다.

히로시마에 원자폭탄을 투하할 당시 동원된 B-29 비행기는 여덟 대였습니다. 새벽 일찍 남태평양 티니언섬에서 출격한 비행편대 중에는 기상 관측기가 있었습니다. 원폭을 탑재한 비행기보다 한 시간 먼저 출격하여 히로시마의 날씨가 어떤지, 구름이 어느 정도 끼어 있는지 등을 알려주는 임무를 수행하기 위해서 그 비행기가 필요했는데, 이덜리는 그 비행기의 조종사였습니다. 그런데 전쟁이 끝나고 제대한 뒤 그는 심각한 정신이상 증세를 보이기 시작했습니다. 심한 불면증을 앓으면서 노이로제에 걸려 거리를 방황하다가 좀도둑질도 하고, 심지어 은행 강도도 시도했다고 합니다. 전쟁 영웅으로 대접받고 있는 자기는 오히려 감옥에 가야 할 사람이라는 것이죠. 그래서 감옥에 가려고 범죄를 고의적으로 저지른 것입니다. 원폭 투하로 일시에 10만이 넘는 무고한 민간인을 학살한 데 대한 양심의 가책이 컸던 것이죠.

결국 이덜리의 고난은 바로 그 양심 때문에 시작되었습니다. 우선 동료들에게서 미움을 받기 시작했습니다. 너만 양심이 있느냐는 비난이 쏟아진 거죠. 미군 당국으로부터의 시선도 곱지 않았습니다. 미국 정부와 군부는 히로시마와 나가사키에 대한 원폭 투하 직후에 미국 국민들이 그 실상을 제대로 알지 못하도록 거의 모든 자료를 은폐했습니다. 원폭 투하에 의한 가공할 참상이 그대로 알려지면 여론이 악화되어 의회에서 차후의 핵무기나 원자력 개발에 필요한 예산을 승인해주지 않을 테니까요. 그런 상황에서 이덜리라는 제대군인이 시끄럽게 굴면 당국으로서는 매우 곤란한 처지가 되겠지요. 그래서 군 당국은 그를 정신병원에 강제로 입원시킵니다.

그 이야기가 〈뉴스위크〉에 짤막한 기사로 실렸는데, 그것을 귄터 안더스라는 철학자가 우연히 읽고, 두 사람 사이에 편지 교환이 시작되었다고 합니다. 귄터 안더스는 유태계 철학자로 하이데거의 제자였습니다. 보통 유태인 철학자라면 아우슈비츠의 홀로코스트에 집중하는 게 통례인데, 안더스는 특이하게도 주로 히로시마 이후의 핵문제를 집중적으로 거론함으로써 2차대전 이후 세계적으로 가장 치열한 반핵 철학자가 되었습니다. 그런 사람이기에 클로드 이덜리의 이야기에 남다른 관심을 갖게 된 거겠지요.

이 책에는 버트런드 러셀이 쓴 짤막한 추천문이 붙어 있고, 《원자력 제국》(1977)이라는 책을 쓴 로버트 융크가 서문을 쓰고 있습니다. 로버트 융크는 한때 오스트리아에서 녹색당 후보로 대통령선거에 출마한 적도 있는 저명한 녹색사상가입니다. 융크의 핵심 논리는, 원자력시스템과 민주주의는 결코 양립할 수 없다는 것입니다. 왜냐하면 대규모 화석연료시스템도 그렇지만, 특히 원자력발전시스템은 무엇보다 중앙집중적인 권력을 필요로 하고, 관련된 정보나 자료가 철저히 차단되거나 통제되는 시스템이기 때문이라는 것입니다. 예를 들어, 적국의 스파이나 테러리스트가 원전시설에 접근하면 절대로 안되기 때문에 군대나 경찰력이 반드시 요구됩니다. 또한 핵무기나 원전에 관련된 시설을 보호한다는 명분으로 국민의 기본권에 대한 제한이 정당화됩니다. 그런 점에서 민주주의와는 서로 용납할 수 없는 관계라는 것입니다. 그것이 융크의 기본 논리입니다.

그런데 히로시마 원폭 투하에 참가한 수십 명이나 되는 군인들 가운데 왜 이덜리라는 개인만이 유독 죄책감을 느끼고 그 양심의 가책 때문에 고통스러운 인생을 살 수밖에 없었을까요? 책을 읽어보면 이덜리는 정신이 아주 멀쩡한 사람입니다. 논리도 정연하고 표현력도 뛰어납니다.

그런 이덜리가 결국은 예외적인 인물이고, 다른 많은 군인들은 일반적으로 별 죄책감을 느끼지 못했다는 것은 어떤 점에서 현대에 와서 전쟁의 양상이 달라진 탓인지도 모릅니다. 전통적으로 전쟁이란 전사들끼리의 전쟁이었습니다. 즉, 무기를 가진 자들끼리의 싸움이었지요. 예를 들어, 칼싸움을 할 때면 서로 얼굴을 마주하고, 눈을 보며 싸웠습니다. 하지만 기술이 발달하면 할수록 싸우는 방식은 점점 더 비열해집니다. 현대전은 대체로 기술전이고, 기술전은 원래 비인간적입니다. 등 뒤에서 칼꽂는 것을 비열한 행위로 여기는 태도도 이제는 목가적인 이야기가 되었습니다. 오늘날에는 단추 하나 누르면 끝입니다. 단추 하나로 군인들뿐만 아니라 무고한 민간인, 남녀노소 가릴 것 없이 무차별적으로 일시에 목숨을 빼앗아갑니다. 얼굴을 볼 필요는 전혀 없습니다. 최근에는 원격조종에 의한 무인 전투기까지 나왔잖아요. 이렇게 전쟁의 본질을 바꿔 놓은 기점이 된 게 히로시마라고 할 수 있습니다. 전쟁의 본질과 양상이 달라지니 전쟁행위를 통해서 패배한 자, 피해를 입은 자, 희생당한 자들의 입장을 이해하는 것은 갈수록 어려워지는 것입니다.

귄터 안더스는 이 모든 것이 결국 상상력의 문제라고 말합니다. 상상력의 결핍은 현대인들의 보편적인 운명이 되었다고 그는 말합니다. 상상력이란 다른 게 아니라 남의 마음을 읽고 그 내면 속으로 들어갈 수 있는 능력입니다. 그런데 현대인들은 자신의 생활이 궁극적으로 어떤 구조속에 있으며 거기에서 어떤 사람들이 희생되고 있는지에 대해 별생각이 없습니다. 상상력의 결핍은 기술시대를 사는 현대인의 핵심적인 비극이 되고 말았습니다.

그래서 안더스는 무엇보다도 어른 아이 할 것 없이 도덕적·사회적 상상력을 훈련하는 것이 필요하다고 생각했습니다. 현대사회는 분업이 지나치게 극단화된 사회입니다. 정신노동자는 육체노동을 모르고, 육체노동자는 정신노동에서 멀어졌습니다. 그리고 정신노동이든 육체노동이든 다양하고 복잡한 분야로 세분화되어 기계적으로 처리되고 있습니다. 예전에는 자기 나름으로 일에 대한 자부심과 신념을 가진 장인이나 일꾼들이 많이 있었죠. 일을 맡긴 주인이 이래라저래라 해도 고집스럽게 말을 듣지 않고 자기 나름대로 완벽하게 일을 하는 사람들이 많았습니다. 그런 모습은 참 보기 좋았습니다. 자기 직업에 대해 자부심을 갖고, 자기 일에 결함이 생기지 않도록 최선을 다하는 지독한 성실성이 있었는데 오늘날에는 그런 모습이 거의 다 사라졌습니다. 이렇게 된 결정적인 원인의 하나는 일이 지나치게 분업화되고 표준화되어 특별히 개성적인 능력이나 기술 혹은 성실성이 불필요해졌기 때문입니다.

전통적으로 농사는 전인적인 일이었습니다. 농사는 육체와 정신의 통합적인 능력을 요구하는 대표적인 노동입니다. 농민들은 다소간 상상력이 없으면 농사를 지을 수 없습니다. 기계를 덜 쓰는 유기농일수록 더욱 그렇습니다. 하지만 농경시대가 끝나고 기술시대로 들어와 분업이 극단화되면서 사람들은 자신이 일하는 좁은 분야를 넘어 전체적인 테두리에 대한 시야를 잃게 되었습니다. 말하자면 통합적인 상상력의 결핍 현상이 일반화된 것이죠.

상상력은 윤리의 출발점

안더스식으로 말하면, 상상력은 윤리의식의 출발점입니다. 상상력의 결핍이 곧바로 윤리의식의 부재로 연결되는 사례를 보여주는 유명한 에

피소드가 있습니다. 미국의 제33대 대통령 해리 트루먼에 관한 이야기입니다. 알다시피 트루먼은 히로시마에 원폭 투하를 명령했던 대통령입니다. 트루먼은 원래 부통령으로 있다가 루스벨트 대통령이 급사하는 바람에 대통령이 되었죠. 아마도 루스벨트가 살아 있었다면 태평양전쟁은 원폭 투하 없이 끝났을지도 모릅니다. 하지만 트루먼이 졸지에 대통령이 되면서 원자폭탄을 쓰지 않을 수 없게 되었습니다. 대통령이 되고 나서야 비로소 트루먼은 '맨해튼프로젝트'에 대해 알게 되었거든요. 이 프로젝트는 부통령이었던 트루먼조차 몰랐을 만큼 극비리에 진행된 것이었습니다. 그런데 이 프로젝트에 막대한 돈이 들어갔기 때문에 대통령은 의회에서 돈의 용도를 설명해야 할 입장에 서게 됩니다. 루스벨트 대통령이라면 자신이 맨해튼프로젝트라는 것을 계획했으나 결국 원폭을 쓸 필요가 없었다고 설명하면 국민들이 납득했을 것입니다. 루스벨트는 카리스마가 있는 지도자였고 뉴딜정책으로 국민들의 절대적인 지지를 받고있었으니까요. 하지만 트루먼은 그럴 처지가 아니었습니다. 국민들에게 맨해튼프로젝트에 들어간 돈에 대해서 설득력 있게 해명하자면 실물을 보여줄 수밖에 없었습니다. 그래서 원폭을 실제로 투하하지 않으면 안된다고 생각했을 것입니다. 저는 이런 해석이 일리가 있다고 생각합니다. 물론 그 이외에 다른 이유도 있었겠지만 이것은 매우 중요한 이유였을 거라고 생각합니다.

그런 트루먼이 나중에 퇴임 후 75세 생일을 맞아 열린 연회에서 어떤 기자의 질문을 받습니다. "평생 후회되는 일은 없습니까?" 물론 의례적인 질문이지만, 그 기자는 트루먼이 역사상 유일하게 원폭 투하를 결정한 정치지도자라는 사실을 염두에 두고 그 질문을 했을 게 틀림없습니다. 그런데도 트루먼은 옆에 있는 부인을 가리키며 "내가 결혼을 좀더 일찍 못한 것이 유일한 후회거리"라고 자기 나름으로 유머러스한 대답을 한답시고 했습니다. 하지만 이 에피소드는 트루먼의 머릿속에서는 히로시마가 크게 기억할 만한 일이 아니었다는 것을 알려주는 것으로 해석할 수밖에 없습니다.

그런데 가만히 생각해보면, 이른바 현대의 정치지도자라는 사람들이 대개 그렇다고 할 수 있습니다. 그들은 대체로 처음부터 순탄한 길만 걸어서 출세한 사람들이에요. 그러니 남의 처지와 남의 감정을 깊게 이해할 만한 상상력을 갖추고 있을 턱이 없죠.

우리가 사람답게 살려면 기본적으로 인간다운 위엄을 갖춰야 합니다. 품위 있게, 예의 바르게 남의 처지를 이해함으로써 인간다운 사회가 성립됩니다. 아무리 제도와 시스템이 중요하다고 하지만, 기본적으로 사회는 사람 하나하나에서 출발합니다. 그런 점에서 보면, 저는 현대인들이 옛날 사람들에 비해 인간적으로 너무나 왜소하다는 생각을 합니다.

그런데 지금 현대사회가 직면하고 있는 여러 복합적인 위기상황은, 그것을 극복하자면 과거의 그 어떤 세대도 경험하지 못했던 정신력과 지혜를 요구하고 있습니다. 예를 들어, 녹색사회로 전환하기 위해서 재생 가능한 태양에너지와 식량자급시스템을 확보하고, 전쟁을 그만두고, 평화체제를 확립하고, 무엇보다 생활수준을 낮추면서 검소한 상부상조의 생활에 만족을 느끼는 삶의 방식을 재창조하지 않으면 안됩니다. 그러기 위해서는 과거 어느 때보다도 강인한 정신력과 탁월한 지혜가 필요한데, 지금과 같이 상상력이 결핍된 사람들이 넘쳐나는 세상에서 이게 과연 가능할 것인지, 걱정입니다.

탈핵은 숙의민주주의와 함께

우리가 좁게는 원자력시스템에서 벗어나고, 넓게는 지금과 같은 지속 불가능한 문명을 극복하기 위해서는 결국 정치적인 선택을 해야 합니다. 그러자면 우리가 풀뿌리에서 자립, 자치적인 삶을 일궈나가는 것도 중요하지만, 국가적 차원의 정치에 대해 방관해서는 안됩니다. 원자력발전소를 짓느냐 마느냐 하는 것도 모두 정부에서, 국가권력이 결정합니다. 그래서 우리가 정치를 외면해서는 결코 안되는 것입니다. 그런 점을 생각하면, 지금과 같은 민주주의, 즉 껍데기뿐인 정당정치와 대의제 민주주의를 믿고 있어서는 정말 죽도 밥도 안됩니다.

그래서 저는 숙의민주주의에 대해 우리가 진지한 관심을 가져야 한다고 생각합니다. 예를 들어, 덴마크의 '시민합의회의' 같은 일종의 시민의회를 우리도 도입할 필요가 있다는 것입니다. 물론 그것을 완전히 모방하는 게 아니라, 우리의 풍토에 맞게 변형해서 적용하는 방법을 고민할 필요가 있습니다.

지금 덴마크에서 운영되고 있는 '시민합의회의'라는 것은 아직은 과학기술 문제에 국한되어 있지만, 매우 흥미로운 제도입니다. 예를 들어, 유전자조작식품의 도입을 허용할 것인가 말 것인가 하는 문제를 결정할 때, 정부의 유관기관이나 전문가가 아니라 시민들이 결정하도록 되어 있는 시스템입니다. 진정한 민주주의 정신에 입각한 제도이죠.

그 절차는 이렇습니다. 덴마크 의회에 '기술위원회'가 있어서 여기서 먼저 어떤 주제에 대해 '시민합의회의'를 개최한다고 알리면서 시민들로부터 참가 신청을 받습니다. 그러면 전국에서 수백 명, 때로는 수천 명이 신청한다고 합니다. 신청을 받으면, 아주 기본적인 신상 조사 말고는 일절 자격심사를 하지 않고 무작위로 제비뽑기를 합니다. 그렇게 추첨을 통해서 20명 정도가 선정됩니다. 20명 정도면 자유롭고 깊이 있는 토의와 의논이 가능한 규모입니다.

제비뽑기란 참 재미난 겁니다. 일찍이 루소가 민주주의의 대원칙으로서 '일반의지'라는 개념을 제시했지만, 시민의 '일반의지'라는 게 현실적으로 어떻게 표현될 수 있는 것인지는 실제로 난제입니다. 지금과 같은 대의제 민주주의에서는 다수결로 결정하도록 되어 있지만, 다수결로는 사회 구성원들의 진실한 의사를 드러낼 수 없습니다. 그리고 선거라는 것도 국민의 의사를 충실히 반영하는 것이 아닙니다. 이것은 우리가 다 잘 알고 있습니다. 오늘날 선거는 돈과 인맥, 대중적 인기도에 좌우되고 있습니다. 그러한 선거를 통해서 뽑힌 대표자들이 의회에서 국민의 의사를 왜곡 없이 반영할 것이라고 믿는 것은 참으로 어리석은 일입니다.

하지만 제비뽑기를 하면 '일반의지'에 비교적 근접한 근사치에 도달할수 있습니다. 제비뽑기는 우리가 얼른 생각할 때보다 훨씬 더 사회 구성원들의 의지를 고르게 공정하게 드러낼 수 있습니다. 여태까지 덴마크에서 이 회의가 스무 차례 정도 시행되었다고 합니다. 제비뽑기로 뽑힌 사람 중에는 대학교수나 철학자, 종교인뿐만 아니라 택시기사, 거리의 청소부 등 노동자들도 들어갑니다. 다시 말해서, 문자 그대로 계층, 연령, 성별, 정치경제적 이해관계를 다양하게, 고르게 대변하는 사람들로 구성되는 것입니다. 그렇게 뽑힌 사람들은 지적 수준이나 교육배경도 다양합니다. 그러니까 덴마크라는 나라의 국민 전체를 실질적으로 대변하는 축소판이 되는 것입니다. 이런 사람들이 약 6개월간 주말마다 모입니다. 찬반양쪽의 전문가들을 초빙해서 자세한 설명을 듣고, 관련된 많은 자료와정보를 검토한 다음, 자유로운 토론과 숙려의 과정을 거칩니다. 그리고마지막에는 국회에 모여서 텔레비전으로 생중계되는 자리에서 최종 토론을 하고, 공개적으로 결론을 내립니다. 그런데 그동안의 결과를 보면, 최종 결론은 다수결 투표에 의해 결정되는 게 아니라 대개 합의를 본다고합니다.

생각해보면, 합의를 본다는 것은 별로 놀라운 일이 아닙니다. 온갖 자료와 정보를 숙지하고 찬반 양쪽의 입장을 충분히 듣게 되면, 상식적인사람은 보통 합리적인 판단을 하지, 결코 엉터리 판단을 하지 않습니다. 뭔가 특별한 이권이나 이해관계가 걸려 있으면 모르지만, 제비뽑기로 뽑힌 사람들에게 그런 이해관계가 있을 리 없습니다. 저는 덴마크의 이 '시민합의회의'야말로 오늘날의 현실에서 실제로 가능한 가장 바람직한 민주주의 형태, 즉 숙의민주주의의 전형이 아닌가 생각합니다. 흔히 말하는참여민주주의보다 한 걸음 더 나아가 민주주의의 질을 높이는 제도라고할 수 있죠.

그런데 덴마크의 이 '시민합의회의'에서 내려진 결론은 법적인 구속력을 갖지는 않습니다. 합의된 결정을 덴마크 의회가 그대로 받아들일 의무는 없다는 거죠. 그런데 여태까지는 거의 다 받아들였다는 것입니다.

그럴 수밖에 없겠지요. 아무런 이해관계가 없는 시민들의 숙려와 자유로운 토론의 결과인데 국회가 어떻게 거부하겠습니까? 거부할 명분이 없지요. 저는 덴마크도 여기서 한 걸음 더 나아가야 된다고 생각합니다. 비단 과학기술 문제뿐만 아니라 정치·사회 문제까지 범위를 확장할 필요가 있다고 봅니다. 다수결로 결정하면 반드시 이의를 가진 소수파가 존재하고, 그들은 계속해서 억울하다는 느낌을 떨쳐버리지 못합니다. 억울한 사람들이 있는 동안에는 정치도, 사회도 안정되지 않습니다.

우리도 이런 '시민합의회의' 같은 것을 만들어 실질적인 민주주의를 실천하는 게 시급하다고 생각합니다. 원자력 문제를 포함해서 쉽게 해결하기 어려운 정치·사회적 문제들을 이런 식으로 시민들에 의한 숙려와 토의 과정을 통해서 풀어나가야만 진실로 좋은 사회가 됩니다. 강압적인 권력 행사를 통해서 문제를 해결하려고 해서는 절대로 평화로운 사회를 만들어낼 수 없습니다. 요컨대 지금 우리에게 가장 절박한 것은 민주주의의 질을 높이는 것입니다. 실질적으로 민주주의를 강화하려는 노력을 하지 않고, 원자력이라는 단일 이슈만을 대상으로 싸워 봤자 헛일입니다. 그러므로 탈핵운동은 근본적으로 민주화운동이라고 할 수도 있습니다.

근대문명에서
생태문명으로

에콜로지와 민주주의에 관한 에세이

초판 제1쇄 발행 2019년 6월 20일
　　　제7쇄 발행 2023년 10월 20일

저자　김종철
발행처　녹색평론사

주소　서울시 종로구 돈화문로 94 동원빌딩 501호
전화　02-738-0663, 0666
팩스　02-737-6168
웹사이트　www.greenreview.co.kr
이메일　editor@greenreview.co.kr
출판등록　1991년 9월 17일 제6-36호

ⓒ 김종철 2019
ISBN　978-89-90274-87-8　03300